제2판

의사소통장애학생 교육

권순우 · 권순복 · 김영익 · 김태숙 · 박희준 · 팽재숙

창지사

머리말

본서 초판을 지난 2020년 6월 무더운 여름날 고속도로 아스팔트를 뚫고 나오는 잡초의 생명력처럼 모든 집필진들이 쏟은 열정과 집념의 결실로 기쁘게 출판하였다. 초판 이후 빠르게 변화하는 학교 교육현장과 교사양성과정에서 현장중심의 교육방향, 2022 개정 교육과정, 매년 새롭게 발표되는 특수교육 연차보고서 통계 등으로 새롭게 추가 서술할 내용과 수정 · 보완의 필요성이 있어 다시 한번 더 용기를 내어 개정 2판을 집필하게 되었다.

인간이 세상을 살아갈 때 가장 중요한 것은 '누구를 만나느냐이다.' 여러분은 자신을 둘러싼 생태학적 환경에서 부모, 형제 · 자매, 친척, 친구 등 소중한 만남을 통해 행복하고 즐거운 나날을 살아가고 있나요? 장애를 지니는 특수교육대상학생들 또한 전문적인 지식과 잠재적 역량을 갖춘 준비된 특수교사와의 만남을 기대한다. 그리고 장애정도와 유형에 적합한 개별화교육계획을 기반으로 맞춤형 교육을 받기를 원할 것이다. 특수교육의 궁극적 목적은 학교를 졸업하고 사회구성원으로 독립적인 삶을 살아갈 수 있도록 하는 것이다.

지금 프랑스 파리에서는 100년 만에 다시 개최하게 된 올림픽이 끝나고 패럴림픽의 개막이 시작되었다. 패럴림픽의 뜻은 하나의(Parallel) + 올림픽(Olympic) 이라는 의미에서 '패럴림픽'이라는 공식 명칭을 사용한다. 장애인들도 동등하게 누릴 수 있는 스포츠를 통하여 자신의 한계에 도전하고 자신의 장애를 개인의 독특한 특성으로 승화시키고 있다. 각국의 선수들은 다른 선수들과 휴식시간 잠깐의 의사소통 때 언어가 달라서 비언어적 수단의 몸짓, 손짓, 얼굴표정, 제스쳐 또는 최첨단 생성형 인공지능의 도움을 받아 실시간 다양한 디지털기기를 사용 수단으로 통역을 지원받아 의사소통을 한다.

의사소통은 다른 사람과 관계형성에서 자신의 생각, 감정, 정보를 전달하고 소통하는데 필연적인 것이다. 그러나 이러한 1차적인 의사소통에 장애를 지니는 사람들은 2차적인 대인관계에서 소통은 물론 다양한 상황에서 많은 한 어려움을 겪게 된다. 따라서 특수교육대상학생을 가르치는 예비특수교사는 다양한 의사소통장애 유형에 대하여 관심을 가지고 전문성을 신장시켜야 한다.

특별한 교육적 서비스가 요구되는 학생들의 학교생활은 즐겁고 개개인의 특성을 반영한 의미 있는 학습 목표를 계획하여 성공적으로 달성해야 한다. 이를 위해서는 모든 장면에서 펼쳐지는 교사와 또래 학생과의 원활한 의사소통은 매우 중요하다고 할 수 있다. 장애정도와 유형에 따라 시각장애학생은 점자로, 청각장애학생은 수어로 의사소통을 하며, 중도의 지적장애학생이나 자폐성장애학생, 뇌병변장애학생은 시각적 의사소통인 보완 · 대체의사소통 수단을 사용하기도 한다.

교사는 장애학생들이 학교 등원에서부터 하교에 이르기까지 다양한 수업장면과 환경에서 일어나는 모든 의사소통에 대하여 각 학생들이 지니는 독특한 의사소통의 특성을 이해하고, 이를 바탕으로 학생의 아주 작은 의사소통 신호에도 즉각적으로 민감하게 반응해야 한다. 이를 위한 교사들의 지속적인 전문성 함양 노력과 많은 장애학생들의 경험에도 불구하고 때로는 교사를 난처하게 하거나 딜레마에 빠지게 하는 의사소통장애학생을 만나기도 한다.

따라서 교사는 의사소통장애학생에 대하여 의사소통 능력을 신장시킬 수 있도록 현재 언어발달 및 의사소통의 수준을 확인하고, 장애유형별 학생에게 적합하고 효과적인 의사소통 수단(음성언어, 문자언어, 시각적 의사소통 등)으로 지도해야 한다. 또한 의사소통장애학생을 둘러싼 생태학적 환경에서의 실제적인 실제생활 중심의 의사소통 능력을 신장시켜야 한다.

책의 목차는 대학의 학사일정을 고려하여 총 13장으로 구성하였다. 제1장은 의사소통장애학생 교육의 개관으로 서술하였고, 제2장과 제3장은 언어 산출에 관여하는 구조와 특성에 대한 내용, 의사소통장애의 유무를 확인할 수 있는 진단 · 평가에 대하여 서술하였다. 제4장은 최근 학령기 아동에 대하여 많은 관심을 모으고 있는 언어학습장애에 대하여, 제5장은 조음 · 음운장애의 이해를 바탕으로 지도법에 대하여 서술하였다. 제6장과 제7장에서는 말장애 유형인 유창성장애와 음성장애에 대하여 알아보고 지도법에 대하여 서술하였다. 제8장은 지적장애학생 의사소통교육에 대하여, 제9장과 제10장은 자폐성장애학생과 지체장애학생의 학교 현장에서 실제적으로 중재할 수 있는 다양한 언어지도와 문해지도법에 대하여 서술하였다. 제11장과 제12장에서는 청각장애학생의 언어 · 인지 · 학업적 특성의 이해, 한국어 능력 신장 방안과 중도 · 중복장애학생의 보완대체의사소통 지도방법에 대하여 서술하였다. 마지막으로 13장은 의사소통장애학생 지도 사례와 전반적 가족지원에 대한 특수교육관련서비스로서의 언어치료와 장애학생 부모상담과 지원서비스에 대하여 서술하였다.

의사소통장애 각 분야의 전공교수님들의 학문적 기반과 실제적 사례 제시에도 불구하고 아쉬움이 있는 내용들은 차후 강단에서 지속적으로 적용하면서 보완 · 수정을 통해 채워 나갈 것을 약속하며, 본서가 의사소통장애학생을 이해하고 의사소통장애학생을 교육하고자 하는 전공 서적으로 예비교사와 관련된 모든 분에게 조금이라도 도움이 되기를 기대해 본다.

마지막으로 2판 집필 수정 · 보완에 이르기까지 여러모로 많은 도움을 주신 창지사 김기섭 사장님, 편집 작업에 고생하여 주신 편집부 직원분들게 진심으로 고맙고 감사한 집필진들의 마음을 전한다.

2024년 9월

저자 일동

차례

Chapter 1

의사소통장애와 언어

제 1 절 의사소통과 언어, 말
제 2 절 의사소통장애
제 3 절 언어의 본질
제 4 절 언어습득 이론
제 5 절 문해(읽기, 쓰기)발달

학·습·목·표

1. 의사소통과 언어, 말의 개념을 이해할 수 있다.
2. 의사소통장애의 개념과 정의를 이해할 수 있다.
3. 언어습득 이론과 언어와 문해의 관계를 알 수 있다.

생각나누기

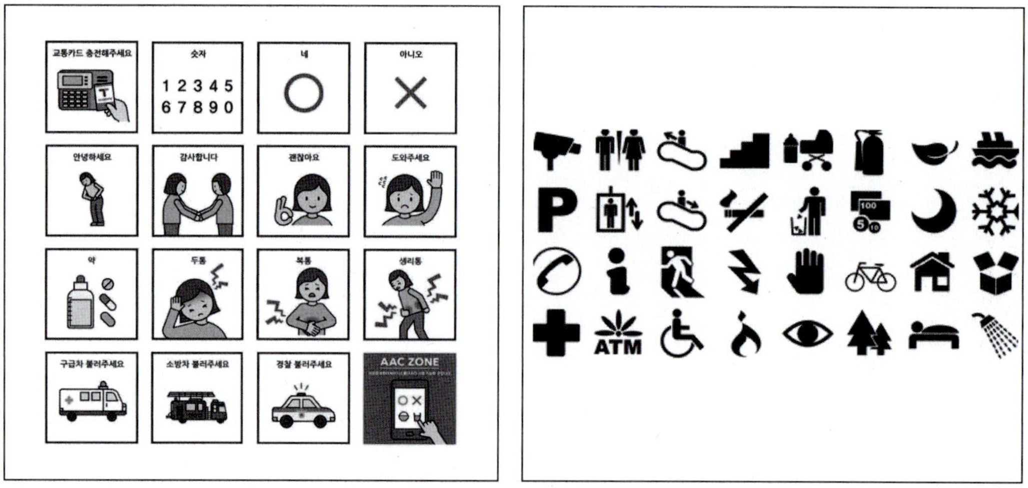

[시각적 의사소통 언어체계: AAC와 픽토그램]

보완대체의사소통(AAC : Augmentative and Alternative Communication)이란, 말과 언어의 이해 및 표현에 심각한 장애를 가진 사람들의 의사소통을 촉진하기 위해 말을 '보완' 또는 '대체'방법을 사용하는 것 (미국 ASHA, 2005)으로 AAC의 형태는 외부 도구를 필요로 하지 않는 비보조 AAC 체계(제스처, 수어 등)와 보조 AAC 체계(의사소통 그림판, 음성 발생장치, AAC애플리케이션 등) 종류가 다양하다.

픽토그램이란, 픽토(picto)와 전보를 뜻하는 텔레그램(telegram)의 합성어로, 중요한 사항이나 장소를 알리기 위해 모든 사람이 같은 의미로 알 수 있는 그림으로 된 시각적 의사소통을 통한 언어체계를 말한다.

우리는 일상생활에서 너무나 익숙하여 의식하지 못하지만 여러 장소에서 다양한 의미를 전달하는 많은 시각적 의사소통을 통하여 소통하고 있다. 특히, 특수교육대상자의 80% 가까이 되는 지적장애, 자폐성장애, 중도·중복장애학생에게 이러한 시각적 매체를 통한 교육을 음성언어를 통하여 함께 제시하면 효과적일 것이다.

◆ 인간 세상의 의사소통

의사소통은 라틴어의 'Communicare'라는 단어에서 유래했으며, 상징을 통해 어떤 사실이나 정보, 사람들의 감정 등을 다양한 수단을 사용하여 두 사람 이상이 서로의 지식, 정보, 의견, 감정, 신념 등을 전해주는 상호이해와 공유를 의미하는 것이다.

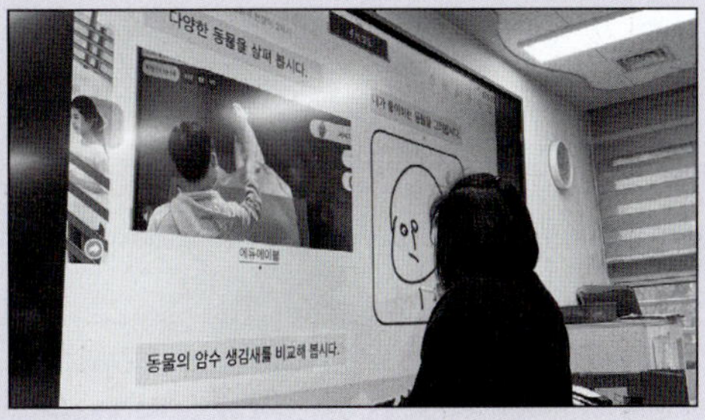

◆ 동물 세상의 의사소통

돌고래는 초음파를 발생시켜 소리를 내는 행동으로 의사소통을 하며, 꿀벌은 춤을 통해 꽃의 위치를 알려주는 행동으로 의사소통을 한다.

◆ 인공지능(AI)과 인간과의 의사소통

빅데이터를 기반한 생성형 인공지능(AI)은 인터넷으로 연결된 초고속망을 통하여 축척된 광범위한 자료와 최신의 정보를 학습하여 인간과 의사소통을 한다.

의사소통은 상대방에게 전달할 메시지를 사고하고 추론하는 인지과정을 거친다. 이를 통한 상징체계인 언어의 생성과 통합을 위한 대뇌의 신경생리학적인 여러 부위가 관여하게 된다. 의사소통의 표현은 음성산출 메커니즘인 호흡-발성-공명-조음의 과정과 청각경로의 언어이해를 토대로 한 성대 발성기관의 기전 결과로 소위 '말(Speech)'의 수단을 통하여 타인에게 전달된다.

1 의사소통과 언어, 말

대부분의 사람들은 '의사소통'과 '언어', '말'의 의미를 동일시하여 사용하는 경향이 있다. 예를 들어, "그 사람과는 의사소통이 참 잘 돼요.", "그 사람은 언어표현을 정말 잘합니다.", "그 사람은 말을 참 잘해요.", "우리 아이는 말귀는 알아듣는데 말을 잘 못해요." 등과 같이 적어도 전달하고자 하는 의미는 같으나 사람들마다 각자의 표현 방식으로 혼용하여 동의어와 동등하게 인식하고 있다. 우리나라에서는 일상생활 속에서 보편적으로 '언어를 잘 한다'라는 표현보다는 '말을 잘 한다'라는 표현을 익숙하게 많이 사용한다.

따라서 본 절에서는 의사소통장애에 대한 학문적 접근의 이해를 위하여 의사소통과 언어, 말의 차이가 의미하는 각각의 용어에 대한 개념적 정의에 대하여 살펴보고자 한다.

1. 의사소통(communication)

1) 의사소통의 정의

의사소통(意思疏通)에 대한 사전적 정의를 국립국어원 한국어 기초사전에서는 "생각이나 말 등이 서로 통함"으로 서술하고 있다. 여기서 '생각'은 메시지를 구성하여 의미를 부호화하는 언어(language)에 해당하며, '말(Speech)'은 음성산출을 통하여 전달하는 구체적인 언어의 표현 수단이라고 할 수 있다.

의사소통은 두 사람 이상의 사이에서 자신의 생각이나 느낌 그리고 다양한 정보의 메시지를 주고받는 모든 수단의 과정이며, 정보를 부호화하는 말하는 사람(화자)과 정보를 해독하여 듣는 사람(청자)이 포함된다. 이때 정보는 언어적이거나 비언어적일 수 있고, 상징적이거나 비상징적일 수도 있다(예: 표정, 눈 맞춤, 목소리, 억양, 제스처 등).

Owens(2005)는 의사소통을 "의사소통 참여자들이 정보와 사상, 필요한 욕구들을 교환하는 과정"이라고 정의하였다. 의사소통의 즐거움 인식, 말 주고받기, 공동관심 형성, 의사소통 상대와의 상호작용 같은 의사소통의 본질은 사회적 맥락 속에서 형성된다(Wetherby & Prizant, 1989). 의사소통의 상황이 이루어지는 구성 요소로는 화자와 청자 그리고 정보 내용, 공통 의도, 전달 매체 수단, 반응의 여섯 가지가 있어야 한다.

- 화자: 정보 발신자
- 청자: 정보 수신자
- 의사소통을 위한 정보의 메시지
- 의사소통에 대한 공통의 의도
- 의사소통의 전달 매체 수단
- 반응: 청자가 화자의 발신 메시지에 대한 응답

의사소통이 이루어지는 과정은 다음의 [그림 1-1]과 같다.

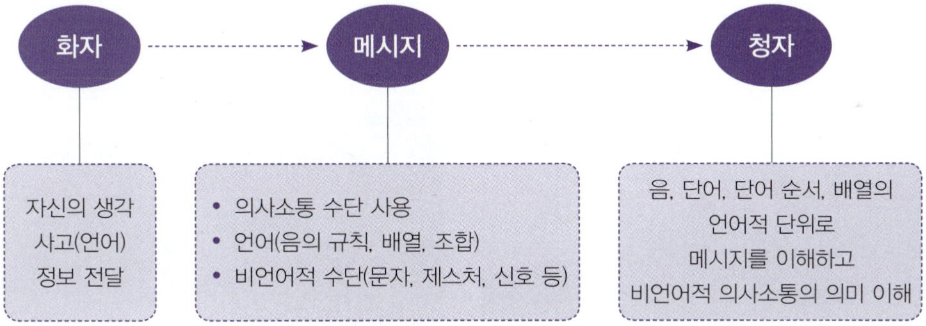

[그림 1-1] 의사소통 과정

2) 의사소통의 수단

의사소통은 많은 형식을 취하며, 시각 · 청각 · 후각 · 촉각을 포함하는 우리의 감각 중 한 가지 또는 그 이상의 조합을 취할 수 있다. 이것에는 말 또는 문해와 같은 언어적 수단 및 자연스러운 몸짓 또는 기호(sign)와 같은 비언어적 수단 모두가 포함될 수 있다.

인간의 의사소통 수단은 언어이며, 대부분 개인에게 있어서 말은 언어표현의 일차적 수단이다(김화수 외, 2018). 의사소통에서 사용되는 언어적 형식 및 비언어적 형식의 수단은 다음의 [그림 1-2]와 같다.

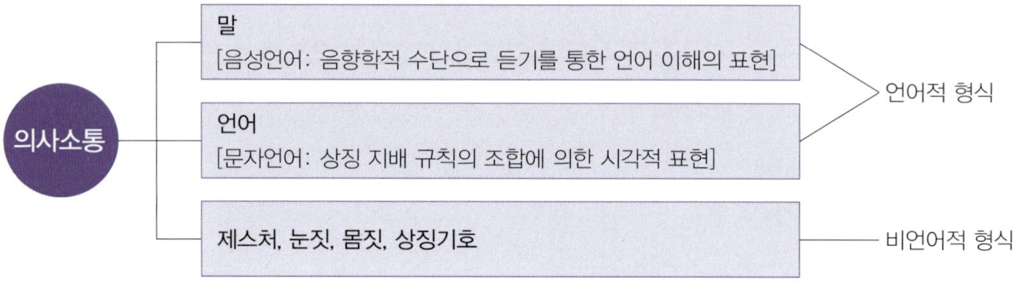

[그림 1-2] 의사소통 수단

의사소통이란 말과 언어 그리고 비형식적인 의사소통체계를 모두 포함한 개념으로서 정보를 전달하고 자신의 감정이나 요구를 전달하는 행위 전체를 말한다(고은, 2014).

다음은 비언어적 형식의 수단으로 정보를 전달하는 조선 시대 봉수대와 제주도의 대문(정낭과 정주석)에 대한 의사소통 방식이다.

눈에 잘 띄기 위해 낮에는 연기로 전달하며
밤에는 불빛으로 신호를 한다.

- 1단계: 평상시 1개
- 2단계: 적군 출현 2개
- 3단계: 적군 국경 접근 3개
- 4단계: 적군 국경 침입 4개
- 5단계: 적군과 교전 5개

대문 양옆에 구멍 세 개가 뚫린 돌이 있고
그 구멍에 가로로 나무 세 개를 끼운다.

- 0개: 집에 사람이 있다는 의미
- 1개: 가까운 이웃집에 외출 중이라는 의미
- 2개: 이웃 마을에 외출 중이라는 의미
- 3개: 멀리 출타 중이라는 의미

[그림 1-3] 봉수대와 제주도 정낭의 의사소통 방식

2. 언어(language)

언어는 개념을 표상하기 위해 사용되는 사회적으로 공유하는 기호(code)이다. 이 기호는 규칙 지배적인 방식으로 조합되는 상징적인 구조체계를 사용하여(Owens, 2012), 자신의 생각과 자신이 알고 있거나 경험한 다양한 정보를 전달하기 위한 표현으로 어떤 음을 조직화하여 규칙적으로 배열하는 것이다.

언어란 언어의 형식을 구성하여 말(음성언어)을 통하여 전달하거나 듣기(청각적)를 통하여 이해하고, 언어를 시각적으로 표현한 문자(읽기, 쓰기)인 것이다.

원활한 의사소통을 위한 언어 표현의 형식으로는 말, 문자, 수어, 점자 등이 있다. 즉, 언어를 구성하는 소리, 의미, 단어, 문장, 사용하는 방법 등과 관련되는 복잡한 규칙을 아는 것을 의미한다. 언어는 음운적 · 형태적 · 구문적 · 의미적 · 화용적 구성 요소로 다음의 〈표 1-1〉과 같다.

〈표 1-1〉 언어의 구성 요소

구성요소	하위체계	정의	사용의 예	
			수용언어	표현언어
형태	음운론	말소리 및 말소리의 조합을 규정하는 규칙	말소리 식별	말소리를 만들고 분명하게 발음
	형태론	단어의 구성을 규정하는 규칙	단어의 문법적 구조 이해	단어 내에서 문법 사용
	구문론	단어의 배열, 문장의 구조, 서로 다른 종류의 문장 구성을 규정하는 규칙	문구와 문장 이해	문구와 문장 내에서 문법 사용
내용	의미론	의미(단어 및 단어의 조합)를 규정하는 규칙	단어의 의미와 단어 간의 관계 이해	단어의 의미와 단어 간의 관계 사용
사용	화용론	사회적 상황에서의 언어의 사용과 관련된 규칙	사회적 · 상황적 단서 이해	다른 사람에게 영향을 미치기 위해 언어 사용

출처: 권순우 외(2017). p. 291.

3. 말(speech)

말은 화자가 전달하고자 하는 정보를 언어학적 지식의 구성 단계를 통하여 생리적 발성을 위한 조음과 정상적인 말의 속도를 유창하고 부드럽게 산출하는 음향학적인 단계의 음성언어인 것이다.

언어를 표현하는 유일한 수단이 말(구어)은 아니지만(예: 몸짓, 손짓, 사인, 그림, 문자적 상징 등이 사용될 수 있음), 말은 가장 신속하면서도 효율적인 의사소통 방식이다. 말소리(Speech sound)는 분리된 일련의 네 가지 과정인 호흡–발성–공명–조음으로 이루어진다(국립특수교육원, 2009).

- 조음(articulation): 말소리를 구성하는 음운규칙을 지칭하는 것이다. 언어의 특정 음소들을 산출하기 위해서 말 산출 기관인 입술, 혀, 치아, 성대 등을 통하여 개별 말소리들을 조합하여 신경학적인 근육의 움직임을 통하여 만든다.
- 유창성(fluency): 말을 통하여 의사소통을 할 때 화자의 말의 리듬과 속도를 청자가 잘 알아들을 수 있도록 말의 흐름을 원활하게 조절할 수 있는 것이다.

다음의 [그림 1-4]는 말 연쇄 과정에 관한 내용이다.

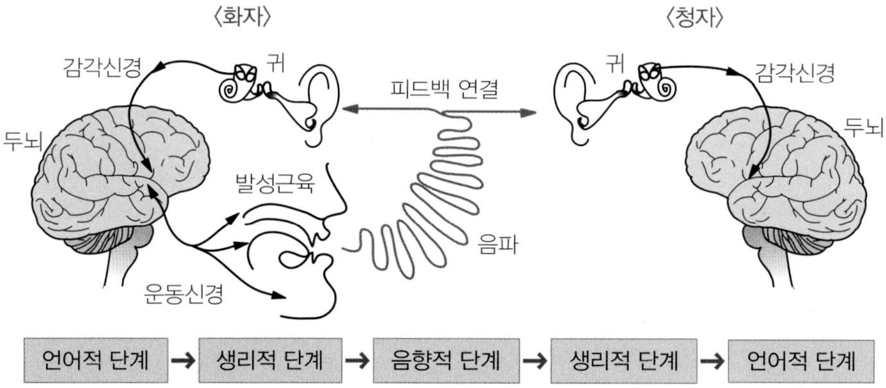

[그림 1-4] 말 연쇄(speech chain) 과정

출처: 심현섭 외(2010). 의사소통장애. p. 96.

2 의사소통장애

의사소통장애는 말과 언어의 사용에 있어서 장애를 보이는 것을 의미한다. Van Riper와 Erickson(1995)은 말장애 및 언어장애를 "말이 다른 사람의 말과 너무 차이가 나서, 그 말 자체에 주의를 끌거나 의사소통을 방해하여 청자를 괴롭히는 원인이 될 때, 그 말은 장애가 있다."라고 정의하였다. 즉, 화자의 말이 다른 사람이 하는 말과 너무 달라서 누구나 그 차이를 알아챌 수 있을 정도이고 말하는 내용보다는 그 말 자체에 주의를 끌며, 그 결과

의사소통하고자 하는 내용이 잘 전달되지 못하고, 화자나 청자를 괴롭히는 원인이 될 때 말 혹은 언어에 장애가 있다고 하였다(곽미영 외, 2019). 다음은 의사소통장애 정의에 대하여 교육적 관점과 법률적 관점에 대하여 살펴보고자 한다.

1. 의사소통장애 정의

1) 「장애인 등에 대한 특수교육법」의 정의

⊙ 다음 각 항목의 어느 하나에 해당하여 특별한 교육적 조치가 필요한 사람
가. 언어의 수용 및 표현능력이 인지능력에 비하여 현저하게 부족한 사람
나. 조음능력이 현저히 부족하여 의사소통이 어려운 사람
다. 말 유창성이 현저히 부족하여 의사소통이 어려운 사람
라. 기능적 음성장애가 있어 의사소통이 어려운 사람

2) 국립특수교육원(2009)의 정의

⊙ 언어 또는 비언어적 형태의 정보를 교환하는 데 장애가 있는 것
가. 언어학적 차원의 언어장애(language disorder)
나. 조음기관에 의한 말 산출과 관련한 말장애(speech disorder)
다. 듣는 것과 관련한 청각장애(hearing impairment)
라. 표현과 관련한 의사소통장애는 말(조음, 유창성, 음성)과 언어(형식적 측면: 음운, 형태, 구문 / 내용적인 측면: 어휘 / 사용적 측면: 화용)로 구별

3) 「장애인복지법」의 정의

「장애인복지법」에서는 장애 명칭을 '언어장애'로 규정하고 있으며, 언어장애인을 음성 기능이나 언어 기능에 영속적으로 상당한 장애가 있는 사람으로 정의하고 있다. 2019년 7월 1일까지는 언어장애를 등급의 분류체계 기준으로 판정하였으나, 2019년 7월 2일 개정 법률에 따라 장애 정도의 이분화된 분류체계로 〈표 1-2〉와 같이 변경되었다.

〈표 1-2〉 언어장애의 분류

장애 정도	장애 상태
장애의 정도가 심한 장애인	1. 발성이 불가능하거나 특수한 방법(식도발성, 인공후두기)으로 간단한 대화가 가능한 음성장애 2. 말의 흐름에 심한 방해를 받는 말더듬(SSI 97%ile 이상, P-FA 91%ile 이상) 3. 자음 정확도가 30% 미만인 조음장애 4. 의미 있는 말을 거의 못하는 표현언어지수가 25 미만인 경우 지적장애 또는 자폐성 장애로 판정되지 아니하는 경우 5. 간단한 말이나 질문도 거의 이해하지 못하는 수용언어지수가 25 미만인 경우로서 지적장애 또는 자폐성장애로 판정되지 아니하는 경우
장애의 정도가 심하지 않은 장애인	1. 발성(음도, 강도, 음질)이 부분적으로 가능한 음성장애 2. 말의 흐름이 방해받는 말더듬(SSI: 아동 41~96%ile, 성인 24~96%ile, P-FA 41~90%ile) 3. 자음정확도 30~75% 정도의 부정확한 말을 사용하는 조음장애 4. 매우 제한된 표현만을 할 수 있는 표현언어지수가 25~65인 경우로서 지적장애 또는 자폐성장애로 판정되지 아니하는 경우 5. 매우 제한된 이해만을 할 수 있는 수용언어지수가 25~65인 경우로서 지적장애 또는 자폐성장애로 판정되지 아니하는 경우

출처: 보건복지부(고시 제2019-117호).

2. 의사소통장애 유형

의사소통장애 유형은 의사소통 과정에서 발생하는 어떠한 부분에 장애를 보이는가에 따라서 전통적으로 크게 2가지 범주로 구어장애와 언어장애로 나누고 하위 유형은 4가지 영역으로 조음·음운장애, 유창성장애, 음성장애, 언어발달장애로 분류하며 〈표 1-3〉과 같다.

〈표 1-3〉 의사소통장애 하위 유형

구분	대분류	중분류(증상)	소분류(증상)	소분류(원인)
의사소통장애 (communication disorder)	구어장애 (speech disorder)	조음·음운 장애	생략, 대치, 왜곡, 첨가의 문제	기능적 기질적
		유창성 장애	말더듬, 속화의 문제	발달성 신경성 심인성
		음성장애	음도, 강도, 음질, 유동성의 문제	기능적 기질적
	언어장애 (language disorder)	언어발달장애	형태, 통사(구문), 의미, 화용의 문제	지적장애 자폐성장애 청각장애 등

3. 의사소통장애 출현율

1) 의사소통장애 출현율

한국특수교육학회(2008)에서는 의사소통장애의 출현율을 전체 인구의 5% 내외로 특수교육대상자의 70% 이상을 차지한다고 제시하였다. 교육부(2024)의 특수교육 연차보고서에서 의사소통장애를 지닌 특수교육대상자는 2,600명으로 전체 특수교육대상자의 2.2%를 차지한다고 보고하고 있다. 특수학교에서 교육을 받는 의사소통장애학생은 201명, 특수학급에서 교육을 받고 있는 학생은 1,405명, 일반학급에서 전일제로 통합되어 있는 학생은 994명이다.

단순히 의사소통장애학생을 전체 특수교육대상자의 현황에 비교한다면 2.4%에 불과하지만 대부분의 지적장애학생이나 자폐성장애학생 등은 의사소통장애를 동반하는 경우가 많다. 따라서 일차적인 장애로 인하여 이차적인 의사소통장애를 겪지 않도록 해야 하며, 의사소통장애의 출현율은 제시된 수치보다 잠재적으로는 더욱 높을 수도 있다.

2) 의사소통장애학생 현황

교육부(2024) 특수교육통계 자료의 의사소통장애학생 현황은 아래 [그림 1-5]와 같다.

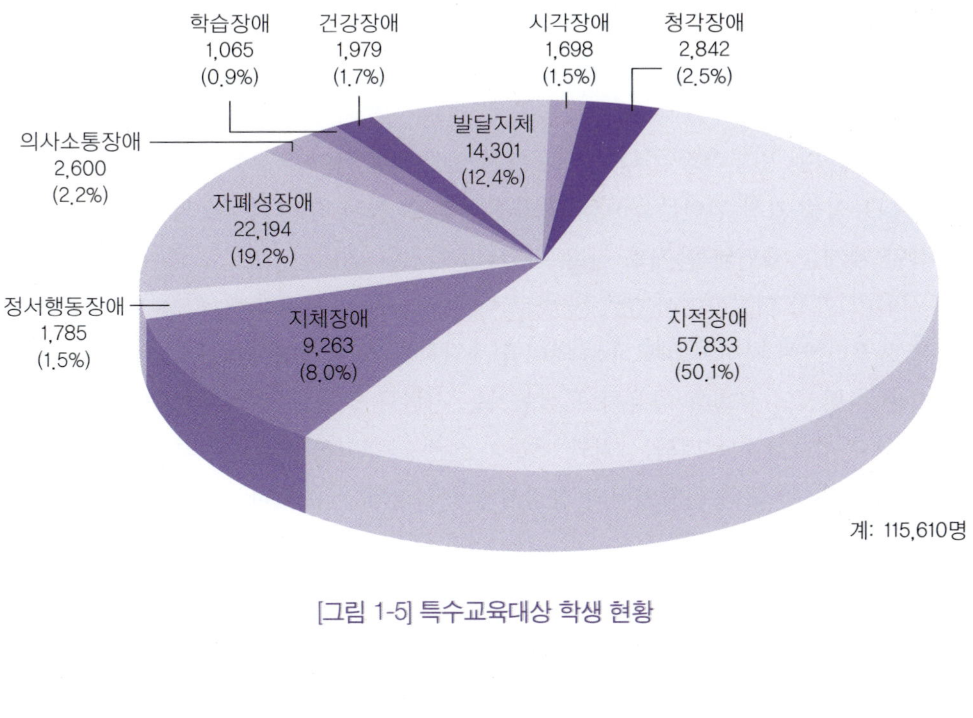

[그림 1-5] 특수교육대상 학생 현황

3 언어의 본질

언어는 인간의 마음을 비추는 창문이며 인간의 사고를 담는 그릇으로 비유된다. 철학적 견지에서 동서양의 언어관을 비교해 볼 때 서로 다른 점도 많으나, 언어를 인간의 삶을 위한 주요한 도구와 삶의 전부로 보는 관점에서는 공통된다고 하겠다.

1. 언어의 정의

언어는 인간을 동물과 구별해 주는 인간만이 가지고 있는 가장 고유한 특징 중 하나로 '자신을 표현하거나 의사소통하기 위해 소리를 체계적이고 관습적으로 사용하는 것'이다(Crystal, 1995). 인간의 감정과 생각을 표현하고 의사소통할 수 있는 언어는 인간만이 가지는 완전한 수단으로써 창조적인 사고를 발달시켜 인간의 삶을 더욱 풍요롭게 만들 수 있다. 이와 같은 언어가 의미하는 정의에 대하여 사전과 여러 학자들을 통해 살펴보면 다음과 같다.

1) 국어대사전 정의

언어란 "음성언어나 문자를 수단으로 하여 사람의 사상 · 감정 · 의지 등을 표현 전달하는 행위"라고 서술하고 있다.

2) Bromley(1988)의 정의

언어란 "제한된 변별력과 기억능력을 가진 인간으로 하여금 소음과 간섭에도 불구하고 무한한 다양성을 가진 전언문을 이해하고 전달할 수 있게 하는 상징들의 임의적인 신호의 형식적인 체계를 표현하는 기호"라고 하였다. 이러한 의미는 언어로 의사소통하는 것은 어떤 사람이 먼저 머릿속에서 생각을 하고 다른 사람들이 표현할 수 있는 형식의 상징 시스템으로 정리하여 자신이 의도하는 의미를 전달하게 하는 것이다.

언어는 사회적인 문화를 공유하고 살아가는 사람들이 원활한 의사소통을 주고받을 수 있는 공통된 기호로 자의적인 상징과 이들의 상징을 결합하는 지배규칙을 사용해서 생각을 표현하는 음성언어와 문자언어의 상징체계라고 정의할 수 있다.

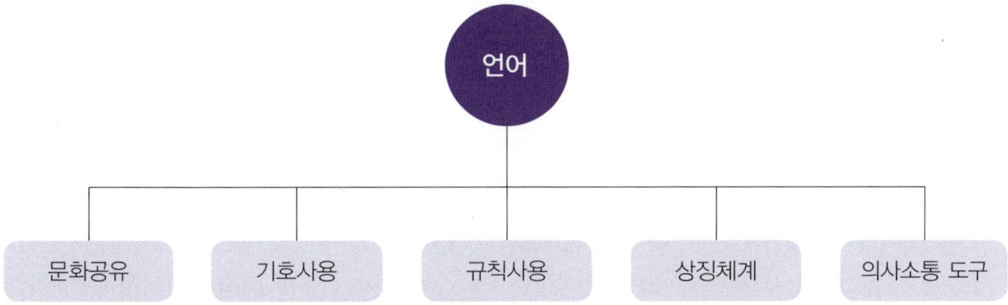

[그림 1-6] 언어의 정의 배경

※ 왜 언어를 상징(symbol)이라고 하나요?

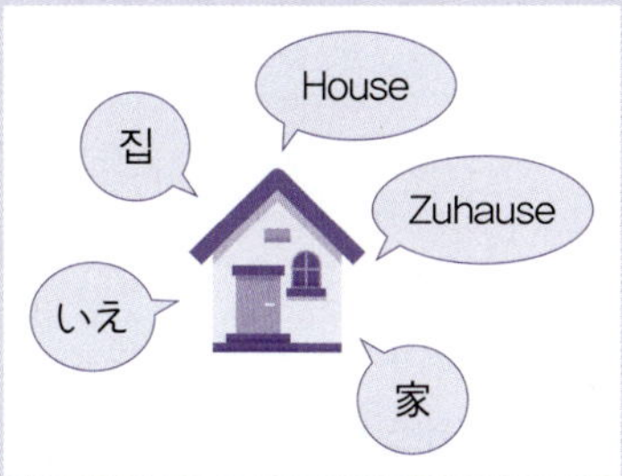

언어를 상징이라고 표현하는 이유는 사물의 명칭이 그 이름으로 불릴 자의적인 이유가 없음에도 불구하고 그 이름으로 불리기 때문에, 상징적으로 이름을 붙인다는 의미에서 상징이라고 말한다. 예를 들면, 집을 꼭 '집'이라고 부를 이유는 없다. 그렇기 때문에 일어는 いえ, 중국어는 家, 독어는 Zuhause 그리고 불어에서는 maison이라고 부른다. 즉, 개별언어 화자의 동의에 따라 임의적으로 약속에서 명칭을 붙인 것이다. 그래서 이와 같은 임의성(arbitrariness)을 상징이라고 부르게 된 것이다.

2. 언어의 특성

1) 언어의 특성

언어는 인간이 동물과 구별되는 가장 중요한 특성이다. 자신의 생각, 느낌, 정보 그리고 창조적인 삶을 위해 고차원적 사고표현의 수단으로 상징적인 기호체계인 언어를 사용하여 다른 사람과 끊임없이 의사소통을 한다.

Jalongo(2000)는 인간의 모든 언어가 공통적으로 갖는 특성을 다음과 같이 제시하였다.

첫째, 언어는 의사소통적이다. 언어는 인간이 메시지를 전하고 받아들이는 것을 가능하게 한다. 이러한 메시지는 사고, 감정, 정서, 정보, 아이디어 등을 포함한다.

둘째, 언어는 규칙성을 지닌다. 모든 언어는 규칙체계를 지닌다. 각 언어의 발음, 단어, 의미, 문법은 각 언어가 갖고 있는 다양한 규칙체계에 의해 결정된 것이다. 언어를 배우는 아동은 모국어의 다양한 규칙체계를 파악하고 습득해야 한다.

셋째, 언어는 추상적이다. 언어는 '어떤 것'을 나타내는 신호 또는 상징의 체계이다. 언어에서 사용되는 상징은 그것이 나타내는 대상과 물리적으로 전혀 유사하지 않다. 그 상징이 나타내는 의미는 인간이 사회적으로 약속하여 부여한 것이다.

넷째, 언어는 사회적이다. 말을 하지 못하는 영아도 의사소통하기 위해 얼굴 표정이나 몸짓, 울음 등을 사용할 수 있다. 언어의 주된 목적은 다른 사람들과 상호작용하는 것이다. 다른 사람과의 교류가 없으면 언어를 배우지 못한다.

다섯째, 언어는 가변적이다. 언어는 무제한적으로 재결합되고 배열될 수 있다. 심지어 아직 존재하지 않는 것에 대하여서도 언어를 사용하여 의사소통할 수 있다. 또한, 언어는 고정되고 변하지 않는 것이 아니라 시대의 흐름에 따라 사용하지 않아 없어지기도 하고, 새로운 단어가 생기기도 하면서 그 의미나 형태가 변화한다. 이는 언어가 사회의 역사와 문화를 반영하기 때문이다. 예를 들어, '스마트 환경', '5G', '갑분싸', '카셰어링' 등이 그러하다.

2) 언어와 사고

인간이 사용하는 언어는 사고와 밀접하게 관련되어 있다. 언어가 없는 사고나 사고가 없는 언어는 불가능하기 때문이다. 언어심리학자들은 지속적인 연구를 통하여 언어와 사고의 관계에 대하여 강조하는 바에 따라 서로 다른 관점의 논리를 주장했다.

첫째, 언어가 사고에 우선한다는 관점, 둘째, 사고가 언어에 우선한다는 관점, 셋째, 사고는 언어에 우선하지만 이후 언어의 영향을 받는다는 관점, 넷째, 언어와 사고는 독립적이지만 서로 영향을 주고받는다는 관점으로 나누어진다. 아동발달 과정에서 언어와 사고는 떼어놓을 수 없는 상보적 관계이기 때문에 통합된 체계로 어떻게 상호작용하는지에 관심을 두고 이해하는 것은 중요한 의미가 있으므로 Qwens(2005)가 구분한 모델에 대하여 좀 더 살펴보기로 한다.

⊙ 언어는 사고에 우선

Whorf는 언어에 의해 사고가 결정된다는 언어결정론을 주장하였다. 즉, 개념이나 사고가 발달하기 전에 언어습득이 먼저 이루어지고 습득된 언어에 의해 사고가 발달한다는 것이다.

⊙ 사고가 언어에 우선

Piaget는 사고에 의해 언어가 결정된다는 인지결정론을 주장하였다. 즉, 사고가 기초가 되어야 언어로 표현할 수 있기 때문에 언어발달이 인지발달을 앞설 수 없다는 것이다. 유아가 언어를 사용하려면 인지발달이 우선되어야 하고, 언어의 습득은 인지 수준에 의해 영향을 받는다고 하였다.

⊙ 사고는 언어에 우선하지만 이후 언어의 영향

Vygotsky는 언어는 인지발달의 근원인 사회적 상호작용을 위한 중요한 도구이기 때문에 인지발달을 이끄는 원동력이라고 보았다. 그는 언어와 사고는 만 2세까지는 각각 다른 뿌리에 근원을 두고 있으나 2세를 전후로 언어와 사고는 서로 교차하면서 영향을 미치게 되고, 그다음부터는 언어가 사고의 발달과정에 중요한 역할을 하게 된다는 언어우선론을 주장하였다. 언어는 사고를 돕고 사고가 언어로 표현되는 발달을 설명하고 있다. 즉, 발달의 초기에는 사고는 비언어적이고 언어는 비인지적이다가 언어와 사고가 만나고 나서는 서로 겹치는 현상이 나타나는데 이를 언어적 사고(verbal thought)라고 명명하였다(그림 1-7 참조). 따라서 언어는 사고와 인지발달을 촉진하는 매개적 기능을 갖는다고 보았다.

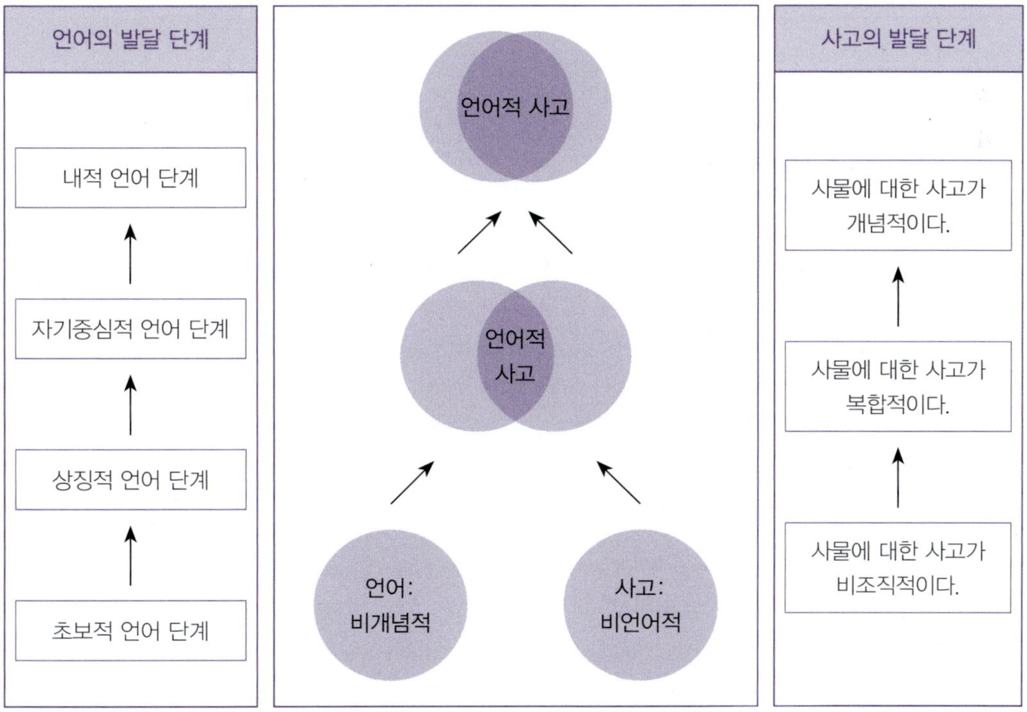

[그림 1-7] 언어의 구성 영역

출처: 서소정 외(2019). p. 40. 재인용.

⊙ 언어와 사고는 독립적이지만 서로 영향을 주고받음

Chomsky는 언어와 인지가 비교적 독립적인 능력이지만 서로 관련되어 영향을 주고받는다고 하며, 아동이 인지적 성취를 완전히 획득하지 못한 시점에서 언어를 습득한다고 주장하면서 피아제의 인지결정론을 반박하였다. 즉, 언어와 사고는 서로 관련되어 있지만 독립적인 영역이라고 결론지었다(성미영 외, 2011).

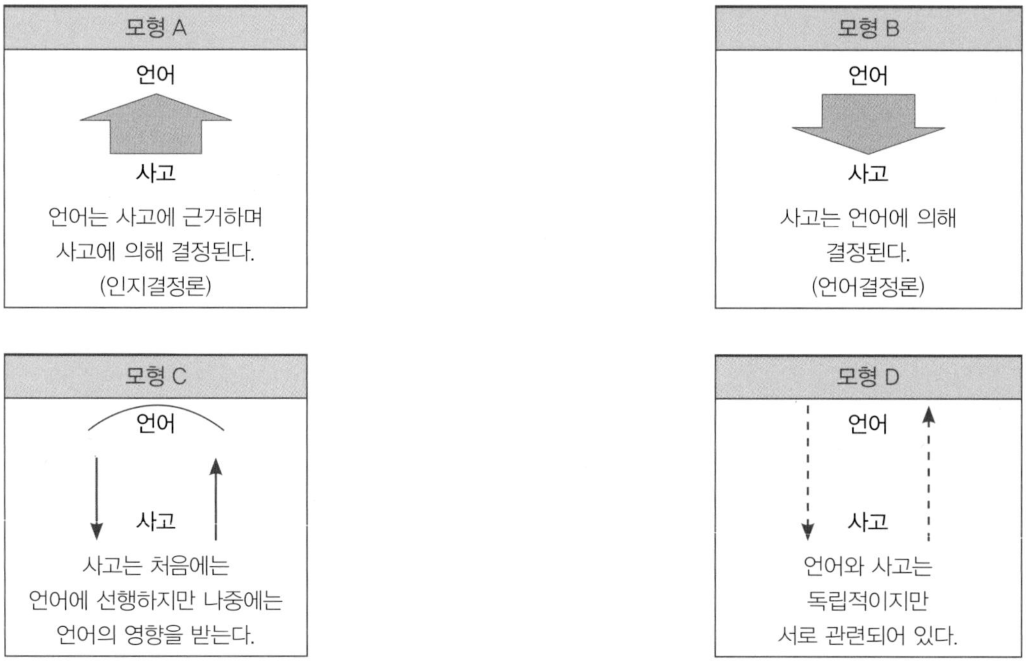

[그림 1-8] 언어의 구성 영역

출처: 이승복, 이희란 역(2009). p. 165.

3. 언어의 단위

말을 하거나 들을 때, 글을 쓰거나 읽을 때, 화자와 청자 그리고 저자와 독자는 기호의 연속체로 표현하고 이해한다. 화자의 말이 처음에는 연속되는 소리로 청자의 귀에 들리지만, 청자는 소리를 해당 언어의 기호로 분절하여 이해한다. 청자가 화자의 말을 들으면서 목표언어의 언어 단위로 분절이 안 된다면, 그저 연속되는 소리 신호를 듣기만 할 뿐 그 의미를 이해하지는 못한다. 전혀 알지 못하는 외국어를 들을 때 말소리를 듣기는 듣는데 도대체 무슨 말을 하는지 이해하지 못하는 것과 같다(배희숙, 2016).

따라서 언어를 구성하는 기본 단위 요소들의 결합을 알아야 단어가 어디서 시작해서 끝나는지 알 수 있으며, 이러한 언어 단위의 학습을 통해서 언어가 내포하는 진정한 전달의 의미를 이해할 수 있는 것이다. 언어의 단위는 크게 음소(phoneme), 음절(syllable), 형태소(morpheme), 단어(word), 문장(sentence), 담화 등으로 다음과 같이 구성되어 있다(서소정 외, 2019).

1) 음소(phoneme)

음소는 가장 작은 소리의 단위이다. 이것은 자음과 모음의 소리로 표현할 수 있고 인간이 가지는 언어의 독특한 소리라고 할 수 있다. 우리말의 경우 음소는 자음 19개와 모음 21개로 모두 40개가 있으며, 이것은 무한한 어휘와 문장을 창조하는 기본 단위가 된다. 출생 후 12개월까지는 음소의 확장기로서 이 시기는 음소의 발달 시기가 된다. 이후부터는 점차 다양한 언어가 습득되고, 부모나 자주 접촉하는 사람들로부터 반복적으로 사용되는 음소는 남고 자주 접하지 않는 소리는 제거된다. 음소는 언어의 발달을 촉진시키는 데 영향을 미치는 기본 요소가 된다.

우리말 자음과 모음의 음소는 다음의 〈표 1-4〉와 같다.

〈표 1-4〉 우리말 자음과 모음의 음소

구분	음소	
자음 (19자)	ㄱ, ㄴ, ㄷ, ㄹ, ㅁ, ㅂ, ㅅ, ㅇ, ㅈ, ㅊ, ㅋ, ㅌ, ㅍ, ㅎ ㄲ, ㄸ, ㅃ, ㅆ, ㅉ	
모음 (21자)	ㅏ, ㅑ, ㅓ, ㅕ, ㅗ, ㅛ, ㅜ, ㅠ, ㅡ, ㅣ ㅐ, ㅒ, ㅔ, ㅖ, ㅚ, ㅘ, ㅙ, ㅟ, ㅝ, ㅞ, ㅢ	단모음(10자) 이중모음(11자)

2) 음절(syllable)

음절, 즉 소리마디란 음소가 모여 이루어진 소리의 단위이다. 우리말은 표음문자이면서 음절문자로 자음과 모음이 결합하여 하나의 음절을 만들고 음절이 그대로 하나의 글자를 이룬다. 하나의 음절이 한 글자인 것은 '아, 야, 유'와 같이 하나의 모음으로 이루어지는 경우와 '지, 차, 부'와 같이 자음 하나와 모음 하나로 이루어지는 경우가 있다. 또한, '불, 책, 연'과 같은 자음 하나, 모음 하나, 자음 하나로 이루어진 경우나 '닭, 삶, 읽'과 같이 여러 개의 자음과 모음으로 이루진 경우도 있다.

3) 형태소(morpheme)

형태소는 의미를 가지는 가장 작은 단위로, 나눌 경우 가지고 있는 의미 자체가 파괴된다. 음소 결합에는 어휘적 형태소와 문법적 형태소가 있다.

- 어휘적 형태소: 명사, 동사, 형용사, 부사와 같이 독립적으로 뚜렷한 의미를 가지는 형태소로서 자유형태소라고도 한다.
- 문법적 형태소: 명사, 형용사 뒤에 조사 '가', '이', '을', '를' 등이 붙거나 형태 문법적 관계와 의미를 명확하게 해 주는 역할로 의존형태소라고도 한다.

4) 단어(word), 문장(sentence)

단어는 자립적으로 쓸 수 있는 최소 단위의 낱말과 동의어이다. 단어와 문장은 일정한 규칙을 사용하여 여러 단어를 모아 문장을 구성할 수 있고 문장 속에 포함되는 문법도 습득할 수 있다. 단어는 어휘적 형태소가 단독, 또는 다른 형태소와 합쳐져서 낱말이 된다. 문장은 단어들이 일정한 규칙에 따라 연결되고 조직된 모임이다. 연령별 단어 획득의 양상에 대해 살펴보면 다음의 〈표 1-5〉와 같다.

〈표 1-5〉 연령별 단어 획득의 수

<table>
<tr><th colspan="2">분류 \ 연령</th><th>2세</th><th>3세</th><th>4세</th><th>5세</th><th>6세</th></tr>
<tr><td rowspan="2">김영태 (2017)</td><td>수용어휘</td><td>300개</td><td>500~900개 이상</td><td>1,200~2,000개 이상</td><td colspan="2">–</td></tr>
<tr><td>표현어휘</td><td>50~100개</td><td>50~250개 이상</td><td>900~1,500개 이상</td><td colspan="2">13,000개</td></tr>
<tr><td colspan="2">곽노의 외 (2007)</td><td>200개</td><td>900개</td><td>1,400개</td><td>2,500개</td><td>10,000개</td></tr>
<tr><td colspan="2">김나영 외 (2005)</td><td colspan="2">200~300개</td><td>–</td><td>2,500개</td><td>–</td></tr>
</table>

5) 담화

담화는 단 몇 개의 문장이나 발화로 구성되었건 긴 텍스트로 구성되었건 하나의 주제를 드러내는 중심 문장과 그 중심 문장을 풀이하는 뒷받침 문장으로 구성된다. 뒷받침 문장들은 서로 대치, 지시어, 반복, 생략, 접속어, 특수 어휘 등을 통하여 자연스럽게 연결되면서(임성규, 2003), '결속성 혹은 응집성, 의도성, 상황성' 등의 조건을 갖추어야 한다(고영근, 1999).

담화의 언어적 단위는 텍스트나 대화와 같은 문장 이상으로 표현되어 담화 그 자체가 언어, 상황, 지식 등의 복합적인 특성을 지니고 있다.

글의 단위는 글자, 단어, 문장, 문단, 본문(text)으로 구분할 수 있다.

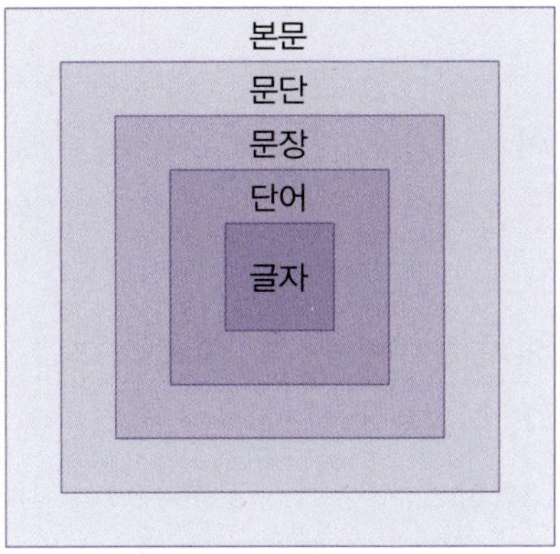

[그림 1-9] 글의 단위

출처: Vacca, Vacca, & Gove(2000). p. 38.

4. 언어의 구성요소

언어의 구성요소에 대하여 대부분의 학자들은 복잡한 언어를 단순화하여 이해하기 쉽게 형식, 내용, 사용 등의 측면에서 구분하였다. 언어의 형식 구성성분에는 음운론, 형태론, 구문론을 포함하였고, 언어의 내용 구성성분에는 의미론으로, 그리고 언어의 사용은 화용론으로 분류하였다.

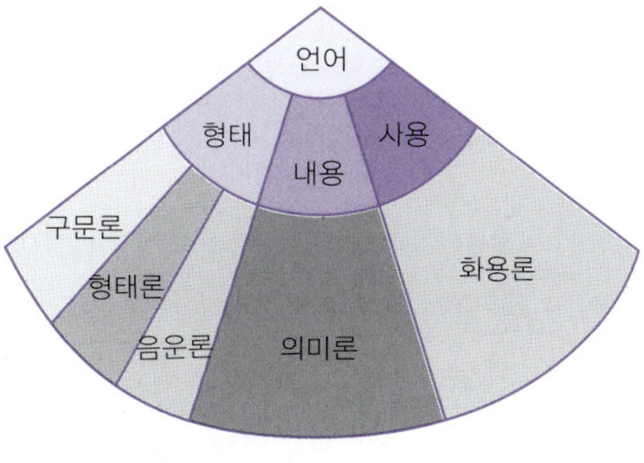

[그림 1-10] 언어의 구성 영역

출처: Vacca, Vacca, & Gove(2000). p. 38.

언어는 형식, 내용, 사용이라는 3가지 요소가 통합적으로 구성되어 음소, 형태, 단어, 문장 내러티브의 단위로 연결된다. 문자 언어를 언어의 영역으로 포함시키므로 문자는 문어의 기초적인 중요 성분을 이룬다. 언어의 구성요소는 기본적인 규칙 체계로서 언어를 학문적으로 연구하는 핵심 영역들이며 이를 도식화하면 [그림 1-10]과 같다(Owens, 1996).

1) 언어의 형식

(1) 음운론

음운론(phonology)은 언어에서 사용되고 있는 소리 체계를 다루는 분야로 우리가 말하고 듣는 실제적인 물리적 언어음 가운데, 의미를 구별하게 해 주는 추상적인 음의 집합에 관심을 두는 학문이다. 음운론은 언어음의 체계와 패턴에 관한 것을 다루는 것으로 음소의 조합에 대해 다룬다.

음소(phoneme)는 언어의 의미를 변별해 주는 음성의 최소 단위이다. 음소는 서로 연결되어 음절이 되고 단어가 된다. 하지만 각 언어마다 음소들을 연결하여 단어를 만들 때 일부 제약이 있기 때문에 어떤 결합은 가능하지 않다. 예를 들면, 우리말에서 'ㄴㄷ, ㄹㄹ, ㅇㅁ, ㄴㅈ'은 결합이 가능하지만 'ㄱㅁ, ㅂㄴ, ㄷㄴ, ㅂㅁ, ㄷㅁ' 등의 결합은 불가능하다(최명옥, 2004). 따라서 '국물'과 같이 /ㄱ/과 /ㅁ/ 소리가 연달아 산출될 때 /ㄱ/ 소리가 /ㅇ/ 소리로 변하는 현상이 일어나게 되는 것이다. 이렇듯 아동이 모국어를 바르게 발음하기 위해서는 각 음소에 대한 분명한 지각 및 산출뿐만 아니라 그 음소들을 음운규칙에 맞게 결합하는 것까지도 배워야 한다(권도하 외, 2014).

(2) 형태론

형태론(morphology)은 의미를 가진 최소의 단위를 하나의 형태로 보고 단어를 구성하는 형태소(morpheme)에 대한 분석과 이해에 관련된 분야를 다룬다. 즉, 언어에서 형태소 활용을 지배하는 규칙을 의미한다. 형태소란 최소의 의미를 지니는 언어이며, 가장 작은 문법 단위이다.

예를 들어, '눈사람'이라는 단어의 의미를 최소 단위로 나누어 보면 '눈+사람'이 된다. 이렇게 '눈'과 '사람'처럼 최소의 의미를 가진 단위를 형태소라고 한다. 형태소는 더 이상 나누어지면 그 뜻의 의미가 상실된다.

형태소가 결합되어 단어를 구성한다는 것을 아는 형태론적 지식은 새로운 단어를 접하였을 때 그 단어의 의미를 추론할 수 있게 하며, 또한 새로운 단어를 만드는 수단을 제공함으로써 학령기 학생의 어휘발달에 기여하게 된다. 예를 들면, '흙뭉치'에 대한 언어학적 지식의 경우 털뭉치, 돈뭉치, 서류뭉치, 사고뭉치 등과 같은 새로운 어휘의 산출을 가능하게 한다(곽미영 외, 2019).

(3) 구문론

구문론(syntax)은 문장을 구성하는 원리와 규칙, 다시 말해서 문장구조를 이루는 단어들의 순서나 배열에 관한 규칙을 연구하는 문법 분야이다. 단어들 간의 관계를 전달해 주는 것이 바로 단어의 순서인데, 예를 들어 우리말에서 하나의 문장은 주어–목적어–서술어 순서로(예: 엄마는 요리를 한다.) 단어가 조합이 되는데 이러한 우리말 규칙은 구문론에 포함되는 것이다.

문장은 그 구성에 따라 단문과 복문으로 나눠진다. 단문은 주어와 서술어가 하나씩 있어서 그 관계가 한 번만 이루어지는 문장으로, "인간만이 언어를 사용한다."의 예가 이에 해당된다. 반면에 "내가 엄마 빨리 오세요'라고 했어요."처럼 한 문장 속에 주어와 서술어가 두 번 이상 나타나는 문장은 복문이라고 하는데 들어 있는 단문의 연결방식에 따라 내포문과 접속문으로 다시금 나뉜다(권도하 외, 2014).

2) 언어의 내용

(1) 의미론

의미론(semantics)은 단어와 단어 조합의 의미 그리고 내용을 지배하는 규칙 체계에 대하여 연구한다. 의미론은 대상, 사건 관계에 대한 우리의 지각과 언어 형태가 어떤 관계를 맺는지에 대해 관심을 가진다(이승복, 이희란, 2009). 의미론은 아동이 언어를 얼마나 이해했는지 확인할 수 있는 이해의 척도이기도 하다. 단어의 의미 습득은 매우 복잡한 과정이며, 단어는 다른 단어들과 복잡하게 관련되어 있다. 단어의 의미에 대한 아동의 완전한 지식은 단어 사용보다 훨씬 나중에 나타난다.

유아가 성인이 사용하는 단어를 사용할 수는 있지만 그 의미는 성인이 사용하는 의미와 동일하지 않다. 예를 들어, 3살 된 유아가 '강아지'라는 단어를 말하지만, 그는 양이나 소, 고양이, 말을 보고도 '강아지'라고 말하거나, 또는 집에서 키우는 '치와와'만을 가리키는 의미로 그 단어를 말할 수도 있다. 그러나 어휘는 계층적 구조를 갖고 있으며, 동시에 수평적인 연결망으로 서로 연결되어 있다. 이러한 의미상의 구조와 연결망이 획득되어야 의미가 획득되는 것이다. 즉, 강아지는 동물의 한 부류로서 가축에 포함되고 애완동물이며, 늑대와는 종적으로 관계가 있음 등의 의미를 함께 알아야 한다.

3) 언어의 사용

(1) 화용론

화용론(pragmatics)은 화자의 의도를 상황에 적절히 표현하고 문제를 해결하기 위한 언어의 사용을 의미한다. 즉, 언어의 기능적 측면에 보다 더 역점을 두고 사회적 맥락에서의 언어 사용에 대한 규칙에 관심을 가진다. 우리는 성공적인 의사소통을 위해 눈 맞춤 유지하기, 대화 시도하기, 대화 주고받기, 주어진 주제로 대화 유지하기, 시간 및 상황과 주제에 적절한 말, 이야기 기술 등을 필요로 하는데, 이러한 것들이 화용론적 의사소통 기술과 관련된 것이다(권도하 외, 2014). 또한, 실제 맥락에서 화자와 청자 사이에서 주고받는 언어의 기능과 관계되는 영역으로, 상황에 따라 언어 사용이 어떻게 변경되는지, 화자가 의도하는 말의 의미와 차이는 무엇인지를 다룬다.

문법적으로 오류가 전혀 없는 문장이라도 어떤 맥락에서 어떻게 쓰이느냐에 따라 적절성 여부가 달라진다. 예를 들어, "자리 좀 양보해 주시겠어요?"라는 말은 문법적으로 오류가 없는 완벽한 문장이다. 만약, 지하철 노약자석에 앉아 있는 학생에게 할머니가 이런 말을 한다면 시간이나 장소, 상황에 문제 될 것이 없는 문장이다. 반대로 젊은이가 할머니에게 이러한 언어를 사용한다면 적절하다고 보기 어렵다. 즉, 언어를 사용하는 이는 음운규칙이나 문법규칙 이외에도 사회적 상황에 맞는 화용규칙을 적절히 구사할 줄 알아야 하는 것이다.

위에서 설명한 언어의 형식, 내용, 사용에 대하여 정리하면 다음의 〈표 1-6〉과 같다.

〈표 1-6〉 언어의 형식, 내용, 사용

구성요소/정의		언어행동
형식	음운론 (언어의 소리 체계)	소리의 특성, 배분, 순서를 지배하는 규칙 및 소리의 이해 – 단어나 문장을 바르게 발음하고, 소리를 듣고 이해한 후 적절히 반응하기
	형태론 (단어의 내적 조직 체계)	단어를 구성하는 형태소에 대한 분석과 이해 – 단어에서 접두사, 접미사, 복수형의 분석
	구문론 (언어의 문법 체계)	문장의 형태나 구조를 지배하는 구문 규칙의 이해와 적용 – 발화 시 구문 구조의 인식 및 올바르게 구성된 발화의 산출 예: 주어+목적어+서술어의 어순을 알고, 어순에 맞게 말하기
내용	의미론 (언어의 의미 체계)	언어의 의미와 내용을 지배하는 규칙 체계의 이해 – 의미의 이해 예: 만날 때 '안녕'이라는 단어와 의미 연결하기 – 의미 있는 발화의 산출 예: 자전거가 지나갈 때 '자전거'라고 말하기
사용	화용론 (언어의 사회적 상호작용 체계)	의사소통의 맥락 안에서 언어 사용과 관련된 사회적 · 언어적 규칙의 이해와 활용 – 다른 사람과 상호작용하는 방법, 상대방 및 상황에 대한 인식과 그에 따른 적절한 표현 방법 및 태도, 언어 사용에 관한 사회적 규칙이나 관습의 이해 – 발화의 사회적 암시의 이해와 사회적 상황에 적절한 발화 산출 예: '실례합니다'는 무언가 부탁을 하거나, 실례되는 행동을 하기 전에 할 수 있는 말임을 알기

출처: 정남미(2016). p. 18.

5. 언어의 기능 및 형태

1) 언어의 기능

언어의 기능에 대하여 학자들마다 견해를 조금씩 달리하며 다양하게 분류하여 제시하였다. 구체적인 내용을 살펴보면 다음과 같다.

(1) Jakobson(1968)

참조적 기능, 표현적 기능, 동기화 기능, 사교적 기능, 상위언어적 기능, 시적 기능

(2) Stabb(1992)

사회적 욕구의 주장 기능, 통제 기능, 정보제공 기능, 예측 및 추론 기능, 투사 기능

(3) Halliday(1975)

Halliday가 제시한 언어의 기능은 7가지로 분류되며, 도구적 기능에서 시작하여 표상적 기능으로 발달해 간다. 구체적인 내용은 다음과 같다(이하원 외, 2016).

① 도구적 기능(instrumental function): 언어는 인간의 욕구와 소망을 표현하고 충족시키기 위한 수단으로 사용된다.

② 조정적 기능(regulatory function): 언어를 통해서 자신과 타인의 행동, 감정, 태도를 통제하고 조정한다.

③ 상호작용 기능(interactional function): 언어는 사회적 관계를 형성하는 데 사용한다.

④ 개인적 기능(personal function): 언어를 통해 인간은 자신의 생각과 감정, 태도를 표현하고 개인적 정체감을 인식하게 된다.

⑤ 발견적 기능(heuristic function): 언어는 정보를 찾고, 문제해결을 위해 주위 환경을 탐색하기 위한 수단이 된다.

⑥ 상상적 기능(imaginative function): 언어는 상상의 세계를 창조하고, 이를 통해 창의적인 활동과 자신의 세계를 창조할 수 있다.

⑦ 표상적 기능(informative function): 아이디어나 정보를 전달하고 표현한다.

2) 언어의 형태

의사소통 수단으로 주고받는 언어의 형태는 듣기, 말하기, 읽기, 쓰기의 4가지로 구성된다. 이러한 구성 형태는 분류기준에 따라 다시 4가지로 수용언어와 표현언어, 그리고 음성언어, 문자언어로 다음과 같이 나누어진다.

- 수용언어: 듣기와 읽기는 외부에서 받아들인 음성적 · 시각적 기호를 이해하고 해석하는 것
- 표현언어: 말하기와 쓰기를 통하여 의미를 전달하기 위한 것
- 음성언어: 듣기와 말하기로 청각기관과 조음기관을 수단으로 하는 것
- 문자언어: 읽기와 쓰기로 시지각을 통한 눈과 손의 협응 수단으로 하는 것

즉, 아동이 어떤 내용에 대하여 상대방과 대화를 통하여 듣고 이해(수용언어)하여야 말(표현언어)하고 전달한다. 또한, 아동이 어떠한 내용을 읽고(수용언어) 이해하여야 쓰기(표현언어)를 통하여 작성한다. 아래 [그림 1-11]은 언어의 4가지 형태와 4가지 분류기준에 따른 서로 간의 상호관계에 대한 것이다.

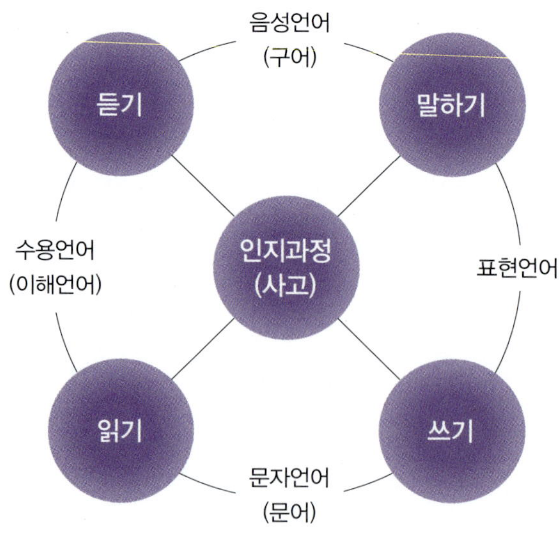

[그림 1-11] 언어의 형태 간 상호관계

출처: Machado(2003). p. 143.

4 언어습득 이론

언어는 매우 복잡하지만 대부분의 아동은 5세를 전후하여 문장과 문장을 연결하고, 의문문을 구성하고, 대명사를 사용하고, 부정문을 구사하고, 관계절을 만드는 등의 모국어 언어 규칙의 체계를 자연스럽게 습득한다. 아동은 어떻게 언어를 습득하게 될까? 라는 물음에 대하여 학자들이 제시하는 대표적인 3가지 이론은 행동주의 이론, 생득주의 이론, 상호작용주의 이론이다.

1. 행동주의 이론

행동주의 학자들은 언어습득은 후천적인 것이며, 경험에 의해 이루어진 것이라고 본다. 즉, 아동이 말을 할 수 있고 상대방의 말을 이해할 수 있는 것은 환경 내 자극 통제에서 이루어지는 모방, 강화 그리고 보다 발달된 수행으로 진행하는 형성과정을 통해 이루어진다고 보았다. Skinner는 아동의 언어습득과정을 조작적 조건화의 원리로 설명하며, 자극에 대한 반응, 강화에 의해 학습된 행동으로 이루어진다고 설명한다.

즉, 인간의 언어행동을 관찰 가능한 환경조건 자극과 언어행동 반응과의 관계로 설명하는데 외부에서 주어지는 자극과 반응은 강화에 의해 연합된다. 특정 자극에 대한 반응은 그 반응에 대한 보상이 제공되었을 때 강화되어 자극과 반응 사이의 연합을 강하게 해 준다(정희영 외, 2014). 다음 [그림 1-12]는 언어습득에 대한 행동주의 이론의 모형이다.

- "의자." / "그래 맞아, 의자야." (강화자)
  → 자극-반응 연결 강화
- "책상." / "아니야, 이건 책상 아니야." (처벌자)
  → 자극-반응 연결 약화

[그림 1-12] 행동주의 이론 모형

행동주의 이론의 제한점은 다음과 같다.

- 아동은 언어를 단순히 모방과 강화만으로 학습하지 않는다.
- 성인은 항상 아동이 올바른 언어표현을 할 때만 강화를 하지 않는다.
- 모방과 강화가 언어습득의 주요 방법이라면, 언어장애아동에게 적용했을 때 동일한 효과가 있어야 하는데, 실제 강화는 주로 행동수정에만 효과가 있다.

2. 생득주의 이론

생득주의 학자들은 인간은 태어날 때부터 이미 선천적으로 상호 독립적인 다른 영역에서의 언어 능력과 지식을 가지고 태어나기 때문에 언어습득을 위하여 특별한 훈련을 받거나 언어에 노출되지 않아도 언어를 충분히 습득할 수 있다고 보았다. 문법적 규칙 의미는 점차 다양하고 복잡해지기 때문에 단순히 모방과 강화만으로는 언어를 모두 학습할 수 없다는 주장이다.

Chomsky는 인간의 뇌 속 언어습득과정에서 중심적인 역할을 하는 생득적 기제인 언어습득기제(Language Acqusition Device: LAD)에 대하여 추상적인 개념으로 설명하였다. LAD는 인간이 출생 시 갖고 태어나는 언어적 능력으로서 이를 바탕으로 언어를 습득할 수 있다고 보았다. 언어습득기제 안에는 모든 언어에 필요한 기본원칙이 담겨 있기 때문에 지능이나 동기, 정서적 상태 등에 구애됨이 없이 일정한 문화권에 노출되기만 하면 복잡하고 추상적인 언어를 변형문법을 사용하여 별 어려움 없이 습득해 나간다고 보았다.

이 개념은 차후 보편문법(Universal Grammar: UG)이라는 개념으로 수정 · 보완되었다. 모든 인간에게 공통적으로 존재하는 보편문법은 일종의 생물학적 기제로서 뇌 구조의 일부라고 가정되며, 원리와 매개의 개념으로 설명된다. 즉, 보편문법은 모든 언어에 적용되는 원리와 언어 간의 차이를 설명해 주는 매개변인으로 구성되어 있다(Hoff, 2005). 다음 [그림 1-13]은 언어습득에 대한 언어습득기제(LAD) 모형이다.

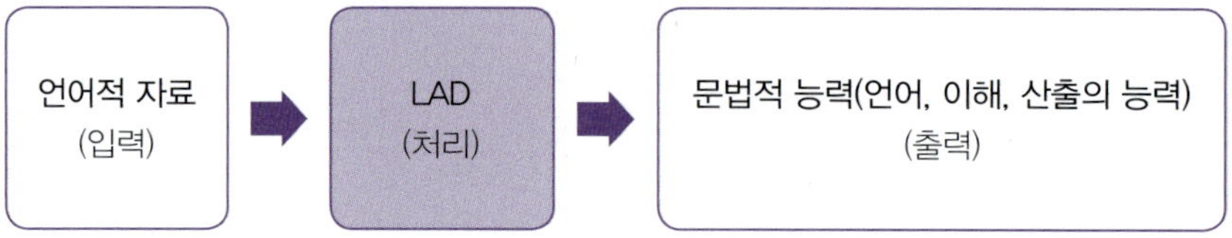

[그림 1-13] 언어습득기제(LAD) 모형

생득주의 이론의 제한점은 다음과 같다.

- 언어습득기제의 경우 모든 언어에 공통적으로 있는 언어규칙의 체계가 다르다.
- 언어습득의 환경적 · 사회적 상호작용의 외부자극에 따른 경험을 간과한다.
- 사회적으로 격리된 상황에서 아동들의 언어발달은 심한 지체를 보인다.

3. 상호작용주의 이론

언어습득에 대한 행동주의 이론과 생득주의 이론이 양극단에 있다면, 상호작용주의 이론은 이 둘을 포괄하는 것이라고 할 수 있다. 상호작용주의 이론은 언어습득이 전적으로 강화나 모방에 의해 이루어지는 것도 아니고, 그렇다고 선천적인 언어습득기제에 의해 완전히 설명될 수 없다고 주장하면서 유아는 스스로 언어의 규칙을 발견하고 적용하는, 적극적이고 능동적인 학습과정을 통해서 언어를 습득한다는 점을 강조한다.

1) Piaget: 인지적 상호작용 관점

Piaget는 인간의 인지발달이 선행되어야 언어발달이 가능하다는 인지우선론을 주장하였고, 아동의 언어발달이 자기중심적 언어에서 사회적 언어로 발달한다고 보았다. Piaget는 아동의 언어습득에 대해 행동주의자나 생득주의자 모두와 다른 입장을 취하였다. 아동이 복잡한 언어구조를 습득하게 되는 것은 생득적인 능력에 의해서도 아니고 학습에 의한 것도 아니라고 보았으며, 언어습득은 아동의 현재 인지 수준과 환경 사이의 끊임없는 상호작용의 결과라고 주장하였다.

2) Vygotsky: 사회적 상호작용 관점

Vygotsky는 언어발달은 생물학적 능력에 의해서 이루어지지만 근접발달지대(Zone of Proximal Development: ZPD) 내에서 성인이나 자신보다 유능한 또래의 도움을 필요로 한다고 하였다. 현재 언어발달 수준에서 성인과 유능한 또래의 도움, 즉 사회적 경험을 통해 발달할 수 있는 잠재적 언어발달 수준 간의 차이가 언어 능력에 대한 근접발달지대 관점이다. Vygotsky는 언어와 사고가 근원이 서로 다른 상태에서 발생하여 서로 독립적으로 발달하다가 2세경 사고의 언어화와 언어의 논리화가 이루어져 인지와 언어의 통합이 진행되면서 언어적 사고가 가능하다고 보았다(정남미, 2016).

위에서 살펴본 3가지 언어습득 이론을 개괄적인 그림으로 나타내면 다음의 [그림 1-14]와 같다(Lane & Molyneaux, 1992).

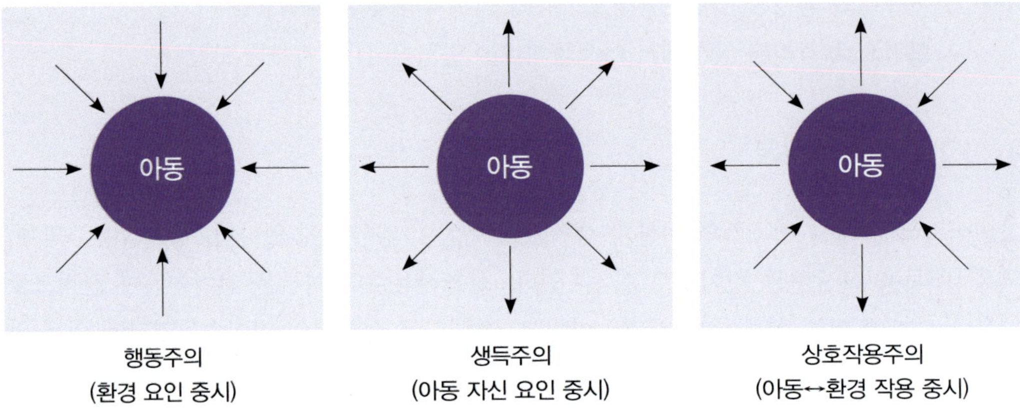

[그림 1-14] 언어습득 이론 비교

5 문해(읽기, 쓰기)발달

문해(literacy)는 글자를 읽고 쓸 수 있는 능력을 의미한다. 즉, 듣기, 말하기, 읽기, 쓰기 중 읽기와 쓰기 영역이 문해발달에 해당한다. 취학 전 아동은 읽기와 쓰기가 서툴지만 환경 속에서 관심 있는 다양한 인쇄물에 제시된 글자를 통해 그 의미를 점차 구성해 나간다. 본 절에서는 문해발달의 두 영역인 읽기발달과 쓰기발달에 대하여 살펴보고자 한다.

1. 읽기발달: 유아기

읽기(reading)는 글자나 단어를 보고 소리 내어 발음하는 해독(decoding)과정과 글자에 의미를 부여하고 의미를 이끌어 내는 부호화(encoding) 과정을 동시에 포함한다.

문장읽기는 문장에 대한 이해와 통찰력이 필요하며, 읽는 사람의 삶과 연결될 때 이러한 이해와 통찰력이 더 높아지고 이로 인해 문장에 대한 의미는 더욱 명확해진다. 따라서 읽기는 글자에 대한 의미를 부여하고 의미를 이끌어 내어 이해하는 과정(Weaver, 1994)이라고 할 수 있다. 읽기발달에 대하여 이영자와 이종숙(1985)이 3~5세의 유아를 대상으로 연구한 책 읽기 행동에서 제시한 읽기발달의 단계는 다음의 〈표 1-7〉과 같다.

〈표 1-7〉 유아의 읽기발달 단계

단계	읽기 행동
1단계	읽기이해 전 단계 하위 1단계: 말없이 그림만 쳐다보기 2단계: 그림 지적하기 3단계: 그림의 명칭 이야기하기 4단계: 그림에 대해 질문하기
2단계	이야기 구성 능력이 없어 "난 못 읽어요."와 같은 의사표현을 하는 단계
3단계	그림을 보고 마음대로 이야기를 만드는 단계
4단계	그림을 보고 의미를 비슷하게 꾸며 말하는 단계
5단계	단어나 구절을 암기하여 이야기하는 단계 1단계: 책에 나온 글자를 암기하여 50% 이하의 단어나 구절을 사용하여 이야기하기 2단계: 책에 나온 글자를 암기하여 50% 이상의 단어나 구절을 사용하여 이야기하기
6단계	글자를 읽어야 한다는 것을 이해하지만 글자를 읽을 줄 몰라 "난 못 읽어요."와 같은 의사표현을 하는 단계
7단계	글자를 읽는 단계 하위 1단계: 글자를 보고 한 문장을 기준으로 25% 이하로 똑바로 읽기 2단계: 글자를 보고 한 문장을 기준으로 50% 이하로 똑바로 읽기 3단계: 글자를 보고 한 문장을 기준으로 75% 이하로 똑바로 읽기 4단계: 글자를 보고 한 문장을 기준으로 75~100% 똑바로 읽기

단어재인은 문자에 대한 해독을 의미하는 것으로 다음과 같은 형태의 과정을 통해 진행된다.

형태 분석 → 음소 분석 → 음절 분석 → 문맥 분석 → 문장 의미 분석

2. 읽기발달: 학령기 전 · 후

1) Chall(1983)의 읽기발달

읽기발달의 단계를 설명하기 위한 대표적인 학자로 Chall(1983)은 읽기 능력의 발달을 0단계(읽기 전 단계)~5단계(통합의 단계)까지 다음과 같이 6단계로 나누어 제시했다.

0단계(읽기 전 단계: 생후~학령 전까지의 시기)

읽기 전 단계는 태어나 초등학교 입학하기 전까지의 시기에 해당되며, 다른 단계에 비해 좀 더 긴 시간과 더 많은 변화를 포함하는 단계이다. 이때 아동은 일정한 문자체계를 가진 문화권에서 생활하면서 문자, 단어, 그리고 책에 관련된 일련의 지식들을 축적한다.

▼

1단계(초기 읽기 및 문자해독 단계: 초등학교 1~2학년까지의 시기)

읽기를 시작하는 1단계의 핵심적 특징은 문자체계를 습득하여 각 문자에 대응하는 음성 단어의 부분을 연결 시킬 수 있다는 것이다. 이 단계에서 학생과 성인은 읽기에 대한 지식을 습득한다.

▼

2단계(유창성 단계: 초등학교 2~3학년까지의 시기)

읽기는 새로운 정보를 얻기 위한 것이 아니라, 이미 알고 있는 바를 확고히 하기 위한 경우가 많다. 읽은 내용에 대하여 친숙하므로 학생은 인쇄된 단어에 주의를 집중할 수 있다. 1단계에서 습득한 기본적인 문자해독 기술과 통찰을 활용하여 책을 읽으면서 자신의 지식이나 언어와 비교해 보는 기회를 갖는다.

▼

3단계(새로운 것을 배우기 위한 읽기 단계: 초등학교 고학년 이후)

학생은 새로운 지식, 정보, 생각과 경험을 학습하기 위해 읽기라는 장기적인 과정을 본격적으로 시작하게 된다. 아직 이 단계에서는 배경지식이나 어휘, 인지적 능력이 한계가 있으므로 우선 한 가지 시각에서 명확하게 읽는 것이 필요하다.

▼

4단계(다양한 관점이 생기는 시기의 단계: 중등학교 이후)

개인이 읽기에서 한 가지 이상의 관점을 지닌다는 것이다. 가령 3단계의 읽기 수준을 가정하고 만든 초등학교 역사 교과서와는 달리, 고등학교 교과서는 다양한 관점을 다룰 수 있다. 내용이 방대한 것은 내용의 깊이가 더 깊어졌을 뿐만 아니라, 관점도 더 다양해진 것으로 설명할 수 있다.

▼

5단계(구성과 재구성, 세계관의 폭넓은 사고의 단계: 대학, 18세 이후)

구성적인 읽기 단계의 완성으로 타인의 의견을 읽음으로써 독자는 자기 스스로 지식을 구성하게 된다. 이 과정은 분석과 종합, 그리고 판단에 의존한다. 독자는 무엇을, 어느 정도에서, 어떤 속도로, 그리고 얼마나 세밀한 부분까지 읽어야 할 것인지를 판단한다.

2) 천경록(1999)의 읽기발달

우리나라 학생에 대한 읽기발달 단계를 연구한 천경록은 [그림 1-15]와 같이 7단계로 제시하였다.

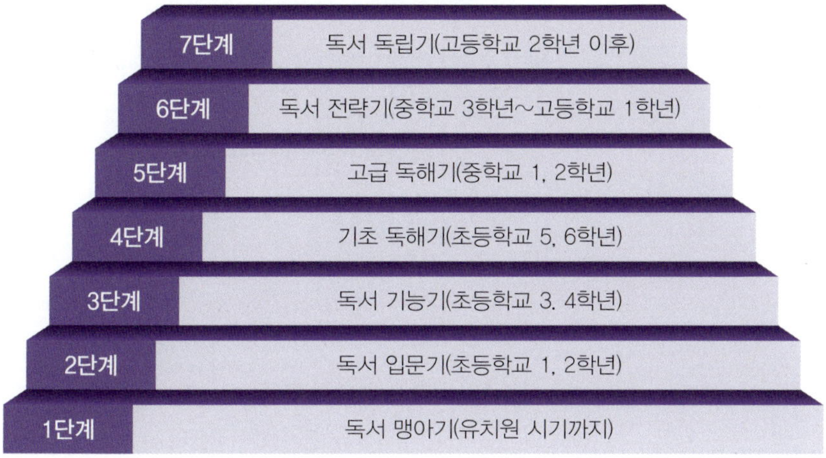

[그림 1-15] 천경록의 읽기발달 단계

3. 읽기 모형

읽기발달에 대한 대표적인 3가지 이론적 모형은 상향식 모형과 하향식 모형 그리고 상호작용적 모형이 있다. 3가지 모형 중 상호작용적 관점에서 모형의 읽기 과정을 이해하는 것이 최근의 일반적 추세다.

첫 번째 상향식 모형은 읽기를 어떤 정보의 문자-음성적 수준(단어 인지, 음소 분석, 단어 확인)의 처리에서 통사론 수준의 처리를 거쳐 의미론적 수준(담화 수준 분석, 쉐마 수준 분석)의 처리에 이르는 일련의 단계를 거치는 과정으로 다음의 [그림 1-16]과 같이 설명하고 있다. 두 번째 하향식 모형은 상향식 모형과는 정반대 방향의 처리 과정을 거친다. 세 번째 상호작용적 모형은 독자를 텍스트의 의미를 적극적으로 이해하려고 하는 정보 처리자로 생각하며, 독자가 적극적으로 이해를 추구할 때 필요에 따라 하향적 혹은 상향적 처리가 상호 보완적으로 기능한다는 견해이다. [그림 1-17]은 하향식 처리에 중점을 둔 상호작용 모형을 나타낸 것이다(김승국 외, 1998).

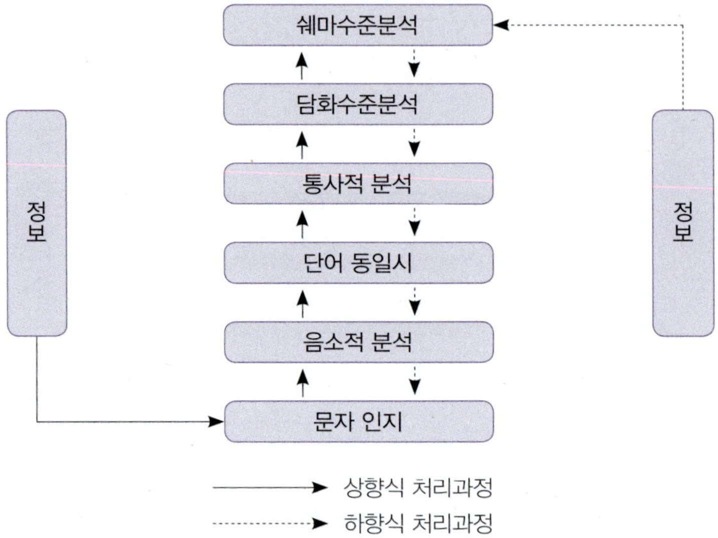

[그림 1-16] 상향식/하향식 모형

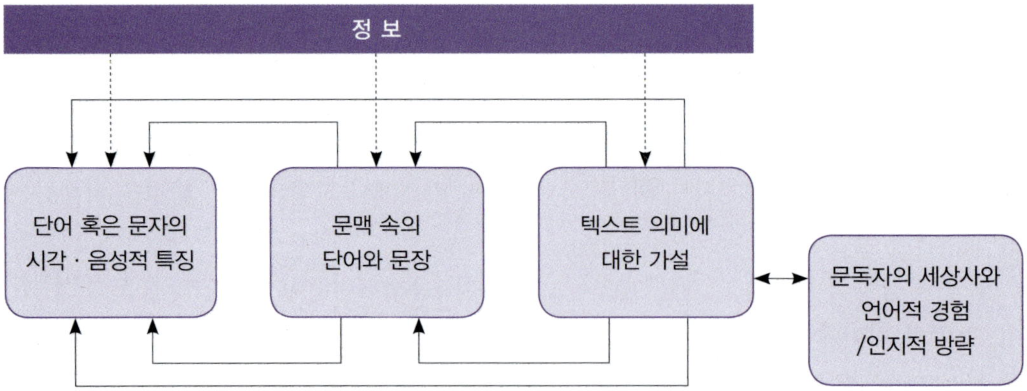

[그림 1-17] 상호작용 모형

4. 쓰기발달

쓰기발달에 대한 보편적인 단계를 살펴보면 다음의 〈표 1-8〉과 같다(정남미, 2016).

〈표 1-8〉 아동의 쓰기발달 단계

<table>
<tr><th>단계</th><th>쓰기의 형태</th><th>단계</th><th>쓰기의 형태</th></tr>
<tr><td>1단계</td><td>낙서하기 단계</td><td>6단계</td><td>창의적인 글자 쓰기 단계</td></tr>
<tr><td>2단계</td><td>조절된 낙서단계
하위 1단계: 수직선의 출현
하위 2단계: 수평선의 출현
하위 3단계: 원의 출현</td><td>7단계</td><td>글자 쓰기 단계</td></tr>
<tr><td>3단계</td><td>낙서 명명하기 단계</td><td>8단계</td><td>단어 쓰기 단계
하위 1단계: 불완전한 단어 쓰기
하위 2단계: 표준 단어 쓰기</td></tr>
<tr><td>4단계</td><td>한두 개의 자형이 나타나는 단계</td><td rowspan="2">9단계</td><td rowspan="2">문장 쓰기 단계
하위 1단계: 불완전한 문장 쓰기
하위 2단계: 표준 문장 쓰기</td></tr>
<tr><td>5단계</td><td>여러 줄의 글처럼 보이는 쓰기 단계</td></tr>
</table>

쓰기의 기능은 언어의 전달 내용을 기호로 변환하는 과정으로, 언어의 말소리를 정확한 문자 형태 자음과 모음의 결합을 통한 문자 기호로 나타내는 것이다.

쓰기는 언어 기능에서 가장 복잡하고 고차원적인 영역이다. 단순한 낮은 수준의 능력에서부터 자신의 생각을 문자로 표현하는 높은 수준의 능력까지 그 범위는 다양하다. 학생이 쓰기를 통해 의사소통을 하기 위해서는 구어 기술과 읽기 기술을 적용해야 한다. 또한, 주제에 따라서 생각하고 조직할 수 있어야 하며, 단어를 쓰면서 필기를 통한 철자를 바르게 표현할 수 있어야 한다(권순우 외, 2018).

5. Bereiter의 쓰기발달

쓰기발달과 관련하여 가장 영향력 있는 논의는 Bereiter(1980)에 의해 진행되었다. 그는 인지주의 관점에서 쓰기발달의 단계를 설정하여 필자의 쓰기발달에 대한 이론적 근거를 마련하였다(가은아, 2011). 다음의 [그림 1-18]은 Bereiter가 제시한 쓰기발달 단계로 연상적 쓰기 단계, 수행적 쓰기 단계, 의사소통적 쓰기 단계, 통합적 쓰기 단계, 인식적 쓰기 단계이다.

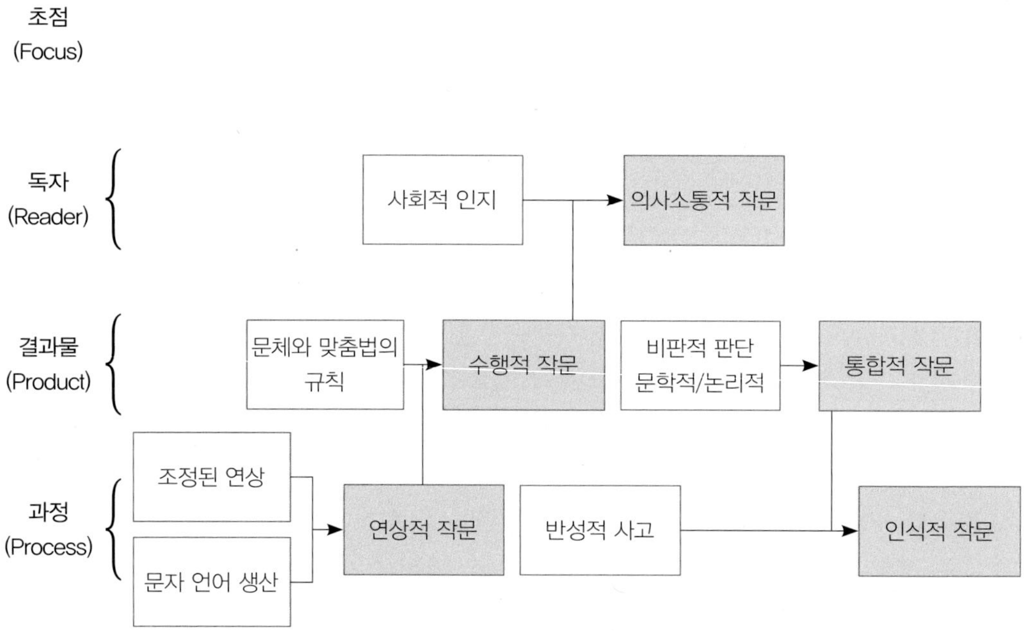

[그림 1-18] Bereiter의 쓰기발달 단계

Chapter 2

언어 산출기관 해부생리학

제 1 절 호흡기관
제 2 절 발성기관
제 3 절 공명기관
제 4 절 조음기관
제 5 절 신경기관

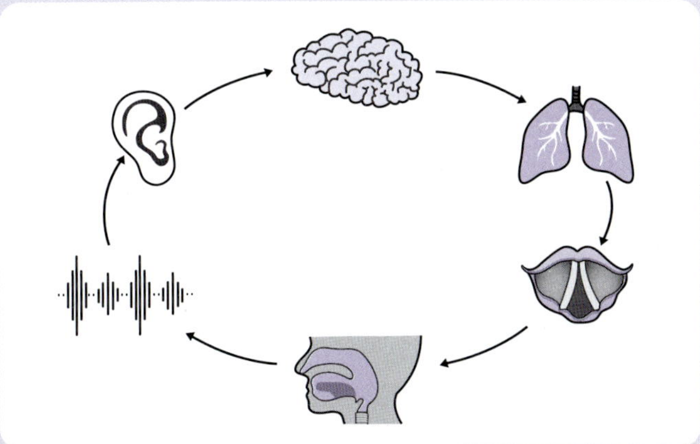

학·습·목·표

1. 호흡의 해부와 생리에 대한 정의와 개념을 이해할 수 있다.
2. 호흡기관, 발성기관, 공명기관, 조음기관의 특성에 대해 알아본다.
3. 신경기관의 구조와 기능들에 대해 알아본다.

1 호흡기관

인간은 생명을 유지하기 위해 필요한 산소(O_2)를 받아들이고, 물질대사의 결과로 생긴 이산화탄소(Co_2)를 배출해야 한다. 이러한 가스의 교환과정을 호흡이라고 한다. 호흡은 두 단계로 나누어 볼 수 있다. 첫 단계는 가스교환으로 외부 환경으로부터 산소를 세포에 전달하고, 세포에서 외부 환경으로 이산화탄소를 전달하는 과정이다. 두 번째 단계는 세포호흡으로 일련의 복잡한 대사반응을 통해 음식물 분자가 산소와 결합하여 분해되면서 이산화탄소의 에너지를 방출하는 과정이다(고도흥, 2017).

1. 생명유지를 위한 호흡과 발화를 위한 호흡

생명유지를 목적으로 하는 호흡과 발화를 위한 에너지원으로서의 호흡은 서로 다른 운동 기능을 한다. 생명유지를 위한 호흡은 보통 특정한 순간에 신체의 필요에 의해 결정된 호흡의 정도에 대한 무의식적이고 자동적인 작용이다. 생명을 위한 호흡 시에는 폐용량이 500cc 정도로 일정하지만 발화를 위한 호흡 시에는 더 많은 노력이 들어가기 때문에 3,500cc까지 폐용량(pulmonary capacity)이 변한다.

Ferrand(2007)에 따르면 생명유지를 위한 호흡과 발화를 위한 호흡은 공기가 흡입되는 위치, 들숨 대 날숨의 시간 비율, 주기별 흡입공기량, 날숨을 위한 근육활동에서 중요한 변화가 일어난다(표 2-1).

〈표 2-1〉 생명유지를 위한 호흡과 발화를 위한 호흡 시 발생하는 변화

변화	생명유지를 위한 호흡	발화를 위한 호흡
공기 흡입 위치	코	입
들숨 : 날숨 배출시간 비율	흡입 40%, 배출 60%	흡입 10%, 배출 90%
공기용적	500ml 폐활량(VC)의 10%	말의 길이나 크기에 따라 변화 폐활량의 20~25%
날숨을 위한 근육활동	수동적	능동적

발화를 위한 호흡은 복잡한 작용에 의해 이루어진다. 발화의 흐름이 깨지지 않기 위해서는 언어적으로 적절한 지점에서 숨을 쉬어야 하며, 발화를 생성하기 위해 적당한 양의 공기를 들이마셔야 하고 한숨에 몇 개 이상의 음절을 말할 수 있도록 적절한 길이의 날숨을 발생시켜야 한다.

2. 호흡기관의 구조와 기능

1) 기관, 기관지, 폐

생명유지를 위하여 조용히 숨 쉬는 동안 내쉬는 공기는 호흡관을 통하여 대기로 돌아가는데, 이러한 형태의 숨쉬기는 우리 생활에서 1분에 약 12～16회 수행되는 탄성반동(elastic recoil) 작용에 의하여 일어난다.

기도의 경로는 코 또는 입→인두(pharynx)→기관(trachea)→주기관지(main bronchus)→세기관지(bronchioles)→폐포관(alveolar ducts)→폐포낭(alveolar sacs)→폐포(alveolus)이다. 기관, 세기관지, 폐포, 모세혈관은 폐의 안쪽 구조를 만든다. 폐를 이루는 수백만 개의 폐포는 공기를 담고 있고, 이는 폐의 통기성과 탄성을 좋게 만든다(그림 2–1).

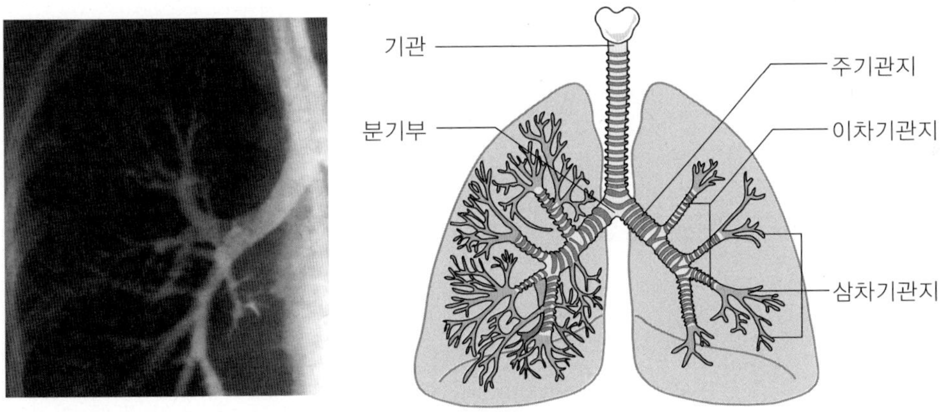

[그림 2-1] 폐와 기관지

2) 주호흡근

횡격막(diaphragm)은 호흡근 중 가장 효과적인 근육으로 횡격신경의 지배를 받는다. 들숨 시 횡격막 근육이 수축하면 편평해지고 흉강 부피가 증대한다. 횡격막이 내려감으로써 복부 내장은 그만큼 앞쪽으로 밀린다. 흉곽은 횡격막 운동과 늑골뼈대의 들어 올림에 따라 변화한다. 횡격막은 흉강과 복강을 구분하는 경계로서 호흡과 발성에서 가장 중요한 역할을 한다. 횡격막이 수축하면 들숨이 일어나고 이완하면 날숨이 일어난다. 따라서 [그림 2–2]와 같이 발화하는 동안 횡격막은 이완되고 배의 근육수축으로 횡격막을 들어 올려 폐에서 공기를 밀어낸다.

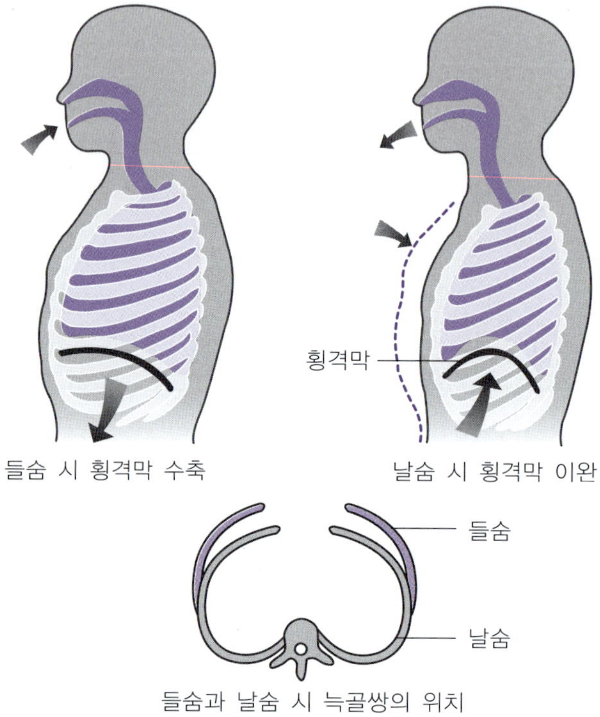

[그림 2-2] 들숨과 날숨 시 횡격막의 기능

3) 부호흡근

늑골외곽, 등, 목, 복부에 붙어 있는 다른 많은 근육은 호흡할 때 우리 몸의 필요에 따라 역할이 바뀐다. 우리가 숨쉬기를 원할수록 더 많은 근육이 흉부강의 체적을 늘리고 늑골의 곽을 들어 올리는 것을 돕기 위해서 사용된다. 이러한 근육들을 부호흡근(accessary respiratory muscle)이라고 한다.

일반적으로 호흡 시와 발성 시에는 횡격막과 외늑간근이 주로 작용하고, 이완압력 곡선과 교차하는 지점에서는 외늑간근의 작용이 멈추고 대신 내늑간근, 외복사근(external oblique m.), 내복사근(internal oblique m.), 복직근(rectus abdominis m.) 및 복횡근(transverse oblique m.)이 작용하는 것을 알 수 있다.

들숨이란 공기가 폐 내부로 들어오는 과정으로서 능동적인 근육수축에 의해 폐가 팽창됨으로써 일어난다. 정상적인 들숨에서는 횡격막만 사용한다. 횡격막이 수축하면 복강 내용물을 아래로 눌러 흉강의 용적이 커진다. 그 밖에 깊고 강한 들숨 시에는 목과 가슴의 부수적인 근육을 사용한다.

날숨을 위해서는 폐포압은 대기압보다 높아야 하며, 폐의 용적은 감소해야 한다. 생명을 유지하기 위한 호흡이나 발화를 위한 호흡 모두에서 들숨은 흉곽과 폐의 부피를 늘리기 위해 횡격막과 외늑간근의 수축이 필요하다.

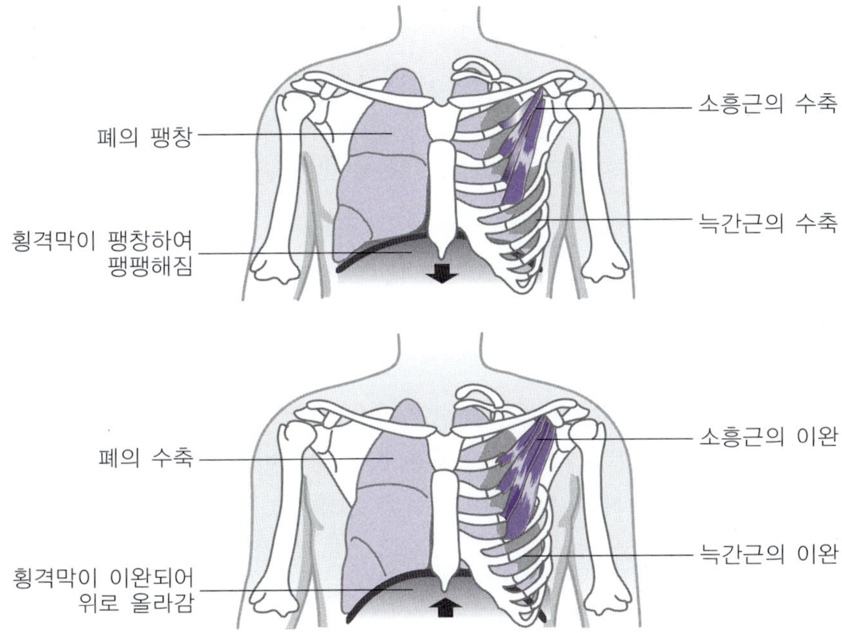

[그림 2-3] 들숨과 날숨

3. 폐용적 및 용량

폐활량은 체중, 키, 나이 등과 관계가 있다. 일반적으로 20세까지 10년에 100cc씩 증가하는 폐활량은 25세경까지 유지되다가 감소하기 시작한다. 폐활량은 여성이 남성보다 생의 전반에 걸쳐 비슷한 비율로 작아진다.

1) 폐용적

폐용적(lung volume)은 주어진 시간에 폐 속에 있는 공기의 양이며, 그 공기의 어느 정도가 발화를 포함한 다양한 목적을 위해 사용되는가를 말한다(Solomon & Charron, 1998). 폐용적은 1회 호흡용적(tidal volume: TV), 들숨예비용적(inspiratory reserve volume: IRV), 날숨예비용적(expiratory reserve volume: ERV), 그리고 잔기용적(residual volume: RV)을 말한다.

2) 폐용량

폐용량(lung capacity)은 두 개 이상의 폐용적을 합한 것을 말하며, 폐활량, 기능적 잔기용량, 총 폐활량으로 구분할 수 있다.

① 폐활량: 폐활량(lung capacity)은 1회 호흡용적, 들숨예비용적, 날숨예비용적의 결합이다. 즉, 폐활량은 한 사람이 가능한 한 깊이 숨을 들이쉰 이후에 숨을 내쉴 수 있는 공기의 최대량이며, 발화 등 모든 목적을 위해 사용 가능한 전체 공기의 양을 가리킨다. 폐활량은 연령, 환경, 신체조건, 산소에 대한 필요조건 등에 따라서 달라질 수 있다.

② 기능적 잔기용량: 기능적 잔기용량(functional residual capacity: FRC)은 안정 시 날숨이 끝난 후 폐 안에 남아 있는 공기량이다. 즉, 날숨예비용적과 잔기용적을 합친 것이다.

③ 총 폐활량: 총 폐활량(total lung capacity: TLC)은 폐에 들숨을 최대로 흡인하였을 때 폐 안의 공기량을 말한다. 즉, 1회 호흡용적, 들숨예비용적, 날숨예비용적, 잔기용적이 모두 포함된다. 총 폐활량은 나이와 함께 증가하고, 성별에 의해 영향을 받는다.

[그림 2-4]는 폐의 용적 및 용량을 나타내는 호흡곡선이고, 〈표 2-2〉는 성인 남성의 폐의 용적과 용량이다.

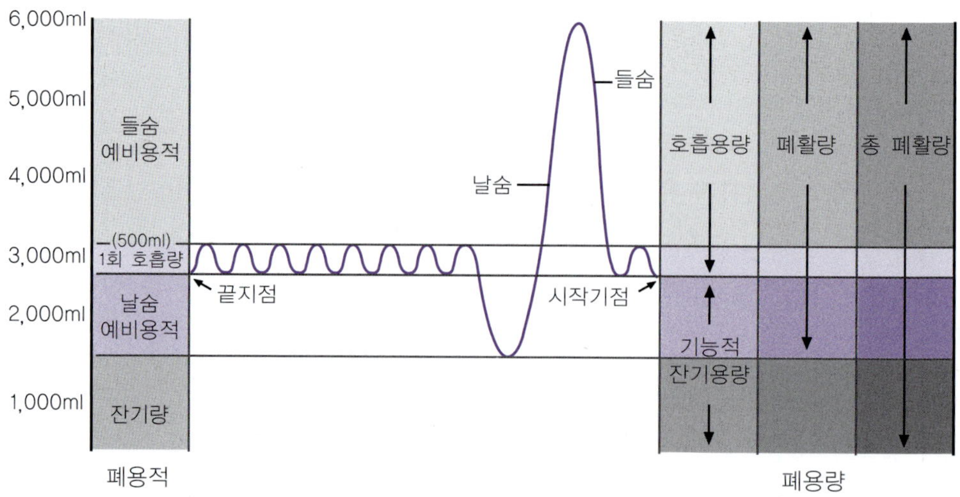

[그림 2-4] 폐용적 및 폐용량을 나타내는 호흡곡선

〈표 2-2〉 폐의 용적과 용량

폐용적(lung volumes)		
1회 호흡용적(TV)	500cc	호흡주기당 들숨과 날숨의 용적
들숨예비용적(IRV)	3,100cc	1회 호흡량보다 많은 들숨용적
날숨예비용적(ERV)	1,200cc	1회 호흡량보다 많은 날숨용적
잔기용적(RV)	1,200cc	최대 날숨 후 자발적으로 배출할 수 없는 폐 안에 남아 있는 공기의 용적
폐용량(lung capacities)		
폐활량(VC)	4,800cc	공기를 최대한 들이마신 후 내쉴 수 있는 공기의 용적(IRV+TV+ERV)
기능적 잔기용량(FRC)	2,400cc	폐 안에 남아 있는 공기의 양(ERV+RV)
총 폐활량(TLC)	6,000cc	폐가 가질 수 있는 공기의 총량(TV+IRV+ERV+RV)

2 발성기관

발화에 이용되는 힘은 폐로부터 나오는 공기이지만 발화를 할 때 들을 수 있는 진동을 만들기 위해 기도 상위 부분에서 공기를 변환하는 활동을 하게 된다. 기도로 액체가 유입되거나 삼킴(swallowing) 시 음식물 입자나 유동체가 흡입되거나 호흡할 때 이물질이 흡입되는 것을 방지하기 위해서 공기로에는 다양한 종류의 보호구조가 필요하다.

1. 후두의 기능과 위치

1) 후두의 기능

후두의 가장 중요한 기능을 발성(phonation)으로 알고 있으나 실제로 후두의 일차적인 기능은 기도를 보호하는 것이다. 후두는 여러 반사작용을 통하여 이물질이 폐로 들어오는 것을 막기 위한 적절한 감각과 근육기제를 가지고 있다. 이물질이 기도로 들어올 경우 여러 반사작용이 무의식적으로 작동하여 폐를 보호한다. 기도를 보호하기 위한 일련의 반사경로는 음식물이 후두개나 피열후두개주름(aryepigottic fold)에 닿아 이 자극으로 들숨운동의 억제가 시작되며, 진성대(true vocal folds)가 강력하게 닫히고 이로 인해 가성대(false vocal cords)의 닫힘이 이차적으로 유도된다(그림 2-5). 이어서 피열후두개주름이 안쪽으로 당겨지면서 후두개가 뒤쪽으로 밀려 후두 입구를 막게 된다(유재연 외, 2015).

후두의 이차적인 기능은 호흡이라 할 수 있다. 후두는 인두로부터 기관에 이르는 공기의 통로로 견고한 연골로 구성된 개방관에 불과하지만, 성대의 운동을 통하여 성문열의 개폐가 조절된다. 즉, 평상시 성문은 안정위를 취하며 안전흡기 시에 약간 열린다.

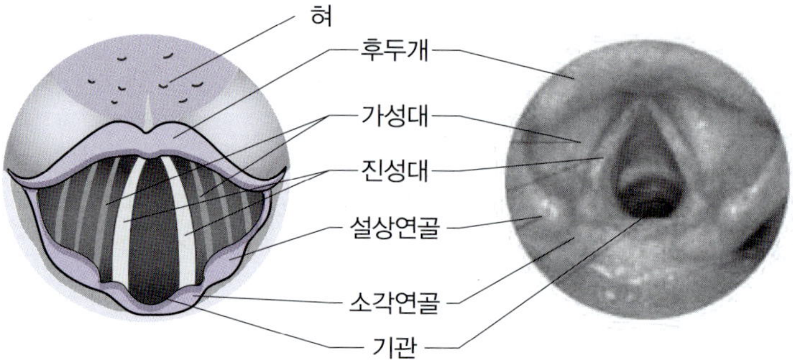

[그림 2-5] 성문

2) 후두의 위치

후두는 설골(hyoid bone)이라고 부르는 말발굽 모양의 뼈 아래에 위치한다. 후두의 뼈대는 연골로 이루어져 있기 때문에 좋은 목소리 산출과 삼키는 동안의 전반적 운동에 필요한 유연성을 제공한다(정옥란, 1996). 후두의 바닥은 기관 꼭대기의 바로 위에 놓여 있는 반지 모양의 윤상연골로 되어 있다. 윤상연골의 뒷부분 위쪽에는 작은 피라미드 모양의 피열연골 두 개가 위치해 있다. 갑상연골은 방패 모양이고 후두 골격의 앞면을 구성한다. 이 연골은 성대와 후두의 다른 내부 구조를 보호한다. 갑상연골의 전상방 근처에 있는 돌기를 후두융기(laryngeal prominence, Adam's apple)라고 부른다. 이 돌출 부위는 특히 남성의 사춘기 이후에 현저해진다. 출생 시 여자아이의 갑상연골 각도는 120° 정도이고, 남자아이는 110°인데, 성인 여성과 남성의 경우 각각 120°와 90°를 유지하게 된다.

성대는 뒤쪽으로 피열연골에 부착되어 있다. 이들 연골은 쌍으로 되어 있고 모양이 피라미드형과 비슷하다. 피열연골들이 접근했을 때, 이물질로부터 폐를 보호하거나 발성을 목적으로 후두를 준비시키기 위해 성대를 닫는다. 피열연골들이 서로 떨어졌을 때, 피열연골은 성대를 분리시켜 구 · 비강과 폐 사이의 자유로운 호흡경로를 내준다. 피열연골에는 소각연골이라고 하는 위로 확장된 작은 부분이 있다. 소각연골은 성대의 후방을 부착하는 데 피열연골을 돕는다. 후두개는 갑상연골에서 혀의 뒤까지 위로 뻗은 나뭇잎 모양의 연골이다. 인체에서 후두개의 역할은 일반적으로 후두와 기도를 보호하는 것이라고 할 수 있다(그림 2-6).

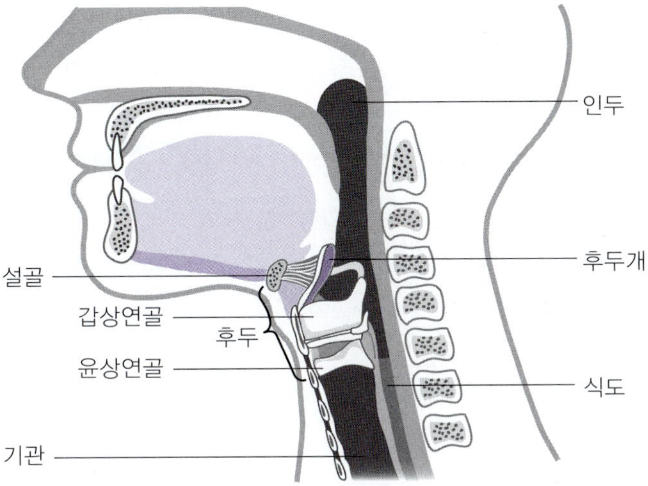

[그림 2-6] 후두의 위치

2. 후두의 구조

후두골격은 1개의 뼈와 9개의 연골로 이루어져 있다. 연골 중 3개는 독립적이고 6개는 쌍을 이루고 있다. 독립적인 연골은 갑상연골(thyroid cartilage), 윤상연골(cricoid cartilage), 후두개연골(epiglottic cartilage)이고, 짝을 이루는 연골은 피열연골(arytenoid cartilage), 소각연골(corniculate cartilage), 설상연골(cuneiform cartilage) 등이다. 후두의 연골성 구조는 설골에 부착되어 있다. 설골은 혀에 붙어 있는 'U'자 모양의 작은 뼈다. 후두는 설골갑상막에 의해서 설골에 연결되어 있다. [그림 2-7]은 후두의 전면, 측면, 후면이다.

후두개와 설골 사이에 파인 곳을 후두계곡이라 한다. 이곳에서 피열후두개주름과 갑상연골 사이를 지나 후두로 들어가는 통 모양의 고랑을 이상와(pyriform sinus)라고 한다.

[그림 2-8]에서처럼 후두는 성문을 중심으로 성문상부, 성문부, 성문하부로 나눌 수 있다. 성문상부는 후두개 첨부에서 후두전정까지이고 성문부는 성대를 포함하여 성대인대의 5~7mm 아래까지를 말하며, 성문하부는 성문부의 최하단에서 윤상연골의 하연(기관 바로 위)까지를 가리킨다.

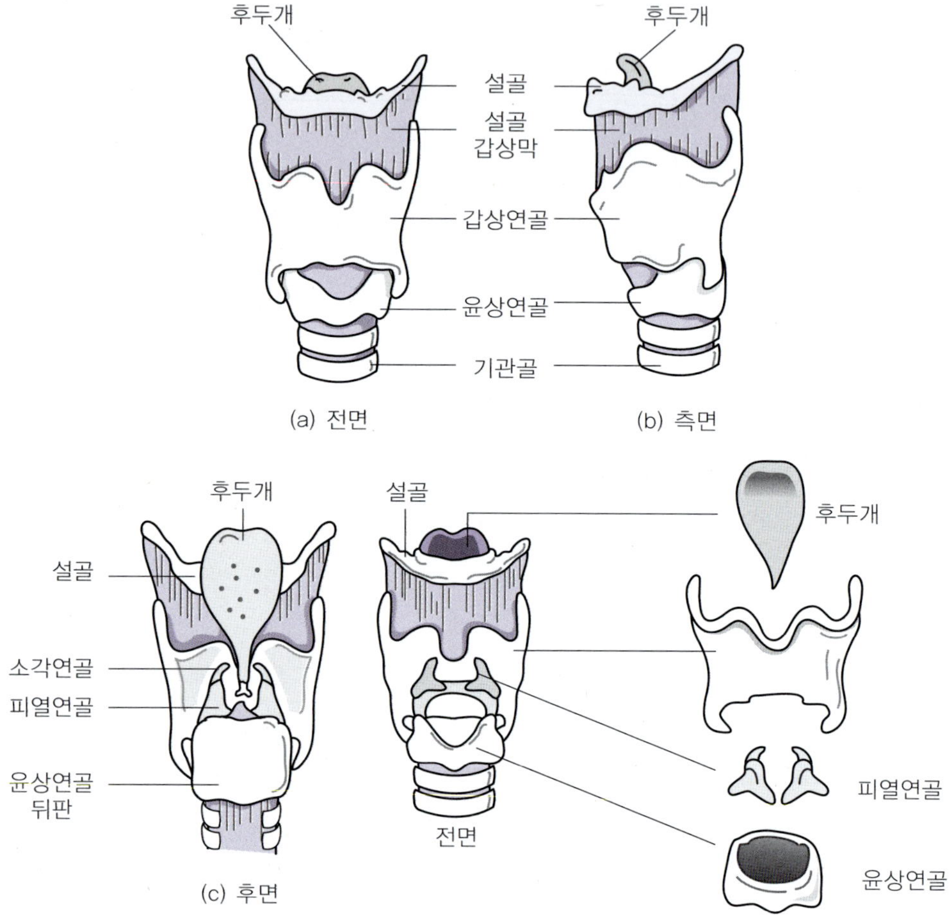

[그림 2-7] 후두의 구조

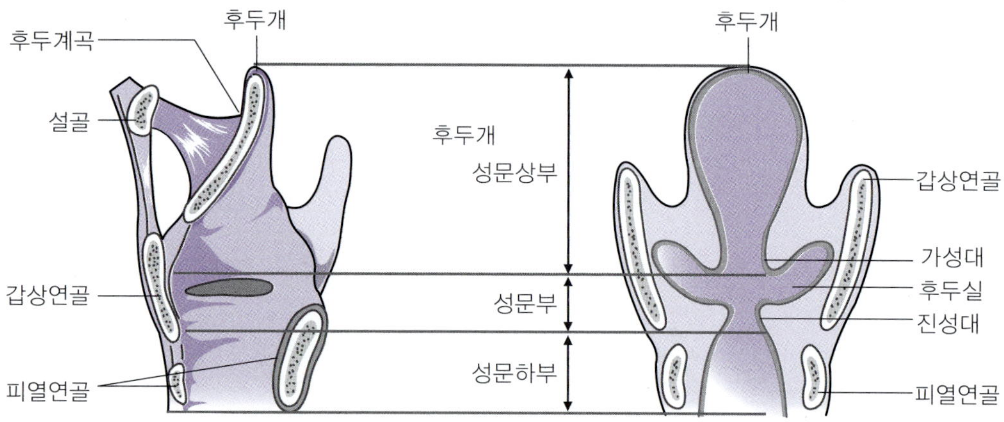

[그림 2-8] 성문상부, 성문부, 성문하부

3. 후두의 내근과 외근

후두에는 5개의 후두 내부근육인 후두내근(laryngeal intrinsic m.)이 있다. 윤상갑상근(cricothyroid m.)은 상후두신경(superior laryngeal m.)의 지배를 받지만 다른 4개의 근육은 회귀성후두신경(recurrent laryngeal m.)의 지배를 받는다. 후두내근은 성대의 내전(adduction), 외전(abduction) 및 긴장(tension)에 관여한다(그림 2-9).

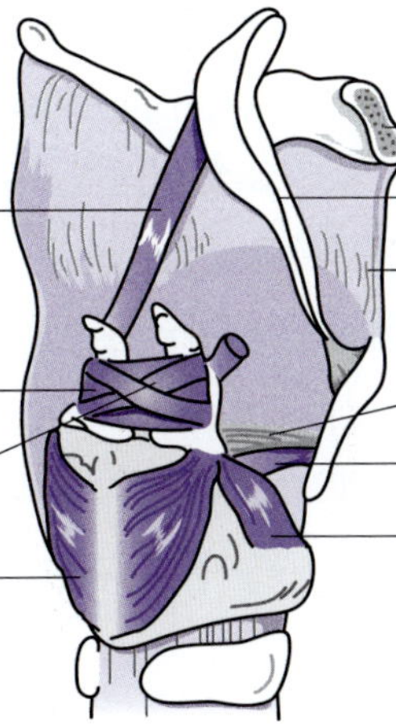

[그림 2-9] 후두내근

1) 후윤상피열근

후윤상피열근(posterior cricoarytenoid m.)은 유일한 외전근으로 후두 내부근육 중 가장 크다. 섬유조직은 윤상연골의 뒷표면 중간의 움푹한 부분에서 시작하여 위쪽으로 경사지게 올라가 같은 쪽에 있는 피열연골의 근육돌기에 부착된다. 피열연골을 회전시키므로 주요 기능은 성대를 외전시키는 것이다.

2) 외측윤상피열근

한 쌍의 외측윤상피열근(lateral cricoarytenoid m.: LCA)은 후윤상피열근에 대한 직접적인 길항근(antagonistic m.)으로 성대를 내전시키는 역할을 한다. 윤상연골 아치의 위쪽 가장자리에서 시작하여 같은 쪽에 있는 피열연골의 근육돌기에 부착된다.

3) 갑상피열근

갑상피열근(thyroarytenoid m.: TA)의 섬유조직은 갑상연골의 내부 표면에서 시작하며, 뒤쪽으로 연장되어 피열연골의 성대돌기와 외측 표면에 부착된다. 갑상피열근의 내부는 성대근(vocalis m.)이라고 하고 외측의 큰 섬유조직은 갑상근 혹은 외측갑상피열근이라 한다. 갑상피열근은 다른 후두내근의 수축에 의해 열리고 닫히며 긴장되고 이완한다.

4) 윤상갑상근

윤상갑상근(thyroarytenoid m.: TA)은 기본주파수 조절을 하는 주된 근육이다. 수축 시 윤상갑상관절 안에서 갑상연골을 앞으로 회전시킴으로써 성대를 팽팽하게 하여 음도(pitch)를 상승시키는 역할을 한다. 또한, 윤상갑상근은 성대를 늘리는 기능을 하면서 음도를 하강시키는 역할도 한다. 윤상갑상근의 자극은 미주신경(vagus nerve)의 또 다른 가지인 회귀성후두신경(RLN)에 기인하다. 윤상갑상근은 윤상고리의 측면에 붙어 있고 직근(pars recta)과 사근(pars oblique)에 의해 갑상연골 쪽에 영향을 미치고 성대를 긴장시키는 내전활동을 한다(Watts et al., 2003).

5) 횡피열근과 사피열근

횡피열근(transverse arytenoid m.)은 한쪽 피열연골의 뒷표면과 측면 가장자리에서 시작하여 맞은편 피열연골의 동일한 위치에 부착된다. 그렇기 때문에 이 근육은 한 쌍이 아니다. 횡피열근은 두 피열연골 사이의 공간을 가로지른다. 횡피열근에는 양측 회귀성후두신경이 분포되어 있어서 이 근육이 수축할 때면 피열연골이 접촉되면서 성대가 압축되고 따라서 성대가 내전된다.

사피열근(oblique arytenoid m.)은 한쪽 피열연골의 근육돌기에서 시작하여 반대편 피열연골의 정상에 이르기까지 위쪽으로 가로지르고 있다. 양측 회귀성후두신경의 지배를 받으며 성대의 내전에 활동적인 역할을 한다.

〈표 2-3〉 후두내근

근육	부착	기능
외측윤상피열근	외측윤상연골에서 피열연골의 근육돌기 쪽으로 연결	성대를 내전시킴
피열간근 횡피열근	한 피열연골 뒷면의 외측 가장자리에서 다른 피열연골 뒷면의 외측 가장자리로 연결	성대를 내전시킴
사피열근	한 피열연골 뒷면의 아래에서 다른 피열연골 뒷면이 정점에 연결	
후윤상피열근	후윤상연골에서 피열연골 근육돌기에 연결	성대를 외전시킴
윤상갑상근 직근사근	윤상연골 앞쪽에서 갑상연골의 아래쪽 가장자리에 연결	성대를 늘이고 긴장시킴
	윤상연골의 앞쪽에서 갑상연골의 하각에 연결	
갑상피열근	앞의 접합면에서 근육돌기에 연결	성대를 짧게 하고 이완시킴

4. 발성이론

발성을 위해서는 성대의 진동이 필수적이다. 성대가 진동하기 위해서는 다음과 같은 전제조건이 있어야 한다. 첫째, 두 성대 사이의 거리가 어느 정도 이상 가까워야 한다. 둘째, 성대의 상태가 유연해야 한다. 셋째, 성문 위와 성문 아래에 충분한 압력 차이가 있어야 한다.

성대진동을 설명하는 대표적인 이론으로 근탄성기류역학이론(myoelastic aerodynamic theory)과 몸체-덮개이론(body-cover theory)이 있다(Van den Berg, 1958; Hirano, 1974).

1) 근탄성기류역학이론

성대는 신경자극보다 폐에서 나오는 기류에 의해서 활성화된다. 날숨 시 성대가 닫힘으로써 기도 내 압력이 상승하게 되고, 기도 내 압력이 성대를 닫히게 하는 압력보다 높아지면 성대가 열리며, 이어서 베르누이 효과(Bernoulli's effect)에 따라 압력이 떨어져 성대가 다시 닫히게 된다. 이러한 기도 내 압력의 반복적인 변화가 성대의 여닫음을 만들고 이로 인한 공기가 다시 닫히게 된다.

베르누이 효과는 유동체(기체 또는 액체)가 좁은 통로 또는 압축된 부분을 지나면서 흐르는 속도가 증가되고 결국 압력은 감소한다는 원리를 말한다. 즉, 좁은 성문은 통로의 역할을 하고 성문을 지나는 공기의 압력은 감소하면서 성대를 중심선으로 되돌아가도록 힘을 가한다. 이런 주기는 스스로 반복되는데 이것은 음극, 양극 압력이 서로 상호작용을 하면서 내측압력이 지속적으로 작용함으로써 성대진동을 유지한다(그림 2-10).

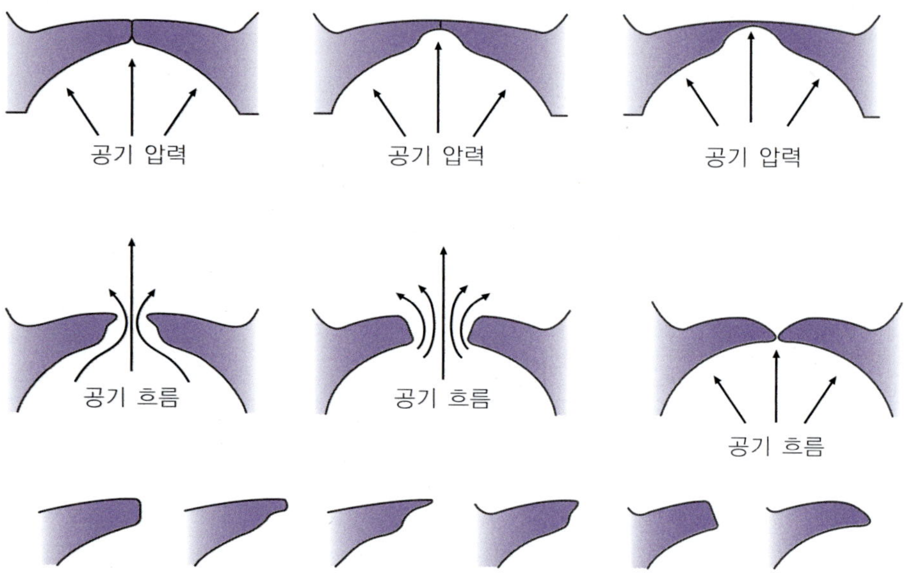

[그림 2-10] 발성 시 근탄성기류역학 이론

2) 몸체-덮개이론

이 모델은 성대의 각 층의 경직도(stiffness) 특성에 기초한다. 경직도는 가해진 힘에 의해 변형되거나 아래로 굽어지는 것으로부터 몸체가 얼마나 강하게 저항하는지와 관련된다. 즉, 말하고 노래하는 데 있어서 성대의 조절은 성대주름에 있는 조직이 상이한 층구조에 따라 자동적으로 제어된다고 한다. 덮개층(cover layer)과 몸체층(body layer) 간에 상대적인 경직도의 정도에 따라 여러 유형의 성대진동이 만들어지게 된다(Hirano & Kakita, 1985).

덮개는 상피(epithelium)와 고유층(lamina propria)의 표층(supeficial layer)으로 구성되며, 몸체는 고유층의 중간층(intermediate layer)과 심층(deep layer)으로 구성된다. 성대인대는 고유층의 중간층과 심층을 에워싸고 있다. 고유층의 중간층에는 탄성섬유가 풍부하고 심층에는 콜라겐섬유가 풍부하다. 고유층의 표층은 라인케 공간(Reinke's space)이라고 하여 성대진동 시 발성에 필수적인 점막파형의 형성에 꼭 필요한 구조이기도 하다(그림 2-11).

성대는 진동하는 동안 성대의 두 층은 수평과 수직의 성분을 갖고 있는 유형을 만들어 내는 상호작용을 한다. 성대는 한 번에 열리고 닫히는 것이 아니라 밑에서부터 위로 열리고 닫힌다. 이러한 복잡한 진동은 수직적이고 수평적으로 열리고 닫히는 성대의 시간차 때문인데, 성대의 아래가 닫히기 시작할 때, 위 공간은 열려 있고 공기가 성문을 통해 위쪽으로 진행되면서 성대가 닫히며, 이러한 현상이 반복적으로 나타난다.

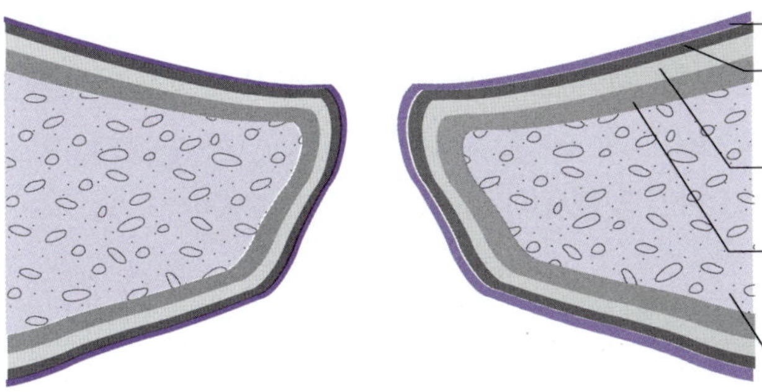

[그림 2-11] 성대의 몸체-덮개 모델

5. 성대의 조절과 후두신경

성대는 성대주름이라 불리는 막에 둘러싸여 있으며, 갑상연골에서 윤상연골로 근육활동이 이어지면 그 결과로 음도가 올라간다. 성대긴장이 증가하면 성대를 조금 가늘게 하고 성대가 더 빨리 움직이도록 하여 음도를 증가시킨다. 즉, 음도는 성대의 무게, 긴장 및 길이의 변화와 일치하여 변한다. 남성의 성대는 여성의 성대에 비하여 더 크고 길기 때문에 남성의 목소리는 여성보다 음도가 더 낮다(대한후두음성언어의학회, 2016).

1) 성대

성대의 길이는 신생아의 경우 남아가 5mm, 여아가 약 4.5mm이고 만 2세가 되면 남아와 여아의 성대 길이가 10mm를 상회한다. 16세경에는 여성의 경우 16mm, 남성의 경우는 이미 20mm를 상회한다. 성인의 경우 남성은 20~25mm, 여성은 15~20mm 정도가 된다(대한이비인후과학회, 2016).

성대의 길이는 초당 성대진동수를 가리키는 기본주파수(fundamental frequency, F_0)와 함수관계가 있다. 즉, 성대의 길이가 길면 길수록 F_0는 떨어진다. [그림 2-12]는 Kent(1997)의 연구에서 출생 후부터 19세까지 발달에 따른 F_0의 변화를 나타낸 것이다.

10세 이전까지는 F_0값이 성별에 따라 차이를 보이지 않는다. 1~3세까지는 남자와 여자 모두 F_0가 급격히 하강한 후 사춘기인 11세나 12세가 될 때까지 점진적으로 하강한다. F_0의 가장 급속한 변화는 생후 4개월간, 생후 1년간, 그리고 남자의 경우에 한해 13세에서 17세까지라고 보고되고 있다.

성인 여성의 경우 20대부터 80대에 이르기까지 거의 비슷한 수준의 F_0를 보이다가 70대, 80대 이후에는 오히려 완만하지만 감소하는 현상을 보이기도 한다. 또한, 노년기 남성의 경우에는 성대의 길이도 최대이고 성대의 운동 기능 저하로 탄력성이 떨어짐에도 불구하고 초당 성대 개폐 속도는 낮아지지 않고, 오히려 높아지는 데 반하여 성인 여성의 경우에는 노년기에 이르러 아주 완만한 정도이지만 오히려 F_0가 낮아지는 것을 볼 수 있다. 이는 호르몬의 분비와 관련 있는 것으로 보고하기도 했다(Gugatschka et al., 2010).

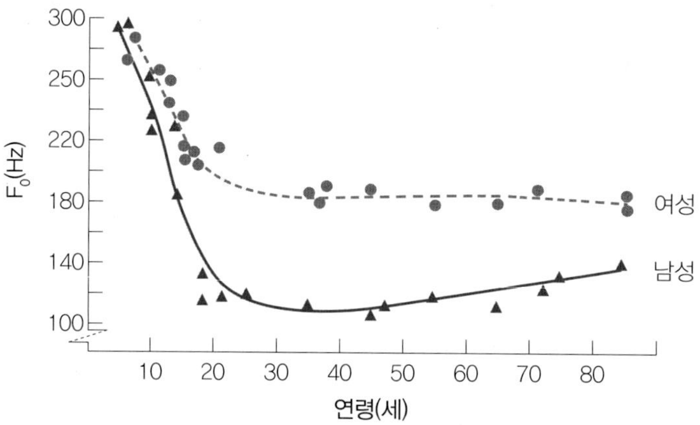

[그림 2-12] 남녀의 기본주파수 비교

2) 성대의 조절

호흡과 발성의 목적을 위한 성대의 활동을 조정하는 내부 후두근육은 기능에 따라 외전(abduction), 내전(adduction), 긴장, 이완근으로 분류한다. 후윤상피열근은 성대를 여는 역할을 한다(외전). 이 쌍으로 된 근육은 윤상연골 뒤쪽에서 피열연골각 측면으로 뻗어 있다. 후윤상피열근이 수축할 때 피열연골이 아래쪽과 뒤쪽으로 당겨지고, 피열연골은 각각에서 미끄러지면서 떨어지게 하는 원인이 된다. 성대가 떨어지면서 성대 사이에 삼각형의 공간이 형성되는데, 이를 성문(glottis)이라고 부른다.

외전은 인체를 해부학적인 자세에서 좌우대칭이 되도록 둘로 나눈 중심선에서 멀리 떨어지는 운동이며, 여기에 관여하는 근을 외전근(abduction m.)이라고 하고 성대의 운동에서 보면 외전은 성대가 열리는 것을 말한다.

내전은 양 성대가 서로 접근하여 성문이 좁아지는 것을 가리킨다. 내전운동은 발성 개시를 위해 후두의 위치에서 발음기관이 취하는 특징을 갖는다. 유성음을 내기 위해서는 성대가 내전되거나 가깝게 모여야 한다. 유성자음(/v/, /z/)을 낼 때는 모음을 발성할 때보다 덜 견고하게 내전한다. 이때 횡피열근(transverse arytenoid m.)과 X자 모양의 사피열근(oblique arytenoid m.)으로 구성된 피열간근(interarytenoid m.: IA)에 의해 피열연골이 내전되면서 성대돌기가 서로를 향해 안쪽으로 흔들린다. 외측윤상피열근(lateral cricoarytenoid m.: LCA)의 윤상연골을 앞으로 당기고 회전하기 때문에 성대를 내전하게 하여 성대가 탄력을 유지하도록 돕는 역할을 한다(그림 2-13).

성대긴장은 윤상갑상근(cricothyroid m., CT)에 의해 이루어지는데, 이것은 한 쌍으로 된 근육으로 윤상연골의 앞쪽에 붙어 있고, 위쪽으로 갑상연골 아래쪽 가장자리까지 확장된다. 성대의 이완은 성대 가장자리에 있는 성대인대(vocal ligaments), 성대인대와 평행인 갑상성대근과 평행으로 있는 갑상근으로 되어 있는 갑상피열근(thyroarytenoid m.: TA)으로 구성되어 있다(Ferrand, 2012).

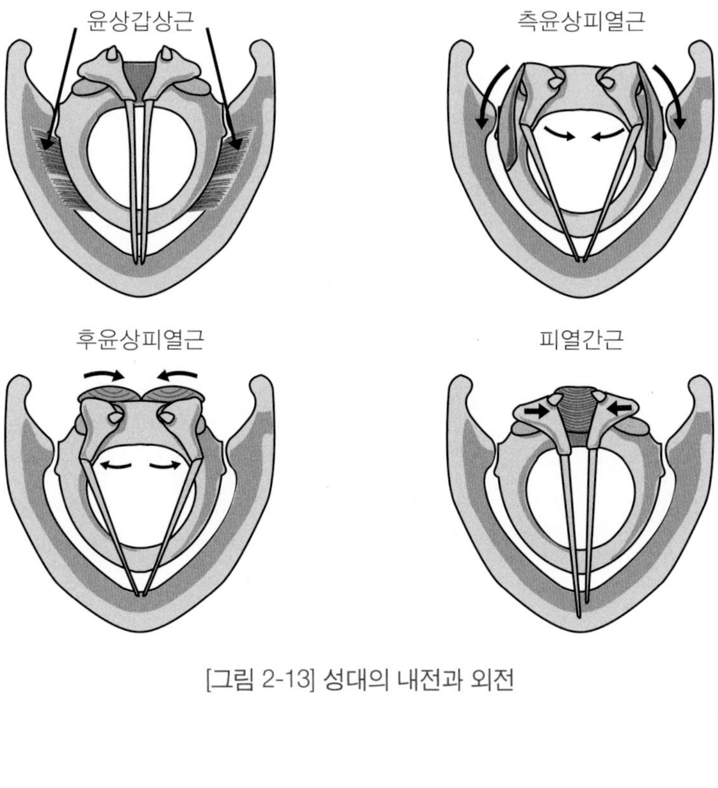

[그림 2-13] 성대의 내전과 외전

3) 후두의 신경

후두를 움직이는 신경은 제10번 뇌신경(CN X)인 미주신경(vagus nerve)이고, 많은 미주신경섬유는 설인신경(glossopharyngeal n.)과 부신경(accessory n.)의 기시부인 의문핵(nucleus ambiguous)에서 시작한다. 미주신경의 몇몇 신경가지는 발화기제(speech mechanism)에 직접적으로 관여하기 위해 경부(neck region)에 멈춘다. [그림 2-14]에서 보듯이 성문상부와 성문부의 신경조절은 상후두신경에 의존하고, 성문하부의 신경조절은 회귀성 후두신경에 의하여 실현된다.

미주신경은 흉곽과 복부 장기를 포함하여 심장과 다른 내부 장기를 부교감신경섬유로 조절하는 뇌신경 중 가장 긴 쌍이다. 미주신경의 병소(lessions)는 연구개마비, 삼킴장애 뿐만 아니라 실성증(aphonia), 기식음성(breathiness), 편측성 거친음성(unilateral roughness) 같은 음성문제를 일으킨다(김향희, 2013).

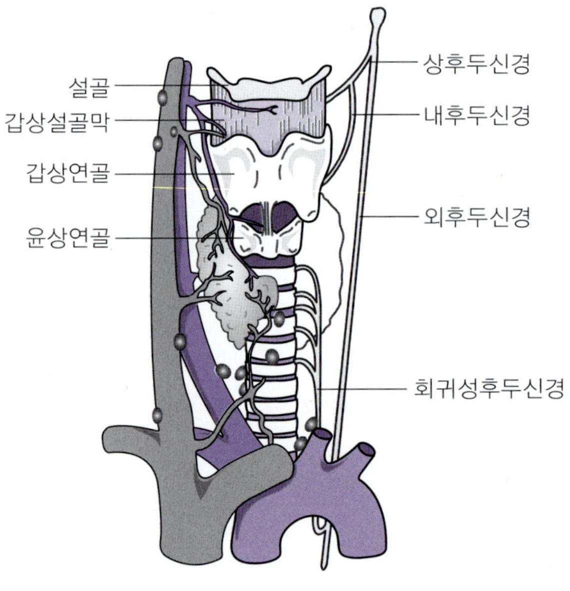

[그림 2-14] 후두의 신경

3 공명기관

성도(vocal tract)는 포만트(formant)라고 부르는 다양한 주파수를 가진 음향학적 공명체이다. 후두의 소리는 기본주파수와 배음을 동반하는 복잡한 주기적인 음색이다. 이것은 다양한 기본주파수의 전체 배수이다. 이 소리가 성도를 통하여 이동하면서 공명주파수와 먼 것은 감소하는 데 반해, 공명주파수와 가까운 배음들은 증폭된다. 이런 공명의 과정은 소리의 음향학적 음질을 변화시킨다.

1. 공명

공명(resonance)에 대한 이해는 말 산출 시 조음특성과 음향학적 특성을 이해하는 데 중요하다. 같은 크기의 두 개의 음료수병에 하나는 액체를 적게 채우고 다른 하나는 더 많이 채워 보면, 액체를 적게 채울수록 공명도가 더 낮아지고 많이 채울수록 공명도가 더 커지는 것을 알 수 있다. 작은 음료수병과 큰 음료수병에서의 공명 크기를 비교하면, 공명관(resonant tube)의 크기가 작으면 작을수록 공명도가 높아지고 커지면 커질수록 공명도가 더 낮아진다는 것도 알 수 있다. 주기적 에너지원의 진동 횟수가 같거나 비슷해지면 커다란 강도의 자연적인 증가현상이 나타나는데, 이를 공명이라고 한다.

1) 구강

구강(oral cavity)은 모든 공명기 중 크기와 모양을 가장 잘 변화시킬 수 있다. 구강에는 고정된 구조물(치아, 치조돌기, 치조궁, 경구개)과 움직이는 구조물들(혀, 연구개, 뺨, 하악, 입술)이 있다. 즉, 단모음과 이중모음의 음원은 후두진동이지만 구강의 크기와 모양 조절로 산출된다.

2) 비강

비강(nasal cavity)은 뼈, 연골, 점막 등으로 둘러싸인 콧속에 존재하는 빈 공간으로 정상적으로는 공기가 차 있는 공기 통로로서 외부에서 인두로 연결되는 호흡의 첫 관문이다. 비강은 공기가 폐로 가는 과정에서 단순하게 거치는 경로이기보다는 폐에서 적절한 산소교환이 일어날 수 있도록 유해물질을 제거하며, 들이쉬는 공기의 물리적 성질을 조정하고 후각 작용이라는 고유 작용을 능동적으로 수행하는 호흡기의 중요한 부분이다.

3) 인두강

인두강(pharyngeal cavity)은 인두의 내강을 말하며, 말소리 산출에 관련해서는 공명강의 역할을 한다. 인두는 비강과 구강 뒤 및 후두 위에 있는 공간이다. 인두는 말소리 산출을 위한 구강, 비강, 후두 사이의 연결자로서 많은 다른 강 사이를 연결하는 역할을 한다.

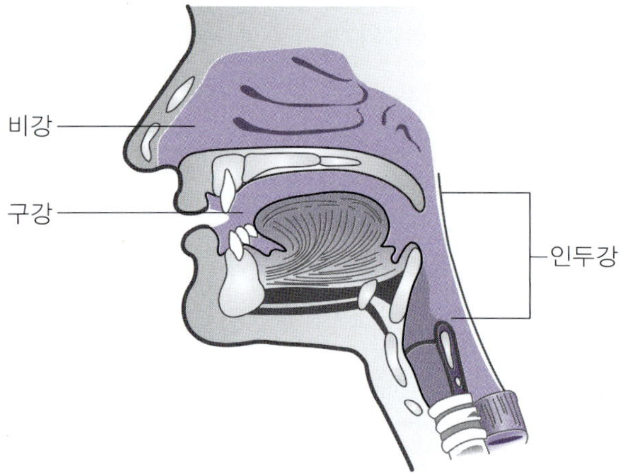

[그림 2-15] 공명강의 구조

4 조음기관

조음기관은 일반적으로 상후두의 성도에서 소리를 생성하는 데 이용하는 기관을 가리키며, 그 위치가 고정되어 있는 수동부와 자유롭게 움직일 수 있는 능동부로 구분한다. 수동부에는 윗입술, 윗니, 치경, 경구개, 인두 등이 있고 능동부에는 혀, 아래턱, 아랫입술, 연구개 등이 있다.

1. 입술

입술(lips)은 바깥 대기와 구강을 연결하는 통로가 된다. 입술은 조음자의 가장 앞쪽을 대표하기도 하며, 동시에 성도 전체의 끝이기도 하다. 입술과 관련된 근육은 입술의 열림과 닫힘의 조절, 윗입술과 아랫입술을 올려 주고 내려 주는 것, 입술을 둥글게 만들고 튀어나오게 하는 것을 가능하게 한다.

2. 혀

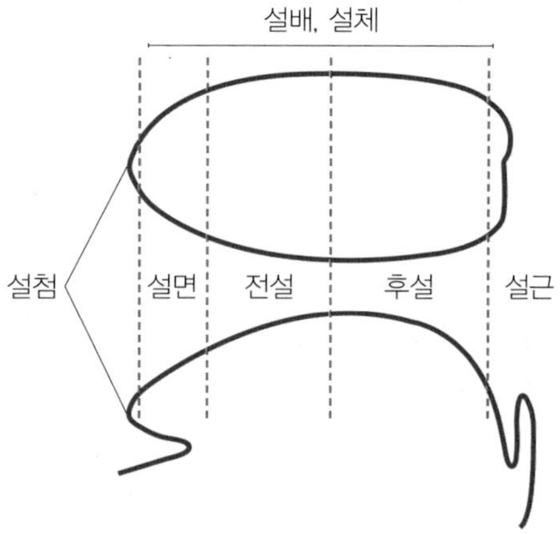

[그림 2-16] 혀의 위치

혀(tongue)는 구강 바닥에 있는 골격근의 집단이며, 구강의 크기와 모양의 변화에 가장 크게 기여한다. 외부를 덮어 주는 점막과 혀를 세로로 나누어 주는 섬유질의 중격(septum)과 함께 대부분 근육으로 이루어져 있다. 혀는 특정한 조음을 위해 다양하게 움직여야 할 때 관여한다. 혀는 말소리의 조음 시 중요한 기능을 한다. [그림 2-16]에서 보는 것처럼 혀의 전방 대부분을 설체(tongue body), 그 앞부위를 설첨(apex), 그 뒤 부위를 혀뿌리 또는 설근(tongue root), 그리고 혀의 상면을 설배(dorsum)라고 한다.

3. 이와 치경

이(teeth)는 입술과 혀 모두의 접촉점 역할을 하기 때문에 중요한 조음자(articulator)이다. 자연스러운 신체 성숙의 한 과정으로 젖니가 빠진 아동이 새로운 이가 나기 전에 보상적인 조음 형태를 발달시키면 때때로 오래 지속되는 조음문제를 보이기도 한다.

치경(alveolar)은 잇몸의 오돌토돌한 부위를 가리키는 치조와 그 아래 부위를 가리키는 치경은 혀끝을 위 앞니 바로 뒤에 대면 느낄 수 있다.

4. 경구개와 연구개

비강의 바닥과 구강의 뿌리는 경구개(hard palate)와 연구개(soft palate)로 형성된다. 경구개는 일차적으로 뼈와 뼈를 덮고 있는 점액으로 구성되며, 윗니 바로 뒤에서 시작하여 구강 길이의 3/4에서 뒤로 둥근 천장으로 된 구조로 이어진다. 연구개는 경구개근육의 연속이며, 구강과 비강 사이의 인두기도를 열고 닫기 위해서 빨리 움직일 수 있다. 연구개는 경구개에서 뒤쪽으로 확장되어 있는 근육의 돌출부를 말한다.

연구개는 세 개의 비음(nasal sounds) (/m/, /n/, /ŋ/)을 제외한 모든 소리를 산출하고 뒤쪽 후두벽과 접촉하기 위해 위쪽으로 상승해 있어서 비강은 구강 · 인두강과 분리된다.

이 접촉점을 연인두문(velopharyngeal port)이라고 하고, 그 결과를 연인두폐쇄(velopharyngeal closure)라고 한다(그림 2-17).

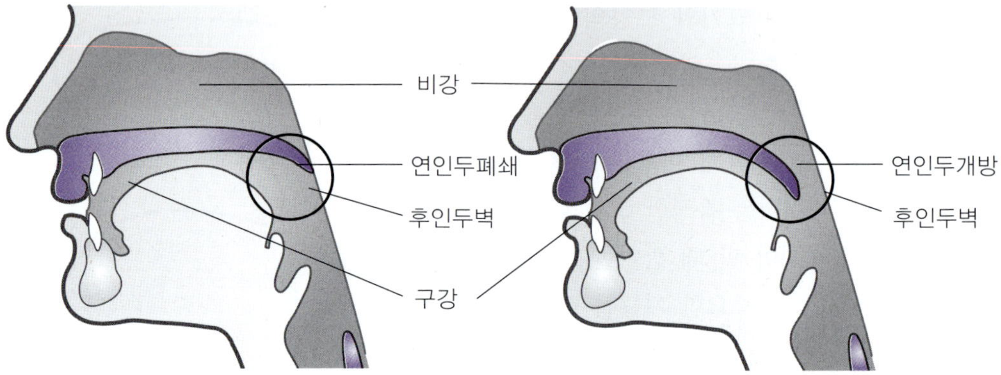

[그림 2-17] 구강음과 비강음

5. 인두

인두(pharyngeal)는 말소리의 산출을 위하여 구강 · 비강 및 후두 사이의 연결기관으로서 공명강 사이에서 주요한 연결 역할을 한다. 인두는 호흡을 위해 비강과 구강 및 후두를 연결할 뿐만 아니라 비강과 중이(middle ear)를 연결하여 외부와 중이강(middle ear cavity)의 기압이 같아지게 한다. 인두는 조음과정 동안 혀의 뒷부분을 조음 지점에 접촉하게 할 뿐 아니라 비음산출에 중요한 연인두문의 개폐와도 관계가 있다(그림 2-18).

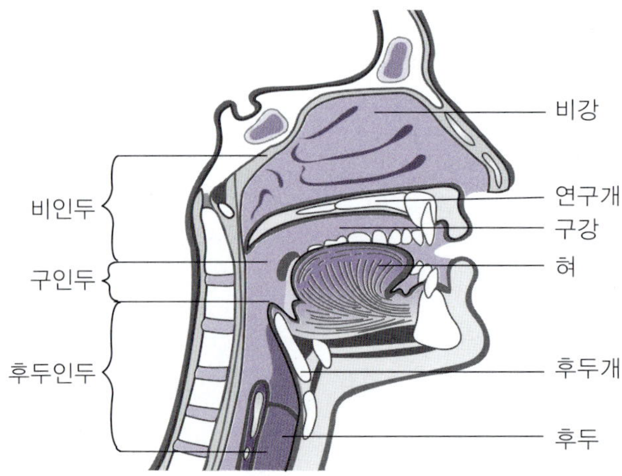

[그림 2-18] 인두의 분류

5 신경기관

신경계는 중추신경계와 말초신경계로 나눈다. 중추신경계는 대뇌, 간뇌, 소뇌, 뇌간으로 구성된 뇌(brain)와 척수(spinal cord)로 구성되며, 말초신경계는 뇌신경과 척수신경으로 구성된 체성신경계와 교감신경, 부교감신경으로 구성된 자율신경계로 나눈다(그림 2-19).

빛, 소리, 냄새, 맛, 신체접촉 같은 환경에서 들어오는 정보는 감각뉴런(sensory neuron)이라는 전문화된 세포에 모인다. 운동은 근육수축으로 일어나는데, 이는 운동뉴런(motor neuron)이 조절한다. 감각뉴런과 운동뉴런 사이에는 인지하고, 학습하고, 기억하고, 결정하는 것 등 복잡한 행동을 통제하는 다른 뉴런이 있다(고도흥, 2017).

[그림 2-19] 신경계의 구성

1. 신경계의 구조와 기능

언어(language)는 전달하고자 하는 메시지를 공유화된 기호(code)로 바꾸는 것을 말하고, 말(speech)은 기호화한 언어를 소리화하는 과정을 말한다. 말 산출은 일반적으로 생물학적 기능에 의한 수백 개의 근육과 수백만 개의 신경들이 관련된 매우 복잡한 협응으로 이루어진다. 즉, 말소리를 만들어 내는 데에는 우리 몸의 600여 개의 근육 가운데 200여 개의 관련된 근육이 일관성 있게 서로 협응해서 만들어지는 것이다.

말 산출 과정에 필요한 호흡, 발성, 공명 및 조음과 더불어 모든 말 산출 과정은 말의 움직임에 대한 신경계의 조절에 의해 이루어진다. 말은 수의적(voluntary) 움직임으로서 수의적인 움직임을 조절하는 신경계인 운동뉴런(motor neuron)의 작용에 의해 호흡, 발성, 공명, 조음기관들이 한꺼번에 조화롭게 산출되는 것이다. 말 산출에 관여하는 운동신경원은 중추신경계인 뇌부터 입술, 혀, 후두 등과 같은 말 산출 기관의 가장 단순한 근육에 이르기까지 광범위하며 복잡한 경로를 통해 서로 소통한다(그림 2-20).

시각, 청각, 후각, 미각, 촉각 같은 환경에서 들어오는 정보는 감각뉴런(sensory neuron)이라는 세포에 모인다. 운동은 근육수축으로 일어나는데, 이는 운동뉴런(motor neuron)이 조절한다. 감각뉴런과 운동뉴런 사이에는 인지하고, 학습하고, 기억하고, 결정하는 것 등 복잡한 행동을 통제하는 다른 뉴런이 있다(그림 2-21).

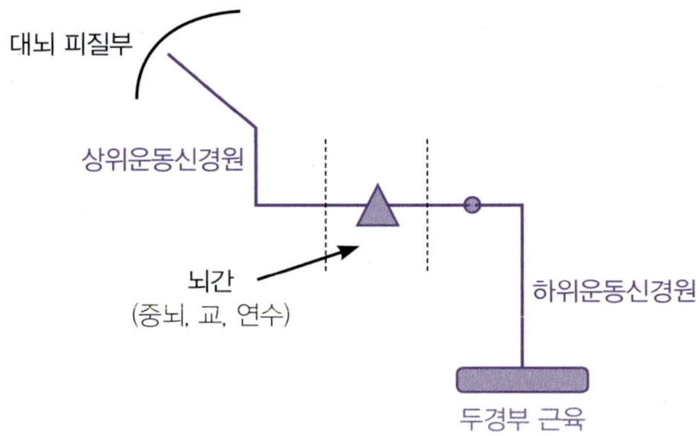

[그림 2-20] 운동신경원의 전달경로

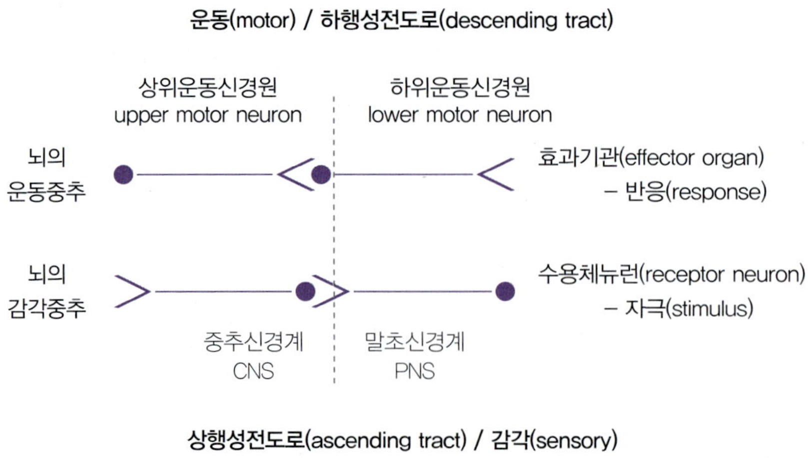

[그림 2-21] 운동 · 감각신경원의 전달경로

1) 뉴런

뉴런은 신경계의 기본적인 정보처리 요소이다. 뉴런은 외부환경에서 정보를 받아들이고 처리하며 근육의 운동을 통제한다. 또한, 뉴런은 흥분전도, 정보처리를 시행하는 최소단위이기도 하다.

신경계는 뉴런(neuron, 신경원)이라 부르는 신경세포와 신경교세포(neuroglia)로 구성되어 있다. 뉴런은 세포막과 세포질 및 핵으로 구성된 세포체(cell body), 운동을 전달하는 축색돌기(axon), 감각을 수용하는 수상돌기(dendrites)로 구성되어 있다. 핵이 모여 있는 곳은 약간 진한 색을 띠는 회백질(gray matter)로 나타나고, 축색이나 수상돌기들이 지나가는 곳은 희게 보이는 백질(white matter)로 나타난다(그림 2-22).

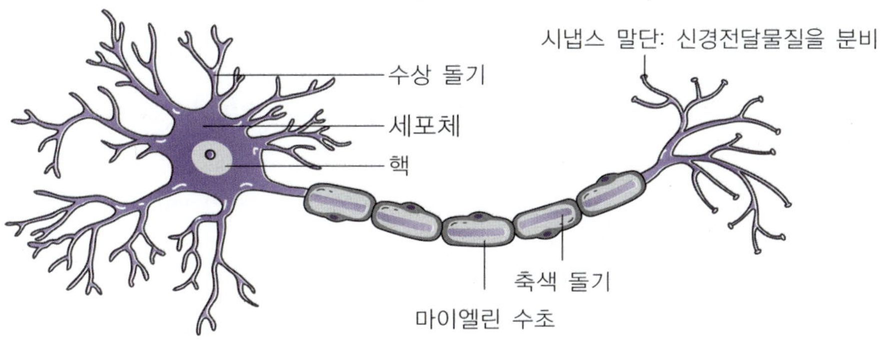

[그림 2-22] 뉴런

2) 시냅스

시냅스(synapse, 신경연접)는 한 뉴런의 축색 말단과 다른 한 뉴런의 수상돌기가 만나는 부위를 말한다. 감각뉴런(sensory neuron)은 수상돌기에서 말초감각기관의 정보를 받아 축색을 통하여 중추로 보내는 역할을 하며, 자극전도의 방향에 따라 올라가는 역할을 하는 구심성뉴런(afferent neuron)이라고도 한다. 운동뉴런(motor neuron)은 중추신경계에서 내려와 해당 운동중추신경로(motor pathway)를 거쳐 말초신경을 통해 운동기관에 전달되는 것을 말하며, 자극전도의 방향에 따라 내려가는 역할을 하는 원심성뉴런(efferent neuron)이라고 한다. 연합뉴런(association neuron)은 감각성 신경과 운동성 신경을 연결해주는 신경으로 뇌와 척수에 많이 존재한다.

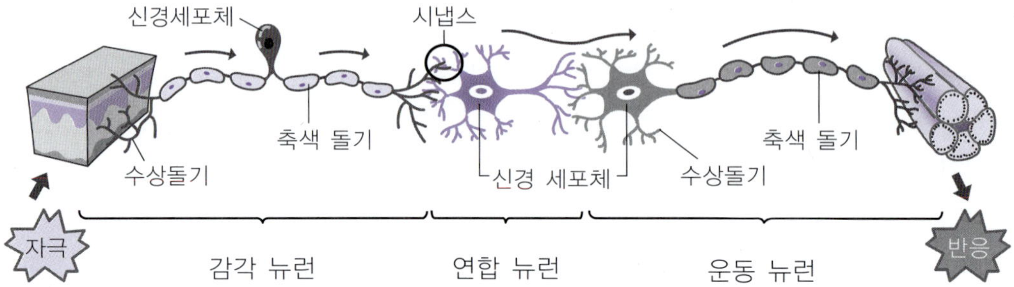

[그림 2-23] 뉴런의 종류와 자극의 전달 경로

2. 중추신경계

인간이 동물과 달리 행동하고 사고하는 것은 뇌와 척수로 구성된 중추신경계(central nervous system: CNS)의 작용 때문이다. 신경계의 뉴런은 85% 정도가 중추신경계에 집중되어 있다. 특히, 뇌간에서 뇌신경이 시작되며 수면, 의식, 주의집중과 같은 기전(mechanism)도 제어한다(그림 2-24).

중추신경계의 특징은 반사(reflex)와 통합(integration) 기능이다. 반사란 말초자극이 수용기를 흥분시키면 구심성 신경(afferent n.)을 따라 중추신경에 도달하고 그곳에서 정보를 분석하여 그에 적절한 반응을 원심성 신경(efferent n.)을 통해 신체 각 부분에 보내 효과기에서 신체반응이 나타나는 것이다.

통합이란 몇 개의 반사가 조합되고 조정되어 하나의 정돈된 양식을 이루는 것이다. 더 나아가 통합은 반사에 의한 학습과 기억처럼 고등정신 기능의 연합에 의해 의지, 이해, 언어, 상상, 이성, 인격 등의 기능을 통합하여 무엇인가를 인식하게 하는 총괄적 기능을 말한다.

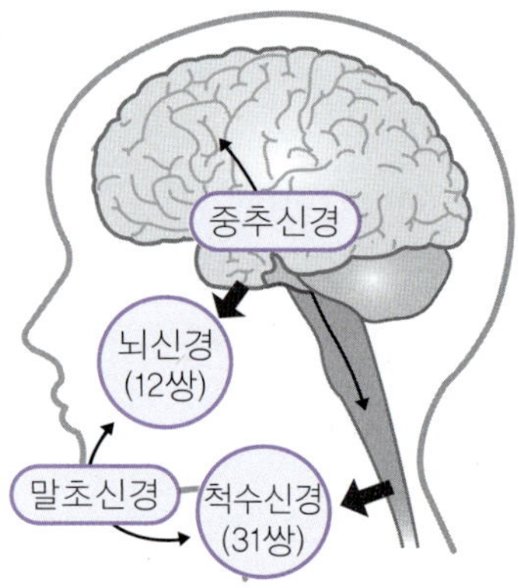

[그림 2-24] 중추신경계와 말초신경계

1) 대뇌

뇌는 인간의 몸과 마음을 지배하는 신비로운 기관이다. 뇌는 여러 부위와 구역으로 배열된 수많은 연합뉴런과 신경교세포로 구성된다. 이 뉴런은 감각정보를 수용하고 운동뉴런의 활동을 지시하며, 학습과 기억 같은 고도의 통합된 기능을 수행한다.

1.4kg 정도인 뇌의 가장 큰 특징은 바로 수많은 주름이다. 이 주름은 오렌지 껍질 두께로 대뇌피질(cerebral cortex) 부분을 이루고 있다. 대뇌의 아랫부분에 위치하는 소뇌는 신체평형, 자세 또는 각종 운동을 조절하는 기능을 한다. 뇌간(brain stem)은 중뇌(midbrain), 뇌교(pons), 연수(medulla oblongata)를 합쳐서 말하며, 뇌간 안에는 자율신경중추, 호흡중추, 심혈관중추 등이 있어 생명유지에 매우 중요한 역할을 한다(그림 2-25).

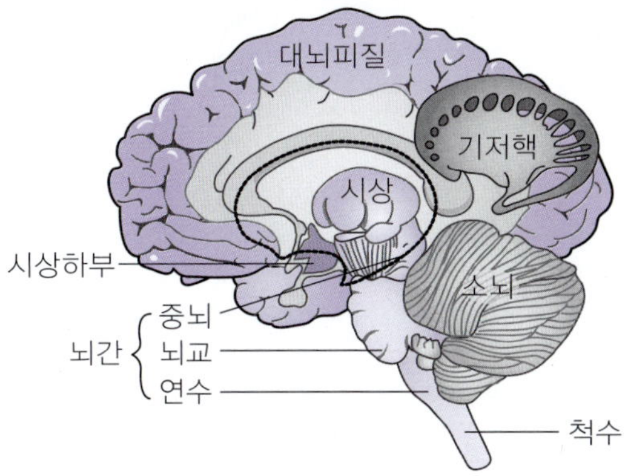

[그림 2-25] 뇌의 구조

대뇌피질은 약 1,000억 개의 뉴런으로 구성되어 있으며, 두께는 2~4mm이다. 대뇌피질은 가장 상위 중추이고, 생명을 유지하는 가장 중요한 부분 중 하나이며, 운동, 감각 및 연합 기능을 담당한다. 대뇌피질은 그 기능에 따라 엽(lobe)으로 세분화되는데, 각 엽의 이름은 주로 그 부위를 덮고 있는 두개골의 이름에서 비롯된다. 대뇌피질은 전두엽(frontal lobe), 측두엽(temporal lobe), 두정엽(parietal lobe), 후두엽(occipital lobe)으로 이루어져 있다.

전두엽은 대뇌의 맨 앞쪽에 위치하며, 피질에서 제일 넓은 부위로 가장 복잡한 기능을 수행한다. 전두엽은 운동과 관련된 기능을 가지고 있으며, 말 · 언어과정에서는 표현언어와 관계가 깊다. 측두엽은 청각적인 인식과 관련된 기능을 가지고 있으며, 말 · 언어과정에서는 수용언어와 관계가 깊다. 측두엽은 청지각은 물론 언어인식에 필요한 영역으로 판단과 기억에 관한 통합이 이루어진다고 알려져 있다. 두정엽은 뇌의 맨 위에서 뒷부분에 걸쳐 있으며, 고차원적인 감각처리와 언어처리를 담당한다. 두정엽의 연합영역은 지각 및 공간의 인식에 기초를 둔 사고에 관한 통합을 한다. 후두엽은 뇌 뒷부분의 중심부 아래에 있으며, 시각자극을 처리하는 역할을 한다(그림 2-26).

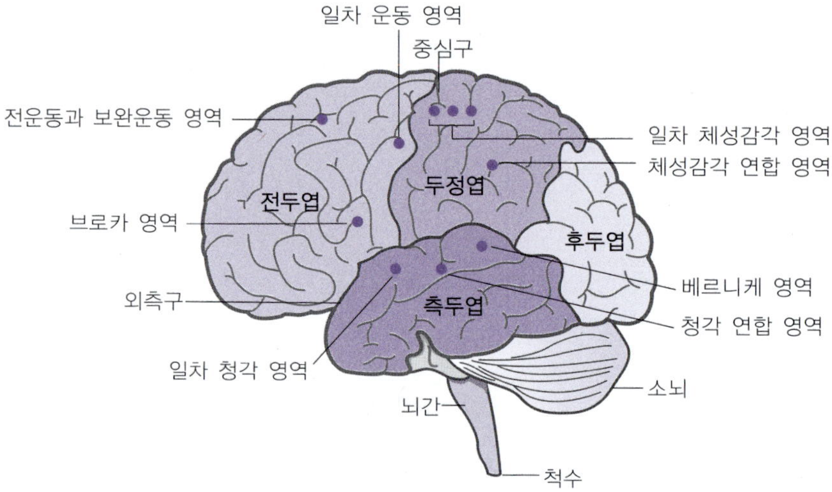

[그림 2-26] 대뇌피질 영역

2) 간뇌

간뇌(iencephalon)는 중뇌와 대뇌 사이의 부분이다. 대뇌피질로 들어가는 지각전도, 통합조절 또는 대뇌피질로 전기적 피질작용 조절, 선조체(corpus striatum)나 소뇌에서 들어오는 자율운동의 통합중추로서도 작용하며, 감정 등 자율신경계의 최고 중추로서의 기능을 담당한다. 간뇌에서 기능적으로 중요한 부분은 시상과 시상하부이다.

3. 말초신경계

뇌와 척수를 중추신경계라고 하며, 중추신경계에서 나와 신체의 거의 모든 곳으로 가는 흥분전달의 길을 말초신경계(peripheral nervous system)라고 한다. 말초신경계는 뇌에서 나오는 것을 뇌신경, 척수에서 나오는 것을 척수신경(spinal nerve)이라고 하고, 호흡, 순환 등 식물성 기능에 관계하며, 의지와 관계없이 활동하는 신경을 자율신경(autonomic nerve)이라고 한다. 두 신경은 중추신경 안에서 통합된다. 말초신경계에는 체성신경계인 뇌신경과 척수신경이 있으며, 자율신경계는 교감신경계(sympathetic nervous system)와 부교감신경계(parasympathetic nervous system)로 구성된다.

뇌신경은 12쌍으로 구성되어 있고 기능에 따라 감각신경, 운동신경, 감각과 운동을 모두 담당하는 복합신경으로 구분된다. 말 산출에 중요한 역할을 하는 뇌신경은 삼차신경(trigerminal n., 5번), 안면신경(facial n., 7번), 설인신경(glossopharyngeal n., 9번), 미주신경(vagus n., 10번), 설하신경(hypoglossal n., 12번)이 있으며, 말 산출의 하부체계인 호흡, 발성, 공명, 조음의 기능과 관련이 있다. 호흡은 설인신경, 미주신경이 관여하며, 호흡 시에 혈관 내의 산소량을 감지하여 호흡을 조절하는 역할을 한다(그림 2-27). 척수신경은 척수에서 나가는 말초신경으로 추간공(intervertebral foramen)을 통하여 빠져나간다. 척수신경은 31쌍이다.

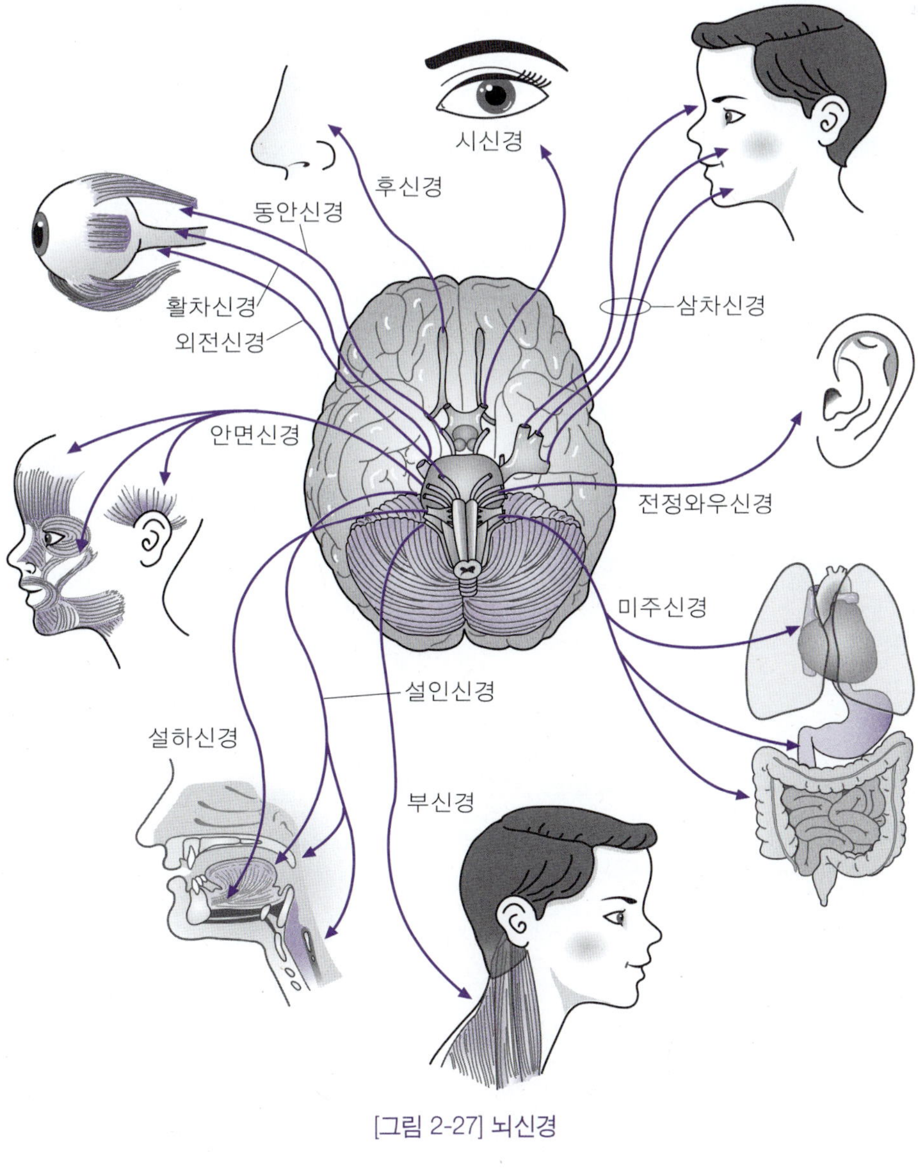

[그림 2-27] 뇌신경

Chapter 3

의사소통장애 진단 · 평가

제 1 절 언어장애 진단 · 평가
제 2 절 조음 · 음운장애 진단 · 평가
제 3 절 유창성장애 및 음성장애 진단 · 평가
제 4 절 청각장애 및 문해능력 진단 · 평가

학·습·목·표

1. 의사소통장애 진단 · 평가의 개념을 이해하고 교육목표를 작성할 수 있다.
2. 언어발달장애 및 조음 · 음운장애 진단 · 평가 도구를 알고 이해할 수 있다.
3. 유창성장애 및 음성장애의 진단 · 평가 도구를 알고 이해할 수 있다.

의사소통장애의 유무 결정 및 교육계획을 수립하기 위한 진단 · 평가는 다양한 측면에서 다양한 의사소통 능력 요소들을 반영하여 평가되어야 한다. 의사소통장애의 진단 · 평가는 진행에 따라 선별검사와 진단검사, 실시대상에 따라 직접검사와 간접검사, 검사의 형태에 따라 표준화된 검사와 비표준화된 검사로 구분한다.

1 언어장애 진단 · 평가

1. 진단 · 평가의 이해

1) 진단 · 평가 의미와 목적

특수교육에서 진단 · 평가란 대상학생이 일반학생과 얼마나 다른지를 알아내기 위함이 아니라, 그들의 다양한 발달 특성을 찾아내고 적합한 교육적 요구를 제공하는 데 의미가 있다. 즉, 진단 · 평가는 단순히 장애학생을 확인하거나 행동의 특성을 파악하기 위함이 아니라, 특수교육대상자의 적격성 선정, 교육프로그램 전략의 결정/평가, 현재 성취 수준과 교육적 요구 결정, 개별화교육프로그램계획(IEP) 작성/평가 등과 같은 다양한 목적으로 진행된다(Taylor, 2003; 권순우 외, 2017).

2) 언어장애 진단 · 평가

언어발달과 언어 능력과 같은 전반적인 언어장애 유무에 대한 언어장애 진단 · 평가의 절차 및 기초요소는 다음과 같다.

- 평가절차: 잠재적 문제 판별, 현재 기능수준 설정, 중재 중 행동 변화 측정
- 평가내용: 언어체계의 구성 요소 → 음운(조음, 음운체계), 구문(문장, 형식/문법), 의미(문장기능, 어휘)
  과정 → 이해(청력, 언어단위 청지각), 산출(구어기관의 기능/산출), 화용(의사소통기능, 대화능력), 인지발달
- 평가방법: 과정→ 표준화검사, 비표준화검사, 발달척도, 행동관찰

언어평가의 다음 단계는 학생의 현재 의사소통기능을 측정하는 것이다. 이러한 과정을 통하여 현재의 언어발달과 언어 능력의 수준을 측정하고 언어지체나 장애의 정도를 측정하여 발달적 문제의 성격을 정확하게 기술할 수 있다(김영태, 2014). 본 절에서는 현재 국내에서 가장 많이 사용되는 언어 진단 · 평가를 위한 표준화된 공식 검사도구와 이러한 검사도구의 적용이 어려운 언어행동 관찰을 통한 자발화 분석 및 상징행동검사에 대하여 살펴보기로 하겠다.

다음의 〈표 3-1〉은 언어장애 및 언어발달 수준을 알 수 있는 듣기, 말하기, 읽기, 쓰기, AAC에 대한 취학 전과 취학 후의 언어 진단 · 평가도구이다.

〈표 3-1〉 언어 진단 · 평가도구

<table>
<tr><th rowspan="2">발달
시기</th><th rowspan="2" colspan="2">평가내용</th><th colspan="3">검사도구</th></tr>
<tr><th colspan="2">공식(표준화)검사</th><th>비공식(준거참조 및 행동관찰)검사</th></tr>
<tr><td rowspan="4">발화
전기</td><td colspan="2">의사소통 의도/기능</td><td colspan="2">–</td><td>CSBS
의사소통 기능 분석표</td></tr>
<tr><td colspan="2">상징행동</td><td colspan="2">–</td><td>상징놀이 검사</td></tr>
<tr><td colspan="2">AAC 수준</td><td colspan="2">–</td><td>AAC 진단 프로토콜
파라다이스 보완대체
의사소통 기초능력평가</td></tr>
<tr><td colspan="2">수용언어 능력</td><td colspan="2">그림어휘력 검사</td><td>–</td></tr>
<tr><td rowspan="8">발화기</td><td rowspan="3">수용
언어</td><td>통사
(구문)론</td><td rowspan="3">SELSI
PRES</td><td>구문 의미 이해력 검사</td><td>–</td></tr>
<tr><td>의미론</td><td>언어이해 · 인지력검사
REVT</td><td>–</td></tr>
<tr><td>화용론</td><td>–</td><td>–</td></tr>
<tr><td rowspan="3">표현
언어</td><td>통사
(구문)론</td><td rowspan="3">SELSI
PRES</td><td>–</td><td>자발화 분석
(MLU, 문법형태소)</td></tr>
<tr><td>의미론</td><td>REVT</td><td>K M-B CDI
자발화 분석(의미 유형, 의미 관계,
문장관계, 어휘다양도)</td></tr>
<tr><td>화용론</td><td>언어문제해결력검사
(상위언어기술)</td><td>자발화 분석
(자발성, 대화 기능 분석표)</td></tr>
<tr><td colspan="2">읽기</td><td colspan="2">기초학습능력평가
초기읽기 진단 프로토콜</td><td>–</td></tr>
<tr><td colspan="2">쓰기</td><td colspan="2">초기읽기 진단 프로토콜
보조검사(개발 중)</td><td>–</td></tr>
</table>

출처: 심현섭 외(2019). p. 41.

2. 검사도구 평가

1) 영유아 언어발달 선별검사(SELSI)

(1) 검사개요

영유아 언어발달 선별검사(김영태 외, 2003)는 주 양육자가 영유아의 행동을 관찰하면서 실시할 수 있는 선별검사로서 영유아의 수용언어 및 표현언어 능력을 조기에 평가할 수 있다. 검사방법은 전문가가 주 양육자와의 면담을 통해 문항을 기록하거나 주 양육자에게 직접 기록하도록 하는 간접검사이다.

(2) 검사목적 및 대상

- 목적: 영유아의 언어발달 정도를 평가하기 위한 언어장애의 조기선별을 목적으로 수용언어발달 및 표현언어발달 간의 차이를 분석할 수 있다.
- 대상: 생후 5~36개월 사이의 언어발달지체나 장애 의심 또는 정상아동

(3) 검사구성 및 절차

- 구성: 검사지, 검사지침서, 평가기록지(별도의 검사도구는 없음), 검사 내용은 수용언어 45개, 표현언어 45개 총 90개의 문항으로 구성되어 있다.
- 절차: ① 검사는 수용언어영역부터 먼저 시작하여 같은 방법으로 표현언어영역 실시
  ② 아동의 생활연령에 해당하는 연령단계에서 두 단계 낮은 연령단계의 첫 번째 문항부터 시작한다. 기초선은 '예'라는 응답이 연속해서 8번 나오는 것을 기준으로 한다. 만일, 시작문항에서 연속해서 8번의 '예' 응답이 나오지 않았을 경우에는 시작문항이 속한 단계에서 한 단계 낮은 단계로 내려가 검사를 진행한다.
  ③ 기초선이 설정되면 검사를 진행하여 '아니요'가 연속적으로 8번 나올 때까지 검사를 하며, 그 연령 단계를 최고한계선으로 한다.
  ④ 각 문항에 대해 '예'인 경우에는 1점, '아니요'인 경우에는 0점을 준다. 기초선으로부터 최고한계선까지의 총점을 계산한다.

(4) 검사결과

- 정상발달: 수용 및 표현언어 점수가 연령대 평균점수 −1SD 이내
- 약간지체: 수용 및 표현언어 점수가 연령대 평균점수 −1SD에서 −2SD 사이
- 언어발달지체: 수용 및 표현언어 점수가 연령대 평균점수 −2SD 이하

2) 취학 전 아동의 수용언어 및 표현언어 발달 척도(PRES)

(1) 검사개요

취학 전 아동의 수용언어 및 표현언어 발달 척도(김영태 외, 2003)는 취학 전 아동의 전반적인 언어발달을 평가하기 위해 개발되었다. 검사의 평가문항들은 인지능력과 관련되는 의미론, 언어학적인 지식과 관련되는 구문론, 그리고 사회적 상호작용과 관련되는 화용론적 언어 능력의 결과를 언어발달연령, 언어지수와 백분위 점수로 제시하였다. 이 검사는 아동에게 직접검사를 한다.

(2) 검사목적 및 대상

- 목적: 언어발달 수준이 2~6세에 해당하는 아동의 수용언어 및 표현언어 능력을 측정하기 위한 목적으로 수용언어 및 표현언어의 발달상 차이를 분석할 수 있다.
- 대상: 2~6세의 일반아동뿐만 아니라 언어발달지체나 장애를 나타낼 위험이 있는 아동에게도 실시할 수 있다.

(3) 검사구성 및 절차

- 구성: 검사지, 실시요강, 그림 자료 책, 사물 자료(축소물, 모형, 장난감 등)로 구성되어 있으며, 검사 내용은 수용언어영역과 표현언어영역의 문항이 각각 45개씩, 총 90개의 문항으로 구성되어 있다.
- 절차: ① 검사는 수용언어검사를 먼저하고 동일하게 표현언어검사를 한다. 아동의 생활연령에 해당하는 단계의 한 단계 낮은 연령단계의 첫 번째 문항부터 시작한다.
  ② 기초선은 아동이 세 문항에서 모두 '+'를 받는 연령단계로 한다. 검사를 시작한 연령단계의 세 문항 중 하나라도 '±'나 '−'를 받으면 한 연령단계 이전의 낮은 번호 문항으로 계속 내려간다.
  ③ 기초선을 확립한 후에는 처음 시작한 문항의 다음 문항부터 다시 높은 번호 문항으로 계속 올라간다. 계속 올라가다가 한 연령단계의 세 문항 모두 '−'가 나오면 그 연령단계를 최고한계선으로 한다.
  ④ 검사결과의 기록은 각 문항에 대하여 '+', '±' 또는 '−'로 기재한다. '+'는 아동이 정확하게 반응하였을 경우, '±'는 아동의 반응이 일관성이 없거나 애매한 경우이며, '−'는 아동의 반응이 틀렸거나 아동이 시도하지 않은 경우이다.

※ 검사지의 부호 및 용어

〈22~24개월〉 ← 연령단계

문항번호 → 4.　준비물 → (그림)　문항채점기준 → (4/4)　수행기록 란 → __

4. 동물 이름 이해 (그림)　(4/4)__

"여기서 선생님이 말하는 그림을 짚어 보세요." ← 지시어

① ← 하위 항목번호

②

③

④

문항에서 '+'를 받았을 경우 기초선이나 최고한계선을 찾기가 애매해지므로 해당 연령단계의 세 문항 중 다른 두 문항의 점수에 따라 다르게 처리한다. 다른 두 문항에서 '+'가 한 개라도 있으면 '±'는 '+'로 최종 처리하고 그 외의 경우는 모두 '−'로 최종 처리한다.

한 연령 단계 문항들의 점수	'±' 의 처리	비고
+, +, ±	+	이 연령단계의 점수는 '+, +, +'가 되지만 기초선으로는 간주하지 않는다.
+, ±, ±		
+, —, ±		
±, ±, ±	—	이 연령단계의 점수는 '−, −, −'가 된다. 그러나, 최고한계선을 위해서는 좀 더 위 번호 문항들을 검사하여야 한다.
—, ±, ±		
—, —, ±		

(4) 검사결과

- 연령단계에 기초한 언어발달연령의 산출: 연령단계에 기초한 언어발달연령의 산출은 각 검사별로 기초선이 확립된 이후 처음으로 '−'가 두 개 이상 나타난 연령단계의 평균연령으로 산출한다. 이때 소수점은 반올림한다. 예를 들어, '61개월~66개월'의 경우는 64개월로 처리한다.
- 획득점수에 기초한 언어발달연령의 산출: 획득점수에 기초해서 언어발달연령을 산출하는 경우에는 연령단계와는 상관없이 아동이 최고한계선까지 정반응한 문항을

점수화하여 언어발달연령을 산출한다. 언어발달연령은 수용언어검사나 표현언어검사 모두 제시한 언어발달연령 산출표에 근거하여 찾는다.

3) 수용 · 표현 어휘력 검사(REVT)

(1) 검사개요

수용 · 표현 어휘력 검사(김영태 외, 2009)는 2세 아동부터 성인까지의 수용어휘 및 표현어휘 능력을 살펴보는 검사도구이다. 검사문항은 연령별 어휘 난이도와 품사 비율, 우리말에서의 사용 빈도, 성, 문화 및 지역별 사용 특성을 고려하여 표준화한 검사도구로 대상자에게 직접검사를 한다.

(2) 검사목적 및 대상

- 목적: 검사대상자의 어휘 능력에 대한 전반적인 정보제공을 통한 어휘 능력지체 여부의 판단, 어휘발달연령과 생활연령과의 차이에 대한 상대적인 어휘발달수준, 또한 품사별, 의미 범주별 수행 분석을 통하여 치료 진행 시 목표어휘의 선정과 치료 효과를 점검하는 것을 목적으로 한다.
- 대상: 2세 6개월부터 16세 이상 성인으로 환경적 · 유전적 · 발달적 요인으로 인하여 수용 · 표현 어휘력에 지체가 예상되는 아동이나 성인에게 실시한다.

(3) 검사구성 및 절차

- 구성: 검사지, 검사지침서, 표현어휘 검사자료, 수용어휘 검사자료, 검사문항은 표현어휘 185개, 수용어휘 185개로 각 품사별로 구성되어 있다.
- 절차: ① 검사는 표현어휘검사를 먼저 실시하고 같은 방법으로 수용어휘검사를 실시한다.
  ② 연습문항을 먼저 실시하여 끝나면, 대상자의 생활연령에 따른 시작문항에서 본 검사문항을 실시한다. 연속해서 8개를 바르게 반응하지 못하면, 8개 문항을 연속해서 바르게 맞출 때(기초선)까지 낮은 번호의 쉬운 문항으로 내려간다.
  – 표현어휘검사: 그림을 보고 그 이름을 말하거나(명사), 행동을 묘사하거나(동사), 상태나 감정 등을 표현(형용사, 부사)하게 한다.
  – 수용어휘검사: 수용어휘 검사자료 한 면에 제시된 4개의 그림 중에서 검사자가 말하는 어휘를 지적하게 한다.
  ③ 표현어휘검사에서 검사지에 기록되어 있는 질문 단서 외에 검사자가 개별적으로 기타 단서를 제공해 주지 않도록 주의한다.

④ 기초선이 확립되면 계속 위 번호의 어려운 문항들을 검사해 나가다가 대상자가 연속적으로 8개 문항 중 6개를 틀리게 반응하면 검사를 중지한다.

⑤ 수용어휘검사의 경우 표현어휘검사에서 설정된 기초선 번호를 시작문항 번호로 한다(표 3-2 참조).

〈표 3-2〉 수용 · 표현 어휘력 검사(REVT) 절차 요약

표현어휘검사

	연령	표현어휘검사 시작문항 번호	수용어휘검사 시작문항 번호
생활연령에 따른 시작 문항 번호	2세~4세	1	표현어휘검사에서 확립된 기초선 문항 번호
	5세~6세	16	
	7세~9세	46	
	10세~12세	91	
	13세 이상	121	

수용어휘검사

– 표현어휘검사에서 설정된 기초선 번호를 시작문항

– 기초선: 연속해서 8개 문항을 맞출 경우

→ 기초선이 확립되지 않으면 1번 문항부터 실시

(4) 검사결과

- 정상발달: 해당 생활연령대의 평균점수 −1SD 이내
- 약간지체(유의요망): 해당 생활연령대의 평균점수 −1SD에서 −2SD 사이
- 어휘 능력발달지체: 해당 생활연령대의 평균점수 −2SD 이하

※ 연령 규준표를 참조하여 수용 · 표현 어휘력 검사 획득점수에 따른 등가연령 산출

4) 언어이해 · 인지력검사

(1) 검사개요

언어이해 · 인지력검사(장혜성 외, 1992)는 학령기 전 아동의 언어이해력 및 인지력을 측정하는 검사도구로서 미국 Bangs Receptive Checklist(1990)를 한국 유아들을 대상으로 표준화한 것이다. 유아의 인지력에 기초한 개념의 이해 능력(수용 의미론적 측면)을 측정하기 위하여 고안된 검사로 유아가 검사자의 지시에 따라 수행하는 직접검사이다.

(2) 검사목적 및 대상

- 목적: 학령기 전 아동의 언어이해력 및 인지력을 측정한다. 그리고 검사결과를 바탕으로 아동의 언어영역에 대한 개별학습 프로그램(IEP)을 작성할 때 기초 자료로 활용, 언어발달지체의 유무를 확인하는 것이다.
- 대상: 3~5세 11개월 사이의 정상아동뿐만 아니라 지적장애, 자폐성장애, 뇌성마비, 뇌손상, 행동결함, 청각장애아동에게 실시할 수 있다.

(3) 검사구성 및 절차

- 구성: 검사지, 검사실시요강, 그림 자료 및 사물 자료(동전, 블록, 구슬, 종이와 연필 등), 검사 내용은 40개 문항으로 구성되어 있다.
- 절차: ① 검사자는 아동의 생활연령에 따라 아래와 같이 제시된 시작문항에서 시작한다.

연령	시작문항
3세~3세 11개월	1번
4세~4세 11개월	11번
5세~5세 11개월	20번

② 첫 문항부터 연속적으로 5문항 이상 실패하면 더 낮은 연령의 시작문항부터 실시한다.

③ 연속적으로 5문항을 실패하였을 때 검사를 중단한다.

※ 1~40번까지의 문항에서 대부분의 문항은 3번의 시행 중 2개가 맞으면 수행된 것으로 본다. 그러나 예외적 문항으로 23, 24, 25, 27번이 있다.

④ 원점수를 통해서 백분위점수와 등가연령을 산출한다.

(4) 검사결과

- 백분위 점수: 원점수를 구한 뒤 백분위 산출표를 통해 %ile을 확인한다.
- 등가연령: 등가연령은 원점수를 통해서 다음과 같이 산출한다.

연령	3세~3세 11개월	4세~4세 11개월	5세~5세 11개월
원점수	14~24	26~35	34 이상

※ 원점수 24, 25, 26은 3~4세 11개월 아동에게, 원점수 34, 35는 4~5세 11개월 아동에게 과도기 점수로 나타났다.

5) 구문 의미 이해력 검사

(1) 검사개요

구문 의미 이해력 검사(배소영 외, 2004)는 1994년에 발간한 문장 이해력검사를 수정 보완한 것으로 검사의 평가문항들은 구문 안에서 문법형태소, 구문구조, 의미를 이해하는 능력을 측정할 수 있게 만들어졌다. 검사는 그림 자료를 제시한 후 아동에게 목표 문장을 들려주고, 3개의 그림 중 하나의 그림을 가리키도록 한 후 아동의 반응을 평가하는 직접검사이다.

(2) 검사목적 및 대상

- 목적: 언어이해력에 어려움을 보이는 아동 중, 특히 구문 의미를 이해하는 데 어려움이 있는 아동을 판별하고자 할 때 사용한다. 또한, 단순언어장애아동의 하위유형을 판별하거나 여러 언어 하위영역 중에서 구문 의미에 대해 아동이 가지고 있는 강점과 약점을 파악하고자 할 때 사용한다.
- 대상: 4~9세(또는 초등학교 3학년) 수준의 구문이해력 아동이나 장애아동의 경우 생활연령이 9세를 넘더라도 초등학교 3학년 아동보다 구문이해력에 지체를 보이는 아동도 대상이 된다.

(3) 검사구성 및 절차

- 구성: 검사지, 실시요강, 검사그림판, 검사 내용은 총 57개의 문항으로 쉬운 문항에서 어려운 문항의 배열로 구성되어 있다.
- 절차: ① 검사는 먼저 2개의 연습문항을 통해 실시하여 잘 익히게 한다. 이는 검사과정을 익히는 과정으로 정반응 여부를 따질 필요는 없다.
  ② 2개의 연습문항을 실시하는 동안, 아동이 확실히 3개의 그림 중 하나를 가리키는 방법을 알고 있는지 판단할 수 있어야 한다.
  ③ 시작문항: 모든 아동은 1번 문항부터 시작한다.
  ④ 천정점 찾기: 연속해서 3개의 항목을 틀리면 천정점에 도달한 것으로 간주하고 검사를 중단한다(천정점 이후 항목은 틀린 것으로 간주한다.).
  ⑤ 검사결과의 기록은 각 문항에 대하여 '+', '±' 또는 '−'로 기재한다. '+'는 아동이 정확하게 반응하였을 경우, '±'는 아동의 반응이 일관성이 없거나 애매한 경우이며, '−'는 아동의 반응이 틀렸거나 아동이 시도하지 않은 경우이다.

(4) 검사결과

- 백분위 점수: 원점수를 구한 뒤 생활연령 집단과 비교하거나, 학령기 아동의 경우 학년 집단과 비교하여 백분위 산출표(%ile)를 확인하고 '백분위수' 란에 기록한다.
- 평균과 표준편차 집단 결과: 또래 비교집단은 1년 집단 또는 6개월 집단에서 선택하여 또래 집단의 평균 및 표준편차를 아래와 같은 검사지에 기록한다.

아동명	원점수	백분위수(%ile)		또래 집단의 평균 및 표준편차					
		연령규준	학년규준	연령규준(6개월 집단■, 1년 집단□)				학년규준	
				평균		표준편차		평균	표준편차
				전체		전체			
				여자		여자			

6) 언어문제해결력검사

(1) 검사개요

언어문제해결력검사(배소영 외, 2000)는 논리적인 사고과정을 언어화하는 상위언어기술을 측정하기 위한 검사도구로서, 학령기에 가까워지거나 학령기에 있는 아동을 대상으로 특정 상황에서 반응하는 능력을 평가한다. 검사는 아동에게 문제 상황이 표현된 그림판을 보여 주면 원인이유, 해결추론, 단서추측 세 범주에 대한 검사자의 질문을 듣고 아동이 응답을 하는 직접검사이다.

(2) 검사목적 및 대상

- 목적: 논리적인 사고과정을 언어화하는 상위언어기술을 측정한다.
- 대상: 5~12세 사이의 언어적 추리력과 조직기술이 부족한 아동, 학습장애아동, 단순언어장애아동의 언어사용 능력과 기타 의사소통장애아동에게 실시할 수 있다.

(3) 검사구성 및 절차

- 구성: 검사지, 검사 지침서, 그림판, 검사 내용은 상황이 다른 그림판 17가지와 하위의 영역 질문을 위한 총 50개의 문항으로 구성되어 있다.
- 절차: ① 검사는 1번 그림판을 보여 주며 1번 문항부터 시작한다.
  ② 각 항목의 질문에 대한 아동의 응답 반응을 그대로 전사하거나 녹음한다.
  ③ 검사는 1회에 모든 문항을 끝내는 것으로 한다. 그러나 1회에 모든 문항에

대해 실시하기가 어려워 중단된 경우는 재시도할 때 새로운 그림판으로 시작한다.

④ 아동의 반응 채점 기준에 의거하여 아래와 같이 0, 1, 2점으로 채점한다.

예	
점수	각 문항별 점수 근거
2점	• 적절하고 자세한 정보와 언어적으로도 적절한 어휘와 어법을 사용한 경우
1점	• 정확하고 자세한 정보는 아니지만, 받아들일 만한 정보와 적절한 어휘와 어법을 사용한 경우 • 적절하고 자세한 정보의 뜻이지만, 언어적으로 불명확하거나 미숙한 표현인 경우
0점	• 적절하지 않은 경우 • 받아들일 만한 정보지만 언어적으로 너무 불명확하거나 미숙한 표현인 경우 • 무반응인 경우

(4) 검사결과

원인이유, 해결추론, 단서추측 세 범주에 대한 원점수와 총점을 가지고 백분위를 산출한다.

7) 학령기 아동 언어검사(LSSC)

(1) 검사개요

학령기 아동 언어검사(이윤경 외, 2015)는 학령기 아동의 전반적인 언어 능력을 평가하는 검사이다. 언어문제를 갖는 아동을 판별하고, 문제가 있는 경우 어떠한 측면에서 문제점을 갖는지 파악하는 데 주된 목적이 있지만 언어문제를 동반하지 않는 일반아동의 경우에도 언어적 측면에서 강약점을 파악하고 학령기 언어장애, 언어학습장애, 언어학습부진을 선별할 수 있다.

(2) 검사목적 및 대상

- 목적: 초등학교 학령기 아동의 언어 능력 평가 및 언어지체 혹은 언어장애 판별을 목적으로 한다.
- 대상: 7~12세(초등학교 1~6학년)의 일반아동이나 언어발달이 초등학생 수준에 있는 발달장애나 발달지체아동(단순언어장애, 언어학습장애, 지적장애, 자폐성장애, 주의력결핍과잉행동장애 등)이다.

(3) 검사구성 및 절차

- 구성: 검사기록지, 전문가 지침서, 그림 자료집, MP3 파일(녹음 자료 제공 및 음성 파일)과 검사 내용은 총 11개의 하위검사로 구성되어 있다.
- 절차: ① 검사실시 순서는 아동의 흥미와 주의력 등을 고려하여 초반에는 비교적 수월한 어휘 검사들부터 시작한다. 구체적인 실시 절차는 〈표 3-3〉과 같다.
  ② 상대적으로 검사가 까다롭다고 보고된 문법 문제들은 중반에, 그리고 마지막에 단락 듣기 이해와 문장 따라 말하기 검사를 진행하도록 한다.
  ③ 하위검사 실시 순서는 상위개념 이해 · 표현→ 반의어 표현 → 동의어 표현 → 구문 이해 → 비유문장 이해 → 문법오류 판단 · 수정 → 복문 산출 → 단락 듣기 이해 → 문장 따라 말하기 순으로 한다.

(4) 검사채점 및 결과

- 채점: 문장 따라 말하기를 제외한 모든 하위검사는 각 문항별로 정반응의 경우 1점, 오반응은 0점으로 채점하며, 문장 따라 말하기는 채점 기준에 따라 0~3점으로 채점한다.
- 결과: 언어지수는 '전체', '수용', '표현', '의미', '문법', '화용/담화', '청각기억'의 7가지로 각 언어지수 산출 LSSC에 대한 점수 산출은 채점 프로그램을 이용하면 자동으로 된다.

〈표 3-3〉 LSSC 하위검사 실시 절차

<table>
<tr><th>하위검사</th><th>문항수</th><th>검사 실시 절차</th></tr>
<tr><td>상위개념 이해</td><td>24</td><td rowspan="2">• 상위개념 이해와 상위어 표현 검사를 동시에 실시하며, 각 문항마다 이해 검사 후 바로 표현 검사 실시
• 1번부터 12번까지는 그림 자료 사용
• 시작: 모든 학년 아동에게 1번 문항부터 실시
• 중단: 이해 검사를 기준으로 6문항 연속해서 틀리면 중단</td></tr>
<tr><td>상위어 표현</td><td>24</td></tr>
<tr><td>반의어 표현</td><td>22</td><td rowspan="2">• 시작: 모든 학년 아동에게 1번 문항부터 실시
• 중단: 연속해서 8문항을 틀리면 검사 중단</td></tr>
<tr><td>동의어 표현</td><td>22</td></tr>
<tr><td>구문이해</td><td>35</td><td>• 그림 자료 사용
• 시작: 1~2학년은 1번 문항, 3학년 이상은 9번 문항부터 시작
• 기초선: 3학년 이상의 경우 5문항 연속 정반응을 기초선으로 하며, 시작점에서 기초선이 설정되지 않은 경우 연속 5문항 정반응이 나올 때까지 역순으로 진행
• 중단: 모든 학년 아동에게 마지막 문항까지 실시</td></tr>
</table>

<table>
<tr><th colspan="2">하위검사</th><th>문항수</th><th>검사 실시 절차</th></tr>
<tr><td colspan="2">비유문장 이해</td><td>23</td><td>• 그림 자료 사용
• 시작: 모든 학년 아동에게 1번 문항부터 시작
• 중단: 모든 학년 아동에게 마지막 문항까지 실시</td></tr>
<tr><td colspan="2">문법오류 판단</td><td>35</td><td rowspan="2">• 문법오류 판단과 수정 검사를 동시에 실시하며, 오류를 판단하게 한 후 바로 수정하게 함
• 시작: 모든 학년 아동에게 1번부터 시작
• 중단: 정문(틀린 곳이 없는 문항)을 포함하지 않고 판단과제에서 연속해서 6문항 오반응을 보이는 경우 검사 중단</td></tr>
<tr><td colspan="2">문법오류 수정</td><td>35</td></tr>
<tr><td colspan="2">복문 산출</td><td>30</td><td>• 시작: 1~3학년은 1번부터, 4~6학년은 8번 문항부터 시작
• 기초선: 4~6학년의 경우 연속 3문항 정반응을 기초선으로 함. 시작문항에서 연속 3문항 정반응을 보이지 않는 경우 3문항 연속해서 정반응을 보일 때까지 역순으로 진행
• 중단: 연속해서 6문항 오반응을 보이는 경우 검사 중단</td></tr>
<tr><td rowspan="2">단락 듣기 이해</td><td>저학년</td><td>30</td><td>• MP3 및 단락 녹음 파일 사용
• 단락 1번~단락 6번까지(총 30개의 질문) 제시
• 단락 1과 단락 4의 5번 문항에서 그림 자료 사용</td></tr>
<tr><td>고학년</td><td>31</td><td>• MP3 및 단락 녹음 파일 사용
• 단락 4번~단락 9번까지(총 31개의 질문) 제시
• 단락 4와 단락 7의 5번 문항에서 그림 자료 사용</td></tr>
<tr><td colspan="2">문장 따라 말하기</td><td>24</td><td>• 전 학년 모두 24개 문항 모두 실시</td></tr>
</table>

8) 한국 보완대체 의사소통평가(KAA)

(1) 검사개요

한국 보완대체 의사소통평가(김영태 외, 2016)는 뇌병변장애를 중심으로 AAC에 대한 필요와 지원의 요구에 최근 공학, 특수교육학, 언어병리학 중심의 AAC 융합연구가 시작되면서 언어치료사나 특수교사가 잠재적 AAC 사용자를 지원할 때 가이드북으로 활용할 수 있는 평가(KAA) 및 중재(KAI) 프로그램 절차와 제안 실제 현장에서 활용할 평가 관련 기록으로 아동용과 성인용으로 구성하였다.

(2) 의사소통 단계 설정 및 단계에 따른 세부 평가

의사소통 단계는 1, 2, 3단계로 나누고 단계별 설정 방법은 〈표 3-4〉와 같으며, 단계별 세부 평가는 [그림 3-1]과 같이 실시한다.

〈표 3-4〉 의사소통 단계별 특성 및 단계 설정 방법

1단계(전의도적 의사소통)	2단계(목표지향적/비도구적)	3단계(도구적 상징 의사소통)
• 자신의 행동이 의사소통 상대자에게 영향을 미치는지 인식하지 못함 • 주로 표정, 발성, 시설 등 비도구적인 행동으로 표현함 • 의사소통 상대자가 의사소통 행동을 해석해야 함	• 자신의 행동이 의사소통 상대자에게 영향을 미치는지 인식함 • 표정, 발성, 시선 등 비도구적인 행동으로 표현함	• 자신의 행동이 의사소통 상대자에게 영향을 미치는지 인식함 • 그림, 글자, 말, 물체 등 구체적 상징이나 추상적 상징으로 표현할 수 있음
방법: 주 양육자의 면담, 자연스러운 상황에서의 관찰, 의사소통 표본 모으기 등을 실시한 후(의사소통 기능과 비도구적 · 도구적 형태의 체크리스트)에 기록하고 분석 단계 결정		

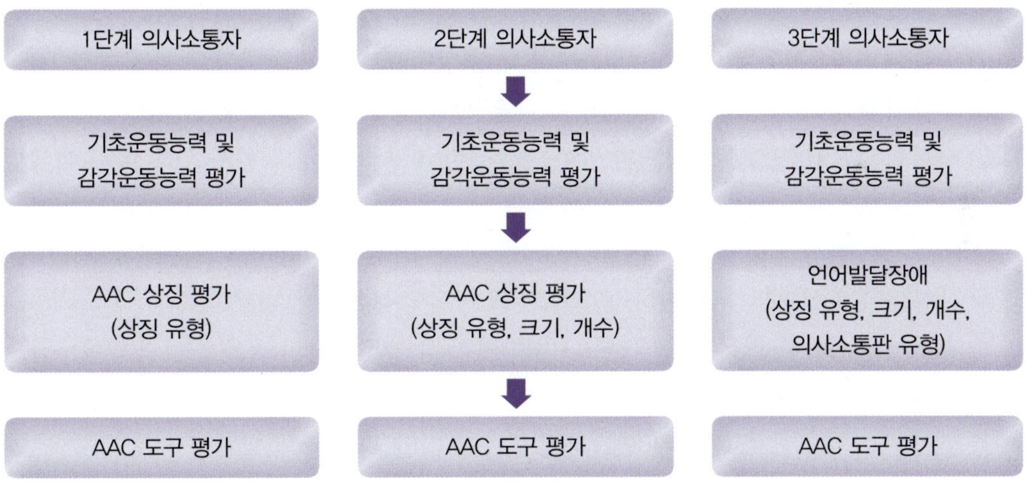

[그림 3-1] 언어 및 의사소통 단계별 세부 평가

3. 자발화 분석 평가

1) 자발화 분석의 이해

자발화 분석은 비표준화된 검사로 선별보다는 진단에 목적을 두는 평가방법이다. 검사의 형태는 표준화된 검사도구를 사용하기보다는 아동이 평소에 표현하는 실제 언어표본을 수집하여 분석한다. 그러므로 어떤 표준화된 검사 결과보다도 아동의 표현언어 능력을 잘 반영할 수 있는 매우 유용한 수단이다. 그러나 검사자가 아동의 모든 말을 분석할 수 없기 때문에 표본을 수집하여 분석할 수밖에 없다. 이러한 자발화 분석에서 표본을 어떻게 수

집하느냐는 분석의 결과에 대한 신뢰도를 좌우하기 때문에 신중해야 한다(김영태, 2014).

자발화 분석은 실제적으로 특수교육현장에서 표준화된 검사도구의 적용이 곤란한 경우가 많은 지적장애학생이나 자폐성장애학생 또는 언어발달이나 언어장애로 어려움을 지니는 학생 등에 대하여 교사가 의사소통 환경의 맥락 중심에서 분석한다.

본 절에서는 자발화 분석 평가에 대하여 언어표본 수집이나 언어의 하위 영역별 분석을 김영태(2014)의 의미론적 · 구문론적 · 화용론적 능력의 내용을 중심으로 발췌 요약하여 살펴보기로 하겠다.

2) 자발화 표본의 수집

① 아동이 상호작용하는 상대방과 주고받는 의사소통의 형태
② 아동의 발화를 잘 이끌어 낼 수 있는 친숙한 여러 사람과 대화하여 수집
③ 발화 유도 시 아동 스스로 말을 하도록 여러 방식으로 호기심 자극
④ 상황에 따라 자발성이 크게 달라지기 때문에 한 곳 이상의 장소에서 수집
⑤ 언어표본은 100~200개 정도의 발화를 수집한 후 대화를 시작하기 위해 다소 어색했던 앞부분, 아동이 자발성을 잃은 부분을 삭제한 70~100개 문장 정도를 분석
⑥ 가능하면 아동의 말을 유도하는 간접적인 말이나 행동을 표현하는 독백으로 시작
⑦ 아동의 수준에 맞는 질문이나 놀이를 통해 아동이 주도하는 대로 따라감
⑧ 검사자는 가능한 질문을 자제하고 4번의 발화 중 1번 이상의 질문은 하지 않음
⑨ 검사자는 아동의 발화 수준에 맞춰 문장 길이나 난이도가 너무 높지 않게 사용
⑩ 발화 사이의 쉼에 대해 너무 민감하게 반응하지 말고, 아동의 발화를 유도
⑪ 자발적인 발화를 유도하기 위하여 검사자가 다소 어리석은 행동이나 말을 함

3) 자발화 표본의 전사

(1) 언어표본의 기록

언어표본을 기록하는 방법은 첫째, 즉석에서 받아쓰기, 둘째, 오디오 녹음하기, 셋째, 비디오 촬영 후 받아쓰기 방법이 있다. 비디오로만 촬영할 경우 말 명료도가 떨어지는 아동의 발화를 전사하기 어려울 수 있고, 이러한 아동의 말은 비디오 화면을 참고하여 성능이 좋은 오디오 녹음기로 반복 청취하면서 전사하는 것이 더 바람직하다.

(2) 발화의 구분

발화는 아동의 언어표본을 전사하고 그 전사한 말을 발화로 구분하는 것이다. 다음의 〈표 3-5〉는 일반적인 발화 구분의 원칙이다(박지윤, 석동일, 2007).

〈표 3-5〉 발화의 구분 원칙

발화의 구분 원칙	예
발화는 문장이나 그보다 작은 언어적 단위로 이루어진다. 아동이 한숨에 말한 것을 모두 하나의 발화로 분석하지 않는다.	"뺏었어. 그래서 울었어." 발화 1: 뺏었어. 발화 2: 그래서 울었어.
2회 이상 동일한 발화가 단순반복되었을 때는 최초 발화만 분석한다.	"공을 차! 차!" 발화 1: 공을 차.
자기수정을 하였을 때는 최종 수정된 발화만 분석한다.	"우리 아빠가 · 우리 애들 아빠가." 발화 1: 우리 애들 아빠가.
시간의 경과(3~5초 이상)나 두드러진 운율의 변화, 주제의 변화가 있을 때는 발화 수를 나눈다.	"내 것 줘(5초 경과) 빨리." 발화 1: 내꺼 줘. 발화 2: 빨리.
	"엄마 내꺼 줘 빨리." 발화 1: 엄마 내꺼 줘 빨리.
같은 말이라도 다른 상황이나 문맥에서 표현되거나 새로운 의미로 표현되었을 때는 발화 수를 나눈다.	(엄마 사진을 보면서) "엄마!" (엄마가 오니까) "엄마!" 발화 1: 엄마. 발화 2: 엄마.
습관적으로 사용하는 간투사는 분석에서 제외한다. 간투사를 많이 쓴 아동에 대해서는 표본자료의 10%에 해당하는 발화까지만 간투사를 포함해서 분석하고 나머지는 괄호 처리하여 분석에서 제외한다.	"(뭐) 집에 가면 (뭐) 그래요." 발화 1: 집에 가면 그래요.
'아', '오' 등의 감탄하는 소리나 문장을 이어 가기 위한 무의미 소리들은 분석에서 제외한다.	"(아~) 신발 신겨 줘." 발화 1: 신발 신겨 줘.
노래하기, 숫자 세기 등과 같이 자동구어는 발화로 구분하지 않고 분석에서 제외한다.	(장난감 블록을 쌓으면서) "(하나, 둘, 셋, 넷...) 엄마 밥 다 되었어?" 발화 1: 엄마 밥 다 되었어?
불명료한 발화나 의미 파악이 어려운 중얼거림 또는 '음', '예', '아니오'와 같은 단순반응은 제외한다.	불명료한 발화나 의미파악이 어려운 중얼거림 또는 '음', '예', '아니요'와 같은 단순반응은 제외한다.

출처: 고은(2014). p. 160.

4) 구문론 분석(MLU)

구문론 측면은 언어의 형식을 의미한다. 메시지(내용) 자체보다는 그 내용을 어떠한 낱말구조 또는 문장구조 속에 담아서 전달하고 있는가 하는 측면이다.

구문론 분석으로 알 수 있는 것은 다음과 같다.

- 낱말을 구성하는 형태소의 분석이 가능하다. 형태소는 낱말에서 의미를 가지고 있는 가장 작은 단위로 문법형태소 사용의 수량화를 통하여 문법적인 구조의 발달 확인

- 아동이 나타내는 문장의 구조를 살펴볼 수 있다. 품사나 단문 또는 복문의 비율, 문장구조의 다양성 등을 분석함으로써 아동이 문장요소를 어떻게 사용하는지 확인

평균발화길이(Mean Length of Utterance: MLU)는 초기 언어발달 단계에서의 표현언어 발달과 문법능력을 평가하기 위한 척도로 가장 많이 쓰이는 단위이다. 분석 방법으로 다음의 〈표 3-6〉과 같이 실시한다.

〈표 3-6〉 평균발화길이(MLU)에 의한 자발화 분석 방법

① 평균형태소길이(Mean Length of Utterance in morphemes: MLU-m)

평균형태소길이 = 각 발화 형태소 수의 합 ÷ 총 발화 수

② 평균낱말길이(Mean Length of Utterance in words: MLU-w)

평균낱말길이 = 각 발화 낱말 수의 합 ÷ 총 발화 수

③ 평균구문길이(Mean Syntactic Length: MSL)

평균구문길이 = 총 형태소 수 ÷ 총 발화 수(한 개의 형태소로 이루어진 발화 제외)

〈표 3-7〉 MLU 분석의 예

성인: 뭐 하는 그림일까?
아동: 아빠랑 밥 먹어요.
성인: 아빠만?
아동: 동생도 동생도 함께.
성인: 엄마는?
아동: 응.
성인: 응?
아동: 엄마도 있어요.

① 아빠-랑 | 밥 | 먹-어요 (5)
② 동생-도 | 함께 (3)
③ 응 (1)
④ 엄마-도 | 있-어요 (4)
계 (13)

MLU-m : 13 ÷ 4 = 3.25
MLU-w : 8 ÷ 4 = 2
MLS : 13 ÷ 3 = 4.33

성인: 뭐 하는 그림일까?
아동: 친구가 가족과 밥을 먹어요.
성인: 엄마는?
아동: 엄마는 국을 퍼요.
성인: 동생은?
아동: 동생은 티브이를 봐요. 웃어요.

① 친구-가 | 가족-과 | 밥-을 | 먹-어요 (8)
② 엄마-는 | 국-을 | 푸-어요 (6)
③ 동생-은 | 티브이-를 | 보-아요 (6)
④ 웃-어요 (2)
계 (22)

MLU-m : 22 ÷ 4 = 5.5
MLU-w : 11 ÷ 4 = 2.75
MSL : 22 ÷ 4 = 5.5

출처: 고은(2014). p. 161.

5) 의미론 분석(TTR)

의미론 측면은 언어의 내용을 의미한다. 전달하고자 하는 자신의 생각이나 감정, 정보를 적절한 어휘를 사용하여 어떠한 의미를 내포하고 있는가 하는 측면이다. 이러한 의미론 발달은 아동의 초기 단어 또는 2~3 낱말을 결합하여 문장의 형태로 사용하면서 의미유형과 의미관계를 표현하기 시작한다.

예를 들면, 아동이 '엄마 양말'이라고 말을 할 때 그 의미가 '엄마의 양말'을 뜻하는 것인지 아니면 '엄마, 양말 주세요.' 또는 '엄마, 내 양말 어디에 있어?' 등 여러 가지 의미유형과 의미관계를 포함하고 있을 것이다.

의미론 분석으로 알 수 있는 것은 다음과 같다.

- 아동의 자발화 분석을 통하여 아동이 전달하고자 하는 내용의 의미유형 및 의미관계, 그리고 개별 의미유형 분석을 통하여 단단어 발화, 다단어 단계의 의미 확인
- 자발화 분석을 통하여 아동이 얼마만큼 다양한 낱말 수를 사용하는지를 측정하는 어휘다양도를 통하여 의미론적 발달의 수준을 확인

어휘다양도(Type-ToKen Ratio: TTR)는 아동이 사용한 총 낱말 중에서 다른 낱말의 비율이 얼마나 되는가를 산출해 내는 것이다. 총 낱말 수 대 다른 낱말 수의 비는 의미론 측면에서 어휘 능력을 측정할 수 있는 기준이 된다. 어휘다양도 분석 방법은 다음과 같다.

어휘다양도: 다른 낱말 수(NDW) / 전체 낱말 수(NTW) = TTR

① 아동이 사용한 낱말을 분석표의 해당 품사 란에 적는다.
② 똑같은 낱말을 사용한 경우에는 이미 사용한 낱말 옆에 '✓'와 같은 표시를 하고 빈도수를 적는다. 한 낱말만 적힌 경우에는 빈도 '1'로 적는다.
③ 용언의 경우 활용(굴절) 형태는 한 낱말로 한다. 즉, 문장어미가 다른 낱말(예: 먹은, 먹어)은 한 낱말로 계산한다.
④ 품사별 NDW는 각 품사 밑의 '낱말 수', NTW는 각 품사 밑의 '빈도수'가 되므로 표 하단의 해당 품사 란에 낱말 수와 빈도수를 적는다.
⑤ 전체 NDW는 품사별 NDW의 합계로 산출한다.
⑥ 전체 NTW는 품사별 NTW의 합계로 산출한다.
⑦ 어휘다양도(TTR) 산출을 한다.
[아동이 사용한 다른 낱말의 수 / 아동이 사용한 전체 낱말의 수]

다음의 〈표 3-8〉은 아동의 자발화 언어표본으로 어휘다양도를 분석한 사례이다.

〈표 3-8〉 어휘다양도 분석의 예

낱말 번호	명사		대명사		형용사/관형사		동사		부사/사회어		조사		기타	
	낱말	빈도	낱말	빈도	낱말	빈도	낱말	빈도	낱말	빈도	낱말	빈도	낱말	빈도
1	엄마✓	2	이거	1			사 주셨어요✓ 사 줬는데	3	예	1	가✓✓	3		
2	의신이	1	거✓	2			있어요	1	언제	1	도	1		
3	홍용이	1					앉는	1			에	1		
4	인수	1					먹었어요✓ 먹어 먹을	4			랑	1		
5	의자	1									예요✓ 요	3		
6	포크	1									로	1		
7	케이크✓✓	3												
8	선생님	1												
9	집	1												
10	아빠✓	2												
계	10	14	2	3	0	0	4	9	2	2	6	10	0	0

다른 낱말 수(NDW):	전체 낱말 수(NTW):
명사: 10 대명사: 2 형용사/관형사: 0 동사: 4 부사: 2 조사: 6 계: 24	명사: 14 대명사: 3 형용사/관형사: 0 동사: 9 부사: 2 조사: 10 계: 38

NDW / NTW = 24 / 38 = 0.63 (TTR)

출처: 김영태(2014). p. 340.

6) 화용론 분석

화용론 측면은 언어의 사용을 의미한다. 아동의 언어발달 수준을 진단하는 데 있어서 간과되기 쉬운 영역은 언어의 기능영역이다. 다른 사람과의 사회적 상호작용에서 대화를 어떻게 이끌어 나가야 하는지에 대한 대화의 법칙이나 문맥에 맞게 표현하는 방법을 습득해야 하는 측면이다.

화용론 분석으로 알 수 있는 것은 다음과 같다.

- 문장의 자율성 및 적절성에 대한 분석
- 언어기능의 다양한 분석: 초기 구어기능과 대화기능 분석

아동의 자발화 분석을 통한 화용론 분석은 매우 중요하다. 왜냐하면, 다른 사람과의 의사소통을 위한 실제 상황에서 자기 생각이나 느낌, 감정, 정보 등에 대하여 서로 주고받는 사회적 맥락 속에 한 의도나 목적을 가지고 사용되어지는 기능이기 때문이다. 또한, 언어능력의 발달은 가장 자연스러운 환경 속에서 이루어진다. 이는 의사소통 기회가 발생하는 장면에서 사회적 상호작용을 위한 동기가 부여되기 때문이다.

화용론 분석을 통한 문장의 자율성 및 적절성 분석과 초기 구어기능 및 대화기능 분석 방법은 다음과 같다.

(1) 문장의 자율성 및 적절성 분석

문장의 자율성 분석은 아동이 얼마만큼 자율적인 대화자인지를 분석하는 것이다. 이 경우 수집된 언어표본이 그 아동의 자연스럽고 대표적인 표본임을 전제로 한다. 각 문장은 자율성의 측면에서 다음과 같이 구분할 수 있다.

① **자발적 문장**
- 자발적 시도: 아동이 대화를 시작하거나, 선행되는 질문이 없어도 서술이나 질문 등으로 대화를 이어간다.
- 질문에 대한 자발적 반응: 선행되는 질문에 대해 자발적으로 대답한다.

② **모방**: 즉각모방, 지연모방, 완전모방, 부분모방, 변형모방으로 나누어 분석한다.

③ **적절성 분석**: 화용적으로 적절한 문장과 부적절한 문장을 사용하는 것을 말한다. 즉, 문맥에 적절하며 선행발화가 요구하는 기능에 맞는 적절한 발화와 주제에 어긋난 엉뚱한 대답이나 질문을 하는 부적절한 발화를 의미한다.

(2) 초기 구어기능 분석

초기 구어기능 분석은 발달 초기의 제한된 기능뿐만 아니라 활발한 발화가 나오는 시기의 다양한 기능들을 분석할 수 있게 만들었다. 이러한 초기 구어기능 분석(표 3-9)와 화용기능 분석(표 3-10)은 심한 언어장애를 동반하는 장애학생에 대하여 교실 장면의 실제적인 의사소통 상황에서 얼마나 많은 의사표현을 자유롭게 하는지 평가하는 데 실용적으로 도움이 될 것이다.

〈표 3-9〉 기능분석 I : 초기 구어 기능

기능	문장번호	빈도(%)
명명(labeling)		
반복(repeating)		
대답(answering)		
행동 요구(requesting action)		
대답 요구(requesting answer)		
부르기(calling)		
인사(greeting)		
저항(protesting)		
연습(practicing)		

출처: 김영태(2014). p. 380.

(3) 대화기능 분석

대화기능 분석은 다양한 의사소통 의도를 보이는 학생에게 사용하기 용이하다. 의사소통 행동에서 비상호작용적 행동은 포함하지 않는다.

〈표 3-10〉 기능분석 II: 화용 기능

문장 번호	요구하기			대답 및 설명하기						발전적 표현			의례적 표현		기타
	사물/행동 요구	정보 요구 (질문)	주의 집중 요구	대답 하기	사물 설명	사건 설명	감정 설명	생각 설명	주장 하기	농담 하기	놀리기	경고/협박 하기	인사 하기	혼잣말	
1															
2															
3															
4															
5															
6															
7															

출처: 김영태(2014). p. 387.

4. 상징놀이 분석 및 역동적 평가

1) 상징놀이 분석

상징놀이 분석은 아동의 놀이 활동을 통하여 어떤 사물이나 행동을 다른 사물이나 행동으로 상징화할 수 있는 능력을 의미한다. 상징화된 기호들은 특정 사물이나 사건을 표현하는 것이므로 그 참조물에 근거한 내용을 담고 있게 된다. 그러므로 언어는 일종의 상징행동인데 아동발달기에 나타나는 상징놀이 행동을 분석하면 언어발달의 수준을 유추할 수 있다. 다음은 상징놀이 단계의 행동과 해당되는 연령을 나타낸 것이며, 〈표 3-11〉은 상징놀이검사 요약표이다.

① 초기 및 전환기적 상징놀이 단계: 전화기를 들어 귀에 대고(11~13개월), 빈 병을 들고 마시는 흉내를 내거나 곰 인형을 안고 뽀뽀한다(14~15개월).

② 상징놀이 단계: 그림책을 읽는 흉내를 내고(16~17개월), 국자로 냄비를 젓고 → 접시에 따르고 → 인형에게 떠먹인다(20~23개월).

③ 계획적 상징행동 단계: 네모 모양 장난감을 휴대폰으로 사용하고, 인형이 걷거나 말하는 것처럼 하며, 의사인형이 체온도 재고 주사도 놓는다(24~35개월).

④ 사회적 역할놀이 단계: 의사가 청진기로 환자를 검사하면 환자는 신음을 한다(36~47개월). 의사는 환자를 진단, 간호사는 의사의 지시를 따르고 환자도 반응하는 역할을 한다(48~59개월). 의사인형이 병원에서 환자를 진료하고 집에서는 아빠 역할을 한다(60~72개월).

〈표 3-11〉 상징놀이 검사 요약표

상징놀이 검사 요약표
(김영태 · Lombardino)

아 동 명: ______________

생년월일: ______________

검 사 일: ______________

단계	상징행동
초기 및 전환기	탐험적인 놀이(exploratory play)
	전상징기적 행동(presymbolic scheme)
	자동적 상징행동(autosymbolic scheme)
상징행동기	단순 상징행동(single scheme)
	단순 상징행동 조합(single scheme combination)
	복합 상징행동 조합(multischeme combination)
계획적 상징행동기	물건대치 상동행동(object substitution)
	대행자 놀이(agent play)
사회적 역할놀이기	두 가지 사회적 역할놀이(play with two interacting roles)
	세 가지 사회적 역할놀이(play with three interacting roles)
	복합적인 사회적 역할놀이(play with interacting of agent roles)
전체	가장 많은 행동(modal level of play)
	최고 수준 행동(optimal level of play)

출처: 김영태(2014). p. 419.

2) 역동적(ZPD에 근거) 언어평가

역동적 언어평가는 표준화된 검사도구를 사용하는 전통적인 평가방법의 제한점을 보완하고자 제안된 것이다. 여기에서 말하는 전통적인 평가방법이란 발달단계를 중시하는 모델로서 언어습득의 보편성을 기초로 하고 있으며, 상호작용이 배제된 언어의 영역을 평가한다. 근접발달영역(Zone of Proximal Development: ZPD)은 오래전 Vygotsky에 의해 제안된 개념으로, 아동이 기능하고 있는 발달 수준과 성인의 협조나 도움을 받아 최대한으로 나타나는 발달 수준 간의 차이를 의미한다(Olswang, Bain, & Johnson, 1992).

이 개념은 역동적 평가가 부각되면서 그 의미가 재조명되고 있다. 역동적 평가에서는 현재 아동이 독립적으로 수행하는 능력뿐만 아니라 그 아동이 얼마나 많은 발달잠재력을 가지고 있는지 평가하여 발달의 역동성을 분석하는 것이 중요하기 때문이다. 역동적 평가는 인지능력뿐만 아니라 언어발달이나 언어장애 평가에도 활용된다. ZPD에 근거하여 활용되는 역동적 언어평가는 그 강조점에 따라 다음과 같은 전략이나 방법을 사용한다.

〈표 3-12〉 역동적 평가보고서 사례

목표의미관계	정반응 수		정반응을 유도한 촉진의 형태	총 정반응 수
	4개의 초기항목	2개의 새 항목		
대상아동 1				
실체+수식	3	2	DM+E	5
실체+장소	0	0	–	–
소유자+소유물	0	0	–	–
행위자+행위	4	1	DM+E	2
			SH	3
행위+대상	4	2	IM	2
			DM	1
			DM+E	3
행위+장소	4	0	DM+E	4

출처: 김영태(2014). p. 258.

2 조음 · 음운장애 진단 · 평가

조음 · 음운장애 진단 · 평가에 대하여 예외적으로 5장에서 조음 · 음운장애를 쉽게 이해하도록 조음 · 음운장애 진단 · 평가를 포함해서 조음 · 음운오류형태를 상세히 서술하였다. 따라서 본 절에서는 실제적인 진단 · 평가 과정의 조음 · 음운평가와 간략히 선별할 수 있는 3위치 조음검사에 대해 알아보고자 한다.

1. 조음 · 음운장애 진단 · 평가

1) 우리말 조음 · 음운 평가(U-TAP; 김영태, 신문자, 2002)

(1) 검사목적 및 대상

- 목적: 우리나라 자음 또는 모음 말소리에 문제를 보이는 조음 · 음운장애아동 및 성인이 단어와 문장에서 산출하는 발음을 체계적으로 평가하고, 아동의 조음오류에 대하여 조음위치, 조음방법 그리고 기식성 및 긴장도에 따라 순서적으로 기록하여 분석한다.

- 대상: 2~12세 아동이지만, 그림을 이용하여 명명하거나 설명하는 과제를 사용하기 때문에 취학 전(3~6세)아동에게 가장 적합하다.

(2) 검사구성 및 절차

- 구성: 기록지, 사용자 지침서, 학습활용집, 학습기본자료집, 검사 내용은 30개 그림 자료로 낱말 및 문장 수준 개별음소 분석으로 구성되어 있다.
- 절차: 그림 낱말부터 먼저 하며, 녹화 또는 녹음하면서 검사를 시작한다.
  ① 그림낱말검사로 첫 번째 그림 자료를 보여 주며 "이건 뭐죠?"라고 질문한다. 아동이 정반응을 한 경우에는 "응, 그렇구나." 등과 같은 반응을 해 준다.
  ② 아동이 그림의 이름을 모르거나 다른 단어를 말하는 경우, 검사자는 그림 자료 뒷면에 있는 반응유도문장을 그대로 말해 주고 아동의 반응을 기다린다.
  ③ 반응유도문장을 들려준 뒤에도 아동이 틀린 단어를 말하는 등 오반응을 보이거나 무반응인 경우, 검사자는 단어를 말해 주고 모방하게 한다.
  ④ 아동의 반응을 검사지(낱말발음전사란)에 표시한다. 이후 그림문장검사를 한다.
  ⑤ 검사자는 먼저 그림 자료를 보여 주면서 제시된 문장들을 말해 준다. 목표 문장들을 모두 들려준 후, 검사자는 아동이 발화한 내용을 문장발음전사란에 적는다.

(3) 검사기록

- 발음 전사하기: '발음전사' 란에는 검사낱말 목표음소 위에 자음의 경우 위치별로 어두초성은 ○, 어중초성은 ●, 종성은 □ 안에 숫자를 표시하였고, 모음은 숫자로 표시하였다.
- 오류분석 기록하기: 각 음소별 목표음소를 대치한 경우에는 대치한 음소를 그대로 기록하고, 왜곡한 경우에는 오류분석란에 'D'라고 표기한다. 목표음소를 생략한 경우에는 'ø'로 오류분석 란에 기록한다.

(4) 검사결과

- 개별음소의 발달연령: 기록한 낱말 개별음소분석표를 보고 음소발달연령표의 각 음소의 습득, 숙달, 관습, 출현발달 연령단계와 비교하여 아동의 조음발달 정도를 살펴본다.
- 음소정확도: ① 자음정확도 구하기: 자음정확도 = (43 − 오류음소 수)/43 × 100
  ② 모음정확도 구하기: 모음정확도 = (10 − 오류음소 수)/10 × 100
- 결과해석: ① −1SD 이상 → 정상판정 또는 모니터링
  ② −1SD∼2SD → 조음치료 고려
  ③ −2SD 이하 → 조음치료 요망

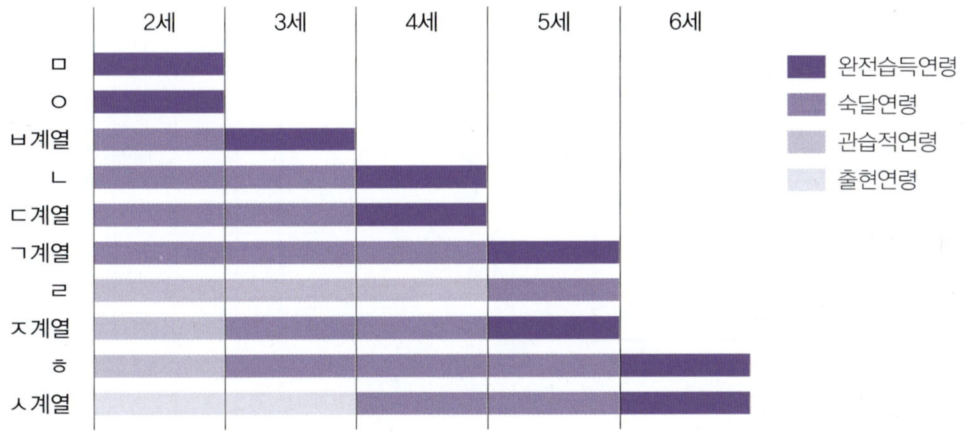

[그림 3-2] 우리나라 음소발달연령

출처: 김영태, 신문자(2002). p. 57.

다음은 우리말 조음 · 음운평가 중 낱말검사 분석표 사례이다.

낱말 개별음소 분석표

이 름	허길수(남)
검 사 일	201×. 3. 13
생년월일	200×. 1. 15
연 령	6세 2개월
검 사 자	박○○

※ 오류분석 기록법

정조음: + 대치: 대치음소기록 왜곡: D 생략: Ø

음소 정확도

		자음정확도	모음정확도
낱말수준		33/43	9/10
		* 76.7%	90%
문장수준		30/43	10/10
		69.7%	100%

생활연령 자음 정확도 비교(낱말수준)

대상아동	자음정확도(<부록-2> 참조)		
	평균	-1SD	-2SD
* 76.7%	98.43%	96.18%	93.93%

추천사항

낱말 발음전사			오류분석				
번호	목표 단어	발음 전사	번호	자음	어두 초성⓪	어중 초성⓿	종성[0]
1	① ⓰ 바 지	+	1	ㅂ	+	+	+
2	⑩ ⓲ 단 추	다추	2	ㅃ	+	+	
3	⑱[7] 책 상	채차	3	ㅍ	+	+	
4	❶[13] 가 방	가바	4	ㅁ	+	+	+
5	⑭ ⓬ 사 탕	차창	5	ㄴ	+	+	+
6	❸[19] 연 필	+	6	ㅎ	+	+	
7	⑯ ❿ 자 동 차	자동차	7	ㄱ	+	+	Ø
8	3 4 동 물 원	+	8	ㄲ	+	+	
9	1 2 엄 마	+	9	ㅋ	+	ㄲ	
10	② ❷ 뽀 뽀	+	10	ㄷ	+	+	+
11	⑥ 호 랑 이	호앙이	11	ㄸ	+	+	
12	⑧ ⓳ 꼬 리	꼬디	12	ㅌ	+	ㅊ	
13	⑨ ❽ 코 끼 리	코끼디	13	ㅇ			Ø
14	⑪ ❾ 땅 콩	땅꼬	14	ㅅ	ㅊ	D	
15	9 귀	+	15	ㅆ	+	ㅊ	
16	⑦ ❺ 그 네	+	16	ㅈ	+	+	
17	⑫ 토 끼	+	17	ㅉ	ㅊ	ㅊ	
18	③ ⓮ 풍 선	풍셔(D)	18	ㅊ	+	+	
19	⑲ 로 봇	(로보츠)	19	ㄹ	+	ㄷ	+
20	5 6 그 림	+	번호	모음	발음 전사		
21	④[10] 못	+	1	ㅓ	+		
22	⓯[1] 눈 썹	누첩	2	ㅏ	+		
23	10 괴 물	+	3	ㅗ	+		
24	⑮ [4] 싸 움	싸운	4	ㅜ	+		
25	7 참 새	참채	5	ㅡ	+		
26	8 세 마 리	테마리	6	ㅣ	+		
27	⑰ ⓱ 색 칠	채챌	7	ㅐ	ㅚ		
28	⑤ ❹ 나 무	+	8	ㅔ	+		
29	⓫ ❼ 메 뚜 기	메뚝기	9	ㅟ	+		
30	[5] ❻ 전 화	+	10	ㅚ	+		
정확도		자음 33/43			모음 9/10		

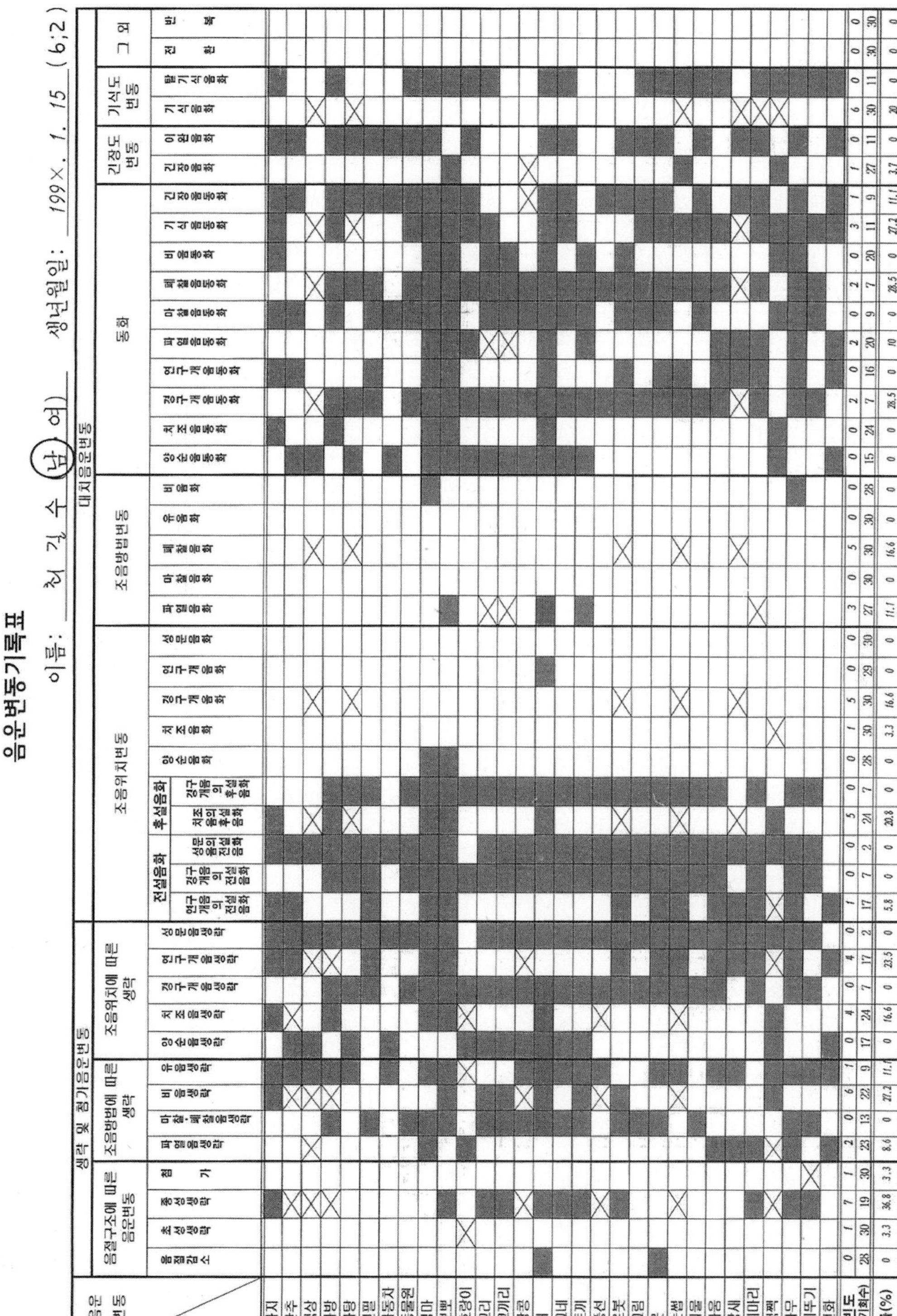

[그림 3-3] 음운변동기록표

3 유창성장애 및 음성장애 진단 · 평가

1. 유창성장애 진단 · 평가

유창성장애는 평가와 관련하여 특히 대상자의 연령을 고려하는 것이 매우 중요하다. 이는 취학 전 유창성장애를 나타내는 아동 중 대부분은 자연회복이 되며, 나머지 일부 아동이 취학 후 굳어진 말더듬으로 진행되기 때문이다. 또한, 유창성장애 평가 시 대상자의 연령에 따라 상당히 다른 절차가 요구된다는 것을 의미하기도 한다(심현섭 외, 2019).

- 학령전기 아동
  ① 아동이 말을 더듬는가?
  ② 아동이 말을 더듬는 것 같지 않다면 말을 더듬게 될 위험이 있는가?
  ③ 아동이 말을 더듬는 것 같다면 만성화될 가능성이 있는가?
  ④ 아동이 말을 더듬는다면 어떤 중재가 요구되는가?
- 학령기 이후 아동 · 청소년
  ① 아동의 말의 정도는 어떠한가?
  ② 어떤 중재가 요구되는가?
  ③ 비유창성과 부수행동의 특징은 어떠한가?
  ④ 태도 및 느낌, 그리고 말더듬에 대처하는 사회적 적응 전략은 어떠한가?

1) 파라다이스 유창성검사

(1) 검사목적 및 대상

- 목적: 유창성장애 여부와 정도를 파악, 문제의 진전 예방, 치료계획 수립, 유창성문제의 전반적인 평가 및 진단(구어 및 의사소통태도 평가)
- 대상: 취학 전 아동, 초등학교, 중학생 이상과 같이 연령대별로 나누어 검사 과제를 달리함으로써 거의 모든 연령의 사람에게 실시할 수 있다.

(2) 검사구성 및 절차

- 구성: 검사지(구어 평가지, 의사소통태도 평가지) 매뉴얼, 사례면담지, 검사도구, 검사 연령별 실시 내용의 구성은 〈표 3-13〉과 같다.

〈표 3-13〉 연령별 유창성 검사

과제	취학 전 아동	초등학생	중학생 이상
필수과제	문장그림 말하기그림 그림책	읽기 이야기그림 말하기그림	읽기 말하기그림 대화
선택과제	낱말그림, 따라 말하기, 부수행동평가		

- 부수행동 평가: 신체적 부수행동은 검사가 끝나면 곧바로 전반적인 인상과 유형을 결과지에 기록한다. 우선 평가 과정 중에 신체적 부수행동이 나타났는지 파악하고, 신체적 부수행동이 있었다면 그 정도는 어느 정도였는지 0점부터 4점 이내에서 전체적인 인상을 평가한다.

> ※ 나타나지 않음(0점), 거의 눈에 띄지 않음(1점), 거슬림(2점),
> 매우 거슬림(3점), 심각하고 괴로워 보임(4점)

(3) 검사기록

유형	기호	정의
ND	주저(H)	발화 중간이나 발화 간에 나타나는 1~3초 정도의 침묵으로 별다른 질적 양상이 동반되지 않은 경우를 말한다.
	간투사(I)	의미전달내용과 관계없는 낱말이나 구를 말하는 것으로 별다른 질적 양상이 동반되지 않은 경우를 말한다.
	미완성 또는 / 그리고 수정(Ur)	발화나 낱말을 끝맺지 않은 경우, 그리고/또는 이미 산출한 말의 발음, 낱말, 통사구조 등을 바꾸어 다시 말하는 경우이다.
	반복1(R1)	다음절 낱말이나 구, 어절 등을 1~2회 반복하되, 별다른 질적 양상이 동반되지 않은 경우를 말한다.
AD	주저-비정상적(Ha)	주저함이 3초 이상 지속되거나 시각적 긴장과 같은 질적 양상이 동반되는 경우를 말한다.
	간투사-비정상적(Ia)	간투사를 3회 이상 반복하거나 간투사를 말할 때 시각적 긴장과 같은 질적 양상이 동반되는 경우를 말한다.
	미완성 또는 / 그리고 수정(Ur)	미완성 그리고/또는 수정이 연속적으로 일어나거나 시각적 긴장과 같은 질적 양상이 동반되는 경우를 말한다.
	반복1-비정상적(R1a)	다음절 낱말, 구, 어절 등이 3회 이상 반복되거나 긴장 등을 동반하여 나타나는 경우를 말한다.
	반복2(R2)	낱말보다 작은 단위에서 일어나는 모든 반복을 포함한다. 음소, 음절 부분, 음절, 낱말 부분, 일음절 낱말의 반복이 이에 속한다.
	비운율적 발성(DP)	연장(소리와 공기의 흐름은 유지되나 조음기관의 운동이 멈추는 것), 막힘(공기 또는 목소리의 흐름 및 조음기관의 움직임이 멈추는 것, 특히 후두의 부적절한 근육 움직임 동반), 깨진 낱말(낱말 내에서 나타나는 멈춤)을 포함한다.

(4) 검사결과

	영역	ND점수	AD점수	총점수	백분위수 (%ile)	말더듬정도
필수과제	① 문장그림	1.0	46.9	47.9	–	–
	② 말하기 그림	1.4	35.0	36.4		
	③ 그림책	4.1	26.9	115.3		
	필수 과제 점수 (①+②+③)	6.5	108.8	19.6	90~100	심함
선택과제	④ 낱말그림	0	19.6	37.8	70~80	중간
	⑤ 따라 말하기	0	37.8		90~100	심함
부수행동 정도		0-1-2-3-4			70~80	중간

※ 말더듬 정도 결과: 약함: 1~40%ile, 중간: 41~80%ile, 심함: 81%ile 이상

2. 음성장애 진단 · 평가

음성장애의 가장 큰 특징은 전문가가 아니어도 '목쉰 소리'를 듣고 누구나 '목소리가 많이 쉬었다', '별로 안 쉬었다'를 구분할 수 있는데 이는 대부분 성대의 기질적 병변이상으로 발생하며, 또한 개인의 다양한 심리적인 영향으로 목소리가 안 나오는 기능적인 경우도 있다. 이러한 음성장애의 진단 · 평가에 대하여 다음과 같이 주관적 평가인 청지각적 평가와 객관적 평가인 기기적 평가로 나누어 살펴보기로 하겠다.

1) 음성 평가

음성 평가는 일반적으로 사례사 수집, 음도와 주파수 측정, 음압과 강도 측정, 음질과 음파의 복잡성 측정, 이비인후과 기록과 기타 의학적 정보 분석, 적절한 임상 프로브 시연, 기류율 측정, 비디오 내시경을 통한 성대 관찰, 전기 성문파형 검사 등을 실시한다. 음성 평가는 기기를 사용하지 않는 평가와 기기를 사용하는 평가로 이루어지는데 비기기적 평가는 검사자의 청지각에 의존하여 음도, 강도, 음질, 공명 등에 초점을 두고 평정척도로 평가를 한다.

가장 이상적인 음성 평가는 기기적 평가와 비기기적 평가 둘 다 실시하는 것을 통해 보다 정확한 음성 평가를 실시하는 것이며, 가장 중요하고도 효과적인 방법은 비평적이고 주의 깊게 음성을 듣고 객관적으로 분석하는 것이다(권도하 외, 2014). 특히, 기능적 음성장애는 심인성인 경우와 후두의 잘못된 사용과 관련되는 경우가 많으므로 상담을 통한 심리적인 측면을 항상 고려해야 한다.

2) 청지각적 평가

(1) GRBAS 척도

청지각적 평가방법 중 가장 많이 쓰이는 방법으로 각 항목은 0, 1, 2, 3점으로 된 4점 척도이다. 음성 샘플은 /a/, /e/, /i/, /o/, /u/ 5가지 모음을 각 2초 동안 편안한 상태의 발성으로 다음과 같이 음성을 평가한다.

G(grade)	전체적인 목쉰 소리의 정도	전체적인 음성 등급
R(rough)	거친 소리의 정도	거친 음성
B(breathy)	숨찬 소리의 정도	기식성 음성
A(asthenic)	기운이 없는(무기력) 소리의 정도	무기력 음성
S(strained)	쥐어짜는 듯한 소리(긴장성)의 정도	억압성 음성

(2) CAPE-V(Consensus Auditory-Perceptual Evaluation of Voice)

미국 ASHA(2002)에서 개발한 것으로 대상자 음성의 6가지에 대하여 전체적인 음성장애의 심한 정도, 거친 음성, 기식성, 음도, 강도에 대하여 상태를 시각적 아날로그 척도(VAS)를 사용하여 1~100점으로 평가한다(Boone, McFarlane, & Von Berg, 2005).

3) 기기적 평가

① 이학적 평가

- 후두스트로보스콥(Stroboscope)
  - 기질적인 손상
  - 성대의 닫힘 정도
  - 진폭, 점막파동
  - 성대 마비의 정도

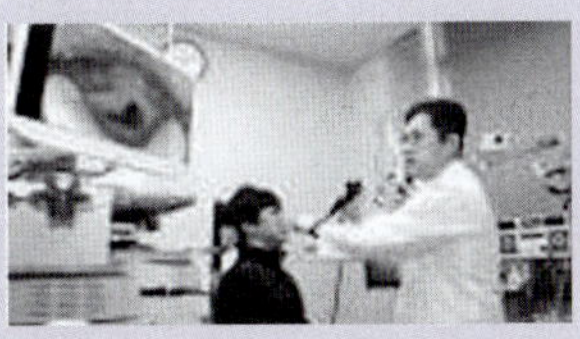

- 전기성문파형검사(EGG)
  - 성문 닫힘 정도
  - 열림 정도

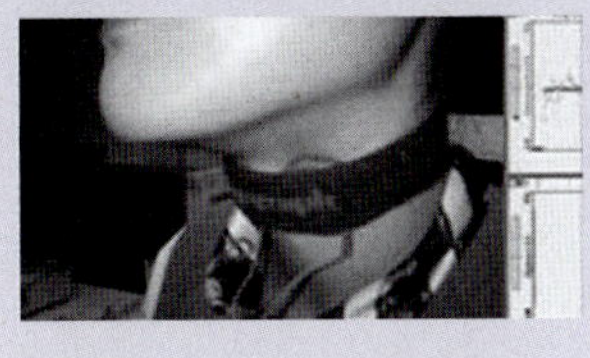

② 음향학적 평가

- CSL(Computerized Speech Lab)
  - 컴퓨터를 기반으로 종합적인 음성분석
  - 결과를 그래프와 수치로 확인
  - Spectrogram, 배음주파수

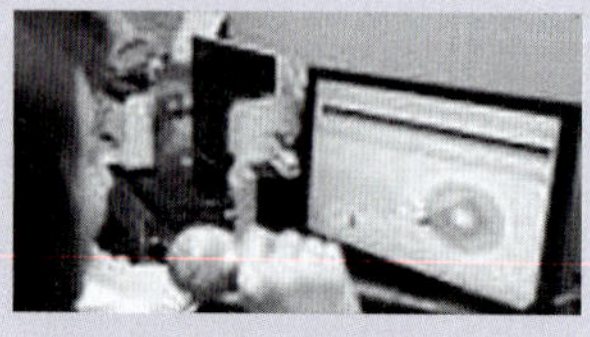

- MDVP(Multi-dimensional Voice Program)
  - 기초주파수(F_0)
  - 주파수 변동율(Jitter)
  - 진폭변동율(Shimmer)
  - 소음대 배음 비율(NHR)

- Visi-Pitch
  - 기초주파수(F_0)
  - 강도(Intensity)
  - 음역(Frequency range)
  - 강도범위(Intensity range)

- Praat 등

③ 공기역학적 평가

- Aerophone Ⅱ
  - 기초주파수(F_0)
  - 평균기류율(Mean Flow Rate: MFR)
  - 발성지수(Phonation Quotient: PQ)
  - 최대연장발성(MPT)
  - 성문하압(Ps)

4 청각장애 및 문해능력 진단 · 평가

본 절에서 청각장애 진단 · 평가는 특성상 의학적 진단의 청력 평가보다는 학교 현장의 교육적 접근에 필요한 Ling 5개음 검사와 말지각 발달 검사, 그리고 문해능력은 학령기 초등부 1~6학년 수준을 중심으로 살펴보기로 하겠다.

1. 청각장애 진단 · 평가

1) Ling 5개음 검사

Ling의 5개음 검사는 가정이나 학교에서 부모나 교사가 간편하게 청각장애학생의 어음 청취력을 간편하게 진단할 수 있는 주관적인 검사로 Ling(1989)이 제시한 말소리의 음은 'ee[i], oo[u], ah[a], sh[ʃ], ss[s]'의 5개이다(권순우 외, 2018). 이 영역을 일명 바나나 스피치라고도 한다(그림 3-4).

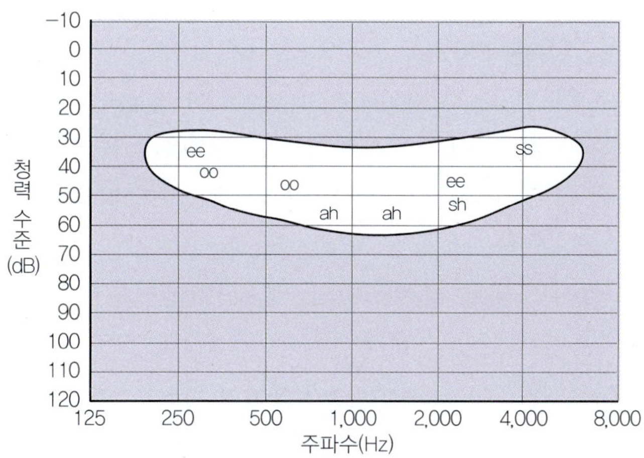

[그림 3-4] 5개음의 강도와 주파수

※ 5개음 검사의 활용

A 학생의 청력검사 결과는 [그림 3-5]와 같다. 청력도에 A-A로 표시된 것은 보청기를 착용한 상태에서의 청력역치이며, 청력도 'b'는 보청기의 재적합과 학생의 청각 특성에 맞는 새 이어 몰드(ear mold)로 교체한 후의 검사 결과이다.

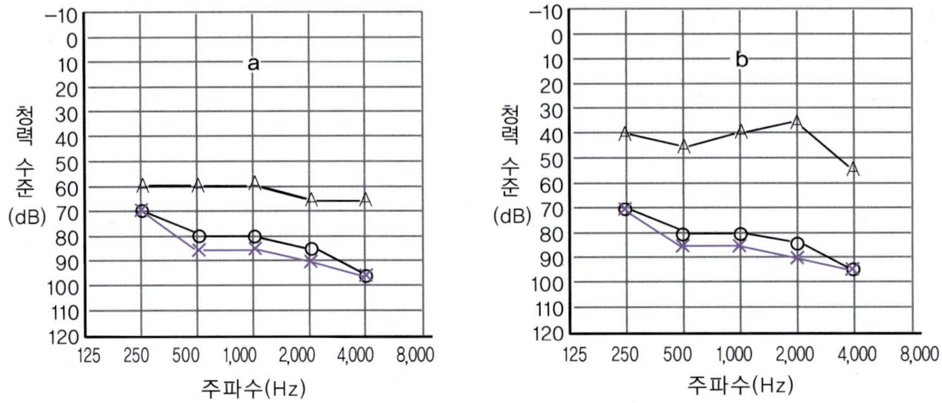

[그림 3-5] A 학생의 청력도(a: 보청기 조정 전, b: 보청기 조정 후)

출처: 권순우 외(2018). p. 97.

- 청력도와 5개음 검사의 예측: 학생의 청력역치는 250Hz에서 가장 좋으며(70dB), 4,000Hz에서 가장 나쁘다(95dB). 청력은 1,000Hz에서만 어음청취 가능 범위에 들어가 있으므로 5개음의 /a/음만 들을 수 있으며, /s/음의 청취는 곤란할 것이다.
- 발성 · 발화지도를 위한 조치:
  - 보청기를 재조정하고, 특히 2000Hz의 음향이득이 가능하다면 10dB 정도 낮춘다.
  - 4,000Hz에서의 청취 역치는 약 55dB이므로 /s/음을 들을 수 없다. 10~20dB 정도의 음향이득이 더 필요하며, 시각 및 촉각을 활용하여 지도하는 것이 효과적이다.

2) 국립특수교육원 말지각 발달 검사(KNISE-DASP; 국립특수교육원, 2011)

(1) 검사목적 및 대상

- 목적: 청각장애학생에 대한 체계적이고 효율적인 청능훈련을 위하여 현재 학생의 청능 수준을 말지각 발달에 기초하여 평가하고 청각장애학생의 효과적인 청능훈련을 위해 개발
- 대상: 3~17세 청각장애학생

(2) 검사구성

학생의 말지각 발달을 위계적으로 평가할 수 있도록 말소리 자극 단위에 따른 8가지 하위 검사구성과 실시내용의 예시는 다음의 〈표 3-14〉와 같다.

〈표 3-14〉 검사결과 예시 (7세 3개월, 1학년) - 말지각 지수 산출

검사 도구			총점수	원점수	백분율 (%)	백분위 점수	환산 점수	연령 기준	비고
Ling 6음 검사	Closed	–	18	18	100.0%			만 3세	준거 참조
자 · 모음 검사	Closed or Open	모음확인	21	21	100.0%				
	Closed	자음확인	30	28	93.3%				
단어패턴 · 인지검사	Closed	12문항 – 패턴	36	36	100.0%				
		12문항 – 단어	36	36	100.0%				
		6문항	18	–	–				
		3문항	18	–	–				
단어인지 검사	Closed	2음절	12	12	100.0%				
		1음절	12	12	100.0%				
문장인지 검사	Closed	Easy	12	–	–				
		Hard	12	12	100.0%				
	Open	Hard	40	36		6	3	현재 연령	규준 참조
문장이해 검사	Closed	Easy	10	–	–			만 4세	준거 참조
	Closed	Hard	10	8		9	3	현재 연령	규준 참조
	Open	Easy	20	–		–	–		
	Open	Hard	20	13		3	0		
문장기억 · 순서화 검사	Closed	문장기억	37/48/63	47		4	2		
		문장순서화	5/8/9	5		8	5		
이야기이해 검사	Open	Hard	28	2		2	2		
합계				1) 111	2) 99.1%	3) 5.3	4) 15		
말지각 지수						60			

1) 규준참조 검사 원점수의 합
2) 준거참조 검사 백분율의 평균
3) 규준참조 검사 백분위 점수의 평균
4) 규준참조 검사 환산점수의 합

※ 검사결과 사례 해석: 사례 학생의 말지각 지수 60점은 평균 100점, 표준편차 15를 기준으로 할 때 –2 표준편차 이하의 점수이므로 정상청력을 가진 1학년 동년배에 비해 말지각 지수가 상당히 뒤떨어져 있는 심한 지체(severe under)라고 해석할 수 있다.

출처: 국립특수교육원 말지각 발달 검사(2011). p. 14.

(3) 검사 구성 및 하위 검사 내용

KNISE-DASP의 하위 검사별 평가 내용을 간략히 살펴보면 다음과 같다.

① Ling 6음 검사: /음/, /우/, /아/, /이/, /쉬/, /스/로 전반적인 주파수에 대한 학생의 청능 평가 및 보장구의 기능을 평가

② 자 · 모음 검사: 자음과 모음의 변별 및 확인 능력을 측정하기 위한 평가와 음절 패턴을 습득한 후 단어인지 및 문장인지 발달단계에서 학생의 자음과 모음의 변별 및 확인 시 나타내는 오류유형을 평가

③ 단어패턴 · 인지 검사: 1~3음절 이상으로 구성 단어를 그림판과 함께 제시하여 학생에게 해당되는 단어를 그림판에서 찾아 반응하도록 하는 것으로 음절수뿐만 아니라 소리의 크기, 길이, 지속음과 단속음들에 대한 변별 및 확인 능력에 관한 평가

④ 단어인지 검사: Closed Set 상황에서 1음절과 2음절 단어인지 능력을 측정하기 위해 그림판을 보여 주고 각 단어를 들려주어 변별 및 확인 반응을 하도록 하는 평가

⑤ 문장인지 검사: 듣기에 가장 적절한 강도로 문장을 제시하였을 때, 정확히 확인하는 정도(%)를 측정하는 것으로 일상생활에서의 실질적인 듣기 능력에 대한 정보를 제공하여 청능훈련 계획을 수립하기 위한 기초적인 자료 제공을 위한 평가

⑥ 문장이해 검사: 듣기에 가장 적절한 강도로 문장을 제시하였을 때, 정확히 확인하는 정도(%)를 측정하는 것으로 검사자가 Closed-Set이나 Open-Set 상황에서 학생의 연령을 고려해 Easy(쉬운 문장)이나 Hard(어려운 문장)를 통하여 평가

⑦ 문장기억 · 순서화 검사: 문장의 이해 수준으로 Closed-Set 상황에서 문장을 기억하고 순서화하는 능력을 평가하는 것으로 청각기억과 순서화는 청각장애학생을 위한 청능훈련에서 활발히 실시되고 있음(Sweetow & Henderson-Sabes, 2004)

⑧ 이야기이해 검사: 연속되는 문장을 듣고 이해하기 위해서는 청각적 정보에 대하여 기억하고 순서화하며, 듣기를 마치면서 문맥적인 정보를 이용하는 등의 종합적인 듣기 능력이 포함된다. 이야기이해 검사는 만 6세 이상부터 사용할 수 있으며, 이러한 피검자의 이야기이해 능력을 평가

(4) 검사 질문 유형

- 폐쇄형: 그림판 또는 실물을 제시하여 질문을 하는 것이다. 예를 들면, [그림 3-6]을 보여 주면서 "아프면 가는 곳이 어디야?" 또는 "학교에서 운동하러 가는 곳은?"이라고 질문한다.

[그림 3-6] 문장이해 검사(Closed) 그림판

- 개방형: 학생에게 보기 없이 선택의 범위가 제시되지 않는 질문으로 "오늘 날씨는 어때?" 또는 "아침에 뭐 먹었니?"라고 묻는다.

2. 문해능력 진단 · 평가

1) 한국어 읽기검사

(1) 검사목적 및 대상

- 목적: 읽기 검사를 핵심검사와 상세 검사, 선별검사로 나누어서 한다.
- 대상: 초등 1~6학년 및 이에 해당하는 읽기 수준 학생

(2) 검사구성 및 절차

- 구성: 전문가 지침서, 검사틀, 검사책자, 기록지, 학생용검사지, 온라인코드(각 10부/1개), CD, 초시계, 3가지 검사문항으로 구성되어 있다.
- 절차: ① 선별검사: 낱말 읽기 유창성 검사와 읽기 설문지로 40초 읽기 또는 10개 설문 문항을 통해 읽기 능력을 간략하게 검사한다.
  ② 핵심검사: 해독, 읽기이해, 문단 글 읽기 유창성, 듣기 이해에 대한 검사로 아동의 읽기장애 유무를 판별하기 위해 읽기 주요 영역 평가를 통하여 학년별 백분위, 표준점수를 알 수 있다.
  ③ 상세검사: 음운인식, 빠른 이름 대기, 음운기억 과제와 받아쓰기, 주제 글쓰기 과제에 대한 검사로 하위 25% 학생에 대한 정보를 알 수 있다.

2) 기초학력검사(KISE-BAAT)

(1) 검사목적 및 대상

- 목적: 전반적인 읽기, 쓰기, 수학 등의 학습에 부진을 나타내는 학생 또는 장애학생에게 적합한 교육프로그램과 서비스를 계획하고 제공하는 데 필요한 자료를 수집하고 의사결정을 가능하게 한다.

- 대상: 만 5~14세 11개월 30일까지

(2) 검사구성 및 절차

- 구성: 규준참조검사로 개인용 검사로 구성되어 있다. 읽기, 쓰기, 수학은 기초학력을 측정하는 복수심리검사(battery)인 KISE-BATT의 소검사로 가형과 나형 2종의 동형검사로 이루어져 있다. 학력지수와 학년규준을 산출하여 학생의 학습 배치를 지원할 수 있는 도구로 구성되어 있다.
- 절차: ① 읽기 소검사: 선수기능 → 음독능력 → 낱말이해 → 문장완성 → 어휘선택 → 문장배열 → 짧은글 이해

  ② 쓰기 소검사: 선수기능 → 표기능력검사 → 어휘구사력검사 → 글구성력검사

체크 포인트: 임용시험 출제(2024) 확인 마무리

(가)는 ○○ 중학교에 재학 중인 학생 A를 지도하는 일반교사와 특수교사의 대화이고, (나)는 학생 A에 대한 조음 · 음운 지도 계획의 일부이다. (가)의 괄호 안의 ㉠에 해당하는 용어를 쓰고, (나)를 참고하여 학생 A에 적용할 조음 · 음운 중재 기법의 유형을 쓰시오. [2점]

(가) 일반교사와 특수교사의 대화

일반교사: 선생님, 우리 반 학생 A는 말할 때 입을 크게 벌리지 않고 우물거리며 말을 하는 습관이 있어서 수업 시간에 말을 알아듣기 힘들 때가 많습니다.
특수교사: 네, (　　㉠　　)이/가 낮아서 문제이군요.
일반교사: 그게 무슨 뜻인가요?
특수교사: 이것은 학생 A가 발음하는 것을 선생님이 알아듣는 정도를 의미해요.

(나) 학생 A의 조음 · 음운 지도 계획

1. 우리말 조음 · 음운 평가(Urimal Test of Articulation and Phonolgy: U-TAP) 결과
   1) 개별 음소 분석표
      * 음소 정확도

	자음정확도	모음 정확도
낱말 수준	38/43	9/10
	88.3%	90.0%
문장 수준	34/43	9/10
	79.0%	90.0%

2. 중재 진행 방향
   1) 음운 오류인 탈기식음화 감소를 중재 목표로 설정함.
   2) 목표음을 지도할 때 문맥적 훈련에 중점을 두어 진행함.
   3) 한 번에 여러 개 음소를 동시에 수정하고자 함.

체크 포인트: 임용시험 기출(2018) 확인 마무리

초임 특수교사 A는 자폐성장애학생 성우의 자발화를 분석하기로 하였다. (가)는 성우와 어머니의 대화를 전사한 것이고, (나)는 발화를 구분하여 기록한 표이다. 〈작성방법〉에 따라 순서대로 서술하시오.[5점]

(가) 전사 기록

(주차장에서 차 문을 열면서)
성 우: ㉠ <u>성우 주차장에서 뛰면 안 돼.</u>
어머니: 그렇지. 엄마가 주차장에서 뛰면 안 된다고 말했지?

(엘레베이터를 타고 나서)
성 우: 일 이 삼 사 오 육 칠 (5초 경과) 칠 육 오 사 삼 이 일.
어머니: 성우야, 육층 눌러야지.
성 우: 육층 눌러야지.

(마트 안에서)
성 우: 성우 아이스크림 먹고 싶어요.
어머니: 알았어. 사 줄게.
성 우: 네.
어머니: 성우야, 무슨 아이스크림 살까?
성 우: ㉡ <u>오늘 비 왔어요.</u>

(식당에서)
어머니: 성우야, 뭐 먹을래?
성 우: ㉢ <u>물 냄새나요 물 냄새 나요.</u>
어머니: 성우야, 김밥 먹을래?
성 우: ㉣ <u>김밥 먹을래?</u>

(나) 발화 기록표

① 성우 주차장에서 뛰면 안 돼	⑥ 네
② 일 이 삼 사 오 육 칠	⑦ 오늘 비 왔어요
③ 칠 육 오 사 삼 이 일	⑧ 물 냄새 나요
④ 육층 눌러야지	⑨ 물 냄새 나요
⑤ 성우 아이스크림 먹고 싶어요	⑩ 김밥 먹을래

〈작성방법〉

- 자폐성장애학생의 언어적 특성에 근거하여 (가)의 밑줄 친 ㉠과 ㉣의 공통점 1가지를 쓰고, ㉠의 의사소통 기능을 쓸 것
- '화용적 능력'의 의미가 무엇인지 쓰고, 밑줄 친 ㉡과 ㉢에서 나타난 화용적 기술의 문제점을 설명할 것
- (나)의 발화 구분에서 <u>잘못된</u> 점을 2가지 찾고 그 이유를 각각 설명할 것

Chapter 4

언어학습장애

〈경계에 선 느린 학습자〉

최근 연구에서는 학습지진 또는 학습위험군 아동을 '느린 학습자'라 정의한다. 미국에서는 1980년대 관련 연구가 본격적으로 진행됐으며, 국내에서는 2000년대 초반에 들어서야 시작됐다고 한다. 미국 정신장애 진단 및 통계편람에 따르면 IQ 85 이상을 정상 지능이라고 봤을 때, IQ가 70 이하면 지적장애다. 느린 학습자는 IQ가 그 경계인 71~84에 있다. 이 때문에 느린 학습자를 '경계선 지능인'이라고 부르기도 한다.

아직 국내에서는 제대로 된 연구 결과가 부족하지만, 미국에서는 전체 인구의 13.59%가 이 경계선 지능에 있다고 본다. 이를 2010년 국내 통계청 자료에 적용하면, 15세 미만 93만 4,000명, 19세 미만 134만 7,000명에 해당한다. 일반 학교 학급당 3~4명 정도는 느린 학습자라는 것이다.

출처: http://news.chosun.com.

학·습·목·표

1. 언어학습장애의 개념과 정의에 대하여 이해하고 알 수 있다.
2. 단순언어장애 정의와 진단기준에 대하여 이해하고 알 수 있다.
3. 단순언어장애학생의 언어적 특성과 학습 및 정서적 특성을 이해할 수 있다.
4. 비단순언어장애 정의와 특성에 대하여 이해하고 지도할 수 있다.

1 언어학습장애 이해

1. 언어학습장애 개념

학습장애의 원인으로 언어학적 기초를 강조하며, 언어와 학습 모두에 어려움을 가진 학생을 언어학습장애(Language Learning Disorder: LLD)라고 하였다(Silliman, Buther, & Wallach, 2002). 언어학습장애는 영유아기때 일차적인 언어발달의 지체로 인한 언어 능력과 이로 인하여 이차적인 아동·청소년기 문자언어의 이해와 표현을 토대로 하는 문해능력의 전반적인 어려움을 함께 지니는 것을 말한다. 즉, 언어학습장애는 취학 전 학생의 다양한 내·외적 요인으로 발생하여 듣기·말하기에 언어발달지체를 나타내고, 이러한 영향은 취학 후 읽기, 쓰기의 문해능력에 곤란을 지니게 된다. 학교 수업 장면에서 교사가 학생들을 지도할 때 대부분 구어나 문어를 통하여 설명하고 문자로 제시되어 있는 교과서를 통하여 학생은 읽고, 쓰면서 학습을 하게 되는데 언어학습장애학생은 이러한 학습능력의 수행에서 또래에 비하여 대부분 성취 수준이 낮다.

최근 여러 학계에서 언어학습장애에 관심을 가지고 구어와 문어 사이의 상관관계에 대하여 특수교육학자, 언어치료학자, 인지심리학자, 신경심리학자들에 의해 활발하게 연구가 이루어지고 있다. 수년 동안 구어와 문어는 서로 구분되는 다른 두 가지 기술로 생각되었고, 분리된 두뇌활동의 양상으로 보았다. 구어에 있어서 개인의 능숙함과 장애는 쓰기 영역에서 보이는 기술 또는 장애와 관계가 없는 것처럼 보았다. 많은 언어학습장애학생은 읽기, 쓰기의 철자법에 힘들어하며, 서로 다른 특징을 보이기도 한다. 이들은 몇 개의 하위 유형으로 범주화되기도 한다. 예를 들면, 몇몇 학생은 학교 언어수업 중에 읽기, 철자법 그리고 쓰기를 못하는 것 외에 교실에서 듣기 능력도 좋지 않다는 것을 보여 준다. 또 다른 학생은 읽기와 철자법에서 문제를 보이지만 구어능력의 진전을 보이기도 한다.

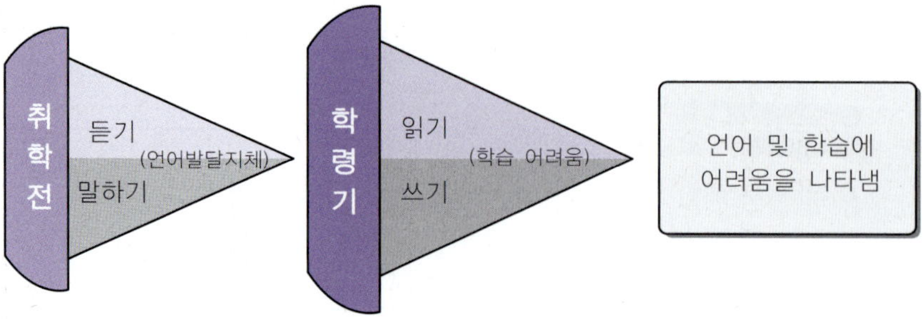

[그림 4-1] 언어학습의 곤란 연속성

2. 언어학습장애 정의

다음은 언어학습장애를 정의하는 데 고려해야 할 사항과 언어학습장애 정의에 대한 내용이다(권요한 외, 2011).

⊙ 언어학습장애(LLD)를 정의하는 데 두 가지 중요한 측면의 고려

첫째, 진단의 범위를 구어(예: 듣기와 말하기)와 문어(예: 읽기, 쓰기, 철자법)에 어려움이 있는 학생은 문어에 제한적으로 결함이 있는 학생에게만 적용할 것인가에 대한 사항

둘째, 언어학습장애로서 학생을 판별하는 데 비구어성 지능이 고려되어야 하는가에 관한 사항

⊙ 언어학습장애(LLD)의 정의

- 언어와 의사소통 부분의 어려움으로 학업을 수행하는 데 곤란을 겪는 학생을 설명하는 광범위한 개념이다.
  ※ 언어와 의사소통의 어려움을 지니는 언어학습장애학생은 교실에서 이루어지는 일련의 수업활동에서 구어로 어떠한 주제에 대하여 발표하고 토론하는 상황과 읽기, 쓰기, 철자법에서 두드러지게 나타난다.
- Kamhi & Catts(2012)는 부족한 언어기술로 인해 읽기에 어려움을 겪는 학생을 언급하기 위해 '읽기장애(reading disorder)'라는 용어를 사용하기도 하였으며, 읽기장애학생이 보이는 읽기 및 쓰기 문제가 언어에 기초한 문제라는 것을 강조하기 위해 언어학습장애와 동일하다고 설명하였다.
- 미국교육부(2002)는 학습장애를 가진 학생의 80%가 언어기반 문제로 읽기와 쓰기 및 철자법에 어려움을 보인다고 평가하였으며, 이러한 구어능력의 기초에 의존하는 언어기반 기술을 강조하기 위해 '언어학습장애(LLD)'라고 하였다(Paul & Norbery, 2013).

읽기의 최종 목표인 읽기이해를 수행하기 위해서는 언어이해가 가능해야 한다. 언어학습장애학생은 언어발달에 과거력을 가지고 있을 수도 있다. 이들은 대화에서 구어의 문제가 드러나지 않더라도 근본적인 구어에 어려움을 가지고 있으며, 이를 넘어 인지 및 문해발달에 영향을 미치는 상위언어 능력에도 어려움을 보일 수 있다(Paul & Nordury, 2013; Reed, 2012).

언어학습장애에 어려움을 지니는 학생은 듣기, 말하기, 읽기, 쓰기, 철자법 같은 언어능력을 수행함에 상당한 다양성을 내포한다. 문해능력에서 학습장애라고 분류할 수 있는 진단기준에 있어서도 의견이 분분하며, 학업적 언어에서 어려움이 있는 많은 하위 집단도 언어학습장애의 범주에 포함한다.

본 장에서는 Bernstein과 Tiegerman-Farber(2010)가 언어학습장애 하위 유형으로 분류하여 제시한 단순언어장애와 비단순언어장애를 중심으로 살펴보고자 한다.

2 단순언어장애 개관

1. 단순언어장애의 정의

단순언어장애란 언어에만 어려움을 보이는 장애로 언어장애가 인지장애, 청각장애, 신경학적인 결함에 의한 것이어서는 안 된다.

단순언어장애의 정의를 명확히 내리기 위해 언어발달지체와 언어발달장애에 대한 정의를 설명할 필요가 있다. 언어발달지체란 발달과정에서 언어영역이 시간상으로 지체되는 것을 말한다. 동일한 생활연령 집단과 비교하여 언어발달이 늦는 학생을 언어발달지체 학생이라고 한다. 언어발달지체는 뇌성마비와 같은 구조적 결함, 지적장애, 청각장애 또는 자폐와 같은 사회·정서적인 요인으로 인하여 언어발달상에서 지체가 나타나는 경우를 모두 포함한다.

언어발달장애란 다양한 영역의 언어구조에서 결함을 보이는 경우를 말한다. 학생이 사용하는 언어가 질적으로 기술할 수 있는 만큼의 특수성을 가지고 있으며, 시간이 지나도 스스로 회복될 수 없는 언어구조상의 결함을 보이는 학생을 언어발달장애학생이라고 한다. 언어발달지체와 언어발달장애는 초기 단계에서는 서로 비슷해 보이지만 점차 다른 양상을 보인다.

반면에 단순언어장애(specific language impairment: SLI)란 감각적·신경학적·정서적·인지적 장애를 전혀 가지고 있지 않고 언어발달에만 문제를 보이는 경우를 말한다. 앞서 언급한 언어발달지체나 언어발달장애와는 구분되는 새로운 개념이다. 단순언어장애를 가정하기 위해서는 일차적으로 다른 영역에서의 발달장애나 질병요인이 완전히 배제되어야 한다. 단순언어장애는 일차적으로 수용언어나 표현언어상의 심각한 결함을 보이는 발달적 언어장애이며, 동시에 언어발달상의 지체 현상을 가지고 있다.

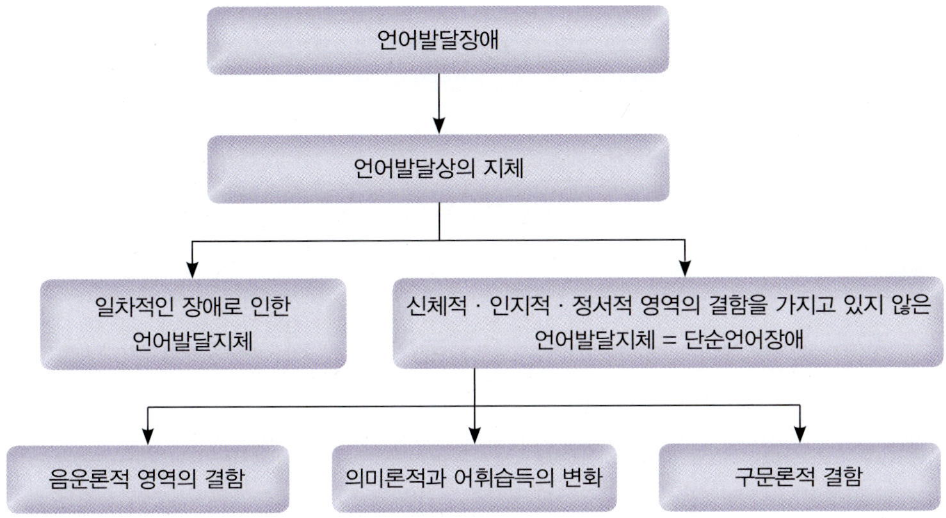

[그림 4-2] 단순언어장애

출처: Kauschke & Siegmuller(2002).

2. 단순언어장애의 원인

단순언어장애의 원인에 대해서는 현재까지 밝혀진 바가 거의 없다. 단순언어장애라는 용어가 1980년대에 처음 국제학술지에 등장하면서 많은 연구자들은 다른 영역에서는 문제를 보이지 않으면서 유독 언어발달에서만 문제를 나타내는 원인을 찾고자 하였다. Heinemann과 Hopfer(1992)는 1976~1977년에는 3~4세 아동 가운데 약 4%만이 언어발달상의 지체를 보인 반면에 1991년을 기준으로 한 당시에는 25%에 달한다고 보고하면서, 이는 진단도구의 개발이나 변화된 판단기준으로 인한 것이 아니라 실질적으로 단순언어장애아동의 수가 증가했음을 나타내는 것이라고 보았다. 어머니를 비롯한 가족관계, 대화 부족 그리고 TV나 인터넷과 매체의 과다노출에 증가 원인이 있다고 보았으나 그것은 너무 단순한 결론이라는 지적을 받고 있다.

단순언어장애의 원인으로 추정되는 것은 유전적 요인, 청지각의 낮은 수행능력, 청각적 단기기억의 결함, 신경생리학적 요인, 환경적 요인까지 매우 다양하지만 명확한 원인이 밝혀지진 않았으며, 그 내용을 간략히 정리하면 〈표 4-1〉과 같다.

〈표 4-1〉 단순언어장애의 원인

요인	내용
유전적 요인	일란성 쌍둥이와 단순언어장애 가족력을 조사한 결과, 말더듬과 같은 다른 언어장애와 마찬가지로 단순언어장애에도 유전적 성향이 있다고 본다(Zoll, 1999). 남아의 출현율이 여아와 비교하여 3~4배 정도 높으며, 형제 순으로 볼 때에는 첫째와 독자일 경우 출현율이 낮다. 그러나 어느 정도의 상관성이 있는지에 대해서는 밝히지 못하고 있다(Buschmann, 2009).
정보처리과정	단순언어장애학생의 경우 따라 말하기 과제에서 낮은 수행능력을 보이는 것은 청각적 단기기억의 문제라고 보고 있다. 이러한 단기기억의 결함은 언어정보를 신속하게 처리하는 데 문제를 가져오며, 단순언어장애학생은 접수된 언어를 처리함에 있어서 종합적인 전략보다는 부분적인 전략을 선호하는 경향이 있다(Grimm, 1999).
신경생리학적 요인	뇌전도 검사와 고해상도 뇌영상 검사 등의 결과 단순언어장애는 뇌의 조직과 기능의 활성화 측면에서 특이점이 있다고 보고 있다. 뇌의 편재화(정보처리과정에 있어서의 두뇌 반구의 차이를 말하며, 대뇌반구는 각각 다른 정보처리를 하도록 특성화되어 있는 것을 말함)가 이루어져 가는 과정상의 결함으로 설명하고 있으나 마찬가지로 충분한 설득력은 갖추고 있지 않다.
환경적 요인	언어발달에서 환경적 요인의 중요성은 늘 강조되고 있다. 부모의 의사소통 태도와 풍부한 언어자극이 갖는 중요성에 대해서는 논란의 여지가 없다. 그러나 매우 불리하고 열악한 언어환경 속에서도 학생의 언어발달은 매우 견고하다는 부분에 대해서는 생각해 볼 필요가 있다. 따라서 환경적 요인은 단순언어장애를 유발하는 원인이라기보다는 완급을 조절하는 요인으로 보는 것이 타당하다(Buschmann, 2009).

3 단순언어장애 진단

1. 선별검사

단순언어장애의 구체적인 징후는 2세 전후로 나타나기 시작한다. 따라서 선별검사도 일반적으로 이 시기를 기점으로 하여 이루어진다. 단순언어장애위험아동을 선별하기 위해서는 부모를 대상으로 설문지 응답을 통한 간접검사나 그림어휘력 검사 등의 직접검사를 통한 언어발달 검사를 실시할 수 있다.

학생이 다른 발달 영역에서는 연령에 상응하는 발달을 하고 있음에도 불구하고 2세가 되어서도 50개 이하의 표현어휘를 가지고 있고, 또는 두 단어 조합이 나타나지 않을 경우 단순언어장애를 의심할 수 있다고 하였다(Rescorla, 1989). 국내에서는 단순언어장애를 위한 별도의 진단도구가 개발되어 있지 않다. 독일에서 단순언어장애를 위해 가장 많이 사용되는 ELFRA(Eltem Fragebogen)의 경우 ELFRA-1은 12개월 아동(유아)의 표현언어,

수용언어, 몸짓언어 및 소근육 운동에서의 발달 수준을 알아본다. ELFRA-2는 24개월 유아의 표현어휘와 초기 문법구조의 활용능력을 알아보는 설문지 검사다. 2세 유아가 총 260개의 단어 가운데 50개 이하의 어휘만을 습득하였다면 위험군유아로 분류한다. 이때 유아의 개인적인 변수 등은 특별히 고려하지 않기 때문에 상대적으로 많은 유아가 위험군유아로 분류되며, 선별검사에서 위험군유아로 분류될 확률은 전체 유아의 약 20%까지로 상당히 높은 수준이다. 그러나 단순언어장애 진단을 위해서는 선별검사에서 어느 정도는 과잉선별을 감수해야 한다는 입장도 있다(Kany & Schöler, 2007). 그러나 부모의 오류로 유아가 단순언어장애로 분류되는 것은 바람직하지 않다.

2~3세 유아의 언어발달 검사도구로는 SETK-2가 많이 사용되는데, SETK-2는 4개의 영역으로 구성되어 있다. 그 내용을 간략히 정리하면 〈표 4-2〉와 같다.

〈표 4-2〉 SETK-2의 하위영역

하위영역	문항 예시
이해 I · 단어	'책상', '가위', '치즈'와 같은 단어를 듣고, 그에 상응하는 그림을 고른다.
이해 II · 문장	'사자가 달린다', '새가 하늘 높이 날아간다'와 같은 문장에 적합한 그림을 고른다.
산출 I · 단어	'볼펜', '열쇠'와 같은 사물 또는 '대문', '토마토' 등과 같은 그림을 보고 명명한다.
산출 II · 문장	상황 그림카드를 보고 "아기가 울어요.", "아빠가 수영을 해요."라고 말한다.

2세를 대상으로 하는 SETK-2 검사에서 위험유아로 분류된 유아의 약 50%는 언어습득장애를 지속적으로 보였으며, 3~5세를 대상으로 하는 SETK-3-5검사에서 총 6개 하위영역 가운데 5개 영역 모두에서 평균 이하의 점수를 보였다(Kany & Schöler, 2007). 이는 단순언어장애가 2세를 전후로 하여 어느 정도 선별이 가능하다는 것을 보여 준다. 국내의 경우에는 4~60개월에 해당하는 영유아를 대상으로 건강검진이 이루어지고 있지만 유아의 언어발달검사가 별도로 이루어지고 있지는 않다. 반면에 독일의 경우에는 21~24개월 유아는 건강검진에서 반드시 언어발달검사를 받도록 되어 있어서 조기에 언어발달장애유아를 선별하는 데 매우 효과적이다.

2. 진단검사

단순언어장애의 경우에는 선별검사와 진단검사가 명확하게 구분되어 있지 않다. 앞서 언급한 바와 같이 다른 장애를 동반하지 않고 언어 이외의 발달영역에서는 문제를 보이지 않는, 즉 표현 또는 수용언어상에서만 심각한 어려움을 보이는 경우를 단순언어장애라고 진단한다. 단순언어장애는 위 전제조건에서 충족함과 동시에 일반적으로 언어발달상의 지체가 2년 이상 지속되는 4세 경부터 진단된다. 3세 이후에 진단된다고 주장하는 연구(Rescorla & Schwartz, 1990)도 있지만 아동에 따라 언어발달 속도가 다를 수 있고, 단지 말이 늦을 뿐 언어장애를 가지고 있지 않은 아동과 구별하기 위해서는 만 4세 이전에 단순언어장애의 공식적인 진단을 내리는 것은 피하는 것이 좋다.

비언어성 검사에서 지능은 정상 영역, 즉 IQ〉85 이상이어야 한다(Grimm, 1999). 반면에 언어 능력은 표준화된 언어검사에서 최소한 표준편차 −1.25 이하에 속하여야 한다(Leonard, 1998). 물론, 비언어성 지능검사에서 85 이상이라고 명시한 것은 일반적인 진단적 범주이며, 지적장애를 가진 학생을 배제하기 위해 설정한 기준선이다. 언어검사에서 −1.25 기준 또한 최소한의 기준선을 의미한다. 반면에 동일한 생활연령에서 수용언어가 6개월, 표현언어가 1년 그리고 통합 언어발달이 1년 이상 지체되는 것을 기준선으로 제시하고 있다(Stark & Tallal, 1981).

※ 단순언어장애로 진단되기 위한 조건

- 지적장애나 자폐, 뇌성마비, 청각장애, 구강구조나 신경학적 영역, 사회 · 정서적 영역에서 결함이 없다.
- 비언어성 지능검사에서 정상범주에 속한다.
- 표준화된 언어검사에서 표준편차 −1.25 이하에 속하는 정도의 발달지체를 보인다.

4 단순언어장애 특성

1. 언어적 특성

1) 의미론적 특성

단순언어장애학생은 대부분 첫 낱말의 습득이 느리다. 일반학생은 약 11~12개월에 첫 낱말을 습득하는 반면, 단순언어장애학생은 평균적으로 23개월에 첫 낱말을 습득한다. 초기 낱말 습득 특성을 살펴본 연구에서 단순언어장애학생은 일반학생과 마찬가지로 이해와 산출 간 차이를 보였으며, 새로운 낱말 습득 시 행동단어보다는 사물단어를 쉽게 이해하고 산출하는 것으로 나타났다(Leonard et al., 1982).

단순언어장애학생은 새로운 낱말을 습득하는 데 어려움을 보이며, 이는 부분적으로 일반학생에 비해 빠른 연결능력이 부족한 데에 기인한다(Rice, Buhr, & Nemeth, 1990).

빠른 연결이란 낱말습득 과정의 초기단계에서 학생이 낱말을 처음 접할 때 낱말의 음운적 표상을 창출하고 그것의 의미에 대해 가설을 형성하여 이러한 표상 간에 음운적 · 의미적 연결을 창출하는 과정이다. 일반학생은 보통 2세에 빠른 연결이 가능하며, 이러한 능력이 어린 학생의 낱말 습득 능력을 가속화시키는 것으로 알려져 있다.

의미능력과 관련한 영역 중에는 낱말 찾기(word-finding) 혹은 이름대기(naming) 능력이 있다. 낱말 찾기란 특정한 상황이나 자극이 주어졌을 때 특정한 낱말을 산출하는 능력을 말한다. 단순언어장애학생은 낱말 찾기에 어려움을 보인다. 낱말 찾기 능력을 살펴본 연구에 의하면 단순언어장애학생은 생활연령이 같은 일반학생에 비해 낱말 찾기 과제에서 반응속도가 느리고 덜 정확한 것으로 나타났다(이윤경, 김영태, 2003; Lahey & Edward, 1999). 또한, 낱말 찾기 과제에서 단순언어장애학생과 일반학생이 가장 많이 보이는 오류는 의미적 오류로 상위 개념어(채소/양파), 대등어(미끄럼틀/그네), 하위 개념어(의자/가구), 구성 요소(바늘/주사기), 연합(비행기/낙하산), 에두르기(밥 퍼주는 것/주걱) 등이 포함된다. 단순언어장애학생이 낱말 찾기 과제에서 보인 느린 반응속도와 부정확성의 원인에 대한 가설로는 비언어학적인 처리과정의 결함, 정교화되지 않은 낱말지식, 낱말 인출의 문제 등이 제시되었다.

2) 문법 형태소 특성

단순언어장애학생은 공통적으로 문법 형태소의 사용에 어려움을 보인다. 영어권 연구에 의하면 단순언어장애학생은 동사의 과거, 3인칭 단수 및 조동사와 관련되어 시제를 나타내는 문법 형태소에 주로 어려움을 보인다. Rice와 Wexler(1996)의 연구에 따르면, 단순언어장애학생은 같은 연령의 학생은 물론이고 언어 능력이 같은 어린 학생보다 시제를 나타내는 문법 형태소를 정확하게 사용하지 못하는 것으로 나타났다. 연구자들은 시제를 나타내는 문법 형태소는 단순언어장애를 파악하는 데 중요한 임상적 표지가 된다고 제안하였다. 우리나라 학생을 대상으로 한 연구에서도 단순언어장애학생과 일반학생의 자발화를 분석한 결과, 단순언어장애학생이 조사의 사용 정도가 낮고 실수율이 높은 것으로 나타났다(김수영, 배소영, 2002).

또한, 언어 연령이 같은 일반학생과의 다양한 문법 형태소 산출능력을 비교한 연구 결과, 단순언어장애학생은 격조사에서는 장소격과 소유격, 연결어미에서는 목적과 이유

연결어미, 접사에서는 사용에서 산출능력이 유의미하게 낮은 것으로 나타났다(황민아, 2003). 다른 언어권 연구에서도 단순언어장애학생은 일반학생에 비해 문법 형태소의 사용에 어려움을 보이는 것으로 나타났다(Hansson & Nettelbladt, 1995).

3) 구문론적 특성

문법 형태소와 마찬가지로 단순언어장애학생이 취약함을 보이는 영역이 구문이다. 단순언어장애학생은 낱말조합의 시기가 늦어 3세가 되어서야 문장을 사용하기 시작한다. 이들은 주요한 문법범주를 생략하기도 하며, 일반학생에 비해서 실수가 매우 잦은 편이다. 또한, 언어 능력이 같은 일반학생과의 비교 연구에서 단순언어장애학생의 구문규칙 사용 능력은 어린 일반학생과 유사하지만 명사, 동사 및 내포문과 같이 중요한 구문적 범주를 다양한 문장에서 사용하지는 못하였다(Morehead & Ingram, 1973). 문장 따라 말하기 과제로 학생의 구문능력을 살펴본 연구(안지숙, 김영태, 2000)에서도 단순언어장애학생은 구문구조능력에 취약한 것으로 나타났다. 단순언어장애학생은 모든 구문적 난이도에서 일반학생보다 유의하게 낮은 수행을 보였다. 또한, 단문과 연결문에서보다 내포문에서 수행력이 떨어졌다.

4) 음운론적 특성

대부분의 단순언어장애학생은 외부사람이 학생의 말을 이해하는 데 어려울 정도로 발음에 문제를 나타낸다. 부정확한 발음 때문에 다른 영역에서의 결함이 눈에 띄지 않을 만큼 조음장애는 두드러진다. 이들은 기질적으로는 문제가 없음에도 불구하고, 문장 내에서 음운상의 오류를 자주 보이는 특성이 있다. 즉, 음운규칙과 음운변동 현상을 이해하고 정확하게 발음하는 데에 어려움을 갖는 것이다. 그러나 취학 전에 언어중재를 받을 경우 조음의 문제는 매우 경미하거나 대부분 사라진다.

5) 화용론적 특성

단순언어장애학생은 언어적 어려움으로 인해 또래 집단에서 놀림을 당하거나 소외되기 쉽다. 또한, 부적절한 언어의 사용은 친구관계에 부정적 영향을 주기도 한다(Brinton & Fujiki, 1995). 단순언어장애학생의 진단준거를 볼 때 이들의 화용적인 문제는 언어의 형식이나 내용의 어려움에 따른 부수적인 문제라고 생각할 수도 있다. 그러나 선행연구의 결과로는 이러한 관계가 확실하지 않다(Leonard, 1998).

한 낱말단계의 단순언어장애학생의 의사소통 기능을 살펴본 결과, 언어 능력이 같은 일반학생과 비교할 때 두 집단 모두 비슷하게 요구하기와 설명하기의 기능을 사용하였다. 그리고 단순언어장애학생은 낱말보다는 몸짓을 자주 사용한다. 반면에 일반학생은 낱말을 더 자주 사용하였다. 의사소통 기능에 필요한 어휘 능력을 통제한 다른 연구에서 단순언어장애학생은 일반학생과 비슷하게 낱말을 사용하여 의사소통 기능을 표현하는 것으로 나타났다. 또한, 이름 대기와 요구하기 외에 기술하기, 거절하기 등의 16개의 의사소통기능을 살펴본 연구에서 단순언어장애학생은 일반학생보다 대답하기 기능이 더 많은 반면, 자발적 이름 대기가 더 적었다(Leonard et al., 1982).

활발한 대화 진행을 위해서는 메시지가 잘 전달되지 않았을 경우 상대방에게 명료화를 요구하고 상대의 명료화 요구에 대해서는 자신의 메시지를 수정해야 한다. 그런데 단순언어장애학생은 일반학생에 비해 명료화를 잘 요구하지 않으며, 상대방의 잘못으로 메시지를 이해하지 못한 경우에도 자신의 탓으로 돌리는 경우가 많다. 또한, 상대방의 요구로 수정을 하는 경우에도 부적절한 경우가 많다. 이 외에도 단순언어장애학생은 이전 발화나 상식을 이용하여 메시지를 이해해야 하고, 이전 발화나 상식을 통한 메시지를 이해하는 추론능력이 일반학생에 비해 낮은 것으로 나타났다(김정미, 김영태, 2006).

2. 학업 및 정서적 특성

단순언어장애학생의 학업수행 능력에 대한 결과를 보기 위해서는 종단연구가 이루어져야 하는데 유감스럽게도 그에 대한 연구 결과가 많지 않다. 그러나 읽기와 쓰기 영역에서의 낮은 수행능력이 자주 보고되고 있다(Rescorla, 2002).

의사소통 결함은 대부분 사회 · 정서 영역에 영향을 미친다는 것을 감안할 때 어느 정도 정서적 측면에서의 문제도 예측할 수 있다. 낮은 사회적응력, 사회성의 결함, 소극적 태도, 주의집중의 부족, 과잉행동 등이 보고되고 있지만(Irwan, 2002) 앞서 언급한 바와 같이 일반화하기에는 연구의 양이 부족하다.

여기서 중요한 것은 마치 단순언어장애가 언어발달만 지체되는 경우라고 생각하기 쉽지만 실제로 단순언어장애는 전형적인 발달상의 변화를 의미한다는 것이다. 초기에 관찰되는 단순언어장애의 특성은 학생의 연령이 증가하면서 다른 특성으로 대체되는 경향을 보이는데 초기의 언어발달상의 결함은 학령기에 접어들면서 순수한 학업 영역에서의 결함으로 나타난다. 읽기와 쓰기뿐만 아니라 수학, 사회, 과학과 같은 영역에서도 문제를 보이는데 그것은 교과학습의 수단이 되기 때문이다. 단순언어장애에서 나타나는 특성은 〈표 4-3〉과 같다.

〈표 4-3〉 발달장애로서의 단순언어장애

연령	대표적인 증상
1세	• 음절의 장단/고저 또는 리듬적인 영역에서의 결함이 나타남
2~3세	• 어휘습득의 지체(표현언어가 50개 이하)현상이 나타남
4~6세	• 문법적 오류가 현저하게 나타남
학령기	• 문장에서 오류가 명백하게 나타남 • 구사하는 말이 단순하고 융통성이 없음 • 읽기 영역에서 문제를 보이고 독해능력이 떨어짐 • 인지능력과 사회 · 정서적 영역에서 문제를 보임 • 학업 영역에서의 결함 • 사회적 기술 및 행동 영역의 결함

출처: Weinert(2003).

3. 정보처리적 특성

단순언어장애학생이 보여 주는 정보처리 문제는 정보의 수용, 기억, 문제해결에서 나타난다. 별개의 비언어적 신호를 처리하는 능력은 정상적이나 신속히 청각적으로 입력되는 일련의 언어학적 정보를 해석하는 것은 힘들어한다. 신속히 입력되는 일련의 시각 및 촉각적 자극을 해석하는 것에도 문제를 보인다. 이들은 맥락적인 정보와 이미 저장된 정보를 활발하게 사용하는 전략을 모르는 것이다.

단순언어장애학생은 연속되는 청각적 정보에 대한 단기기억이나 정보 단위의 순서에 대한 기억, 복잡한 논리를 요하는 문제해결 과제에서도 문제를 보인다. 작동기억은 적은 양의 항목을 의식적으로 다룰 수 있도록 해 주는 역할을 한다. 입력된 언어학적 정보는 그 뜻을 찾을 때까지 잠시 저장되어야 한다. 작동기억 자체는 성숙에 의해 향상되지 않으나 처리능력은 갈수록 자동화되고 인지적인 에너지가 덜 소모될 수는 있다.

순서적인 회상하기 과제는 단어의 음운학적 형식으로서만 가능한데 언어의 이러한 측면에 있어 단순언어장애학생이 처리하는 데 문제를 보이는 것이다. 그러므로 이들이 청각적인 순서적 기억에 문제를 보이는 것은 당연하다. 단순언어장애학생은 저장/인출과 관련된 기억문제의 결과로 어휘습득의 속도가 느려지게 되는 것이다. 단어에 대한 음운적인 작동기억의 장애는 또한 문장이해력에도 영향을 미치게 된다.

이러한 정보처리 능력을 평가하기 위한 과제로는 수 세기나 일련의 숫자 회상, 무의미 단어 따라 하기 등의 기계적인 암기과제나 이야기 회상하기, 문법형태소 채워 넣기, 언어 샘플 내 다른 단어의 수, 듣기나 읽기를 통한 기억 및 해석과제가 있다.

5 단순언어장애학생의 언어중재

1. 문법적 중재

단순언어장애학생의 문법사용에 관한 문제가 가장 많은 연구의 주목을 받아 왔다. 특히, 문법적인 형태소를 사용한 단순언어장애학생이 평균발화길이(Mean Length of Utterance: MLU)가 같은 더 어린 학생에 비해 일관적으로 문제를 보인 영역이다. 비전형적인 구문론과 형태론의 학습으로 인해 문법적인 형태소의 출현이 늦고, 완전습득까지 걸리는 기간도 길어진다. 그러므로 단순언어장애학생은 종종 비슷한 평균발화길이를 보이는 더 어린 학생보다 더 길고 복잡한 구문을 산출하면서도 시제, 수동, 피동을 나타내는 동사 형태소와 격조사 등의 형태소를 생략한다(Johnson & Kamhi, 1984).

이와 같이 단순언어장애학생이 보이는 문법적인 형태소 발달의 지체로 인해 특수교사는 이들을 위해 문법적인 발달을 촉진할 수 있는 중재프로그램을 구성해야 하는 경우가 많다. 이러한 과제는 실제 임상현장에서는 복잡한 작업이 될 수 있다. Fey, Long과 Finestack(2003)은 단순언어장애학생을 대상으로 하는 문법적인 중재는 다음과 같은 원칙에 따라야 한다고 하였다.

첫째, 모든 문법적 중재의 기본적인 목표는 대화, 이야기, 설명과 같은 다양한 형식과 구어체 및 문어체라는 다양한 양식에서 구문론과 형태론을 이해하고 사용하는 것이 용이하도록 하는 데 있다. 문법사용의 촉진이 학생의 전반적인 의사소통과 일상생활의 기능성을 높여 줄 수 있어야 한다는 것이다. 이와 더불어 총체적 언어접근법의 요소를 동원하여 목표로 하는 문법형식을 이야기체 형식에서 혹은 읽기와 쓰기를 통해 사용할 수 있도록 해야 한다.

둘째, 언어중재프로그램의 유일한 목표가 문법적인 형식이 되어서는 안 된다. 특히, 문법의 이해와 산출에만 많은 문제를 보이는 단순언어장애학생이라 할지라도 다른 언어적 혹은 비언어적 영역에서도 주의 깊은 임상적 관찰이 요구된다. 단순언어장애학생을 대상으로 한 문법에 대한 중재가 음운론, 화용론, 읽기와 쓰기 등에도 일반화되는지 연구한 사례는 많으나 이러한 효과를 가져온 연구는 없다. 즉, 문법 중재를 할 때에도 사회적 기술, 어휘력, 대화 기술, 이야기 기술, 읽고 쓰는 기술 등과 같이 언어의 다른 영역에 대한 중재가 같이 이루어져야 할 경우가 많다.

셋째, 목표문법을 사용할 기회를 자주 마련하기 위해 사회적 · 물리적 · 언어적 문맥을 조정한다. 많은 문법적인 치료목표는 전형적인 교육 상황에서는 자주 사용되지 않을 수 있기 때문에 활동에 적용하는 것이 쉽지 않을 수 있다. 이러한 경우 특수교사는 활동을 계획하고 조정하여 목표형식의 산출이 일상적인 상황에서보다 더 필요하도록 해야 한다. 구조적 상황으로 학생은 특수교사가 마련한 기회에 말을 하게 되면 이때 목표형식을 올바르게 사용하거나 오류를 보이게 된다. 이때 특수교사는 수정적/비수정적인 문장의 재구성을 통해 학생의 발화를 조절할 기회를 가진다. 그 외 사용되는 기법으로는 일상활동의 위배, 사물이나 차례의 보류, 사물의 기능이나 조작법의 위배, 의도적인 사물의 배치 장소 위반 등이 있다.

넷째, 특수교사는 학생이 인지적 · 사회적 · 언어적으로 준비가 된 언어형식에 대해서만 중재효과를 기대해야 한다. 특수교사는 학생이 가끔씩 생략하거나 오류를 보이는 형식을 발달상 적절한 문법형태소로 산출하도록 한다. 학생이 그 형태소 자체를 산출하지 못하더라도 그 형태소가 반드시 필요한 문장이나 글을 산출하는 것을 교육목표로 한다.

다섯째, 다양한 언어형식과 문어체 양식을 개발하여 특정 중재목표에 알맞은 문맥을 제공한다. 협조적인 상대방과의 대화를 잘 하는 학생도 이야기나 쓰기와 같이 종류가 다른 언어형식에서는 문법적인 오류를 보이는 경우가 많다. 또한, 특정 언어양식에는 특정 문법형태소의 출현이 많다. 예를 들어, 이야기를 산출할 때에는 동사의 과거형 활용과 소유를 나타내는 형태소가 두 배 이상 더 많이 사용되는 것을 볼 수 있다. 따라서 학생의 목표 형태소에 알맞은 언어양식을 선택할 수 있다. 연령이 높은 학생일수록 문어체에서 자주 나타나는 형태소를 듣고 산출하도록 하기 위해 문어체 자료를 이용할 수 있다.

여섯째, 단계적으로 학생이 사용하는 형식과 성인이 사용하는 성숙한 형식을 대조하여 문장을 재구성한다. 문법학습과 사용을 촉진시키는 것 외에도 목표로 하는 형식이 가지는 의미론적 · 화용론적 · 문법적 기능과 관계를 파악할 수 있도록 해야 한다. 이것을 달성하는 한 가지 방법은 문장 재구성을 사용하여 학생이 사용하는 오류형식을 목표형식과 대조하여 들려주는 것이다. 가장 단순한 형식의 재구성은 단문형식에 문법적인 형태소를 첨가하거나 수정하는 것이고, 좀 더 단순한 형식의 재구성은 학생이 산출한 단문을 이어진 문장이나 안은 문장으로 수정하여 들려주는 것이다. 문장 재구성을 얼마나 자주 사용하는 것이 효율적인지에 대한 결론은 명확하지 않으나 여러 연구자들은 1분당 약 2회 이상 사용해야 이해가 느린 단순언어장애학생에게 효과적이라고 하였다. 이러한 빈도는 취학 전 일반학생의 부모가 사용하는 문장 재구성에 비해 2배 가량 높은 것이다. 문장 재구성은 특히 학생이 말하고자 하는 내용에 대하여 방해를 하지 않으면서 자연스러운 맥락 내에서 사용될 수 있는 장점이 있다.

일곱째, 목표형식을 강조하면서 산출하기 힘든 음운학적 패턴을 연습할 기회를 주기 위해 모방을 유도한다. 단순언어장애학생의 언어중재에서는 모방을 학생이 언어를 학습하는 수단으로 보기보다는(자극-반응 학습) 학생이 인식하거나 산출하는 데 어려움을 보이는 목표 형태소에 대해 주의 집중할 수 있도록 도와주는 수단으로 보는 것이 낫다. 또한, 여러 학자들은 모방하기를 통해서 단순언어장애학생이 목표 문법형태소가 가지고 있는 음운 형식을 연습할 수 있다고 하였다. 모방은 전체적인 문법촉진 중재 내에서 사용되는데 각 문법형태소를 따로 떼어내서 가르치기보다는 관련성 있는 형식들끼리 의미 · 구문론적으로 체계적인 대조를 시킨다.

예) 특수교사: (엄마 인형이 설거지를 해야 하는 그릇을 잡고)
"엄마는 그릇을 씻을 거야."라고 해 보세요.
학 생: 엄마는 그릇을 씻을 거야.
특수교사: (엄마 인형이 그릇을 씻게 하면서)
"엄마는 그릇을 씻었어요."라고 해 보세요.
학 생: 엄마는 그릇을 씻었어요.

위와 같이 두 가지 목표를 모방하도록 하는 절차는 학생이 목표에 주의 집중할 수 있도록 하면서도 문장 내에서 이 목표들이 가지는 분절적 · 운율적 자질을 인식하도록 하며, 이 형태소들의 의미와 문법적 기능을 더욱 명확하게 해 준다. 그러나 모방의 유도는 문장 재구성보다 의사소통을 방해하는 성격이 강한 기법이라는 것에 주의해야 한다.

2. 청각적 기억 및 인식 능력을 높여 주는 중재

최근에는 단순언어장애학생이 읽고 쓰는 능력에 어려움을 가질 위험요소를 많이 가지고 있다는 연구가 상당수 있다. 특히, 단순언어장애학생은 읽기 능력의 출현과 매우 밀접한 관련을 가지는 능력인 음운인식 능력, 이야기 능력, 글자 개념에 장애를 보인다. 특히, 구두언어에서 나타나는 음의 구조에 대한 인식 능력인 음운인식(phonological awareness)은 구두언어와 문자언어를 이어주는 매우 중요한 연결고리이다. 음운인식에서의 결함은 읽기장애와 밀접한 상관관계를 가지며, 경우에 따라서는 읽기장애의 원인이 되기도 한다는 진술이 크게 설득력을 가지며 널리 받아들여지고 있는 추세이다.

특히, 청각적 처리과정에서 어려움을 보이는 단순언어장애학생에게는 읽기학습이 시작되기 훨씬 이전에 청각적 입력(음운)에 대한 인식력을 높이는 교육이 이루어져야 한다. Owens(1997)는 청각적 기억과 인식 능력을 높여 주는 과제로 〈표 4-4〉와 같이 제시하였다.

〈표 4-4〉 청각적 기억과 인식 능력을 높여 주는 과제

- 글자나 사물 명명하기
- 구어적으로 제시된 문장 회상하기(기억을 돕기 위해 음률 사용하기)
- 이야기와 전래동요 듣기
- 동요 따라 하기(그림에 따라 연기하기, 기억을 돕기 위해 몸짓 사용하기)
- 새로운 단어와 재미있는 단어 따라 하기
- 특정 음소로 시작하는 단어 찾기
- 여러 가지 힌트를 듣고 해당하는 단어 알아맞히기

6 비단순언어장애 정의 및 특성

1. 비단순언어장애 정의

전통적으로 언어학습장애학생은 문해와 관련한 읽기, 쓰기, 듣기, 말하기, 추론 등에서 어려움을 보인다고 지적되어 왔다(김동일 외, 2009). 하위 유형으로 분류되는 비단순언어장애는(non-specific language impairment: NSLI) 언어 능력과 인지능력 모두에서 일반화된 발달지체를 보이는 것을 말한다. 또한, 학생은 읽기와 언어수행의 어려움으로 인해 교실에서 상당한 어려움이 있기 때문에 비단순언어장애로 인식될 수 있다. 이러한 학생은 단순언어장애와 달리 언어 능력인 수용 · 표현 문제뿐만 아니라 비언어성 지능검사에서도 발달에 상당한 지체를 보인다(Catts, Hogan, & Fey, 2003).

비단순언어장애로 어려움을 지니는 학생은 단순언어장애 범주에 포함될 수 있는 기준을 충족하지는 못한다. 왜냐하면, 비단순언어장애학생은 비언어적 영역의 IQ검사에서 표준점수가 85보다 낮으며, 전반적인 IQ가 70 이상으로 학습장애 또는 지적장애로 분류되지 않는다. 또한, 이러한 학생은 정신장애 진단과 통계적 편람(DSM-Ⅳ-TR)(APA, 2000)에서 제시하는 범주에서도 지적장애 진단과 관련된 적응 및 행동상의 문제를 보이지 않는다.

※ 비단순언어장애로 진단되기 위한 조건

- 지적장애나 자폐, 뇌성마비, 청각장애, 구강구조나 신경학적 영역, 사회·정서적 영역에서 결함이 없으면서 전반적인 언어발달 능력과 문해학습 능력에서 지체를 보인다.
- 비언어성 지능검사에서 정상범주를 벗어난 70~85 사이의 경계선 지능(위험군)에 속한다.
- 표준화된 언어검사에서 표준편차 −1.25 이하에 속하는 정도의 발달지체를 보인다.

비단순언어장애학생은 단순언어장애학생보다 읽기 능력의 수행에서 낮은 성취 수준을 나타내며, 구어 사용에서도 훨씬 더 어려움을 가진다(Bishop & Adams, 1990; Catts et al., 2003).

다음 [그림 4-3]은 단순언어장애학생과 비단순언어장애학생에 대한 개념을 쉽게 그래프로 살펴본 내용이다.

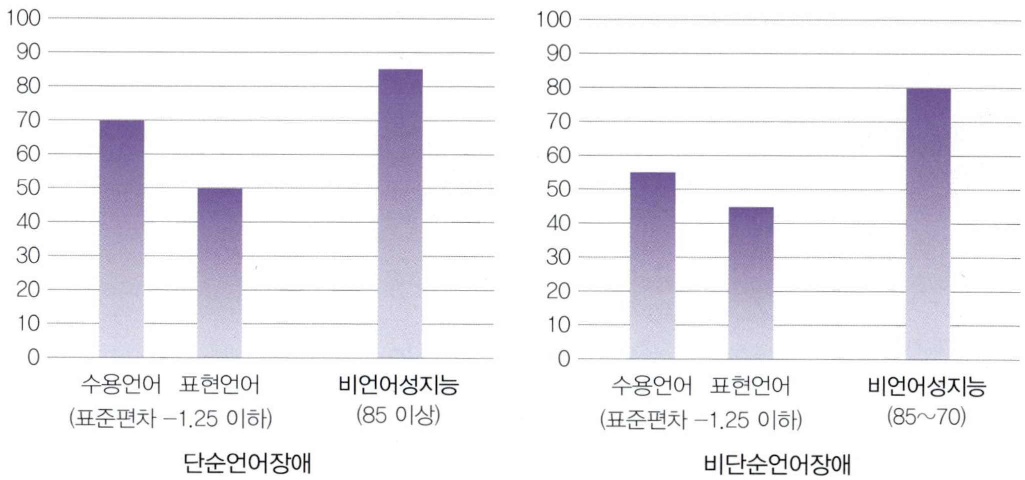

[그림 4-3] 단순언어장애와 비단순언어장애

비단순언어장애학생은 단순언어장애학생에 비해 지적장애는 아니지만 비언어성 IQ 점수에서 낮은 수준을 보이며, 언어영역의 구성요소 전반에 걸쳐 심각한 결함을 나타낸다. 비단순언어장애학생은 지적장애는 아니라 하더라도 교실에서의 학업적 언어사용 능력에 어려움이 크기 때문에 언어학습장애로 분류하는 것에 대하여 논쟁 중에 있다(권요한 외, 2011).

비단순언어장애학생은 어휘와 문장발달에 많은 어려움을 나타내는데, 특히 초기 문법형태소의 사용 및 복잡한 문장의 언어 획득에서부터 보다 높은 언어 수준의 독해와 문어체,

철자에 있어서 상당한 어려움이 있다(Paul, 2001). 이러한 관점에서 언어학습장애 적용을 위한 지도방법으로 전체 문장을 포함하는 접속사 혹은 대등절과 내포절 그리고 문법적인 형태소 사용을 보여 준 것과 같이 일상생활에서 언어사용 능력이 잘 발달된 또래 학생과 관련하여 함께 활동하면서 사용되는 것으로 알려져 왔다.

그러나 언어학습장애학생은 문장을 독해하는 것과 문어체, 철자법을 포함하여 교실 안에서 언어를 기능적으로 사용하는 것에 어려움을 갖기 때문에 지속적인 관심을 가지고 언어와 관련된 학습 내용 또는 학습과 관련된 언어 내용으로 쌍방 연계하여 구체적으로 이해하기 쉽게 지도해야 할 것이다.

2. 비단순언어장애 특성

언어학습장애의 하위 유형으로 함께 분류되는 단순언어장애와 비단순언어장애에 대한 개념과 정의를 논하면서 차이점은 앞에서 서술했다. 언어 능력 검사에서는 두 집단 모두 동일하게 −1.25 표준편차 이하의 기준으로 같다. 그러나 언어학습장애학생의 개개인의 특성에 따라 나타나는 언어발달지체의 정도에는 양적 · 질적 차이가 있다. 비단순언어장애 특성에서 언어적 특성은 〈표 4-5〉와 같다. 비언어성 지능에서는 85 이하를 보이는 경계선(위험군)에 대한 학습특성은 〈표 4-6〉과 같다.

〈표 4-5〉 비단순언어장애 언어특성

① 음운론적 특성

음운론적으로 심각한 조음오류를 보이지는 않지만, 음운처리에 어려움을 보이며, 어려운 단어나 음운적으로 복잡한 비단어를 산출 및 따라 말하도록 하였을 때 복잡한 음운산출, 말 지각, 음운기억, 음운인식에 어려움을 보인다(Paul & Norbury, 2013).

② 구문론적 특성

단순한 구문을 사용하며 복문의 비율이 또래 학생에 비해 적고 제한적인 절의 종류를 사용하며 한정된 문법형태소를 사용하거나 문법형태소의 사용에 오류를 보이는 등 언어의 형식적인 면에서도 지체된 특징을 보인다(조민경, 2019, 재인용). 그리고 대부분 복잡한 구조의 문장을 작문하는 능력이 부족하다.

③ 의미론적 특성

어휘 수가 적으며 다양한 어휘를 사용하는 데 어려움을 보인다. 또한, 비유어, 추상어, 한자어, 유사어의 이해 및 표현에 어려움을 보이고 어휘나 문장, 사건 간의 의미적인 연결에도 어려움을 보인다(김병준 외, 2013).

④ 화용론적 특성

비단순언어장애학생에서 가장 많이 관찰되며, 특히 담화 및 어떠한 내용에 대한 서술에 있어서 결함을 많이 가진다. 공동주제에 관련된 공유된 정보를 토대로 하는 대화 시작하기에 어려움을 가지며, 주제에 대한 맥락을 정확히 이해하는 데 곤란함을 가진다. 또한, 학생들은 상대방에게 자신의 주장을 펼쳐 설득하는 부분에 있어서 보편타당한 근거를 제시하여 대화 주제의 문맥에 맞게 논리정연하게 표현하는 데 많은 어려움을 보인다.

〈표 4-6〉 비단순언어장애 학습 특성

① 읽기특성

- 읽기이해를 통한 해독, 읽기유창성, 언어적 이해 등의 결함으로 인하여 다양한 어휘, 문장, 담화 등의 내용을 이해하는 데 어려움을 나타낸다.
- 읽기이해는 낱말 수준에서 어휘지식을 확장하는 데 중요한 역할을 한다. 이러한 어휘지식은 문장을 읽으면서 전후 문맥을 통하여 새로운 의미를 추론하는데 비단순언어장애학생은 이러한 읽기이해에 어려움을 지닌다.
- 읽은 내용을 제대로 기억해 내지 못하며, 배경지식과 글의 내용과 관련하여 주제나 중심 생각을 파악하는 능력에 어려움을 보인다.
- 원인-결과, 관습적 표현(관용어), 사자성어, 속담, 비유어/은유어, 추론과 통합능력에 특히 많은 어려움을 나타낸다.

※ 단어인지 능력과 읽기이해의 하위 형태

형태	단어인지	읽기이해
난독증	부족함	양호함
혼합된 형태	부족함	부족함
특이한 이해력이 결함	양호함	부족함
비특이성	양호함	양호함

출처: Catts, HoGan, & Fey(2003).

② 쓰기특성

- 단어 수준 철자 쓰기에서 단어를 맞춤법에 맞게 쓰는 것에 어려움을 나타낸다. 이는 낱자 및 글자의 소리 인식과 낱자와 소리 대응관계에 대해 인식하는 음운처리, 낱자와 글자의 형태에 대하여 표기처리, 형태소에 대해 인식하는 형태처리에 결함을 보이기 때문이다. 이러한 쓰기 능력은 이후 작문능력을 예측하는 변인으로 작용하게 된다(Graham et al., 2003).
- 문장 수준 작문 쓰기에서 글의 주제나 문단의 중심 생각을 제대로 구성하지 못하며, 어휘 사용이나 문장 쓰기의 정확성이 많이 부족하다.

- 익숙한 어휘를 반복하여 사용하고 단문으로 쓴다. 자신의 글을 스스로 점검하고 교정하고 평가하는 능력에 어려움을 보인다.
- 시간을 충분히 주어도 긴 글을 쓰지 못하며, 쓰기에 대한 자신감이 부족하다. 또한, 글의 구성에서 긴밀성과 통일성이 부족한 글을 쓴다.

③ 비언어성 특성

- 신경심리학적 기능장애에 의하여 발생되는 정보처리와 관련된 학습 선수 능력, 기초학습 능력, 교과학습 능력에 많은 어려움과 결함을 보인다(정대영, 2010).
- 시각적 · 공간적 및 운동 기능(감각통합)과 같은 심리과정에 결함을 보인다.
- 청각을 통한 음성을 문자로 해독하고 표상하는 정보처리 능력의 어려움으로 글쓰기 표현에서 올바른 맞춤법에 의한 글쓰기에 어려움을 나타낸다.

7 비단순언어장애의 언어중재

비단순언어장애학생은 IQ 70~85 경계성 비언어성 지능으로 학습을 통한 정보처리능력의 어려움과 산만함으로 주의집중에도 결핍을 가진다. 또한, 언어발달지체의 영향으로 언어와 문해능력에 모두 어려움을 지니고 있어 전반적 · 통합적 방법으로 접근해야 한다. 비단순언어장애학생의 현재 현행 수준을 확인하고 언어와 문해능력의 학습된 무기력에서 벗어나도록 지도해야 한다.

1. 비언어성 영역지도

정보처리능력과 주의집중에 관련된 향상을 위한 지도법은 〈표 4-7〉과 같다.

〈표 4-7〉 비언어성 영역 지도

비언어성 영역은 학습보다는 즐거움을 통한 자신감을 가지도록 구성한다.

① 시각적 주의집중력 향상: 시각적 변별 능력과 주의집중 지속 능력

예: 다른 그림 찾기, 숨은그림찾기, 그림 보고 차이점 찾기, 그림카드 순차적 연결하기, 그림카드로 스토리 구성 순차적 배열 등

② 청각적 주의집중력 향상: 청각적 변별 능력과 주의집중 지속 능력

예: 1~20 숫자 중 들려주는 짝수 번호 색칠하기, 학생이 관심 있어 하는 주제를 선정하여 텍스트를 읽어 주면서 단어 몇 번 나오는지 듣고 체크하기, 숫자카드 및 단어카드를 이용하여 들려주는 내용 거꾸로 배열 등

③ 시각적 · 청각적 통합 주의집중력 향상: 시 · 청각 통합 주의집중력 향상

예: 가로, 세로 20칸의 네모 구성에 교사가 들려주는 내용에 대하여 원인-결과를 추론할 수 있는 그림카드나 글자카드 채워 넣기, 역할 바꾸어 학생이 교사가 되고 교사가 학생이 되어 동일한 활동하기 등

④ 감각통합심리운동의 주의집중력 향상: 신체 움직임 활동을 통한 장점활동

예: 트램펄린 뛰면서 교사가 들려주는 말을 듣고 따라 수행 "오른손으로 빨간색 풍선 치세요!", "북 2번 치면 앞으로 뛰고, 3번 치면 오른쪽으로 뛰세요!", 선 따라 걷기(S자, Z자 등), 눈 감고 소리 지각 활동 등과 학생 스스로 주의집중하고 흥미 있어 하는 가상현실 스포츠 체육 활동

⑤ 다양한 보드게임 활동: 학생이 즐거운 활동을 통한 할 수 있다는 자존감 향상

예: 시각적 주의집중을 통한 공간지각 향상을 위한 단계별 난이도가 제시되는 자동차 빠져나오기 게임, 시각적 소근육 반응 속도와 주의집중 지속 향상을 위한 다양한 모양의 전자불빛 따라가기 및 같은 모형 찾기, 대근육과 소근육을 움직여 활동하는 게임 활동 등

[그림 4-4] 비언어성 지능 향상을 위한 다양한 지도

2. 언어지도

언어경험 접근법은 학생의 경험을 말하고 글자로 쓰게 하여 표현할 수 있게 하고 이를 다시 읽는 활동을 통해 언어사용 능력을 향상시킨다.

1단계: 토의하기

교사와 학생이 학생에게 의미 있고 흥미로운 주제에 대하여 토의한다. 이 과정에서 학생들은 관찰하고 생각한 것들을 교환하고 언어 능력을 발달시킨다.

▼

2단계: 받아쓰기

학생은 교사에게 기초 읽기 자료로 구성, 기록할 수 있는 설명이나 이야기를 구술하고 교사는 받아 쓴다.

▼

3단계: 읽기

학생은 이야기가 친숙할 때까지 여러 번 반복해서 읽는다(필요한 경우에는 교사가 도움을 제공할 수 있다).

▼

4단계: 낱말학습

개별화된 이야기 낱말을 학습시키며, 다른 읽기 능력은 교사가 고안한 활동과 관련된 이야기를 통해 증진시킨다.

▼

5단계: 다른 자료 읽기

학생은 자신의 경험을 받아쓰기한 것을 읽는 것에서 다른 사람의 경험을 받아쓴 것을 읽는 것으로 옮겨 가는 과정을 통해 자신의 능력과 자신감을 발달시킨다.

출처: 전병운 외(2013), p. 371.

체크 포인트: 임용시험 출제(2021) 확인 마무리

(가)는 ㅇㅇ중학교에 재학 중인 학생 J의 진단 · 평가 결과이고 (나)는 순회 교사가 작성한 지도 계획의 일부이다. 〈작성 방법〉에 따라 서술하시오. [4점]

(가) 학생 J의 진단 · 평가 결과

- 언어 능력에 영향을 미칠 수 있는 지능이나 청력, 신경학적인 손상 등이 없음.
- 사회 · 정서적 영역의 발달에 이상이 없음.
- 표준화된 언어검사 결과 −1.5SD임.

(나) 지도 계획

- 활동 1
- (㉠)
  - /ㅁ/, /ㅏ/, /ㅊ/, /ㅏ/를 듣고 '마차'라고 답하기
  - /ㅅ/, /ㅏ/, /ㅈ/, /ㅏ/, /ㄴ/을 듣고 '사진'이라고 답하기
- 활동 2
- 틀린 문장에서 틀린 이유를 말하기
  - "오빠가 아빠를 낳았다."에서 틀린 이유를 말하기 --
  - "짜장면을 마셔요."에서 틀린 이유를 말하기 -- ㉡

〈작성방법〉

- (가)에 근거하여 학생 J의 언어장애 유형을 쓸 것.
- (나)의 '활동 1'을 통해 향상시킬 수 있는 상위언어기술의 영역 1가지를 쓰고, ㉠에 들어갈 활동 내용을 1가지 제시할 것.
- (나)의 ㉡에서 순회 교사가 지도하고자 하는 언어 영역은 언어학의 하위영역 중 어느 것에 해당하는지 쓸 것.

체크 포인트: 임용시험 기출(2019년) 확인 마무리

다음은 윤 교사가 ○○고등학교 특수학급에서 읽기이해에 어려움을 보이는 읽기학습장애학생 Y와 E에게 제공할 수업활동지 작성 계획 및 예시이다. 〈작성방법〉에 따라 서술하시오.[4점]

(가) 학생 Y

수업활동지 작성 계획	지문 예시
어려운 단어를 제시하고 ㉠ 국어사전을 활용하여 사전적 정의를 직접 찾아보는 활동으로 구성함	최근 일어난 대형 참사는 결국 **인재**라 할 수 있다. • 사전에서 뜻을 찾아 적어 봅시다. – 인재:

(나) 학생 E

수업활동지 작성 계획	지문 예시
학생 E가 글을 읽은 후, 질문하기 전략을 사용하여 읽기이해 수준을 확인할 수 있는 질문을 만들어 보고, 질문에 답할 수 있도록 구성함 • 학생 스스로 (㉡) 질문 만들기 • 교사가 제시한 ㉢ 추론적 이해 질문에 답하기 • 교사가 제시한 평가적 이해 질문에 대해 함께 이야기하기	존시는 나뭇잎이 다 떨어지면 자기도 죽을 것이라고 생각했다. 며칠이 지나도 하나 남은 나뭇잎은 그대로 있었다. ㉣ 사실 이 나뭇잎은 베먼 할아버지가 존시를 위해 그린 그림이었다. –『마지막 잎새』의 내용 일부– 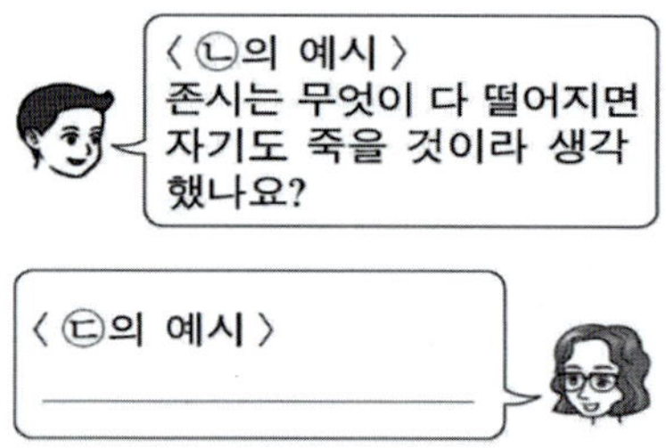 (… 하략 …)

〈작성방법〉

- 학생 Y의 어휘 지도를 위해 밑줄 친 ㉠을 할 때, 유념해서 지도할 내용을 이유 1가지와 함께 서술할 것
- 〈㉡의 예시〉를 보고, 괄호 안의 ㉡에 해당하는 질문 유형을 쓸 것
- 밑줄 친 ㉣을 바탕으로, 〈㉢의 예시〉에 해당하는 추론적 이해 질문의 예 1가지를 서술할 것

Chapter 5

조음 · 음운장애

조음 · 음운장애란 여러 가지 이유로 산출된 말소리가 부적절하여 의사소통에 문제가 발생하는 것을 일컫는다. 여기서 조음장애는 생리적 차원인 운동조절의 문제로 인해 말소리 산출에 오류를 보이는 것이며, 음운장애는 언어적 차원인 음운지식의 문제로 인해 오류를 보이는 것이다. 조음 · 음운장애의 진단 및 중재를 위해서는 음소의 조음과정, 조음 · 음운의 발달단계 및 장애의 원인까지 이해해야 한다.

학·습·목·표

1. 조음 · 음운장애의 개념을 이해할 수 있다.
2. 조음 · 음운의 발달 과정을 이해할 수 있다.
3. 조음 · 음운장애의 정의를 이해할 수 있다.
4. 조음 · 음운장애의 진단평가 및 중재 전략을 이해할 수 있다.

1 조음 · 음운장애 이해

조음장애(articulation disorders)란 조음기관을 통해 말소리가 만들어지는 과정에서 나타내는 결함을 의미한다. 이러한 조음장애를 보이는 학생은 불명료한 말을 산출하여 결국 의사소통의 어려움을 겪는다. 음소를 생략, 대치 및 왜곡시키는 조음장애 현상은 순수 조음장애학생뿐만 아니라 지적장애, 청각장애, 구개열 및 뇌성마비 등에서 중복장애로 나타나기도 한다.

음운장애(phonological disorders)는 나이에 적합한 음운지식이나 능력이 부족하여 정상적인 음운규칙을 단순화하거나 나름의 오류음운패턴을 사용하는 것을 의미한다.

조음과정의 가장 기본적인 단위는 음소(phoneme)이며, 자음과 모음으로 구분된다. 우리나라의 자음은 조음위치, 조음방법 및 발성유형으로 분류되며, 모음은 입술 모양과 혀의 위치에 의해 분류된다.

음소는 어떤 면에서는 서로 유사한 특징을 가지고 있지만 어떤 면에서는 상반된 특징을 나타낸다. 이렇게 음소의 공통점과 차이점의 구분을 통해 다른 음소와 변별할 수 있도록 변별자질(distinctive feature) 개념을 사용하여 분류하기도 한다. 따라서 다양한 말소리의 오류를 파악하기 위해서 말소리 분류에 대한 이해가 중요하다.

1. 자음

1) 조음위치에 의한 분류

자음은 조음위치에 따라 양순음, 치조음, 경구개음, 연구개음 및 성문음으로 나눌 수 있다. 양순음은 양입술이 맞닿아서 나는 소리로 /ㅂ, ㅃ, ㅍ, ㅁ/가 있다. 치조음은 혀날(blade of the tongue)이 치조에 붙거나 다가가면서 산출되며, /ㄷ, ㄸ, ㅌ, ㄴ, ㅅ, ㅆ, ㄹ/가 있다. 경구개음은 혀의 앞부분이 치조와 경구개 중간 즈음으로 다가가면서 산출되는 소리로 /ㅈ, ㅉ, ㅊ/가 있다. 연구개음은 혀의 뒷부분이 연구개에 닿아 /ㄱ, ㄲ, ㅋ, ㅇ/ 소리가 산출되며, 성문음은 성대의 협착으로 인해 산출되는 소리로 /ㅎ/가 해당한다.

2) 조음방법에 의한 분류

조음방법에 따른 분류는 특정 음소 산출에서 기류의 흐름이 방해받거나 폐쇄되어 나타나는 소리를 말한다. 우리말 자음은 조음방법에 따라 파열음, 마찰음, 파찰음, 비음, 유음으로 구분된다. 조음방법에서 연인두폐쇄 여부에 따라 구강음과 비강음으로 나눌 수 있는데 파열음, 마찰음, 파찰음의 경우 구강음으로 연인두폐쇄가 이루어지며, 비음의 경우 비강음으로 연인두 개방을 통해 산출된다.

파열음(폐쇄음이라고도 함)은 성문을 통과한 기류를 입술 또는 혀로 완전히 막았다가 파열시켜 조음한다. 폐쇄 및 파열의 위치가 양입술 사이에서 나타날 때는 /ㅂ, ㅃ, ㅍ/, 혀날과 잇몸 사이는 /ㄷ, ㄸ, ㅌ/, 혓등과 연구개 사이는 /ㄱ, ㄲ, ㅋ/가 된다. 우리말 종성들은 대부분 파열음으로 구성되어 있는데, 이러한 소리가 말끝에 사용되는 경우 파열되지 않고 불파음의 특징을 나타낼 수 있다. 예를 들어, 어떤 사람이 "밥"이라고 하였을 때 어두-초성 /ㅂ/는 파열이 일어나지만, 어말-종성 /ㅂ/는 파열 없이 조음된다.

마찰음은 매우 좁은 공간을 통과하는 기류가 마찰하여 소음(noise)을 동반하는 소리다. 파열음은 폐쇄 또는 파열 후에 소리를 지속시킬 수 없는 반면 마찰음은 기류에 따라 길게 지속시킬 수 있다. 우리말의 마찰음에는 /ㅅ, ㅆ/와 /ㅎ/가 있다.

파찰음은 짧은 시간 동안에 기류를 폐쇄한 뒤 마찰시켜 조음한다. 그러므로 파열음의 특성과 마찰음의 특성을 모두 가지고 있다. 우리말의 파찰음에는 /ㅈ, ㅉ, ㅊ/가 있다.

비음은 연인두를 개방하여 기류가 비강 통로로 올라가게 하여 조음한다. 연인두 개방 시 양입술이 닫치면 /ㅁ/, 혀날이 잇몸과 맞닿으면 /ㄴ/, 혓등이 연구개에 닿으면 /ㅇ/이 된다.

유음은 조음자세가 자음에서 모음으로 변화하는 소리로, 우리말에는 /ㄹ/가 있다. /ㄹ/는 음소 위치에 따라 두 가지 방법으로 조음된다. 우선 종성(예: "발")으로 오는 경우나 /ㄹ/ -종성 다음에 오는 어두- 초성 /ㄹ/(예: "몰라")의 경우에는 설측음으로 조음된다. 설측음은 혀끝을 잇몸에 대어 기류가 혀 양옆으로 통과하게 하여 조음한다. /ㄹ/가 초성으로 오는 경우에는(예: "라면"), 권설음으로 혀끝을 약간 위로 말아 올려서 경구개에 가볍게 대면서 조음한다.

기식성의 유무에 따라 유성음과 무성음으로 나눌 수 있으며, 긴장도에 따라 경음과 평음으로 구분할 수 있다.

이상의 내용을 바탕으로 자음을 조음방법과 조음위치로 분류하여 정리하면 〈표 5-1〉과 같다.

〈표 5-1〉 자음 분류표

		양순음	치조음	경구개음	연구개음	성문음
파열음	평음	ㅂ	ㄷ		ㄱ	
	경음	ㅃ	ㄸ		ㄲ	
	격음	ㅍ	ㅌ		ㅋ	
마찰음	평음		ㅅ			ㅎ
	경음		ㅆ			
파찰음	평음			ㅈ		
	경음			ㅉ		
	격음			ㅊ		
비음		ㅁ	ㄴ		ㅇ	
유음			ㄹ			

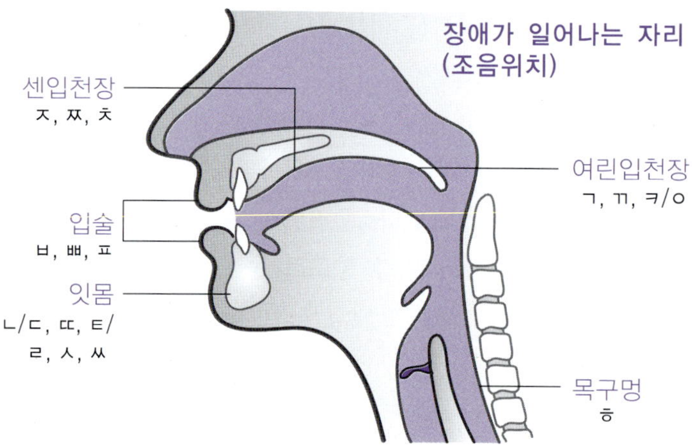

[그림 5-1] 자음 체계

2. 모음

모음은 날숨으로 구강 내로 올라온 기류를 공명시켜 산출한다. 혀의 전후 위치에 따라 전설, 중설, 후설음, 상대적 높이에 따라 고모음, 중모음, 저모음, 긴장도에 따라 긴장모음, 평모음으로 구분할 수 있다.

1) 조음위치 변화에 의한 분류

모음은 조음위치 변화에 따라 단모음과 이중모음(diphthong)으로 구분된다. 단모음은 발음할 때 구강 개방 정도와 혀의 위치가 고정되어 있지만, 이중모음은 시작과 끝의 조음위치가 달라진다. 즉, 이중모음은 한 음소에서 처음과 나중의 소리가 달라지는 두 모음이 연결된 형태이다. 예를 들어, /ㅜ/와 /ㅣ/가 결합된 이중모음 /ㅟ/는 처음에는 /ㅜ/ 형태의 입과 혀 모양에서 /ㅣ/ 형태의 입과 혀 모양으로 변한다.

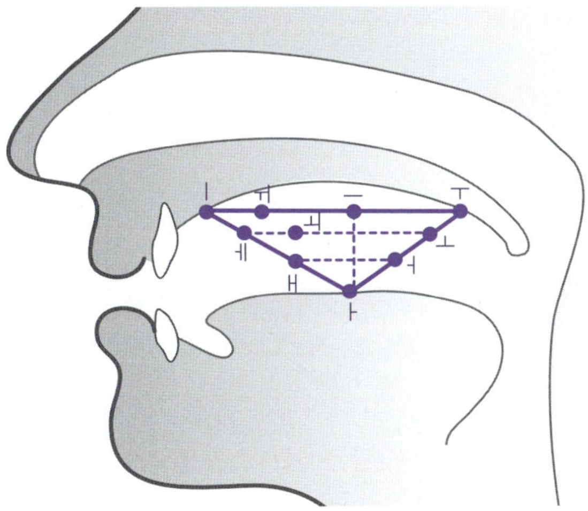

[그림 5-2] 모음 체계

2) 혀의 위치에 의한 분류

혀의 상하, 전후 위치에 따라서 모음을 분류할 수 있다. 혀의 최고점 상하 위치에 따라 고모음(high vowel), 중고모음(mid-high vowel), 중저모음(mid-low vowel), 저모음(low vowel)으로 구분한다. 전후 위치에 따라서는 전설(frontal), 중설(central), 후설모음(back)으로 구분한다.

모음을 조음할 때 혀의 위치를 X-Ray로 찍어 그 극점을 배열하면 모음사각도가 된다[그림 5-3].

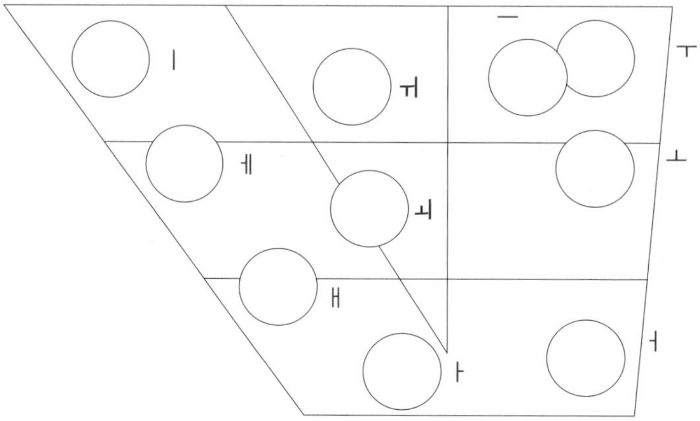

[그림 5-3] 모음사각도

2 조음 · 음운 발달

유아가 말소리 습득과정에서 조음오류를 나타내는 것은 자연스러운 현상이지만 학생이 되어서까지 많은 조음오류를 보여 다른 사람과 의사소통을 하는 데 방해가 된다면 중재를 해야 할 것이다. 그러므로 유아의 조음상태를 평가할 때 정상학생의 말소리 발달단계와 그 단계에 따른 오류 형태를 알고 평가해야 한다.

1. 언어이전기 단계(0;1~1;0)

1) 말소리의 변별능력

신생아의 청각적 변별능력을 연구한 문헌에서 신생아는 이미 0~2개월에 말소리의 높이와 같은 초분절적 특성을 변별할 수 있다고 보고되었다(Eimas, 1974). 소리의 높낮이에 대한 변별력은 후에 억양을 구분하는 기초능력이 되며, 음소변별력은 후에 낱말을 습득하는 기초능력이 된다(Morse, 1972).

생후 2~4개월 정도가 되면 목소리를 변별할 수 있는데, 친숙한/낯선 목소리, 화난/다정한 목소리 및 남/여 목소리 등을 구분할 수 있다. 6~8개월 정도에는 억양패턴을 변별하기도 하고 그 패턴을 목소리로 모방하기도 하다가 8~10개월 정도가 되면 친숙한 음소나 억양패턴을 구분할 수 있게 된다(Kaplan & Kaplan, 1970).

2) 말소리 산출능력의 발달

말소리 산출능력은 태어날 때부터 울음을 통한 발성에서부터 옹알이를 거쳐 음절성 발성까지 다양한 단계로 이루어진다. 자세한 말소리 산출 발달은 〈표 5-2〉에 설명하였다.

〈표 5-2〉 말소리 산출 발달 단계

단계	시기	내용
발성 단계 (phonation stage)	0~1개월	정상적인 발성이 가능하지만 불완전한 공명을 보이며, 자음 성분이 매우 짧고 모음 같은 소리를 산출한다.
쿠잉 단계 (cooing stage)	2~3개월	연구개 자음과 같은 소리, 원순 후설 고모음 /u/와 유사한 목울림 소리가 나타난다.
확장 단계 (expansion stage)	4~6개월	물푸레질, 으르렁거림, 비명소리, 혀 굴리는 소리 등 여러 발성유형이 나타난다. 후두와 구강조음기관의 조절능력이 크게 향상되며, 발성이 다양해지고 음절성 발음(babbling)에 근접한 소리가 출현한다.
반복적 옹알이 단계 (reduplicated, canonical babbling)	6~8개월	'바바바', '마마마'와 같은 음절반복이 나타난다. 같은 자음이 반복되며, 어느 정도 완전한 공명이 관찰, 음절은 말에 더 가까워지고 억양은 성인의 말과 유사해진다.
음절성 옹알이 단계 (variegated babbling)	9~12개월	이전보다 더욱 다양한 유형의 옹알이가 나타난다. 유사한 자음과 모음의 소리가 조합되어 나타난다.

2. 말단계

아동이 상대방에게 자신의 의사를 전달하기 위해서는 그 언어권의 말소리(음소)를 개별적으로 또는 낱말에서 습득하여야 한다. 이러한 말의 발달단계는 초기 낱말단계(1;0~1;6), 음소발달단계(1;6~4;0), 음운체계의 안정단계(4;0~8;0)로 나누기도 한다(김수진, 신지영, 2020).

즉, 아동이 초기에는 조음오류가 많은 상태로 다양한 첫 낱말들을 사용하다가 음소의 다양성이 증가함에 따라 정확도도 증가하면서 명료도가 좋아진다. 그러나 음소발달 과정에서는 같은 음소라도 문맥에 따라 정확도가 달라질 수 있다. 그러다가 음소발달의 안정단계에서는 정확히 조음하는 경우가 증가하고 어려운 음소들도 일관성 있고 안정되게 조음하게 된다.

개별음소의 조음발달을 연구한 한국문헌에서는 일반적으로 비음, 파열음, 파찰음, 유음, 그리고 마찰음의 순서로 말소리가 발달한다고 보고하여 왔다(이규식, 권도하, 1979; 권경안 외, 1979; 엄정희, 1986). 음소의 발달은 완전습득 연령(95~100%), 숙달연령(75~94%), 관습적 연령(50~74%) 및 출현연령(25~49%)의 발달단계로 나누어 볼 수 있다

(김영태, 1996). 예를 들어, 김영태(1996)의 자료에 의하면 /ㅍ, ㅁ, ㅇ/ 등의 양순음이나 비음 등은 2~3세까지 완전히 습득되며, /ㅂ/ 계열의 음소와 /ㄷ/ 계열의 파열음은 3~5세에 완전히 습득된다. /ㄱ/ 계열의 음소는 다소 늦게 5~6세에 완전히 습득되고, /ㅈ/ 계열의 파찰음은 2~3세에 관습적으로 발음되다가 3~4세에 숙달되어 4~5세가 되어야 완전히 습득된다. /ㅅ/ 계열의 음소는 모든 음소 중에서 가장 늦게 습득되는데 2~3세에 출현하여 완전습득연령은 6~7세이다. 이를 정리하면 〈표 5-3〉과 같다.

/ㄹ/는 낱말의 위치에 따라 발달양상이 다르게 나타나는데, 다른 음소들이 대부분 어두나 어중에서 먼저 출현하고 후에 어말 종성에 출현하는 반면, /ㄹ/는 종성에서 먼저 출현하고, 차츰 어두나 어중 초성에 출현하는 경향이 있다. /ㅎ/는 2~3세 경에 숙달된다.

〈표 5-3〉 각 음소의 습득, 숙달, 관습, 그리고 출현 단계

연령	음소발달단계			
	완전습득단계 (95~100%)*	숙달 단계 (75~94%)	관습적 단계 (50~74%)	출현 단계 (25~49%)
2;0~2;11	ㅍ ㅁ ㅇ	ㅂ ㅃ ㄴ ㄷ ㄸ ㅌ ㄱ ㄲ ㅋ ㅎ	ㅈ ㅉ ㅊ ㄹ	ㅅ ㅆ
3;0~3;11	+ ㅂ ㅃ ㄸ ㅌ	+ ㅈ ㅉ ㅊ ㅆ	+ ㅅ	
4;0~4;11	+ ㄴ ㄲ ㄷ	+ ㅅ		
5;0~5;11	+ ㄱ ㅋ ㅈ ㅉ	+ ㄹ		
6;0~6;11	+ ㅅ			

출처: 김영태(1996)의 연구자료를 기초로 한 것임.

3 조음 · 음운장애 관련 요인

조음 · 음운장애의 원인은 크게 기질적인(organic) 요인과 기능적인(functional) 요인으로 나누어 볼 수 있다. 기질적인 요인은 학생에게 신체적 또는 생리적으로 결함이 있어서 조음에 오류를 보이는 경우이고, 기능적인 원인은 신체적인 결함 없이 음소의 습득이 늦거나 음운체계에 대한 지식이 부족하여, 혹은 습관적으로 잘못된 방법으로 조음하는 경우를 의미한다(김수진, 신지영, 2020). 기질적 요인이 제거되어도 오랫동안 습관화된 조음오류는 기능적인 장애로 남아 지속하는 경우가 많아서 이 둘을 분리하여 생각하기는 어렵다.

1. 청각장애

음소습득은 청각적 피드백을 통해 이루어지므로 청각장애는 발음문제를 동반한다. 특히, 청각장애학생은 음향학적 에너지가 낮고 고주파수로 이루어진 음소들(마찰음 등)을 왜곡 및 생략시키는 경향이 많다. 그러나 청력손실 정도와 청력손실 시기에 따라 발음에 미치는 영향은 다르다. 청력손실 정도에 따라 손실이 커질수록 조음 능력이 떨어진다. 중도 청각장애의 경우 마찰음에서 오류를 보이다가 파열음, 파찰음, 그리고 심하게는 모음의 오류를 보이기도 한다. 청력손실 시기에 따라 언어습득 전부터 청각장애가 있는 경우가 언어습득 후에 청각장애가 발생한 경우보다 조음장애가 더 심하다. 언어습득 이후에 중도 이상의 청각장애가 된 경우에도 청각적 피드백의 부족으로 차츰 음도가 불안정하게 변화하는 운율의 문제를 나타내기도 하고, 음소의 정확도가 떨어져서 말의 뜻은 유추할 수 있어도 정확하지 않은 발음으로 느껴진다.

2. 조음기관의 결함

조음기관이란 음소를 산출할 때 관여하는 안면의 여러 가지 구조를 말하는 것으로 혀, 입술, 턱, 여린입천장 등과 같이 움직일 수 있는 조음자와 치아나 경구개와 같이 움직일 수 없는 조음점들을 포함한다(고도흥, 2019). 이러한 조음기관들에 결함이 있으면 기류의 흐름을 조정하는 데 어려움을 겪는다.

첫째, 입술은 표정을 짓거나 다양한 음소를 조음하는 데 중요한 역할을 한다. 모음 중 입술 모양에 따라 소리가 구별될 수가 있고, 양순음은 입술이 닫혀야만 발음이 가능하다. 입술의 모양을 변화시키는 데는 주변의 근육이 작용한다. 입술 주위를 둘러싸고 있는 입술둘레근은 입술을 오므리게 하여 /ㅜ/, /ㅗ/와 같은 원순모음을 산출하는 데 중요한 역할을 한다. 윗입술올림근과 아랫입술내림근은 입술을 열게 한다. 또한, 입꼬리당김근은 입술의 모서리를 당겨 미소 짓거나 입술을 당겨서 발음해야 하는 /ㅣ/와 같은 소리를 낼 때 중요한 역할을 한다(고도흥, 2019).

둘째, 혀의 결함으로 설소대(lingual frenum)가 짧은 설소대단축증(ankyloglossia), 혀가 너무 큰 대설증(macroglossia), 혀가 너무 작은 소설증(microglossia), 그리고 조음 시 혀를 앞으로 내미는 혀 내밀기(tongue thrust) 등이 있다. 혀 내밀기는 조음 시 혀를 앞으로 내밀면서 발음하는 경향이 있으며, 심해지는 경우 턱 모양까지 변화시키는 부정교합(malocclusion)으로 진행될 수 있다.

셋째, 치아와 턱의 경우, 일부 치아가 빠지거나 치열(dentition)이 고르지 못하면 치조음 등에 영향을 줄 수 있다. 치열이 비정상인 경우 턱 구조에 결함이 있거나 위아래 치아의 위치가 잘못될 수 있다. 턱 구조의 이상을 부정교합이라 하고, 부정교합에는 하악이 상악에 비해 너무 돌출되어 있으면 3급 부정교합, 반대로 상악이 하악에 비하여 너무 돌출되어 있는 경우를 2급 부정교합, 그리고 턱의 구조가 맞지 않아 앞니 사이가 벌어진 경우 1급 부정교합이라고 한다. 턱 구조의 결함과 함께 또는 단독으로 나타나는 위아래 치아의 문제에는 윗니가 아랫니에 비해 너무 돌출되어 있는 상치돌출(overjet)과 그와 반대인 경우로 하치돌출(underjet)이 있다(전경숙 외, 2007).

넷째, 입천장의 경우 경구개, 연구개, 연인두의 기능에 영향을 미칠 수 있다. 입천장이 너무 높은 경우 정확한 /ㄹ/ 발음이 어려울 수 있다. 그러나 구개열이나 연인두폐쇄가 제대로 이루어지지 않는 경우 콧소리가 과하게 들리는 과대비성(hypernasality)이 나타날 수 있다. 이러한 경우 자신의 구조적인 결함으로 인한 발음문제를 최소화하기 위해 자신도 모르게 개발시킨 보상조음(compensatory articulation, 예: 성문파열음, 인두마찰음 등)이 습관화되어 구조적인 결함이 수정된 후에도 계속 왜곡된 발음이 남을 수 있다(정세아 외, 2010).

3. 신경운동결함

신경운동결함은 조음기관의 근육들을 통제하는 중추신경계나 말초신경계에 결함을 보이는 것이다(김향희, 2012). 마비말장애(dysarthria of speech)의 경우 말초신경계의 손상으로 인해 근육의 마비나 약화 현상을 보이고 이로 인해 조음명료도가 떨어진다. 특히, 안면근육들을 조절하는 안면신경(CN Ⅶ)이나 혀의 운동을 중재하는 설인신경(CN Ⅸ) 및 설하신경(CN Ⅻ)에 마비가 있을 경우에는 말소리의 조음이 매우 어려워진다.

중추신경계의 결함에 의한 말실행증(apraxia of speech)은 마비말장애와는 다르게 근육의 마비나 결함 없이 말을 계획하는 프로그래밍 단계에 결함을 나타낸다. 말실행증은 일련의 음소들을 계획해서 낱말을 구성하는 데 어려움을 나타내지만 자동구어(숫자 세기나 요일 이름 대기 등)에서는 크게 어려움을 나타내지 않는다. 말실행증이 마비말장애와 다른 점은 조음오류에 일관성이 별로 없으며, 느리게 말할 때 보다는 빠르게 말할 때 더 오류가 적게 나타나고, 읽기보다는 자발어 과제에서 더 적은 오류를 나타낸다는 것이다(김향희, 2012).

4. 감각적인 요인들

조음 · 음운장애를 초래하는 감각적인 요인들 중 하나가 음소에 대한 변별능력이다. 정상적인 아동의 경우, 만 1세에 음향학적으로 음소를 구별할 수 있으며, 2세가 되면 음운적 자질을 구분할 수 있다(김수진, 신지영, 2020). 문헌에 의하면, 특히 9세 이전의 아동의 경우에 청각적 음소구별력과 조음능력은 상관관계가 높다(Schwartz & Goldman, 1974; Barton, 1976). 일부 연구에서 말 산출지도가 조음 및 음소 구별능력을 향상시켰음을 보고하고 있다(Williams & McReynolds, 1975).

4 조음 · 음운장애의 진단

조음 · 음운장애를 진단하기 위해서는 우선 잘못된 발음, 즉 조음오류를 분석할 수 있을 만큼 조음 및 음운 오류형태에 익숙해져 있어야 하며, 사용이 가능한 선별검사 및 진단검사 도구의 사용방법을 익혀야 한다(김수진, 신지영, 2020).

1. 조음 및 음운 오류의 형태

1) 개별음소의 조음오류 형태

(1) 생략

생략(omission)은 음소를 빠뜨리고 발음하지 않는 오류의 형태이다. 예를 들어, /사탕/을 /사타/로 발음할 때 나타나는 오류의 형태이다. 정상 말소리 발달 과정에서 가장 늦게까지 남아 있는 생략의 위치는 종성이다. 생략 오류가 많은 아동의 경우에는 심한 조음장애로 들릴 가능성이 크다. 생략된 위치는 '–' 또는 '∅'로 표시한다.

(2) 대치

대치(substitution)는 목표음소 대신 다른 음소로 바꾸어 발음하는 오류 형태이다. 대치는 정상아동의 발달과정에서도 흔히 관찰되는 발달성 조음오류이다. 아동은 대개 어려운 음소 대신 자신이 낼 수 있는 쉬운 음소로 바꾸어 발음하는 경향이 있다(김민정, 1997). 3세 아동의 경우, /ㅅ/를 /ㄷ/로 대치하여 /사탕/을 /다탕/으로 발음하는 경우가 있다. 대치는 '/'로 표시하며, /다탕/의 경우 '(대치음소)/(목표음소)'로 'ㄷ/ㅅ'가 된다.

(3) 왜곡

왜곡(distortion)은 변이음의 형태인 우리나라 음소 목록에 없는 말로 바꾸어 발음하는 것이다. 예를 들면, /ㅅ/를 발음하면서 콧소리를 첨가하거나, 치조보다는 경구개 쪽으로 혀를 가져가서 발음하는 경우이다. 정상 발달과정에서는 왜곡이 그리 많이 나타나지는 않지만, 3~4세 정도의 아동이 '아기 소리'를 할 때 혀를 지나치게 앞쪽으로 가져다가 발음하는 경우가 있는데, 이러한 현상은 왜곡 오류로 볼 수 있다(김수진, 신지영, 2020).

(4) 첨가

첨가(addition)는 목표 단어에 불필요한 음소를 추가하는 오류 형태이다. 첨가는 모음 또는 자음으로 나타날 수 있고, 종성 다음에 /으/나 /어/를 첨가시킨다든지(예: 먹으고), 동화의 영향으로 주변 종성을 첨가하기도 한다(예: 살랑/사랑).

2) 오류음운과정의 형태

음운과정(phonological process)이란 성인의 음운체계를 수정 또는 단순화시킨 음운패턴을 의미하는데, 〈표 5-4〉, 〈표 5-5〉와 같다.

〈표 5-4〉 생략 및 첨가 음운변동

오류	유형	정의	예시
음절구조	음절생략	음절이 생략되는 현상	장난감-난깜
	초성생략	낱말이나 음절의 첫 자음이 생략되는 현상	사탕-아탕
	종성생략	낱말이나 음절의 받침소리가 생략되는 현상	풍선-풍서
	첨가	소리가 첨가되는 현상	오뚜기-코뚜기
조음방법	마찰음 생략	마찰음이 생략되는 현상	썰매-얼매
	파찰음 생략	파찰음이 생략되는 현상	자전거-아언거
	파열음 생략	파열음이 생략되는 현상	김밥-임밥
	비음 생략	비음이 생략되는 현상	단추-다추
	유음 생략	유음이 생략되는 현상	말-마
조음위치	양순음 생략	양순음이 생략되는 현상	김밥-기밥
	치조음 생략	치조음이 생략되는 현상	다리-아리
	경구개음 생략	경구개음이 생략되는 현상	장난감-앙난깜
	연구개음 생략	연구개음이 생략되는 현상	코끼리-오끼리

〈표 5-5〉 대치음운변동

오류	유형		정의	예시
조음 위치	전설음화		목표음의 조음점보다 혀를 앞쪽으로 움직여 조음이 이루어지는 현상	짝짜꿍-딱따꿍
	후설음화		목표음의 조음점보다 혀를 뒤쪽으로 움직여 조음이 이루어지는 현상	책상-책장
	양순음화		다른 음소가 양순음 /ㅁ, ㅂ, ㅃ, ㅍ/로 대치되는 현상	장난감-방난깜
	치조음화		다른 음소가 치조음 /ㄴ, ㄷ, ㄸ, ㅌ, ㄹ, ㅅ, ㅆ/로 대치되는 현상	자동차-다동따
	경구개음화		다른 음소가 경구개음 /ㅈ, ㅉ, ㅊ/로 대치되는 현상	토끼-조끼
	연구개음화		다른 음소가 연구개음 /ㄱ, ㄲ, ㅋ, ㅇ/로 대치되는 현상	김밥-김방
	성문음화		다른 음소가 성문음 /ㅎ/로 대치되는 현상	모자-모하
조음 방법	파열음화		파열음이 아닌 음소가 파열음 /ㅂ, ㅃ, ㅍ, ㄷ, ㄸ, ㅌ, ㄱ, ㄲ, ㅋ/로 대치되는 현상	모자-모다
	마찰음화		마찰음이 아닌 음소가 마찰음 /ㅅ, ㅆ/로 대치되는 현상	책상-색상
	파찰음화		파찰음이 아닌 음소가 파찰음 /ㅈ, ㅉ, ㅊ/로 대치되는 현상	눈썹-눈첩
	유음화		유음이 아닌 음소가 유음 /ㄹ/로 대치되는 현상	오뚜기-오뚜리
	비음화		비음이 아닌 음소가 비음 /ㅁ, ㄴ, ㅇ/로 대치되는 현상	로보트-로모트
동화	순행동화		앞에 있는 음소의 영향을 받아 뒤의 음소가 변화되는 현상	가방-가강
	역행동화		뒤에 있는 음소의 영향을 받아 앞의 음소가 변화되는 현상	가방-바방
	연속동화		연접한 음절의 음소에 의한 동화	장난감-장낭깜
	연동화		연접하지 않은 음절의 음소에 의한 동화	장난감-깜남깜
	위치	양순음 동화	양순음의 영향으로 양순음화 되는 현상	연필-염필
		치조음 동화	치조음의 영향으로 치조음화 되는 현상	자동차-자돈차
		경구개음 동화	경구개음의 영향으로 경구개음화 되는 현상	자동차-자종차
		연구개음 동화	연구개음의 영향으로 연구개음화 되는 현상	풍선-풍건
		성문음 동화	성문음의 영향으로 성문음화 되는 현상	해바라기-해바라히
	방법	파열음 동화	파열음의 영향으로 파열음화 되는 현상	짝짜꿍-딱따꿍
		마찰음 동화	마찰음의 영향으로 마찰음화 되는 현상	책상-색상
		파찰음 동화	파찰음의 영향으로 파찰음화 되는 현상	자전거-자전저
		비음 동화	비음의 영향으로 비음화 되는 현상	못-몬
		긴장음 동화	긴장음의 영향으로 긴장음화 되는 현상	깡총-깡쫑
긴장도 및 기식도에 따른 변동	이완음화(laxing)		긴장음 /ㅃ, ㄸ, ㄲ, ㅆ, ㅉ/의 긴장성이 상실되는 현상	땅콩-당콩
	긴장음화(tensing)		긴장음이 아닌 음소에 긴장도가 첨가되는 현상	장난감-짱난깜
	기식음화(aspiration)		기식음이 아닌 음소에 기식성이 첨가되는 현상	다람쥐-타람쥐
	탈기식음화(deaspiration)		기식음 /ㅍ, ㅌ, ㅋ, ㅊ/의 기식성이 상실되는 현상	책상-잭상

2. 조음검사 방법

학생의 조음능력을 평가할 때는 독립적인 분석과 관계적인 분석이 사용된다. 독립적인 분석은 성인의 발음을 참조하지 않고 학생의 발음을 평가하는 것이며, 관계적인 분석은 성인의 발음과 비교하여 학생의 발음을 분석하는 것이다(Stoel-Gammon & Dunn, 1985). 또한, 학생의 발음을 수집하는 방법에 따라 자발발화, 반응어, 모방어 등을 자유로운 말 샘플이나 조음검사 도구를 사용하여 수집할 수도 있다(김유경, 권순복, 2019).

1) 선별검사

선별검사(screening articulation test)는 조음장애에 대한 진단검사가 필요한지 간략하게 평가하는 것으로 학생의 연령에 따른 음소들로 간단히 검사한다. 예를 들어, 초등학교 1학년 학생은 모든 음소를 90% 이상 정확히 발음할 수 있으므로 발달상 비교적 늦게 습득되는 /ㅅ, ㅆ, ㅈ, ㅊ, ㅉ, ㄹ/ 등이 들어간 낱말 위주로 검사한다.

2) 조음검사도구

조음검사도구(articulation test)는 흔히 낱말이나 문장 수준에서 목표음소를 검사한다. 아래는 국내에서 표준화된 검사도구로 조음장애의 심한 정도나 특성을 평가할 수 있다.

(1) 조음기관 구조기능 선별검사(Speech Mechanism Screening Test: SMST)

조음기관 구조기능 선별검사(신문자 외, 2010)는 조음기관의 구조 및 기능이 정상범위에 있는지 선별하기 위한 검사이다. 만 18~59세 성인을 대상으로 표준화되었으나 아동에게 시행할 수 있으며, 기준 점수가 없는 경우 관련 논문 등을 참고하여 평가할 수 있다. 검사는 조음기관의 구조와 기능, 발성-음성 및 조음 선별 및 조음교대운동으로 구성되어 있다.

(2) 우리말 조음·음운평가(Urimal test of articulation and phonology: U-TAP)

우리말 조음 · 음운 평가(김영태, 신문자, 2004)는 한국어 자음과 모음을 산출하는 데 어려움을 보이는 아동 및 성인을 대상으로 조음 · 음운장애 여부와 양상, 중증도 및 유형을 파악하여 진단하는 검사이다. 그림카드를 이용하여 30개의 단어를 분석하는 낱말 수준의 검사와 같은 어휘로 문장에서 평가하는 문장 수준의 검사로 이루어져 있다.

(3) 아동용 발음평가(Assessment of phonology and articulation for children: APAC)

아동용 발음평가(김민정 외, 2007)는 만 3세 이상 아동 및 학생에게 실시할 수 있다. 조음 · 음운 능력이 연령에 맞는지를 비교하고 구체적으로 어떤 말소리에 어떤 문제가 있는

지를 알아보거나 단어와 연결발화에서의 조음 · 음운 능력에 차이가 있는지도 살펴볼 수 있다. 특히, 자극반응도 검사를 통해 틀리게 말한 단어의 모방 시 정반응 수준을 파악하여 중재에 도움이 될 수 있도록 구성되어 있다.

(4) 한국어 표준 그림 조음·음운 검사(The Korean Standard Picture of Articulation and Phonological Test: KS-PAPT)

한국어 표준 그림 조음 · 음운 검사(석동일 외, 2008)는 우리나라 아동과 성인의 자음과 모음 산출에 문제를 선별하여 정밀진단을 하기 위해서 개발되었다. 조음 · 음운장애가 의심이 되는 아동을 선별하여, 음절 수와 음운의 위치를 고려한 정밀 진단을 통해 자음정확도와 음운변동을 분석할 수 있다.

3. 진단 시 사용되는 평가기준

1) 오조음 발생빈도 및 음소정확도

오조음의 발생빈도는 잘못 발음한 음소 수를 의미하며 음소정확도(Percentage of Consonants Correct: PCC)는 음소의 위치를 고려한 전체 음소의 수를 바르게 조음된 음소의 수로 나누어 100을 곱한 것이다(김수진, 신지영, 2020). 우리말 19개 자음이 어두, 어중, 어말의 세 자리에서 나타날 수 있는 가능성을 모두 합치면 43개가 된다. 따라서 어떤 아동이 11개의 음소를 잘못 발음하였다면 이 아동의 자음정확도는 '(32/43)×100 = 74.4%'가 된다.

2) 발달연령

발달연령기준을 사용하는 것은 정상아동들의 발달연령과 비교하는 방법으로, 문헌에서는 흔히 습득연령과 습관적 연령과 같은 조음발달연령을 언급하고 있다(Sander, 1972). 습득연령은 특정 음소를 75~90% 이상의 아동이 바르게 발음하는 발달시기를 의미하며, 습관적 연령은 특정 음소를 50% 정도의 아동이 바르게 발음하는 발달시기, 즉 아동이 오류보다는 바르게 발음하는 것이 많아지기 시작하는 발달시기를 의미한다(김영태, 1996). 예를 들어, '/ㅅ/의 습관적 연령은 2세이고 습득연령은 4세이다.'라는 뜻은 2세 아동의 50% 정도는 /ㅅ/를 바르게 발음하고, 4세 아동의 경우는 75~90%가 바르게 발음한다는 뜻이다. 즉, 정상아동이 5세까지도 /ㅅ/를 완전히 발음하지 못하는 때도 있다.

3) 오류음운과정 발생빈도 및 출현율

오류음운과정 발생빈도 및 출현율은 특정 음운변동이 몇 번이나 나타났고(발생빈도), 나타날 기회에 대하여 몇 %나 나타났는가(출현율)로 측정할 수 있다. 오류음운과정의 분석은 학생의 오조음의 패턴을 찾을 수 있는 장점이 있다. 이러한 패턴은 음소정확도로는 찾기가 어렵다. 예를 들어, 어떤 학생이 연구개음이나 경구개음을 앞쪽에서 발음하는 경향, 즉 전방화를 자주 한다고 할 때 아동의 개별적인 조음오류는 'ㄷ/ㄱ, ㄸ/ㅊ, ㅈ/ㅋ' 등의 대치이기 때문에 그 속에서 패턴을 찾기는 어렵다(김영태, 신문자, 2004). 그러나 음운과정으로 분석해 보면, 'ㄷ/ㄱ'에서 치조음화와 전방화, 'ㄸ/ㅊ'에서 보면 치조음화, 전방화, 경음화, 그리고 파열음화, 'ㅈ/ㅋ'에서 보면 경구개음화, 전방화, 파찰음화 그리고 탈기식음화가 나타났다. 즉, 전방화가 이 아동에게서 가장 자주 나타나는 오류음운과정이라는 것을 알 수 있다.

4) 자극반응도

자극반응도(stimulability)는 특정 음소(흔히 오류로 나타난 음소)에 대하여 청각적, 시각적, 또는 촉각적인 단서나 자극을 주었을 때 어느 정도로 목표음소와 유사하게 조음할 수 있는가를 의미한다(김민정 외, 2007).

자극반응도 검사는 조음검사 실시 후 검사 시에 나타난 오류음소에 대해서 다시 검사하는 것을 말한다.

예) 어두에 나오는 /ㄱ/에서 오류를 보인 경우 다음 순서로 지도한다.
① /ㄱ/나 /가방/을 발음해 주면서 따라 발음하게 한다.
② 설압자로 연구개와 혓등을 짚어주고 발음하게 한다.
③ 설압자로 혀날 부분을 누른 채 뒤로 밀면서 /ㄱ/를 발음하게 한다.

5) 오류자질의 패턴분석

오류자질의 패턴분석은 오류를 보이는 음소들을 조음위치, 조음방법, 발성유형에 따라 오류의 자질적인 패턴을 구별하여 분석하는 방법이다. 오류자질의 패턴분석은 독립적으로 이루어질 수도 있고 오류음운과정분석과 함께 이루어질 수도 있다. 독립적으로 사용할 경우에는 오조음된 모든 음소의 공통점을 찾아낼 수 있다. 예를 들어, /ㅅ/-계열과 /ㅈ/-계열에서 오류를 보이는 아동은 [strident], [consonantal], [coronal] 자질의 습득이 잘 되지 않았다고 볼 수 있다(김민정 외, 2007).

6) 말 명료도

말 명료도(intelligibility)는 듣는 사람의 입장에서 느끼는 주관적인 기준으로, 말 명료도와 관련되는 요소들은 오류음소의 수, 오류조음의 일관도, 오류가 나타나는 음소가 말에 쓰이는 빈도 및 목표음과 오조음의 유사성 등이다(한진순, 2008). 오류음소의 수는 많을수록 말 명료도가 떨어지지만, 같은 수만큼의 오류음소를 가지고 있다 하더라도 대치시키는 음소가 조음위치나 방법에서 매우 상이한 것(예: /가방/ → /타파/)이라면 그 뜻을 추측하기가 어려울 것이다. 또한, 우리말에서 많이 쓰이는 단모음이나 파열음에서 오류를 보이는 아동은 파찰음(예: /ㅈ/)이나 유음(예: /ㄹ/)에서 오류를 보이는 아동보다는 말 명료도가 더 떨어질 것이다.

5 조음 · 음운장애 중재

1. 목표음소 설정 시 고려할 사항

조음 · 음운장애에 대한 진단과정에서 아동이 오류를 나타내는 음소나 오류의 일관성 등을 밝혀낸 다음에는 치료계획을 세워야 한다(김수진, 신지영, 2020). 우선 목표음소를 설정해야 하는데, 이때 고려해야 할 사항들은 연령, 음소의 사용빈도, 자극반응도 및 조음오류의 심한 정도 등이다.

예) 연령의 발달 단계를 고려한 경우
- 3세 아동에게 /ㄷ, ㅅ/의 오류가 있다면 /ㄷ/는 목표음소로 적절하지만 /ㅅ/는 목표음소로 적합하지 않다.

음소의 빈도는 대화에서 많이 사용되는 음소를 지도하면 말의 명료도를 높일 수 있기 때문에 중요한 요인이 된다. 음소의 자극반응도는 진단에서 살펴본 바와 같이 단서나 자극을 주었을 때 아동이 얼마나 유사한 발음을 낼 수 있느냐 하는 것으로 자극반응도가 높은 음소는 그렇지 않은 음소보다는 좀 더 쉽게 습득될 수 있다(김민정 외, 2007). 따라서, 자극반응도가 높은 음소일수록 치료 효과가 높다.

2. 지도단계에 따른 조음 · 음운장애의 중재법

조음 · 음운장애에 대한 치료는 아동의 오류를 나타내는 음소 하나하나를 교정하는 방법과 아동이 잘못 사용하고 있는 오류패턴을 감소시켜 나가는 방법이 있다. 치료의 단계는 전통적으로 목표음소의 조음정확도를 높이는 음소습득단계(acquisition 또는 establishment), 습득된 음소를 안정화시키는 확립단계(stabilization), 치료에서 사용하지 않는 문맥이나 상황으로 확대시키는 전이단계(transfer 또는 generalization), 그리고 지도자극 없이도 조음정확도를 지속시키는 유지단계(maintenance)로 나눈다. 지도방법은 아래와 같다.

1) 전통적 접근법

전통적 접근법은 지각 및 산출지도를 통하여 개별음소를 지도시키는 여러 기법을 포함한다. 이 접근법은 주로 습득 및 확립단계에 초점을 두고 목표음소를 독립음이나 음절, 또는 낱말에서 집중적으로 지도한 후, 구나 문장으로 일반화시키는 방법이다(석동일, 2009). 목표음소를 정확하게 습득 또는 확립시키는 단계에서 흔히 사용하는 기본적인 과정은 다음과 같다(Van Riper, 1978; Bernthal & Bankson, 1981; 이승환, 1994; 석동일, 1991).

(1) 청각적 변별을 이용한 지도법

청각적 변별지도는 목표음소의 발음을 지도하기에 앞서, 청각적으로 아동 자신의 오류발음을 판별하고 목표음소를 다른 음소와 변별해 낼 수 있도록 지도하는 것이다. 청각적 변별지도 방법으로 바른 시범을 자주 제시하는 집중적인 청각자극법(auditory bombardment), 최소한의 변별자질(distinctive features)만을 바꾼 낱말 짝을 이용하여 아동의 발음에 해당하는 그림이나 물체로 강화해 주는 지도방법 등이 있다(석동일, 2009). 청각적 변별지도를 강조한 Van Riper(1939)의 자극접근법(stimulus approach)은 집중적인 청각지도(ear traning)를 통하여 개별음소에서 음절, 낱말, 구, 문장 및 대화로 대상을 넓혀가면서 지도하도록 한다.

(2) 조음점지시법과 운동감각적 기법

조음점지시법(phonetic placement)은 목표음소에 대한 조음기관의 바른 위치와 기류의 바른 사용을 가르치는 것이다(Scripture & Jackson, 1927, Creaghead et al., 1989). 치조음 /ㄴ/를 발음하기 위해 혀가 닿게 되는 입천장의 위치를 설압자로 지적하여 정확한 조음을 하도록 유도한다. 조음점을 바르게 알려 주기 위해서 손가락, 거울 등을 이용할 수도 있다. 조음점지시법은 개별음소를 정확하게 조음하는 데 초점을 두기 때문에 대화로 전이시키기가 어렵다. Van Riper(1978)는 특히 청각적 변별이 어려운 청각장애아동에게 이 방법을 권하고 있다.

조음점지시법과 유사한 방법으로 운동감각적기법(moto-kinesthetic approach)이 있다(Creaghead et al., 1989). 이 방법은 개별음소보다는 음절, 낱말, 구 또는 문장을 이용한다. 대상자를 이완된 상태로 눕게 하고 조음기관을 자극하여 바른 발음이 되도록 하는데, 이때 교사는 아동이 보는 데서 목표발음을 함으로써 촉각적 · 운동 감각적 · 청각적 그리고 시각적 피드백을 제공하는 방법이다(석동일, 2009).

(3) 다중음소접근법

다중음소접근법(multiple-phoneme approach)은 여러 음소에서 오류를 보이는 아동을 위하여 고안된 프로그램이다(Creaghead et al., 1989). 먼저 낱말 수준에서 조음검사를 실시한 후에 19개 자음에 대해 각 음소별로 5번 이상 반복지도를 한다. 점차 음절, 낱말, 문장 수준으로 확대시켜 지도한다. 이 방법은 지나치게 반복지도에 의존하기 때문에 매우 흥미로운 강화를 사용하지 않는 한 아동의 자발성을 끌어내기가 어렵다.

(4) 짝자극법

열쇠낱말법(key word method)이라고도 불리는 짝자극법(paired stimuli technique)은 아동이 목표음소를 정확하게 발음하는 낱말을 찾아내어 낱말 내에서 그 음소를 연장하여 반복적으로 연습시키다가, 점차 목표음소를 독립적으로도 바르게 발음할 수 있게 하는 방법이다(Creaghead et al., 1989). 예를 들어, '시계'의 /ㅅ/는 정확하게 발음하는 아동의 경우, 정확하게 발음하는 '시계'와 정확하게 발음하지 못하는 '새'를 짝으로 하여 /시계/-/새/를 연습시킨다. 또한, 음절 /시/를 이용하여 /시시/, /시소/, /시사/, /시수/ 등과 같이 무의미 낱말 속에서 모음 환경을 바꾸어 가며 지도할 수도 있다(석동일, 2009).

(5) 점진적 접근법

점진적 접근법(progressive approximation)은 형성하기(shaping)의 행동수정기법을 이용한 것으로, 아동이 목표음소를 정확하게 발음하기 어려운 경우 목표음소와 유사한 중간단계의 발음에 대해서도 강화를 해 줌으로써 점진적으로 목표음소를 조음하도록 하는 것이다(석동일, 2009). 중재에서 흔히 쓰이는 방법은 아동이 발음할 수 있는 음소를 수정하여 새로운 음소로 유도해 나간다.

2) 언어인지적 접근법

(1) 변별자질접근법

변별자질접근법(distinctive-feature therapy)에서는 한 가지 변별자질만 다른 음소의 짝을 이용하여 아동이 습득하지 못한 새로운 변별자질을 지도한다. 예를 들어, 마찰음을 습득하지 못한 아동에게 /ㄷ/-/ㅅ/를 대비시키고, 후설음에 오류를 보이는 아동에게는 /ㄷ/-/ㄱ/를 대비시켜서 지도한다. Creaghead 등(1989)이 제시한 지도방법은 〈표 5-6〉과 같다.

〈표 5-6〉 변별자질접근법을 이용한 지도방법

① 먼저 조음검사를 하여 오류음소와 자극반응도를 알아낸다.
② 오류음소에 대한 심층검사를 실시하여 기초선 자료를 확립한다.
③ 변별자질분석을 하여 아동이 습득하지 못하고 있는 목표자질 및 그에 해당하는 3~4개의 목표음소를 선택한다.
④ 목표음소들에 대한 중재계획과 전이를 포함한 중재단계들을 설정한다.
⑤ 계획에 따라 중재를 실시하고 나서 조음검사를 재실시한다. 또한, 자발적인 말 샘플도 표집하여 분석한다.

변별자질접근법에서는 목표자질을 내포하고 있는 개별음소를 중재하기도 하지만 최소낱말짝(minimal-word-pair)을 이용하여 자질이 대조되는 음소를 낱말 수준에서 대비시켜 중재하기도 한다. 특히, 아동에게는 무의미 음소보다는 의미를 내포하고 있는 낱말을 사용하는 것이 전이에 더 효과적이다. 예를 들어, 파열-마찰대비는 /대장/-/새장/으로, 전설-후설 대비는 /다리/-/구리/로 지도할 수 있다.

때로는 최대대조(maximal contrast)를 이용하는 수도 있는데, 이는 더 복잡하고 미세한 운동을 요구하는 음소의 조음을 먼저 배우면 좀 더 단순한 운동을 요구하는 음소는 쉽게 습득될 수 있다는 전제에 기초한 것이다. 예를 들어, 어려운 변별자질이 포함된 마찰음이나 파찰음을 먼저 지도하고 나서 파열음을 지도하기도 한다. 이러한 변별자질접근법은 복잡한 분석과정을 포함하는 것에 비하여 음절생략이나 동화과정과 같은 일부 오류패턴은 고려하지 못하는 단점도 있다.

(2) 음운변동접근법

음운변동접근법(phonological process approach)은 Stampe(1972)의 자연음운론(natural phonology)에 근거한다. 그에 따르면 아동은 처음 성인의 말소리에 접근하는 데는 타고난 대치규칙이나 단순화를 사용한다. 그는 아동이 성인의 말소리 체계를 지각하고 이를 조음하는 능력의 발달은 억압, 모방 또는 순서화 등을 통하여 발전되며, 아동은 성인의 말을 똑같이 따라 할 수 있을 때까지 이들의 대치규칙을 하나씩 버리게 됨에 따라 점진적으로 개선된다고 보고 있다.

이 접근법에서는 아동이 단순히 특정 음소를 습득하지 못하였기 때문에 조음오류가 나타난다고 하기보다는, 아동 나름대로 성인의 음운규칙을 단순화하거나 대치규칙을 사용하기 때문에 조음오류가 생긴다는 시각에서 아동의 잘못된 음운변동패턴을 소거시키는 데 초점을 맞춘다(이현복 외, 1995; Lowe, 1994; Hodson, 1980).

목표 설정 시 고려해야 할 사항들에 관하여 문헌에서 공통으로 언급하는 내용을 요약하면 〈표 5-7〉과 같다(Ingram, 1976; Edwards & Bernhardt, 1973; Edwards, 1983: Creaghead et al., 1989에서 재인용).

〈표 5-7〉 음운변동접근법의 목표 설정 시 고려사항

① 말 명료도에 가장 많은 영향을 미치는 음운변동을 우선순위에 배정
- 40% 이상의 발생률을 보이는 음운변동
- 15~40%의 발생률을 보이는 음운변동, 즉 정상아동에게서도 많이 나타나지만, 조음·음운장애아동에게서 특히 많이 나타나서 두 집단 간에 유의한 차이를 보이는 변동들(종성생략, 비음생략, 유음생략, 연구개음생략, 연구개음의 전방화, 경구개음의 전방화, 잇몸소리, 이완음화, 모음변이)도 우선 중재계획에 포함
- 정상집단에서는 별로 나타나지 않지만(1% 내외) 조음·음운장애 집단에서는 많이 나타나서 유의한 차이를 보이는 변동들(탈기식음화, 파열음 생략, 잇몸소리 생략, 성문음의 전설음화, 긴장음화)을 고려

② 소거가 수월하여 아동 스스로 자신의 말 명료도의 개선을 쉽게 느낄 수 있는 음운변동을 우선 중재

③ 소수의 음소보다 여러 음소에 퍼져 있는 음운변동부터 중재계획에 포함
- 한 아동이 'ㄸ/ㅅ, ㅃ/ㅆ, ㅉ/ㄱ, ㅃ/ㄴ'와 같은 오류를 보일 때, 파열음화나 양순음화보다는 경음화를 먼저 고려함

④ 발달상 많이 나타나는 음운변동뿐만 아니라 개별 아동에게 특히 치명적인 음운변동을 고려해야 함

Hodson과 Paden(1983)은 매우 자세한 절차를 소개하였는데, 주기(cycle)를 정해 놓고 매주 목표변동과 음소를 바꾸는 음운변동접근법을 사용하였다. 그들은 음운오류패턴의 보편도에 따라 중재의 우선순위를 정하고 각 변동에 따른 중재 주기를 사용하여, 목표오류변동에 대한 반복적이고 주기적인 중재를 시킴으로써 심한 조음 · 음운장애아동을 위한 매우 효과적인 중재프로그램을 제시하였는데 그 단계는 〈표 5-8〉과 같다.

〈표 5-8〉 주기를 이용한 음운변동접근법

- 발생률에 따른 음운변동의 순위를 정한 후, 주기적으로 중재를 계획
- 주기적인 중재에 있어서, 우선 심한 음운변동을 주기에 따라 지도
- 한 주기당 3~4개의 음운변동을 계획하며, 한 주기 내에서는 3~4개의 음운변동을 목표로 함
- 각 음운변동당 1~3개의 목표음소를 계획

3) 의사소통중심법

의사소통을 중시하는 기능(화용)적 언어중재방법이 확산됨에 따라 자연스럽게 학습 환경 속에서 말소리를 중재하도록 하는 접근법이 의사소통중심법이다. 중재할 때 상황이나 사건을 구성하고 아동이 말하면 교사는 의사소통에 기초한 반응, 즉 의미에 적절하게 피드백을 주고 다시 말할 수 있도록 유도한다. 개별 중재에서는 전통적인 조음중재방법을 사용하기도 하는데, 이는 집단치료나 일상생활의 의사소통에 활용하기 위한 보조적인 차원에서 이루어진다. 개별치료계획과 아울러 집단치료계획이나 가정지도가 도움이 된다. 집단치료계획을 수립할 때의 활동은 일상적인 의사소통 경험과 유사한 활동을 선택하도록 하고, 아동을 조정하기보다는 환경을 조정하여 아동이 자연스럽게 반응하도록 하여야 한다. 특히, 집단 내의 의사소통이 긍정적인 경험을 제공하도록 프로그램을 구성해야 한다(Lowe et al., 1989). 문헌에서 제안하고 있는 그 외의 의사소통중심접근법의 기본원칙을 소개하면 〈표 5-9〉와 같다(Creaghead et al., 1989).

〈표 5-9〉 의사소통중심법의 기본원칙

원칙	내용
상황 설정	지도 상황을 실제상황과 유사하게 설정함으로써 일반화 효과를 높여야 한다. 목표발화는 아동이 일상생활에서 자주 쓰는 것으로 선택하여야 한다. 특히, 아동이 그 말을 할 때 환경이나 다른 사람의 행동을 조정하는, 의사소통적인 효과가 큰 것으로 선택한다. 예를 들어, /ㅅ/를 지도하더라도 '수박'보다는 '싫어(요)'가 의사소통적인 효과가 더욱 크다.
목표음소 및 낱말 사용	목표음소는 의사소통적인 발화 속에 포함되도록 계획을 세운다. 전통적인 접근법이나 언어학적 접근법에서는 개별음소를 우선 중재하고 나서 음절이나 낱말과 같은 발화로 전이시켰으나 여기서는 바로 의미를 내포하는 언어학적 단위(흔히 낱말이나 구)에서 중재한다. 사용하는 낱말이나 구는 아동의 수준에 맞추어서 아동의 일반화를 수월하게 하여야 한다.
강화	목표발화와 직접적으로 관련된 강화를 사용한다. 칭찬이나 강화물을 사용하기보다는 발화의도에 적절한 행동(예: "싫어요"에 대해서는 행동이나 물건을 제거시켜 줌)으로 강화해 준다.
일반화	습득지도와 일반화 지도는 함께 이루어져야 하며 독립적으로 실시되어서는 안 된다.

3. 전이 및 유지 단계

전이(transfer)란 학습/중재된 행동의 원칙이 다른 유사한 행동에까지 일반화되는 것을 의미하는데, 전이는 다음과 같은 것들이 있다.

1) 위치 및 문맥 전이

음소의 위치에 있어서는 흔히 초성에서 중재를 시작하여 종성으로 전이를 유도하지만 언제나 초성이 종성보다는 쉬운 것은 아니므로 아동이 쉽게 발음하는 위치(initial, medial, final)에서 시작하여 다른 위치로 전이를 유도하는 것이 바람직하다. 문맥적 전이는 목표음소가 일단 습득되면 그 앞뒤의 음소를 바꾸어서 다른 문맥에서도 바르게 발음되도록 유도하는 것이다.

2) 언어학적 단위에서의 전이

전통적인 조음중재에서는 독립음(islated sounds)에서 시작하여 음절, 낱말, 구, 문장 등으로 전이를 유도한다. 언어학적 단위에서의 전이는 목표음소를 좀 더 쉽고 빠르게 발음하도록 한다는 면에서 확립지도라고 부르기도 한다. 일부 연구자들(Van Riper, 1978; Winitz, 1969)은 음절과 낱말 단계 사이에 무의미 낱말을 사용하여 구나 문장 속에서 연습시키는 중간 단계를 삽입하기도 한다. 예를 들어, CV(시), VCV(이시), CVC(싱) 등의 무의미 낱말을 빠르고 쉽게 발음하는 지도를 하면서 습득된 음소를 확립시킨다. 또한, 구 수준에서 지도할 때는 "나는 ㅇㅇㅇ가 싫어요."와 같은 운반구(carrier phrase)를 사용하기도 한다.

3) 자질전이

자질전이란 습득된 음소와 자질(distinctive feature)이 유사한 다른 음소로 전이되는 것을 의미한다. 예를 들어, /ㅂ/를 습득한 후 /ㅃ, ㅍ/ 등으로 일반화시키는 것을 뜻한다.

4) 상황전이

상황전이는 습득단계에서 지도한 대상이나 장소 등을 바꾸면서 전이를 유도하는 것이다. Van Riper와 Emerick(1984)은 아동에게 다른 상황에서 말하는 숙제를 내거나 자신의 말이나 오류를 적는 숙제를 제시하는 것을 제안하였다. 상황전이의 또 다른 방법으로는 고의로 오조음을 산출하게 하는 부적연습(negative practice)을 이용하여 학생이 정조음이나 오조음을 잘 통제할 수 있게 하기도 한다. 선행연구들은 부적연습을 자신의 말에 대하여 자각할 수 있는 방법으로 보고하였다. 상황전이를 도와주는 또 하나의 방법은 감각적인 인식지도(proprioceptive awareness)이다. 다양한 상황에서 목표음소를 잘 발음하기 위한 감각적 인식을 높이기 위해 귀 막고 말하기, 차폐소음 상황에서 말하기, 속삭이며 말하기, 그리고 판토마임 등의 활동을 활용해 볼 수 있다.

또한, Van Riper(1987)는 구나 문장으로 전이를 유도할 때는 교사와 아동이 함께 느리게 말하기(slow-motion speech), 반향어처럼 교사가 시범을 보이자마자 빠르고 자동적으로 이어 말하기(shadowing), 교사와 아동이 손으로 박자를 맞추면서 함께 말하기(unison speech), 교사가 의도적으로 틀리게 발음하는 것을 아동에게 고치게 하기(corrective set), 그리고 새로운 발음을 어색해하는 아동의 경우에는 연극이나 역할놀이를 통하여 실행할 것을 제안하였다.

유지단계는 학생이 습득한 음소를 시간이 지난 후에도 정조음하고 있는지 관찰하는 단계이다. 이 단계는 교사의 직접적인 지도를 줄이고 학생 스스로 변별하는 능력을 길러 줌으로써 새로 습득한 음소를 유지할 수 있도록 한다.

언어장애에 대한 접근방법이 학문적 발달과 시대에 따라 다양하게 변화되고 발전되어 온 것과 같이 조음 · 음운장애의 중재접근방법도 다양하게 변화됐다. 이러한 중재접근법은 개별음소 중심의 전통적 접근법, 음소 자질과 음운패턴 중심의 언어인지학적 접근법, 의사소통 차원에서 일반화를 중시하는 의사소통중심접근법 등으로 구분된다. 그러나 중재자의 선호에 따라 조음 · 음운중재방법을 선택하기보다는 근거 중심의 효과적인 재활방법을 사용해야 한다.

체크 포인트: 임용시험 출제(2023) 확인 마무리

(가)는 학생 A의 오조음 목록이고, (나)는 학생 A를 위한 조음 · 음운 중재 계호기이다. 〈작성 방법〉에 따라 서술하시오. [4점]

(가) 학생 A의 오조음 목록

- /풀/을 /불/로 발음
- /통/을 /동/으로 발음
- /콩/을 /공/으로 발음

(나) 학생 A를 위한 조음 · 음운 중재 계획

<table>
<tr><th>중재 방법</th><td colspan="2">변별자질접근법</td></tr>
<tr><th>중재 초점</th><td colspan="2">• 오류의 패턴을 찾아서 교정하면 동일한 자질을 가진 다른 음소들의 오류가 동시에 개선됨</td></tr>
<tr><th>중재 단어</th><td colspan="2">• (㉠): '불' – '풀'</td></tr>
<tr><th rowspan="5">중재 단계</th><th>구분</th><th>내용</th></tr>
<tr><td>(㉡)</td><td>학생에게 '불', '풀' 사진을 보여주면서 학생이 단어를 아는지 알아봄.</td></tr>
<tr><td>변별</td><td>교사가 '불', '풀'을 발음하면 학생이 해당 사진을 가리킴</td></tr>
<tr><td>훈련</td><td>학생이 '불', '풀'을 발음하면 교사가 해당 사진을 가리킴</td></tr>
<tr><td>전이–훈련</td><td>학생이 '풀'을 정조음 할 수 있게 되면, 구와 문장에서 연습하도록 지도함</td></tr>
</table>

〈작성방법〉

- (가)에 공통적으로 나타난 대치음운변동의 오류 형태를 쓸 것.
- (나)의 괄호 안의 ㉠에 해당하는 용어를 쓰고, 그 의미를 서술할 것.
- (나)의 괄호 안의 ㉡의 명칭을 쓸 것.

체크 포인트: 임용시험 출제(2019년) 확인 마무리

(가)의 대화에서 ㉠에 해당하는 용어를 쓰고, (나)에서 공통적으로 나타난 오조음 유형을 조음 방법에 근거하여 쓰시오.[2점]

(가) 대화

교육실습생: 선생님, 학생 B는 발음이 정확하지 않아요.
특 수 교 사: 그런가요?
교육실습생: '자가용', '장난감'처럼 /ㅈ/ 음소가 포함되는 단어를 잘 발음하지 못하더라고요. 이를 지도하는 방법이 있나요?
특 수 교 사: 네, 이를 지도하는 다양한 접근법이 있는데, 언어인지적 접근법 중 하나인 (㉠) 접근법이 있어요. 이 방법은 말소리 발달 과정에서 남아 있는, 발음을 단순화하는 비정상적인 (㉠) 현상을 제거해 주는 방법이에요.
교육실습생: 이 접근법은 어떤 장점이 있나요?
특 수 교 사: 자음이나 모음의 정확도만으로 찾아내기 어려운 학생의 조음오류 양상을 찾을 수 있고, 그 오류 양상을 제거하면 여러 개의 오류음을 동시에 수정할 수 있어요.
…(하략)…

(나) 학생 B의 발음 예시

정조음		오조음
풍선	→	풍턴
책상	→	책강
반바지	→	밥바디
자전거	→	다던더

Chapter 6

유창성장애

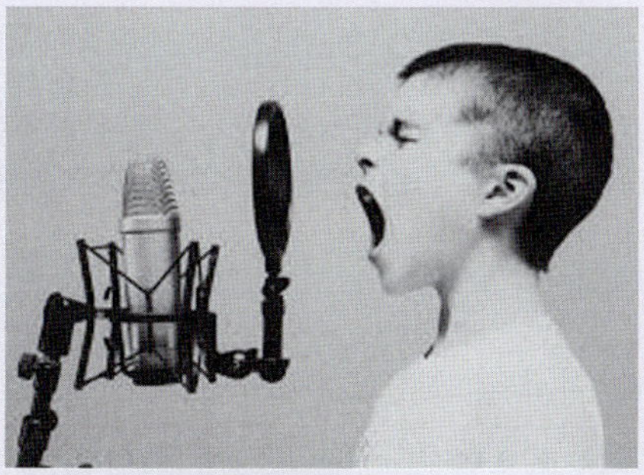

출처: https://hanghasa.tistory.com

유창성장애는 언어장애 영역 중에서 치료가 가장 어려운 것 같다. 그 이유는 말더듬의 원인이 밝혀지지 않았기 때문이다. 따라서 말더듬의 치료방법도 학자마다 가지각색이다(이승환, 2005). 대부분의 사람들은 말을 할 때 말에 주의를 기울이지 않아도 부드럽고 쉽게 말을 하는데, 말을 더듬는 사람들은 왜 말을 하는 자신도 힘들고, 말을 듣는 사람도 힘들게 할까?

학·습·목·표

1. 유창성장애의 개념과 정의를 이해할 수 있다.
2. 말더듬 특성 및 형태에 대하여 이해할 수 있다.
3. 말더듬학생을 이해하고 지도할 수 있다.

1 유창성장애 이해

1. 유창성장애 정의

유창성장애라는 용어에 대하여 많은 사람들이 모를 수 있겠지만 말더듬이라고 하면 대부분의 사람들은 더 이상의 설명을 하지 않아도 한 마디로 '아! 말을 더듬는 사람'이라고 알고 있다. 이처럼 유창성장애를 말더듬과 같은 의미로 생각하는 사람들이 많다.

유창성이란 말을 할 때 말의 속도와 리듬, 지속성 등이 물 흐름과 같이 자연스럽고 부드러운 것을 말한다. 즉, 어떠한 노력이나 머뭇거림 없이 쉽게 말하는 편안한 말 산출의 형태를 말한다.

- 유창성장애 정의: 말의 정상적인 흐름이 방해를 받아 말의 시간 맞추기와 리듬이 부적당한 패턴이 일어나는 현상으로 말더듬과 속화가 해당된다.

※ 판별기준: 말의 계속성, 말의 속도, 말의 리듬, 말 산출할 때 노력

「장애인복지법」에서 정의하는 유창성장애(말더듬)는 파라다이스 유창성검사(P-FA)를 기본검사로 하며, 필요시 말더듬 심도 검사(SSI) 등을 고려하여 〈표 6-1〉의 장애 정도 기준에 해당하면 유창성장애로 판정된다.

〈표 6-1〉 장애 정도 기준

장애 정도	장애 상태
장애의 정도가 심한 장애인	• 말의 흐름에 심한 방해를 받는 말더듬 – SSI 97%ile 이상, P-FA 91%ile 이상
장애의 정도가 심하지 않은 장애인	• 말의 흐름이 방해받는 말더듬 – SSI: 아동 41～96%ile, 성인 24～96%ile, P-FA 41～90%ile

출처: 보건복지부(2019.7.2. 개정).

유창성장애의 대표적인 유형인 말더듬은 유창하게 진행되는 말의 흐름이 방해를 받는 것이지만 일반인이 말을 머뭇거리는 것과는 구별되며, 단순한 말장애뿐만 아니라 다양한 부정적인 정서도 동반한다.

일반적인 사람은 말을 더듬는 화자를 보고 "왜 저렇게 머뭇거리고 있을까?", "왜 같은

말만 반복하면서 힘을 주고 있을까?", "왜 지금까지는 자연스럽게 말하다가 갑자기 자신의 이름을 말하지 못할까?", "왜 동생하고는 말을 잘하는데 아버지와 말을 할 때는 호흡을 멈추고 가만히 있을까?" 하고 의문을 가지지만 이러한 질문에 대한 정답이 없을 정도로 말더듬은 매우 가변적이며, 다양한 요인의 영향을 받는다(권도하 외, 2014).

말더듬인도 항상 말을 더듬는 것이 아니라 일반인과 같이 유창한 말을 하기도 한다. 또한, 일반인이라도 가끔씩 말을 반복하거나 머뭇거림을 나타낸다. 예를 들면, 상반되는 감정이나 스트레스를 받는 상황에서, 어떤 어려운 생각을 하면서 말할 때, 말을 하는 도중에 적절한 단어가 생각나지 않을 때 음, 음절, 단어 또는 구를 반복하거나 비유창성을 나타낸다.

특히 언어발달기에 있는 아동 더 많은 머뭇거림으로 비유창하거나 말을 더듬는 것을 종종 볼 수가 있으며, 이 시기에 시작된 비유창성은 여러 가지 요인이 상호작용하면서 몇 주일 혹은 몇 달 동안 나타났다가 사라지기도 하고 지속적으로 나타나면서 점차 심화되어 심각한 형태의 말더듬으로 발전할 수도 있다. 아동기에 나타나는 비유창성은 정상적 비유창성인지 말더듬 초기 증상인지를 감별하는 것이 매우 중요하다. 이러한 비유창성이 청소년기에 이르면 유창성장애로 인한 심리적 부담감이 가중되며, 때로는 상황공포나 대인공포로 이어지고 학교생활에 어려움을 가지는 경우도 많다.

2. 말더듬

1) 말더듬 정의

말더듬은 말의 흐름이 반복, 막힘 또는 소리 음절, 단어, 구의 연장으로 비정상적인 방해를 받을 때 발생한다. 말더듬에 대한 정의가 다양하지만 말의 흐름이 깨지는 비유창성 유형, 말을 하는 것에 대한 공포나 불안과 관련된 심리적인 반응, 구어 문제에 대한 자기개념 혹은 의사소통태도 등이 공통적으로 포함된다. 다음은 Van Riper(1982)가 제시한 말더듬 정의이다.

- 말더듬 정의: 음이나 음절, 또는 조음 포즈 등의 반복이나 연장 혹은 막힘 등으로 말의 흐름이 비정상적으로 방해를 받아 유창성이 깨지는 것

2) 병리적 비유창성

병리적 비유창성이란 곧 말더듬을 의미하며, 누구나 들어서 이상하다고 할 정도로 판단할 수 있는 현상이다. 또한, 속도, 음도, 강도, 억양, 조음뿐만 아니라 화자의 얼굴 표정, 자세 등을 포함하는 어떤 비음성적 특징의 영향을 받는다(이규식 외, 2004). 말더듬은 2~6세경에 시작되어 점진적으로 진행한다는 것이 일반적인 견해이고, 출현율은 전체 인구의 약 1%로 보고된다.

말더듬 남녀의 성별 비율은 4대 1로 남자가 더 높은 비율을 나타낸다. 학자들은 이러한 차이를 환경적인 해석으로 남자가 여자보다 사회적 기대 수준이 높고, 생리적 해석으로는 남성보다 여성의 언어 능력이 더 우수하기 때문이라고 한다. 그리고 유전적인 해석으로 반성유전(성염색체인 X염색체에 존재하며, 발생 빈도가 성별에 따라 차이를 나타내는 유전)을 이유로 설명하고 있다.

병리적인 비유창성은, 특히 말더듬을 가진 사람에게 나타나는 특징으로 초기 말더듬과 굳어진 말더듬의 형태로 대부분 진행되며, 다음의 〈표 6-2〉와 같다.

〈표 6-2〉 병리적인 비유창성 형태

형태	내용
단어전체반복	전체반복: 나는, 나는 • 나는 ∧ 나는 ∧ 지금 친구를 만나러 갑니다.
단어부분반복	부분반복: 나, 나, 나, • 나 ∧ 나 ∧나 ∧나는 지금 친구를 만나러 갑니다.
단어음소반복 연장의 공존	음소반복에서 연장의 공존: ㄴ ∧ ∧ ∧ ~~~ ㅏ • ㄴ ∧ ∧ ∧~~~ㅏ는 지금 친구를 만나러 갑니다.
연장	음절 연장: 첫 시작음 → 나~~~~~~~ • 나~~~~~~~는 지금 친구를 만나러 갑니다.
막힘	첫음절 발화 시 기류의 막힘이 나타남 • ~~~~~~~~~~~~ 기류의 멈춤과 폐쇄
투쟁 (얼굴, 신체)	• 근육의 긴장과 함께 눈 깜빡이기, 얼굴 주위의 미간과 함께 눈동자의 비정상적 움직임, 턱 떨기, 신체 특정 부위 뒤틀기

• 100단어당 말을 더듬은 단어 수: 100단어당 10개 이상
• 단어부분반복 시 단위반복 수: 한 단어에서 단위반복수가 3회 이상
• 단어부분반복 시 모음의 대치와 리듬이 비일관적임
※ 말을 더듬는 사람들은 개개인의 심리적 상황에 따라서 다양하게 나타나며, 단어전체반복에서 투쟁으로 갈수록 초기 말더듬에서 진전된 말더듬이 된다.

3) 정상적인 비유창성

말을 산출하기 위해서는 중추신경계의 언어적 처리과정과 말초 단계에서의 음성산출, 그리고 조음자의 순서적이고 동시적 협응 등이 필요하다. 이러한 처리과정은 대단히 복잡하기 때문에 일반인에게서도 삽입, 수정, 미완성구, 구의 반복, 쉼과 같은 정상적인 비유창성 형태가 〈표 6-3〉과 같이 나타난다.

이러한 정상적인 비유창성은 음이나 음절의 반복보다 단어의 반복이 주로 나타나고 근육의 긴장감도 느껴지지 않는다. 즉, 외현적으로 보이는 말의 흐름이 간혹 깨지기는 하지만 내면적으로 자신이 느끼는 심리적 불안감은 병리적인 유창성보다 훨씬 적거나 나타나지 않는다고 할 수 있다.

〈표 6-3〉 정상적인 비유창성 형태

형태	내용
삽입	• 말을 시작할 때나 발화 도중에 "어", "음", "있잖아요"와 같은 음절이나 단어를 말의 내용과 관계없이 발성하는 것을 말한다. 예: 나는 어 학교에 갔다.
수정	• 발화를 하면서 발음이 명확하지 않았거나 내용상 적합한 단어가 아니었거나, 더 적절한 표현이 생각났을 때 다시 말하는 것이다. 예: 나는 학원 아니 학교에 갔다.
미완성구	• 발화를 하면서 앞에 말한 내용과 중복될 때, 말하는 장면이 불편할 때, 아동이 문장을 완성할 문법적인 구조가 확립되지 않았을 때 앞에 말을 시작하고 나서 끝을 맺지 못하는 것을 말한다. 예: 나는 집에 있고, 누나는……
구의 반복	• 두 개 단어 이상으로 이루어진 구를 반복하는 형태를 말한다. 예: 나는 학교에 나는 학교에 갔다.
쉼	• 청자에게 어떤 생각의 끝이라는 신호로써 구 혹은 문장의 끝에서, 말하려고 하는 중요한 단어를 강조하기 위해서, 방금 말한 단어의 중요성을 강조하기 위해서, 또한 말의 내용에 적합한 단어를 선택하기 위하여 발화 없이 휴지기를 가지는 것이다. 예: 나는 (쉼) 학교에 갔다.

출처: 권도하 외(2014). p. 196.

정상적인 비유창성은 대부분의 사람에게서 나타나며, 이것이 병리적인 비유창성 형태와 함께 분당 2회 이상 나타나면 이것도 말더듬 형태로 볼 수 있다.

4) 말더듬의 진행 단계

말더듬 단계를 설명하기 위한 대표적인 학자로 Guitar(1998)는 다음과 같이 말더듬의 진행 단계를 나누어 제시했다.

정상적 비유창성(18개월~6세)

- 자신의 비유창성을 전혀 의식하지 않고, 부수행동도 전혀 나타나지 않는다.
- 100단어당 10회 이하의 비유창성이 나타난다.
- 삽입, 수정, 단어반복을 보인다.
- 단위반복 수는 대부분 1회이며, 가끔 2회가 나타난다.

▼

경계선 말더듬(18개월~6세)

- 자신의 비유창성을 인식하지 않고, 부수행동도 관찰되지 않는다.
- 100단어당 10회 이상의 비유창성이 나타난다.
- 수정이나 미완성구보다 반복과 연장이 많다.
- 단위반복 수가 2회 이상 자주 나타난다.

▼

초기 말더듬(2~8세)

- 자신의 말이 어렵다는 것을 인식하게 되지만, 자신에 대한 강한 부정적 느낌은 없다.
- 탈출행동이 나타난다(유도발화: 말더듬을 예측하여 단어의 첫소리 앞에 사용).
- 반복과 연장이 주로 나타난다(조음기관과 발성기관의 긴장이 증가).
- 반복의 속도가 빨라지고 불규칙적이다.

▼

중간 말더듬(6~13세)

- 말더듬에 대한 강한 부정적인 감정을 느끼고, 청자의 태도 및 반응에도 민감하다.
- 탈출행동은 초기보다 심하고, 회피행동(상황공포와 회피)을 보이기 시작한다.
- 반복과 연장보다 막힘이 많아진다.
- 조건화된 좌절이 보다 강력한 공포 반응으로 변화한다.

▼

진전된 말더듬(14세 이상)

- 말더듬을 예측 · 조절할 수 없음을 느끼고 부정적인 자아상을 갖는다.
- 가장 전형적인 막힘행동에서 고정된 조음자세를 보이며, 반복이 복합적으로 나타난다.
- 더욱더 심한 말더듬의 순환으로 말을 더듬을 것 같은 상황에서 회피-환경조절을 한다.
- 부정적 자아상을 가지게 되어 청자의 반응에 매우 민감하여 상호작용이 어렵다.

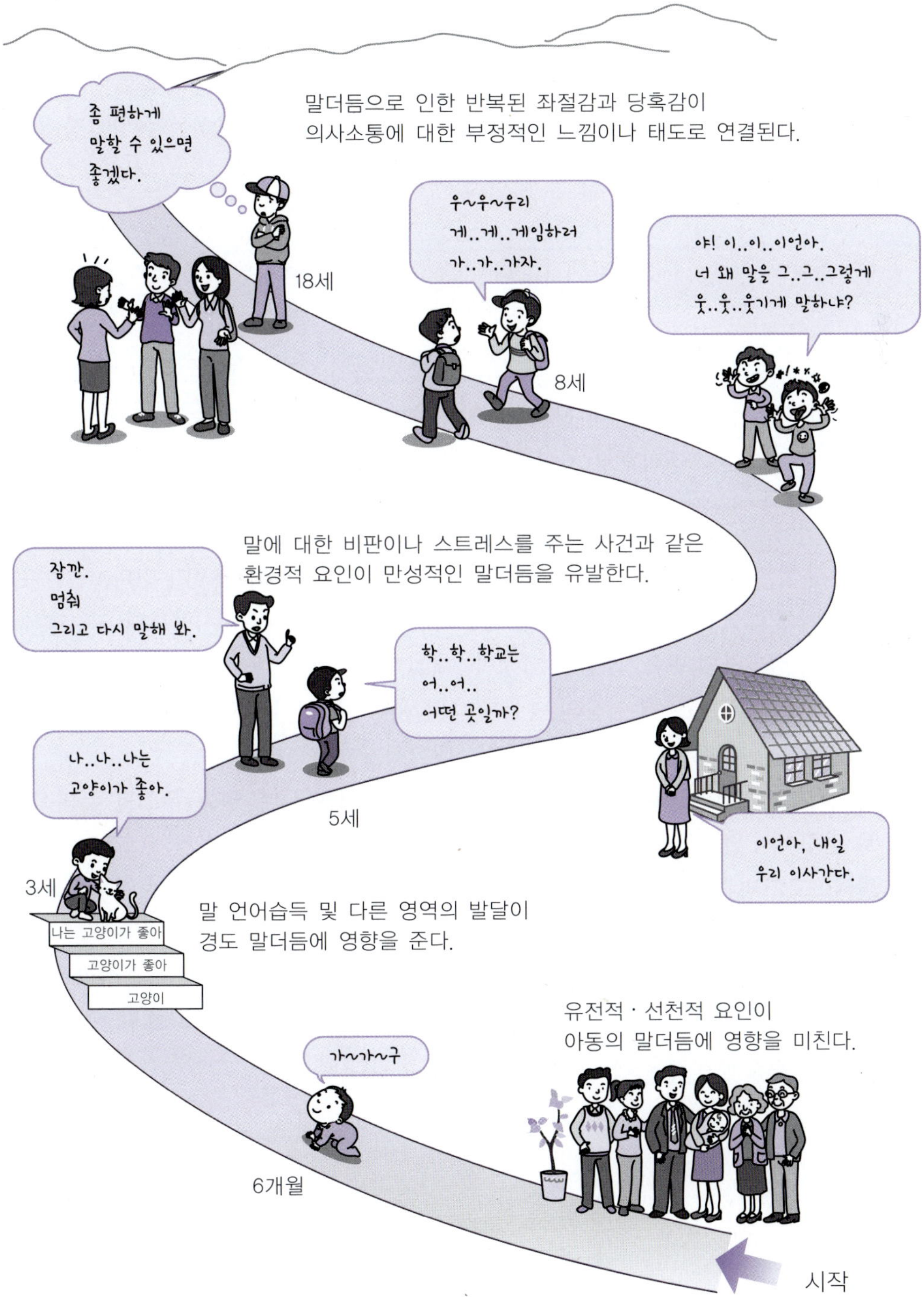

[그림 6-1] 말더듬 생애 주기별 진행에 영향을 주는 요인

출처: Guitar(1998); 이승환(2005). p. 53.

3. 속화

속화는 말빠름증이라고도 하는데 말의 속도가 지나치게 빠르고, 말의 흐름이 비조직적이고 불규칙적이며, 자신의 구어에 문제가 있다는 것을 인식하지 못하는 유창성장애의 한 유형이지만 말더듬에 비해 발생률이 훨씬 낮다.

- 속화 정의: 말의 속도와 흐름이 너무 빨라서 말의 유창성이 깨어지는 것

이와 같은 속화의 말은 불규칙적이고 너무 빠른 말의 속도와 흐름, 그리고 말에 대한 불안이나 회피가 없다는 것이다. 따라서 속화는 말의 속도와 흐름을 조절할 수 있는 심리적 · 인지적 접근의 중재전략으로 지도한다.

다음은 속화의 대표적인 말의 특징에 대한 내용이다(Weber, 2002).

- 자신의 말의 속도나 조음오류를 깨닫지 못하며, 불안, 회피, 공포가 없다.
- 말이 빠르고 불규칙적인 비율을 나타내고, 비조직적인 문장을 사용한다.
- 전체 단어와 구의 반복, 조음오류(생략, 대치, 왜곡)가 나타난다.
- 스코핑(scoping): 두 개 이상의 단어를 축약해서 발화한다.
  예: "내가 어제 집에 갈 때 그랬다." → "내어집가따."
- 스프너리즘(spoonerrisms): 두 개 이상의 단어에서 어두에 있는 음소를 무의식적으로 바꾸어서 발음한다. 예: "바지 다려." → "다지 바려."
- 말라프로프리즘(malaproprisms): 문장에서 단어를 우스꽝스럽게 잘못 사용하거나 부정확하게 사용한다.
- 제한된 어휘와 억양, 장황한 발화, 상투적인 어구와 단음도 음성을 사용한다.
- 읽기문제: 앞, 뒤를 바꾸어서 읽거나 음절 및 단어를 생략해서 읽는다.
- 쓰기 및 철자에 문제를 가지며, 주의집중이 어렵다.

〈표 6-4〉 말더듬과 속화의 차이

내용	말더듬	속화
대화 상황에서 말의 흐름과 속도	매우 느리거나 정지	매우 빠름
말더듬과 속화에 대한 의식 정도	의식함	의식 못함
심리적으로 편안한 상태	더 좋아짐	더 나빠짐
주로 나타나는 유창성장애 형태	음, 음절반복, 연장, 막힘	단어 및 구반복
짧은 대답이 요구되는 질문	나빠짐	좋아짐
불안, 당황, 회피에 대한 반응	나타남	없음
부수행동 단어공포, 상황공포	나타남	없음
알고 있는 내용 읽기	좋아짐	나빠짐
조음오류, 심리적 상태	조음오류 없음. 위축적	생략,대치,왜곡. 개방적
중재교육 목표	말에 대한 신경(심리적 집중 상태)을 덜 쓰게 함	말에 대한 신경(심리적 집중 상태)을 쓰게 함

출처: 곽미영 외(2019). pp. 210-211. 수정 보완.

※ 공식적 검사도구: 말더듬 정도 측정 검사(SSI-3)

말더듬 정도 측정 검사: 검사양식

성명: ______ 성별: 남/여 생년월일: ______ 검사날짜: ______ 연령: ______

1. 횟수: 읽을 수 있는 사람은 1과 2, 읽을 수 없는 사람에게는 3을 사용한다.

1. 말하기		2. 읽기		3. 그림 설명하기	
백분율	점수	백분율	점수	백분율	점수
1	2	2		1	2
2~3	3	2~3	3	2~3	6
4	4	4~5	4	4	8
5~6	5	6~9	5	5~6	10
7~9	6	10~16	7	7~9	12
10~14	7	17~26	8	10~14	14
15~28	8	27 이상	9	15~28	16
29 이상	9			29 이상	28

횟수의 점수

(1+2, 또는 3)

2. 길이(머무르는 시간)

3. 그림 설명하기	
백분율	점수
눈 깜짝할 사이	1
1/2초	6
1초	8
2~9초	10
10~13초	12
30~60초	14
60초 이상	16

길이의 점수

3. 부수행동(신체적 수반행동)

- **평가척도**: 0=없다, 1=의도적으로 찾으려고 하지 않으면 눈에 띄지 않는다, 2=무심히 보면 겨우 눈에 띈다, 3=눈에 거슬린다, 4=심하게 눈에 거슬린다, 5=동작이 매우 심하고 고통스러운 표정을 짓는다.
  아래 네 영역의 각각을 0점에서 5점까지의 점수로 평가한다.

- **귀에 거슬리는 소리**: 거친 숨소리, 휘파람 부는 소리, 코를 킁킁거리는 소리, 바람 부는 소리, 딸깍거리는 소리 · · · · · · · · · · 0 1 2 3 4 5
- **얼굴근육의 움직임**: 턱의 경련, 혀 내밀기, 입술 힘주어 다물기, 턱근육 긴장 · 0 1 2 3 4 5
- **머리의 움직임**: 앞으로 떨구거나 뒤로 제치기, 옆으로 돌리기, 눈 맞춤의 어려움, 계속적으로 뒤돌아보기 · · · · · · · · · · · 0 1 2 3 4 5
- **사지(四肢)의 움직임**: 팔과 손의 움직임, 손비틀기, 상체 움직이기, 다리 움직이기, 발을 구르거나 흔들기 · · · · · · · · · · · 0 1 2 3 4 5

신체수반 행동점수

총점

학령기 아동 심한 정도 대조표(I)		
전체 총 점수	백분위수	정도
6~8 9~10	1~4 5~11	아주 약함
11~15 16~20	12~23 24~40	약함
21~23 24~27	41~60 61~77	중간
28~31 32~35	78~88 89~95	심함
36 이상	96~99	아주 심함

성인 심한 정도 대조표(II)		
전체 총 점수	백분위수	정도
10~12 13~17	1~4 5~11	아주 약함
18~20 21~24	12~23 24~40	약함
25~27 28~31	41~60 61~77	중간
32~34 35~36	78~88 89~95	심함
37~46	96~99	아주 심함

출처: 이승환(2004). pp. 110-113. 발췌.

2 말더듬 특성 및 유형

말더듬 특성은 크게 핵심행동과 부수행동(이차행동)의 유형으로 나눈다. 앞서 1절의 유창성장애 말더듬 정의에서 간략하게 병리적인 비유창성으로 언급한 바 있다. 이 절에서는 특성과 유형에 대하여 좀 더 살펴보고자 한다.

1. 말더듬 특성

1) 핵심행동

말더듬에서 말의 흐름이 방해를 받아 말소리가 깨지는 외형적인 현상을 핵심행동이라고 한다. Guiter(2006)는 핵심행동을 반복(repetition), 연장(prolonggation), 막힘(block) 3가지로 분류체계를 제시하였다.

말더듬의 진행과정을 보면, 말더듬 초기부터 연장 또는 막힘을 보이는 경우가 없는 것은 아니지만, 일반적으로 초기 말더듬은 반복으로 시작하고 증상이 심화되면 그다음으로 연장, 그리고 더욱 심해지면 막힘이 나타난다. 이러한 말더듬의 진행속도와 핵심행동의 빈도와 정도는 개인차가 있을 수 있다.

(1) 반복

- 말을 더듬는 형태가 말소리(음), 음절, 단어의 일부분이나 전체를 여러 번 반복하여 나타나는 경우를 말한다.
- 단어전체반복: 단어의 전체를 반복하는 것이다.
  (예: 전화∧ 전화∧ 전화해 주세요!)
- 단어부분반복: 단어의 부분반복, 즉 1음절 단어를 반복하는 형태이다.
  (예: 전∧ 전∧ 전∧ 전화해 주세요!)
  일반아동은 100음절당 1회 미만 반복을 나타내는 데 비해 말더듬아동은 100음절당 평균 3회 이상 반복을 나타낸다(Ambrose & Yairi, 1999).
- 말소리 반복: 말소리 반복은 말소리로 산출할 수 있는 작은 형태이다.
  (예: ㅈ∧ ㅈ∧ ㅈ∧ 전화 ㅎ∧ ㅎ∧해 주세요!)
  ※ 사례: "내∧ 내∧ 내∧ 내일 ㄱ∧ ㄱ∧ 결정 나∧ 나∧ 나∧ 나면
  전화∧ 전화∧ 전화 주∧ 주∧주세요!"

(2) 연장

- 한 번의 호기에서 같은 말소리가 지속되는 것을 연장이라고 한다.
  (예: ㅈ~~~~~~~~~~~~저~~~ㄴ∧ 전화 ㅎ~~~~~~~~~~ㅐ~~~ 주세요!)
- 연장은 마찰음과 단모음에서 대부분 발생한다. 일반적으로 말소리가 0.5초 이상 연장되면 유창성이 깨졌다고 인식한다.
- 연장을 나타낼 때는 대부분의 경우 조음기관이 정지된 듯 움직이지 않는다.
- 간혹 연장이 나타날 때 하나의 마찰음 또는 모음을 2~3분씩 긴 시간 동안 연장하는 경우도 기록된 바가 있다(이승환, 2005).

(3) 막힘

- 막힘은 호기와 발성이 정지되고 조음기관 및 후두의 근육들이 고정되어 있는 상태를 말한다.
- 막힘은 파열음과 파찰음을 발음할 때 긴장을 동반하여 많이 나타난다.
- 막힘은 조음기관의 운동은 멈춘 듯하고 후두의 긴장된 상태는 말을 하는 화자나 청자 모두 괴롭고 고통스럽게 느껴진다.
- 어떤 말더듬인은 막힘을 경험한 당시의 상태를 "두 입술을 강력한 접착제로 붙여 놓은 것 같고, 혀를 구개에 붙여서 시멘트로 발라 놓은 것 같다."라고 표현하였다(권도하 외, 2014).

2) 부수행동

말더듬이 진행되어 더 심해지면 핵심행동과 더불어 부수행동(이차행동)이 나타나게 된다. 부수행동이라고 해서 핵심행동보다 중요하지 않다는 뜻은 아니다. 이는 말더듬의 기본적인 핵심행동의 진행에 뒤따라 발생하기 때문이다.

말더듬의 부수행동은 크게 탈출행동과 회피행동으로 나누고 구체적인 내용은 〈표 6-5〉와 같다.

〈표 6-5〉 탈출행동과 회피행동

탈출행동(투쟁행동, escape behavior)	회피행동(도피행동, avoidance behavior)
탈출행동은 핵심행동에서 빠져나오기 위한 자기만의 비정상적인 행동을 말하며, 구체적인 내용은 아래와 같다. • 한숨 쉬는 행동, 급하게 불규칙적으로 숨을 들이쉬는 흡기 행동을 한다. • 막힘과 동시에 호흡을 멈추는 듯한 행동을 한다. • 눈을 꼭 감는 행동이나 혀를 밖으로 내미는 행동을 한다. • 입술을 뾰족하게 만들거나, 머리나 사지를 흔드는 행동을 한다. • 발로 바닥을 치는 행동을 한다. ※ 탈출행동은 자신만이 느끼는 독특한 신체적 움직임의 학습을 통하여 나타난다.	회피행동은 핵심행동으로 진행되고 형성된 두려움과 공포에서 빠져나오기 위한 다양한 행동을 말한다. 구체적인 내용은 아래와 같다. • 거부행동: 말을 하게 되는 기회를 거부하고 회피한다. • 바꾸어 말하기: 말을 더듬을 것 같은 단어를 다른 표현으로 바꾸어 말하는 것을 의미한다. - 동의어로 바꿔 말하기, 둘러대기 - 순서 바꾸어 말하기, 전보식 표현 • 연기책략: 말을 더듬을 것 같은 말을 하기 전에 시간을 끄는 방법을 동원하는 것으로 말하는 도중에 삽입어를 많이 사용하거나 정상적으로 말한 단어나 구를 반복한다.

출처: 권도하 외(2014), p. 192, 이승환(2005), p. 33, 발췌 인용.

다음 〈표 6-6〉은 말더듬 진행에 따른 핵심행동과 부수행동의 예이다.

〈표 6-6〉 말더듬 핵심행동과 부수행동의 예

<table>
<tr><th>말더듬 형태</th><th>말더듬 형태의 예</th><th>말더듬 진행</th></tr>
<tr><td>단어반복(전체)</td><td>"학교, 학교, 학교에 빨리 간다."</td><td rowspan="7">초기 말더듬
↓
심한 말더듬

※ 음소반복→탈출행동이 함께 나타날 수 있음</td></tr>
<tr><td>단어반복(부분)</td><td>"학, 학, 학, 학교에 빨리 간다."</td></tr>
<tr><td>단어반복(음소)</td><td>"ㅎ~ㅏ, ㅎ~ㅏ, ㅎ~ㅏ, 학교에 빨리 간다."</td></tr>
<tr><td>연장(음, 신체동반)</td><td>"하~~~~~~~~ 악교에 빨리 간다."</td></tr>
<tr><td>막힘(기류폐쇄)</td><td>"하악————!!!(기류막힘)교에 빨리 간다."</td></tr>
<tr><td>탈출(신체투쟁)</td><td>눈 깜빡거림, 얼굴 찡그림, 목 뒤로 휘젓기</td></tr>
<tr><td>회피(돌려 말하기)</td><td>"공부하는 교실에(학교에) 빨리 간다."</td></tr>
</table>

출처: 권순우 외(2017), p. 306, 수정.

3) 느낌과 태도

말을 더듬는 사람들은 직접적인 의사소통 활동 내에서 또는 활동을 넘어서 공포를 느끼고, 좌절하고 놀라게 된다. 말더듬의 좌절된 경험을 부정적으로 학습함에 따라 "이러한 경험은 마치 자동차 파괴 경기의 자동차처럼 말더듬 순간에 동반되는 공포, 당황, 수치심을 만들어 낼 것이다(Petres & Guitar, 1991)." 이러한 말더듬의 경험이 반복되면 스트레스, 긴장, 부정적 감정이 생기게 된다.

※ 초기 말더듬에서 진전된 말더듬이 되면 좌절, 수치심을 느끼게 된다. 공포 단계에 이르면 주변 사람들의 부정적 반응에 분노와 적개심의 태도를 가진다.

말더듬의 부수행동(탈출행동, 회피행동)은 말더듬 증상이 어느 정도 고착되었을 때 대부분 핵심행동(반복, 연장, 막힘)과 함께 나타난다(Natke, 2000). [그림 6-2]는 핵심행동과 부수행동 간의 상호작용은 느낌과 태도의 내면적 심리반응에도 영향을 주고받으며 함께 공존하는 것을 보여 준다.

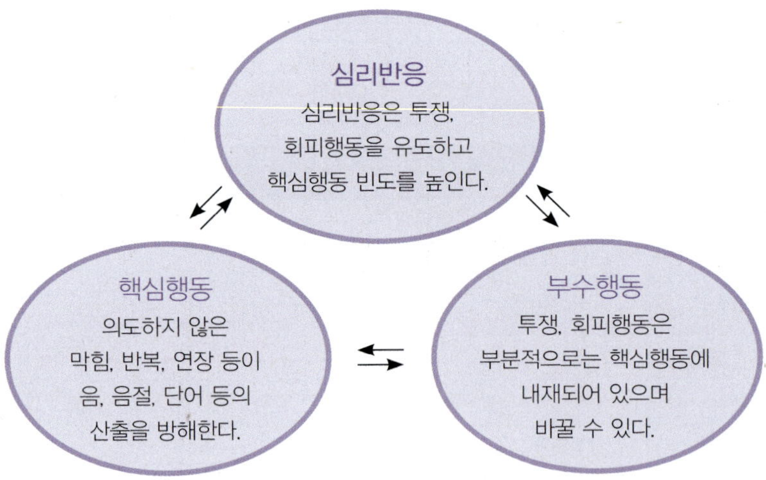

[그림 6-2] 핵심행동과 부수행동 간의 상호작용

출처: Sandrieser & Schneider(2010); 고은(2014). p. 258. 재인용.

4) 단어(음) 공포 및 상황 공포

(1) 단어(음) 공포

단어 공포는 말을 심하게 더듬는 사람에게서 개인의 어떠한 경험을 통하여 말이 잘 안 되는 음소, 단어 등을 학습하면서 발생되는데, 어떤 사람은 된소리(ㄲ, ㄸ, ㅃ, ㅉ, ㅆ)로 시작되는 단어만 나오면 더듬고 다른 사람은 모음으로 시작되는 단어를 모두 더듬는다. 이러한 단어 공포는 어떤 동기로 한 단어에 대한 두려움이 생기면 그 단어로 시작하는 발음과 같은 발음으로 시작하는 다른 단어, 또는 비슷한 발음으로 시작되는 다른 단어로까지 확대된다.

예를 들면, '병'이라는 단어를 두려워하게 되면 그 두려움이 '병원,' '방', '바람', '버스' 등의 단어 공포로 진행되고, 더 심하게 되면 '빵', '파도', '머리' 등과 같이 다른 양순음으로까지 확대된다.

(2) 상황 공포

말을 더듬는 사람은 일반적으로 자기보다 나이 많은 사람(특히 선생님, 직책이 높은 사람 등), 낯선 사람, 남자는 여자, 여자는 남자와 말을 할 때에 더 많이 더듬는다. 또한, 사람과 대면해서 말을 할 때는 더듬지 않지만, 전화를 할 때는 심하게 더듬는 사람도 있다. 말을 할 때는 더듬어도 글을 읽을 때는 더듬지 않는 사람이 있는가 하면 이와 반대인 사람도 있고, 말을 할 때와 읽을 때 모두 더듬는 사람도 있다. 가족들과 대화를 할 때는 더듬지 않지만 처음 보는 사람과 대화를 할 때는 더듬고, 어머니와 말을 할 때는 편해서 더듬지 않는데 아버지와 말을 하면 더듬는 사람도 있다.

이렇게 상황 공포의 양상은 매우 다양하며, 더듬는 사람에 따라 그 상황이 다르다. 그러나 대부분의 경우 각 사람의 상황 공포는 그 사람의 말더듬에 대한 과거와 깊은 관계가 있는데, 말을 더듬는 것으로 인하여 충격적인 사건이 있었던 상황이 시간이 많이 지나도 그런 상황이 되면 말을 못하게 되는 상황 공포를 나타내는 경우가 많다. 가족 중에서도 자신의 말더듬에 가장 관심이 많고, 많이 걱정하고, 때로는 말더듬으로 크게 꾸짖거나 한 적이 있으면 현재도 꾸짖는 부모가 상황 공포의 대상이 되기도 한다.

말더듬 중재에서 상황 공포의 동기를 찾아낼 수 있고, 상황 공포의 대상이 되는 사람과의 심리적인 관계를 개선할 수 있게 되는 경우에는 말더듬 중재에 대한 효과가 훨씬 더 긍정적인 결과를 가질 수 있게 된다.

3 말더듬 원인

말더듬은 말을 유창하게 하지 못하고 "어 ^ 어 ^ 어^...."라든지 "이이이(기류 막힘, 얼굴 찡그림과 동시에 목을 숙임 등) 있자자 잖~아." 같은 말로 시간을 지체하여 또래 학생의 놀림을 받으면 정서적인 스트레스 때문에 증상이 더 심해져 말더듬의 발생빈도가 높아지고 자신의 말더듬에 대한 상대방의 반응에도 매우 민감해진다.

본 절에서는 곽미영 외(2019)와 심현섭 외(2017)의 내용을 중심으로 말더듬의 원인을 발췌 · 보완하여 살펴보기로 하겠다.

1. 심리 · 사회적 요인

1) 심리역동적 이론

심리역동적 이론은 Freud의 정신분석 이론을 바탕으로 말더듬인의 성격이나 심리구조가 일반인과 다르다는 관점이다. Coriat(1943)는 말더듬을 구강기 고착의 결과로 보았으며, Glauber(1958)는 말더듬을 충동과 초자아 사이의 갈등과 불균형으로 보았다. 이처럼 대부분의 학자들은 말을 더듬기 때문에 사회에 적응하기 힘든 것이지 말더듬인의 성격이나 심리구조의 문제와 관련된 사회부적응으로 발생하는 것은 아니라고 본다.

2) 진단착오 이론

사회적인 환경요인을 주장한 Johnson(1959)의 이론으로 '말더듬은 부모의 귀에서 시작된다.'는 것으로 아동의 정상적인 비유창성을 아동과 가까운 환경에 있는 사람들, 즉 부모나 형제, 친구에 의해 말더듬이라고 진단된 후에 말더듬이 된다는 것이다. 예를 들면, 아동이 "엄마∧ 엄마∧ 엄마∧ 어∧ 어∧ 어∧ 이~~~~~이 있잖아요."라고 말했을 때 부모는 심각한 얼굴 표정과 긴장된 억양으로 "ㅇㅇ아! 천천히 다시 말해 봐! 더듬지 말고, 말 잘 할 수 있잖아."라고 보이는 태도를 말한다. 부모가 아동의 말을 변화시키려고 관심을 가질수록 아동의 말더듬은 심해진다.

3) 학습 이론

말에 대해 생긴 부정적인 감정이 조건화되어 말더듬이 학습된다는 이론이다. 이러한 견해는 말더듬인의 말에 대한 회피반응에서, 말하려는 욕구와 말하지 않고 조용히 있으려는 욕구 사이의 갈등에서 비롯된다고 보았다. 이때 생기는 공포, 불안, 당황 등의 부정적 감정 상태가 말하는 데 필요한 운동통합이 제대로 이루어지지 않아 붕괴를 가져온다는 것이다.

- Brutten과 Shoemaker(1967)의 조건-반사 이론도 비슷한 설명을 하고 있다.
- 예기투쟁가설 이론: 말이 어렵다고 믿는 이유가 무엇이든지 간에 말을 회피하려는 노력이 말더듬 증후를 이룬다는 것이다.
- 접근회피갈등 이론: 말을 하려는 동기와 하지 않으려는 동기 사이의 갈등에서 공포, 불안, 당황 등 부정적인 감정상태가 비롯되어 발화의 시간을 놓치고, 결국 근육운동의 붕괴로 말을 더듬게 된다는 것이다.

4) 능력요구-불균형

능력이란 내적 잠재력으로 자신의 언어를 계획하고 리듬감 있게 말하는 것이며, 요구는 개인의 내적인 것과 외부의 환경을 말한다. 이 두 가지가 조화를 이룰 때는 문제가 없으나 능력보다 요구가 커질 때는 말더듬이 나타난다고 보는 것이다. 즉, 유창성에 대한 외부환경의 압력이나 요구가 아동의 능력보다 과도하게 높을 때 말더듬이 발생한다.

5) 상호작용 가설

진단착오이론에서 발전된 이론으로 부모의 귀에서 말더듬이 시작되지만 모든 아동이 말을 더듬는 것은 아니며, 3가지 요인의 상호작용으로 말더듬이 결정된다는 이론이다.

첫째, 아동의 말더듬 형태와 정도
둘째, 듣는 사람의 민감성(반응성, 아동의 말더듬에 민감한 청자)
셋째, 말하는 아동의 민감성(자신의 말더듬이 미치는 타인의 반응)

2. 생리학적 요인

1) 뇌기능분화의 장애

일반사람들은 말을 할 때 좌측 뇌의 지배를 받지만, 말을 더듬는 사람은 양측 뇌의 지배를 받아서 경쟁하고 있는 좌 · 우뇌 반구체들의 신경 충돌이 일어난다. 이로 인해 말 산출을 담당하는 후두기관 및 조음기관의 근육 협응을 유연하게 하는 데 전달하지 못하여 유창성이 깨지는 것이다.

- 뇌 구조와 신경해부학적 차이에 의한 좌반구 비대칭으로 발생한다.
- 우반구 상호 간의 신경학적 협응이 잘 이루어지지 않는다.
- 왼손잡이를 오른손잡이로 강요할 때 좌반구와 우반구 불균형으로 발생한다.
- 언어영역을 담당하는 좌반구의 뇌신경망에서 효율이 떨어지게 된다.

2) 내적수정가설이론

내적수정가설에 따르면 사람은 말을 산출하기 전에 자신의 말이 계획대로 전행되는지를 확인하는 과정을 거치는데 일반인은 말이 산출되기 직전에 내적오류를 발견하여 자연스럽게 수정한다. 하지만 말을 더듬는 사람은 이를 수정할 때 음, 음절, 낱말, 등을 반복하거나 연장하거나 막힘이 나타나며, 이렇게 시간을 끌면서 내적수정을 하는 중에 말더듬이 발생한다는 이론이다.

- 일반사람의 예: "지금 (경훈...– 내적수정을 하여) 경식이에게 전화해서......."
- 말더듬인의 예: "ㅈㅅ ㅈㅅ 지ㅅ~~~지금~~겨ㅅ겨ㅅ~ 경식이에게 전화해서......"

3) 유전학적 요인

말더듬의 유전학적 요인을 연구하는 입장 중 하나는 가계 유전 연구다. 이러한 연구는 쌍둥이나 입양아를 연구하여 말더듬이 유전학적으로 전달되는 것인지 혹은 환경요인이 더 작용하는지를 보고자 하였으며, 연구결과 이란성 쌍둥이보다 일란성 쌍둥이가 더 많은 말더듬과 일치되게 나타난다고 하였다.

- 말더듬은 반성유전과 말더듬 가계 유전적인 소인으로 인해 발생한다.
  ※ 간과해서는 안 될 점: 말더듬이 한 가계에서 많이 발견되는 것은 유전적 요인과 환경의 상호작용으로 설명하고 있고(Guitar, 1998), 말더듬이 되기 쉬운 것은 환경요인과 결합해야 진전되는 것으로 보고 있기 때문이다(Manning, 2010).

3. 심리 · 언어학적 요인

심리 · 언어학적 요인은 아동을 둘러싼 생태학적 언어 환경 속에서 언어를 사용할 때 다양한 요인으로 인하여 말더듬이 발생한다는 것이다. 특히, 아동의 언어가 폭발적으로 발달하는 시기에 부모가 아동의 언어발달 수준을 넘어서는 언어를 사용할 때 아동의 스트레스 강도는 더해져서 말을 더듬는다.

말더듬이라도 항상 말을 더듬는 것은 아니기 때문에 요소에 따라, 즉 음운론, 구문론, 의미론, 화용론 측면에서 언제 어떤 위치에서 말더듬 행동이 더 많이 나타나는지 확인하면 말더듬의 심리 · 언어학적 요인을 찾을 수 있다.

다음 〈표 6-7〉은 말더듬의 심리 · 언어학적 요인에 대하여 서술한 내용이다.

〈표 6-7〉 말더듬의 심리 · 언어학적 요인

언어영역	내용
음운론	• 자음이 모음으로 시작하는 단어보다 더 많이 더듬는다. • 첫 단어, 단어의 첫음절, 초성에서 발생한다. • 아동이 학습된 특정 음에서 특히 말을 자주 더듬는다. • 파열음이나 파찰음에서는 막힘, 마찰음에서는 연장이 발생한다.
구문론	• 발화를 처음 시작하는 단어에서 더듬는다. • 문장의 길이가 길수록 말더듬 발생 빈도가 증가한다. • 문장의 구성이 복잡할수록 말더듬 발생 빈도가 증가한다. • 긴 단어와 문장의 구조가 불확실할 때 더듬는 빈도가 증가한다.
의미론	• 내용어(명사, 동사, 형용사)가 기능어(조사, 접속사)보다 더 자주 더듬는다. • 화용론적 관점(목적어)이 많을수록 많이 나타난다. • 부족한 어휘와 어떠한 어휘를 사용해야 하는지 분명하지 않을 때 자주 더듬는다. • 말을 해야 할 내용이 많을수록 빈도가 높아진다.
화용론	• 대화할 때 상대방이 친숙하고 허용적일수록 말을 더듬는 빈도가 낮아진다. • 의사소통 스트레스 정도가 높을수록 빈도가 높아진다. • 급하게 빠르게 경쟁적으로 말을 해야 할 경우 빈도가 높아진다. • 말을 하는 동안 자주 질문을 요구할 때 자주 더듬는다. • 자기중심적 언어보다는 사회화된 언어에서 빈도가 증가한다. • 대화의 내용이 달라지고 스트레스를 주는 요소가 많을 때 발생 빈도가 증가한다.

출처: 고은(2014). p. 255. 수정 · 보완.

4. 다중요인

① 다중요인-역동적 모델: 말더듬에 대한 여러 가설을 종합하여 역동적인 틀에서 말더듬의 다중요인적 특성을 기술하는 새로운 방법이다. 말더듬을 비유창성 형태와 빈도에 따라 계수하고 말더듬을 접근하는 것은 표면적 행동을 기록한 것에 지나지 않는다.

② 요구용량 모델: 선천적 소인과 후천적 요소의 상호작용으로 말더듬이 발생한다는 주장으로 말더듬의 시작과 발달에 대한 현재의 관점인 다중요인적이며 역동적인 관점에 잘 부합된다.

③ 신경생리적 모델: 말더듬에 영향을 주는 신경생리학적 처리 과정, 운동, 인지의 세 가지 수준에서 언어, 사회적 · 정서적 · 환경적 영향 등의 역동적인 상호작용을 강조한다(권도하 외, 2012).

위에서 살펴본 말더듬의 원인에 대한 내용을 정리하면 [그림 6-3]과 같다.

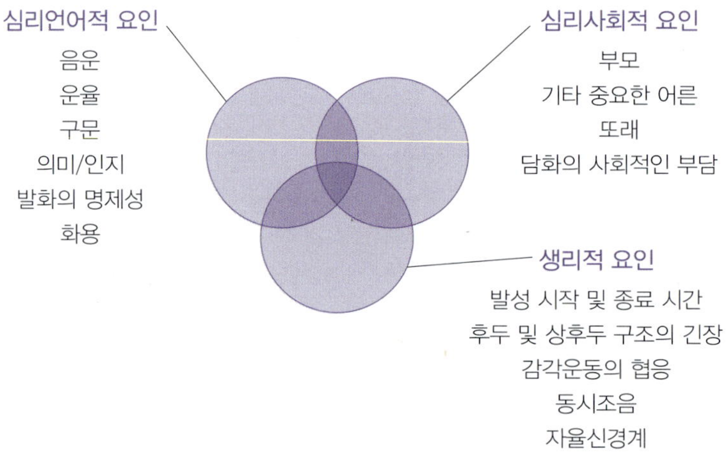

[그림 6-3] 말더듬에 영향을 미치는 요인

〈표 6-8〉 Guitar(1998)의 말더듬 발생 요인

선천적인 요인	환경적 촉진 요인
• 가족력, 유전적 성향 • 뇌기능 신경해부학적 차이 • 말운동 협응력 • 언어산출능력의 결함 • 성별	• 스트레스를 느끼는 말과 언어환경 – 스트레스를 주는 성인의 말 모델 – 스트레스 상황에서 말하기 부담 – 스트레스를 주는 부정적 경험 • 자기인식 및 기질, 연령

4 말더듬 중재전략

말더듬은 너무나 많은 복합적인 요인이 작용하기 때문에 한 가지 중재방법이 모든 말더듬학생에게 효과적일 수는 없다. 말더듬을 가진 학생의 연령, 성별, 말더듬 발생 시기, 현재 상태, 자신의 말더듬에 대한 인식 여부, 말더듬에 대한 태도, 생태학적 환경 등과 같은 다양한 요인이 중재방법에 영향을 미칠 수 있다(권도하 외, 2014).

따라서 말더듬을 지닌 학생이 자신의 말더듬을 인식하는 연령과 나타나는 말더듬의 형태와 진행에 어떠한 요인이 중요하게 영향을 미치고 있는가를 파악하여 가장 효과적인 중재방법으로 접근해야 한다. 말더듬은 상황과 장면에 따라 일관성 없이 나타나기도 한다. 즉, 특정한 상황에서는 다양한 심리적 스트레스 요인으로 인하여 말더듬이 발생하지만 어떠한 상황에서는 전혀 아무런 문제 없이 유창하게 말하기도 한다.

본 절에서는 말더듬학생을 위하여 일반적으로 접근하는 간접중재와 직접중재, 그리고 학교현장에서 지도할 수 있는 방법에 대하여 살펴보고자 한다.

1. 간접중재

1) 부모상담

부모의 유창성에 대한 부적절하게 높은 요구, 그리고 정상적인 비유창성에 대한 과도한 관심과 부정적 반응은 말더듬 행동을 증가시킨다. 따라서 아동이 말을 머뭇거리기 시작할 때 부모나 가족들이 대신 말해 주거나 수정을 요구하지 않아야 한다(권도하 외, 2014).

특히, 말더듬의 초기 단계에서 부모와 가족들이 말더듬을 직접 고쳐 주려고 하면 대부분 역효과를 가져오게 된다. 예를 들면, "뭐? 너 방금 말한 거 다시 말해 봐!", "아니~ 천천히 다시 말해 봐! 엄마처럼 자~ 따라 해 봐!" 등과 같은 부모의 반응은 아동에게 말하려는 동기와 자신의 말에 부정적 정서를 가지게 하므로 별 도움이 되지 못한다.

부모상담이 중요한 이유는 아동에게 초기 말더듬 증상이 출현했을 때, 부모의 반응이 영향을 미친다는 여러 학자들의 연구결과가 이를 뒷받침하기 때문이다. 부모상담을 통해 부모를 비롯한 주위의 사람들이 학령기 전 말더듬 아동과 학령기 말더듬학생을 도와줄 수 있는 방법은 다음과 같다(권도하 외 2014, 재수정).

- 부모는 부정적 정서(벌, 좌절, 불안, 죄의식, 적의)를 제거하거나 감소시켜야 한다.
- 부모나 가족 구성원이 대화 시에 유창성의 기준을 낮추어야 한다.

- 부모의 의도적인 질문, 추상적인 질문 등의 의사소통 요구를 감소시켜야 한다.
- 부모는 아동 스스로 발화를 계획하고 표현할 수 있는 시간적인 여유를 충분히 주어야 한다.
- 가정에서 말에 대한 자신감을 가지게 하여 유창성을 증가시키도록 한다.
  예: 말을 더듬지 않을 때 칭찬과 격려로 관심, 혼잣말이나 노래로 유창성 경험
- 부모는 학교에서 학업스트레스나 또래와 관계 형성에 대한 관심을 가져야 한다.

2) 상호작용 중재

가족 간의 상호작용 형식이 중재의 목표가 된다. 아동이 말을 더듬었을 경우, 가족이 말더듬을 고쳐 주는 것이 목적이 아니라, 가족이 말 속도를 느리게 하거나 말하는 상황에서 긴장을 줄여야 한다. 결국, 간접중재의 목적은 아동과 상호작용하는 가족들의 태도와 행동이 중재의 대상이 되는 것이다.

구체적인 방법으로는 가족들의 행동변화, 가정의 환경개선 등을 위한 면담 및 상담이다.

- 환경수정모델: 환경적 요구와 유창한 말을 위한 아동의 능력 간 불일치를 감소시키도록 한다 (Gottwald & Starkweather, 1995).
- 아동과 상호작용 할 때는 질문하기보다는 정보제공 언급하기로 시작한다.
- 말더듬을 촉진시키는 환경이나 어려운 언어적 맥락의 스트레스를 줄여 준다.

결론적으로, 말더듬에 대한 부모상담과 상호작용 중재를 통한 간접중재는 직접치료에 앞서거나 병행할 때 초기 말더듬과 진행된 말더듬이라도 가족들의 심리적 지지를 통하여 경험하는 유창성은 말더듬 아동이나 말더듬학생에게 매우 큰 도움이 되고 효과적이다.

2. 직접중재

1) 유창성 형성법

유창성 형성법은 새로운 언어패턴의 중재로 현재의 말더듬 증상을 완화하는 것을 목적으로 호흡훈련, 지연청각피드백, 점진적 접근법, 연장기법 등의 방법들이 있다. 구체적인 내용은 〈표 6-9〉, [그림 6-4]와 같다.

〈표 6-9〉 Neilson과 Andrews의 집중유창성훈련

치료행동 목표 : 자발유창성을 높인다.	
단계	**활동**
유창성 훈련단계	• 분당 50음절(50SPM)에서 막히지 않는 말을 배운다. – 문장의 모든 말소리를 길게 늘여서 천천히 발음한다. – 근육이 풀리고 자연스러운 호흡 형태로 바꾼다. – 매 구절의 첫 말소리를 부드럽게 시작한다. – 구절의 낱말들 산출 시 호흡 및 조음기관 접촉을 부드럽게 유지한다.
유창성 완성단계	• 50SPM–200SPM – 7분 말하기(정상속도 7분 동안 더듬지 않기) – 치료실에서 집중훈련
유창성 전이단계	• 일반화 상황의 전이를 위해 밖에서 다양한 사람들과 다양한 상황 속에서 대화를 유지하는 것을 배운다. – Van Riper의 취소, 빠져나오기, 예비책 등의 기술 활용
유지단계	• 말더듬 중재를 함께 받은 사람들과 대화 하거나 조언을 받는다.

출처: 이승환(2005). pp. 160–162. 발췌 인용.

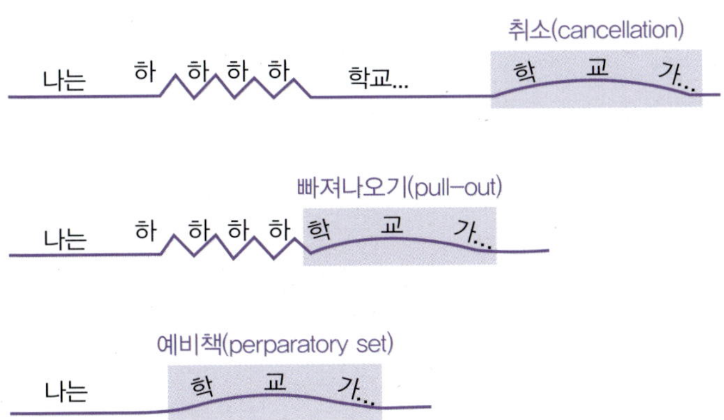

[그림 6-4] 취소, 빠져나오기, 예비책

2) 말더듬 수정법

말을 더듬는 것에 대한 부정적 정서와 두려움을 감소시키면 말의 유창성이 향상된다고 보는 관점으로 대표적인 기법은 Van Riper의 'MIDVAS 6단계'이다.

〈표 6-10〉 Van Riper의 MIDVAS 6단계

단계	내용
동기 (Motivation)	• 중재자에 대한 신뢰를 갖는다. • 자신의 말더듬을 직시하고 수용한다.
확인 (Identification)	• 자신의 말더듬 증상을 스스로 확인한다. • 1차적 증상, 2차적 증상, 느낌, 태도를 스스로 확인한다. – 거울이나 비디오 또는 치료사가 보여 주는 모방을 통해 자신이 어떻게 말하는지를 보고 듣는다. – 말을 더듬을 때 자신에게 나타나는 탈출행동과 회피행동을 확인한다. – 이제까지 주변 사람들이 자기 말에 어떻게 반응했었는지, 스트레스를 유발했던 의사소통 상황은 무엇이었는지, 힘든 단어는 무엇인지 등에 대해 솔직하게 이야기한다.
둔감 (Desensitization)	• 두려움과 부정적인 감정을 감소시킨다. • 자신이 말을 더듬는다는 사실을 인정하고 청자의 반응에 무감각해지도록 한다. – 말을 더듬는 증상을 보이면 치료사의 신호에 따라 말을 멈춘다. – 두 번째 신호를 주면 음이나 음절을 연장하거나 반복하면서 편하게 말을 더듬는다. – 중재자–전화 통화–낯선 사람 등으로 대화 상황을 바꾸어 가면서 주변 반응에 둔감해지는 훈련을 한다.
변형 (Variation)	• 고착된 말더듬의 형태를 변형시킨다. – 낱말공포: 예상되는 단어를 빼고 읽는다. – 긴장된 연장 대신에 모든 단어를 반복한다.
접근 (Approximation)	• 말더듬의 증상을 취소, 빠져나오기, 예비책 기법을 사용하여 쉽게 더듬는 말더듬 형태로 접근해 나간다. – 취소기법(cancellation): 말을 더듬기 시작하더라도 일단 그 말을 더듬어서 끝낸 후, 잠시 말을 쉬었다가 다시 그 말을 편안하게 시도한다. (예: ㅂㅂㅂ밥을 (쉼) 밥을 주세요.) – 빠져나오기(pull-out): 말더듬이 나타나면 말을 멈추고 천천히 부드럽게 이끌어 낸다. (예: ㅂㅂㅂ(쉼) 밥~을 주세요.) – 예비책(preparation set): 말을 더듬을 것으로 예상되는 단어에서 의식적으로 조절하면서 말한다.
안정 (Stabilization)	• 일반화 상황을 전이하게 위해 밖에서 효과를 검증해 본다. – 두려운 상황에 들어가서 일부러 말을 해본다. – 거짓 말더듬을 일부러 연출해 본다. – 스스로 중재자의 역할을 한다.

출처: 고은(2014). p. 276.

다음 〈표 6-11〉은 앞에서 살펴본 말더듬 직접중재의 유창성 형성법과 말더듬 수정법에 대해 요약하여 비교한 내용이다.

〈표 6-11〉 유창성 형성법과 말더듬 수정법 비교

내용	유창성 형성법	말더듬 수정법
중재목표	• 유창성 유도방법	• 더듬는 순간
유창성 목표	• 자발유창성 또는 조절유창성	• 자발유창성 또는 조절유창성 • 또는 수용말더듬
느낌(심리) 및 태도	• 느낌(심리) 및 태도에는 거의 관심을 두지 않는다. • 핵심행동이 중재되면 느낌 등은 저절로 정상적으로 돌아온다고 생각한다.	• 느낌(심리) 및 태도를 중재의 주요대상으로 한다. • 느낌을 중재하지 않고 핵심행동만을 중재할 경우 말더듬이 재발할 가능성이 많다고 생각한다.
유지방법	• 유창성 유도방법의 유지를 점검한다.	• 취소, 빠져나오기, 예비책의 유지와 느낌 등의 변화에 관심을 가지고 살핀다.
중재방법	• 엄격하게 구조화된 중재자와 대상자의 상호작용 • 프로그램화된 중재과정 • 객관적인 자료 수집을 매우 중요시한다.	• 중재자와 대상자의 상담 형식 상호작용 • 객관적인 자료 수집을 중요시하지 않음

출처: 이승환(2005). p. 163.

말더듬 수정법과 유창성 형성법이 서로 배타적인 중재방법으로 이해되기가 쉽다. 그러나 이 두 가지 중재방법은 오히려 상호 보완적인 면이 많다. 그래서 Guiltar(1998)는 두 중재법을 통합하여 말을 더듬는 사람을 중재할 것을 권고하였다. 즉, 말을 더듬는 아동이나 학생에게 한 가지 중재방법으로만 접근하면 효과적이지 않을 수 있다. 왜냐하면, 말더듬의 원인에서부터 서로 각기 다른 요소들로 인하여 초기 말더듬을 나타내고 이차적인 여러 생태학적 환경에서 진전된 말더듬으로 진행되기 때문이다.

따라서 모든 중재 가능한 기법을 성별, 연령별, 발생 시기, 현재 상태의 말더듬 핵심행동과 부수행동을 확인하여 가장 효과적인 중재방법들을 선택하여 융합적으로 접근해야 할 것이다.

3) 말더듬 중재효과

말더듬 중재 효과성에 대한 여러 학자들의 연구 보고를 생애 주기별로 정리하여 살펴보면 [그림 6-5]와 같다.

학령전기 아동에 대한 중재효과

일반적으로 가장 최근의 연구결과들은 매우 긍정적이며, 또한 말더듬의 초기 진단 중재에 대한 함축적 효과를 보여 주고 있다. 말더듬 중재프로그램 내에 있었던 학령전기 아동의 91%가 초기 평가 후 5년 동안 유창한 말을 유지하였다(Fosnot, 1993). 부모-접근 중재프로그램에 등록되었던 학령전기 아동들 전원이 중재종결 후 7년 동안 유창한 말을 유지하였다(Lincoln & Onslow, 1997). 또 다른 연구에서는 말을 더듬었던 45명의 학령전기 아동이 100%가 중재종결 후 2년 동안 유창한 말을 유지하였다(Gottwald & Starkwether, 1995).

▼

초등학생에 대한 중재효과

말더듬 중재효과성에 대한 주목할 만한 한 가지 연구에서는 학령기 학생을 대상으로 4가지 중재접근법을 적용하고, 평균 60%의 중재 후 개선에 대해 보고한 바 있다(Ryan & Van Kirk Rran, 1983). 말더듬 중재의 효과에 관해 학령기 학생 160명을 포함한 9가지 조사결과는 긍정적으로 의미 있는 것이었다. 이 연구결과들은 9가지 연구 전체에 걸쳐 평균 61%(범위는 33~90% 이상)에서 말더듬 빈도 그리고 중증도의 감소가 있었던 것으로 나타났다. 학령전기 아동들의 말더듬 중재효과에 대한 연구결과와 일치한다. 이 연구들은 비교적 낙천적인, 그러나 어느 정도 주의는 필요함을 시사해준다(Conture, 1996).

▼

중등학생 및 성인에 대한 중재효과

말을 더듬는 중학생 이상 10대 후반 학생들은 임상적으로 다루기가 어려울 수 있으며, 이 연령 집단을 위한 특정 중재프로그램과 관련하여 사용 가능한 정보도 많지 않다(Schwartz, 1993). 이와는 매우 대조적으로, 말을 더듬는 성인들의 치료결과에 대해서 보고된 것은 많이 있다. 조작적 조건화 기법에서 약물치료에 이르는 매우 광범위한 성인 말더듬 치료기법에 대한 조사가 이루어져 왔다. 전체적으로 이 연구들은 사용된 치료기법과 무관하게 60~80%의 개선 비율을 시사하고 있다.

[그림 6-5] 생애 주기별 중재 효과성

출처: 김화수 외(2018). p. 214.

3. 학교에서 중재방법

1) 교사의 말더듬 인식

교사는 말더듬학생을 있는 그대로 인정하고 받아들이는 것이다. 교사가 고려해야 할 점은 말더듬학생이 학교생활을 함에 있어 다양한 학교 장면의 상황에서 말하는 것과 연관하여 말더듬을 유발시킬 수 있는 여러 심리적 · 언어적 · 환경적 · 학습적 등의 부담을 줄여 주는 것이다. 다음은 교사가 말더듬학생을 위한 지도법과 갖추어야 할 자질에 대한 내용이다.

① 교사는 학생의 말더듬 현재 상태를 그대로 수용한다. 말더듬은 복잡하고도 다차원적인 요인으로 학생 스스로 말 산출을 조절할 수 없기 때문이다.

② 교사는 학생의 말더듬 현상을 발생시킬 수 있는 심리 · 사회적, 심리언어학적, 생리학적, 다중요인 등에 대하여 폭넓은 관점을 가져야 한다.

③ 교사는 말더듬 현상으로 학생이 겪을 수 있는 부정적 정서(벌, 좌절, 불안, 죄의식, 적의)를 가지지 않도록 감소시켜 주어야 한다.

④ 학급 구성원 또래들은 수업 시간에 말더듬학생의 과제 수행이나 발표 상황에서 말을 더듬어도 수용하고 괜찮다는 학습 분위기를 조성해 준다.

⑤ 말더듬학생은 자신이 말을 할 때 상대방의 반응에 매우 민감하게 반응하므로 또래 학생은 이러한 상황을 이해하여 말더듬학생을 지지해 주어야 한다.

⑥ 말더듬학생이 말을 한 번 시작하면 끝까지 경청해 주고 마칠 때까지 기다려 주어야 한다. 말하는 중간에 중지나 대신 말을 해 주어서는 안 된다.

⑦ 교사가 수업 시간 말더듬학생에게 질문을 할 때는 정보하중을 고려하여 짧고 간단한 단답식에서 문장으로 점차 진행하도록 한다(유창한 경험을 제공).

⑧ 수업 시간에 교사가 말더듬학생에게 대하는 전반적인 의사소통 태도는 또래 학생들의 인식과 말더듬학생이 유창하게 말할 수 있는 기회 참여에 영향을 미칠 수 있다. 따라서 교사는 긍정적인 의사소통 태도를 가져야 한다.

⑨ 교사는 학교생활에서 학생이 유창한 경험의 자신감을 가질 수 있도록 부모님과 상담을 통하여 말더듬학생이 말을 잘할 수 있는 다양한 상황에 대한 정보(예: 노래 부르기, 선호하는 교과목: 체육, 미술, 역할극 등)를 파악한다.

⑩ 교사는 말더듬이라는 용어를 사용하지 않도록 주의하고, 말더듬학생의 말을 잘 알아듣지 못했다면 그냥 넘어가지 말고 천천히 "ㅇㅇ아, 미안하지만 네가 말한 부분을 잘 못 들었어! 다시 한번 더 말을 해 줄래?"라고 부드럽게 말한다.

⑪ 교사는 또래 학생들에게 말더듬에 대하여 이야기를 해 주고 말더듬학생이 의사소통 상황에서 나타내는 다양한 말 산출의 특성에 대하여 얼굴을 찌푸리거나 따라 하거나 놀리는 등의 바람직하지 않은 행동을 하지 않도록 교육한다.

2) 교실에서 지도방법

다음은 사회과 3학년 수업 시간에 교사와 또래 학생들이 말더듬학생을 이해하고 말하는 시간을 충분히 주고 배려해 주는 지도 방법에 대한 내용이다.

주제: 지역에 따라 달라지는 이동과 의사소통 수단

교사: 오늘은 지역에 따라 달라지는 이동과 다양한 의사소통 수단에 대하여 알아보고 토론과 발표를 하도록 하겠습니다. (… 중략 …)
○○이가 사람들이 가까운 곳이나 먼 지역으로 이동할 때 타는 교통수단에는 어떠한 것이 있는지 이야기해 볼까?(포괄적인 질문 → 구체적으로)

학생: 예. 자자자^(막힘) 자동차, 버버버버버스, 지지지하철, 그그(투쟁)그리고 머머멀리 가가^(막힘)갈∨때는 기기기차, 비비비행기, 배배배배가 이이있어요.

▣ 질문 수정: 정보하중 낮게, 단답식, 경험하고 알고 있는 내용 → 유창성 경험

교사: ○○아, 사람들이 가까운 곳으로 이동할 때 무엇을 타고 가나요?
학생: 자자동차입니다.
교사: 예~ 맞아요! 자동차가 있지요. 그리고 자동차보다 많은 사람들이 함께 타고 이동하는 교통수단은 어떤 것이 있나요?
학생: 버버스입니다.
교사: 예~ 맞아요! 그렇다면 버스보다 많은 사람들이 함께 타고 기차처럼 땅속이나 도로 지상 위로 이동하는 교통수단도 있지요. 이것을 무엇이라고 하나요?
학생: 지지하철요! 선생님.
교사: 예~ 그렇죠. ○○이는 이제 3학년인데 지하철을 혼자 탈 수 있나요?
학생: 아니요. 엄마하고 가가^같이 탈 수 있어요.
교사: 그래요. 학년이 올라가면 혼자서도 지하철을 탈 수 있을 거예요.
○○아, 그러면 이번에는 하늘로 이동하는 교통수단은 어떤 것이 있을까요?
학생: 비비비행기요.
교사: 맞아요. 비행기는 아주 멀리 이동할 때 빠르게 이동하는 교통수단이지요.
○○아, 그런데 물 위나 바다 위로 이동하는 교통수단이 있는데 무엇일까요?
학생: 배요.

교사: 와~ ㅇㅇ이는 교통수단에 대해서 많이 알고 있네요. ㅇㅇ이는 배를 타보았어요?
학생: 예.
교사: 와~ ㅇㅇ이도 배를 타 보았군요! 어디(학생은 /ㅈ/ 음소에서 더듬는 특성이 있어서 교사가 힌트를 줌) 갈 때 타 보았나요? 제주도, 아니면 울릉도 갈 때?
학생: 제주도요. 가족들과 작년에 ㅈ~제주도 갈 때 ㅊ차도 배에 실어서 갔어요.
교사: 자, 그럼 이번에는 의사소통 수단에 대하여 알아볼까요? 실생활에서 시내버스가 도착할 때까지 기다렸는데 지금은 정보안내 시스템으로 알려 주지요.
이처럼 의사소통 수단의 발달로 최근 달라진 생활 모습에는 인터넷이 있고,
ㅇㅇ아, 가족과 연락하는 수단으로 번호를 눌러서 통화하는데 이게 뭐죠?
학생: 휴휴대폰요.
교사: 예~ 맞아요! 의사소통 수단에는 목소리로 전달할 수 있는 것과 문자로 (…하략 …)

3) 다문화학생의 말더듬

한국의 다문화학생 수에 대하여 통계청이 발표한 '2019 청소년 통계'에 따르면 2018년 기준 다문화학생은 12만 2,000명으로 전년보다 1만 2,825명(11.7%) 늘었다. 다문화학생 수는 2012년 4만 7,000여 명에 불과했지만 해마다 증가해 2017년 처음으로 10만 명을 돌파했다. 이는 다문화가정이 늘어났고 가족의 구성원도 100만 명이 넘었기 때문이다.

이처럼 다문화 사회에 살고 있으나 문화적 가치가 말더듬과 같은 의사소통장애의 출현, 발달 그리고 궁극적으로 학교 교육에 어떠한 영향을 미치는지에 대해서는 이제 막 관심을 가지기 시작했다. 교사 입장에서는 다문화적 민감성이 필요한 시기이다. 취학 전 이중언어를 사용하는 다문화아동에 대하여 연구한 이수복 등(2007)의 연구에서는 연령이 어릴수록 말더듬의 빈도가 높았다고 한다. 현재 다문화학생에 대한 말더듬 통계의 보고는 없으나, 2018년 통계를 적용하여 1%의 출현율로 추정하면 그 수는 1,220명 전후가 될 것이다.

Robinson(2012)은 다문화가정의 말더듬학생을 평가할 때 다음의 몇 가지 사항을 고려해야 한다고 제시하고 있다.

- 두 문화 간의 유사성의 정도 및 대상자가 특정 문화에 대해 파악하고 있는 정도에 관한 정보를 얻을 필요가 있다.
- 의사소통과 특히 말더듬에 대해 해당 문화가 갖는 지각 정도 및 태도를 고려할 요소가 있다.
- 말더듬의 원인과 교육에 대한 기존의 신념과 믿음이 있는가?
- 해당 문화에서의 비구어 행동이 회피행동이나 부수행동으로 잘못 해석될 수 있으므

로 이를 확인할 필요가 있다(예: 침묵, 눈 안 맞추기, 다른 행동하기 등).

- 특정 문화에서 관련되는 사건이나 스트레스 요인에 대한 이해가 필요하다(예: 명절, 가족 활동, 기념일 등).

다음은 학교현장에서 다문화학생의 말더듬 지도방법에 대한 고려사항이다.

- 일반가정의 말더듬학생에 대하여 지도하는 기본적인 방법은 같다. 다만, 이중언어 이중문화에 노출되어 진행되는 말더듬의 단계를 이해하고 지도해야 한다.
- 교사는 다문화가정 말더듬학생의 주된 의사소통과 언어발달 수준을 확인하여야 한다. 이는 현재 우리나라 다문화가정(예: 결혼이민자 가정)에서 학생의 언어발달은 주 양육자인 어머니의 한국어 습득 정도가 영향을 미치기 때문이다.
- 교사는 다문화가정 부모들과 충분한 상담을 통하여 말더듬에 대한 정보와 가정에서의 지도방법 그리고 다문화가족지원센터의 담당자와도 연계하여 접근한다.
- 교사는 학급의 또래 학생들에게 이중언어, 이중문화의 특성 이해와 다문화학생이 말더듬으로 어려움을 가질 수 있는 또래 관계 형성, 수업발표, 학업성취 등을 고려하여 학교생활에 잘 적응하고 교육과정을 마칠 수 있도록 지도해야 한다.
- 교사는 충분한 시간을 주고 유창성 기준을 낮추어 유창성 경험을 증가시켜 준다.

체크 포인트: 임용시험 출제(2022) 확인 마무리

(가)는 의사소통장애학생 B가 속한 학급의 수업 장면이고, (나)는 일반교사와 특수교사가 나눈 대화의 일부이다. 〈작성방법〉에 따라 쓰시오. [2점]

(가)

(나) 대화

… (생략) …

특수교사: 수업을 보니까 학생 B가 부쩍 말을 더 더듬는 것 같아요.
일반교사: 맞아요. 실어증 진단을 받고 나서 말을 더 더듬는 것 같아요.
특수교사: 뇌 손상 이후에 그런 경우들이 종종 있어요.
일반교사: 얼마 전에는 학생 B가 말을 하는데 ㉤ 목에서 말소리는 안 나오고 후두가 긴장되어 있는 것처럼 보였어요.

〈작성방법〉

- (가)의 밑줄 친 ㉠과 ㉡, 그리고 ㉢과 ㉣에서 실어증으로 인해 공통으로 나타난 언어적 특징의 명칭을 쓸 것.
- (나)의 밑줄 친 ㉤에 나타난 말더듬 핵심 행동의 유형을 쓸 것.

체크 포인트: 중등 임용시험 출제(2019년) 확인 마무리

(가)는 ○○ 고등학교 특수학급에 재학 중인 학생 H의 말더듬 행동에 관한 관찰 내용이고, (나)는 국어과와 과학과 수업 장면의 일부이다. 〈작성방법〉에 따라 서술하시오. [4점]

(가) 학생 H의 말더듬 행동 관찰 내용

- 수업 시간 중 어려운 단어가 나오면 연장(prolongation)과 막힘(block)이 나타남
- ㉠ 더듬는 단어를 말할 때 동의어로 자주 바꾸어 말함
- 바리스타 직업교육 첫날, ㉡ 커피 종류를 말할 때 눈을 깜빡이거나 아래턱을 떠는 행동이 나타남

(나) 수업 장면

[국어과]

김 교사: 오늘 주제는 '육하원칙에 따른 대화하기'입니다.
(그림을 제시하며) 언제 일어난 일인가요?

학생 H: 일요일 오후입니다.

김 교사: 어디에서 일어난 일인가요?

학생 H: ㉢ ㅂㅂㅂ바닷가입니다.

(… 중략 …)

김 교사: 육하원칙을 이용하여 말을 하면 어떤 점이 좋습니까?

학생 H: ㅈㅈ제 생각을 잘 전달할 수 있습니다.

[과학과]

김 교사: 다 같이 포유류의 특징을 핵심 단어로 말해 봅시다.
척추, 폐호흡.

학생 H: ㉣ ㅊㅊ척추.

김 교사: 포유류는 폐로 호흡합니다.

학생 H: ㉤ (입 모양만 보이고 소리가 나오지 않다가) ㅍㅍㅍ포유류는 폐로 호흡합니다.

〈작성방법〉

밑줄 친 ㉠과 ㉡의 말더듬 행동 유형을 쓰고, 특징을 순서대로 서술할 것

밑줄 친 ㉢~㉤에서 나타난 말더듬 행동 특성을 심리언어학적 요인 중 음운론적 측면에서 2가지 서술할 것

Chapter 7

음성장애

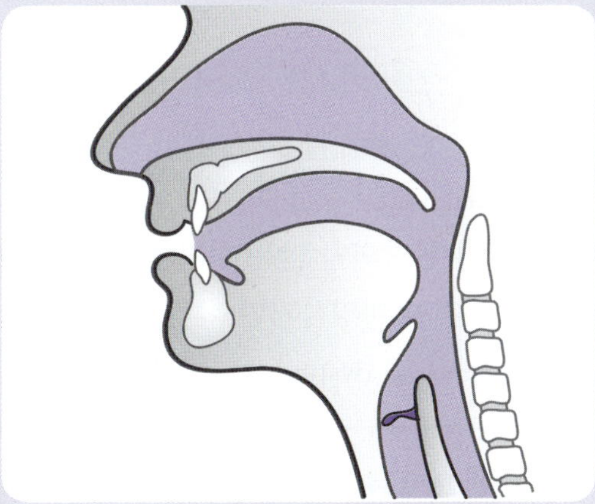

학·습·목·표

1. 음성장애의 정의와 개념을 이해할 수 있다.
2. 음성장애 특성 및 유형에 대해 알아본다.
3. 음성장애의 원인과 중재전략에 대해 알아본다.

1 음성장애의 정의

음성은 성대의 진동으로 만들어지는 소리이다. 이 소리는 성도(vocal tract)를 거치면서 독특한 음향학적 형태로 바뀌어 청자가 화자의 음성을 식별할 수 있게 된다. 음성장애는 성도, 호흡과정, 발성과정, 공명과정에서 구조적 이상이나 기능적 이상으로 발생된다. 음성 강도, 음도, 음질 또는 공명 등 음성을 구성하는 요소 중 한 가지 이상이 연령, 성별, 화자의 지역적 배경 등에 적합한 정상 범위에서 벗어날 때 음성장애가 있다고 간주한다.

정상음성을 특징짓고 결정하는 음성의 5가지 측면, 즉 음도, 강도, 위생, 유쾌성, 유동적인 화자의 표현성 측면 중 한 가지 이상이 정상 범위에서 벗어날 때, 음성장애가 있다고 할 수 있다(Boone et al., 2014). 예를 들면, 음성이 너무 크거나 작은 경우, 발성기관에 손상이 생기는 발성을 하는 경우, 소리가 이상하게 들리거나 유쾌하지 않은 경우, 자신의 정서나 전달 내용의 의미를 음도로 변화시키지 못하는 경우, 청자가 음성을 듣고 화자의 연령이나 성별을 판단하기 어려운 경우 음성장애를 나타낸다고 할 수 있다.

2 음성장애의 특성 및 유형

1. 기능적 음성장애

기능적 음성장애(functional voice disorders)는 해부학적 혹은 신경학적으로 발성기관에 기질적 비정상적인 소견이 관찰되지 않는 환자에게 나타나는 음성장애로 정의할 수 있으며, 그 분류에 대해서는 의견이 다양하지만, 심인성 발성장애(psychogenic dysphonia)와 근긴장성 발성장애(muscle tension dysphonia: MTD)를 기능적 음성장애의 중요한 두 부분으로 분류한다(House & Andrews, 1987; Koufman & Blalock, 1991).

변성발성장애의 음성특징으로는 비정상적으로 높은 고음도(high pitch)와 목쉰소리(hoaarseness), 음이탈(pitch break), 부적절한 공명(inadequate resonance), 얕은 호흡(shallow breathing), 근육 긴장(muscle tension) 등이 나타난다.

근긴장성 발성장애는 음성을 산출하기 위해 높은 성문하압이 만들어지고 소음성의 난기류가 발생되기도 하며, 약한 기식성의 음성을 나타내기도 하는 특징이 있다.

2. 기질적 음성장애

기질적 음성장애(organic voice disorders)는 음성의 오용(misuse) 및 남용(abuse)보다 신체적 질병과 좀 더 관련되어 있으며, 음성변화를 주된 문제로 하는 음성장애의 원인 중 대표적인 질환들은 주로 성대 및 성문 주변의 구조적 변형을 동반한다. 기질적 음성장애의 유형으로는 급성 후두염, 인후두역류 질환, 성대결절, 성대폴립, 라인케 부종 등과 같은 질병을 포함한다.

3. 신경학적 음성장애

신경학적 음성장애(neurogenic voice disorders)는 뇌손상으로 인한 운동구어장애와 동반되어 나타나는 음성장애를 의미한다. 운동구어장애는 마비말장애(dysarthira)와 말실행증(apraxia of speech)으로 구분된다. 이러한 증상들은 후천적인 뇌손상에 의한 언어이해 및 표현능력의 손상인 실어증(aphasia)과는 다르다. 물론, 실어증, 마비말장애, 말실행증의 증상들이 함께 발생할 수 있지만, 각각의 병리적 증상은 엄밀히 구분되어야 한다.

뇌손상에 의한 운동구어장애는 후두기능에만 문제가 발생하는 것이 아니라 다른 운동구어 기능이 함께 손상되는 경우가 많다. 호흡, 발성, 공명, 조음, 속도의 말 산출 시스템에 뇌손상으로 인한 기질적인 문제가 발생하고 이로 인해 구어 및 음성장애가 나타난다. 무엇보다도 신경학적 음성장애는 뇌손상 부위에 따라 나타나는 음성장애 특징이 다르기 때문에 동일 유형으로 구분되는 지각적 특성들의 단위들과 발화패턴의 결함문제를 기반으로 해서 진단한다(Aronson, 1990; Duffy, 2005).

3 기능적 음성장애

1. 기능적 음성장애

기능적 음성장애는 매우 다양한 형태의 특징을 보인다. 음성장애가 서서히 나타나기도 하고, 갑작스럽게 나타나기도 하며, 바이러스 감염 후나 스트레스 후에도 나타날 수 있고, 목소리는 무성(ahponia)부터 쥐어짜는 듯한 목소리(strained voice)까지 다양한 양상으로 나타나기도 한다(박희준, 2016).

기능적 음성장애 환자의 후두내시경 소견은 과다기능성(hyperfunctional)혹은 과소기능성(hypofunctioanl)의 소견을 보이기도 하고, 성대점막의 진동이 소실되거나 매우 경직된 성대의 소견을 보이기도 하며, 넓은 성문틈(glottal gap)을 보이는 경우도 자주 관찰된다. 매우 다양한 형태의 기능적 음성장애가 있지만 본 내용에서는 변성발성장애(puberphonia), 근긴장성 발성장애(MTD), 기능적 실성증(functioanl aphonia), 기능적 부전실성증(functioanl dysphonia)에 대해 알아보고자 한다.

1) 변성발성장애

변성발성장애(puberphonia; mutational falsetto)는 사춘기가 지난 남성이 비정상적으로 높은 고음도(high pitch)를 사용하는 음성장애이며, 호르몬의 변화로 인해 남성의 후두 크기와 기능이 많이 달라지는 변성기 이후에 주로 나타난다. 일반적으로 음성피로와 소음 환경에서 말하거나 크게 소리치는 것이 힘들다고 호소한다(Desai & Mishra, 2012).

변성발성장애의 음성치료 목표는 과거의 고음도 음성을 피하고 새로운 낮은 음도의 발성에 대해 설명하고 발성 및 호흡근육을 사용하여 낮은 음도로 발성할 수 있도록 하는 것이다. 음성치료사는 새롭게 확립된 음성이 다른 상황에서도 매우 자연스러운 것이라는 것을 설명하여 다양한 상황에서도 새로운 음성을 사용할 수 있도록 해야 한다.

2) 근긴장성 발성장애

근긴장성 발성장애(muscle tension dysphonia: MTD)는 후두내근과 후두외근의 과도한 긴장으로 인해 발생하는 음성장애로 발성 시 진성대와 가성대가 과기능적으로 진동하는 것을 말한다(Morrison et al., 2001). 후두근육의 과도한 긴장은 성대의 진동이나 유연성에 영향을 미쳐 자연스러운 움직임을 저해하고 진동이 불규칙하게 일어나 소음이 섞이게 된다. 또한, 음질과 음역대도 줄어들고 혀나 턱근육, 안면근에도 영향을 미쳐 조음에도 영향을 준다.

근긴장성 발성장애는 근긴장으로 인한 후두의 거상, 설골과 후두 사이의 공간 감소, 후두외근의 과긴장, 후두 및 상후두의 과기능적 수축 등을 들 수 있다. 이러한 증상에 대한 주관적 측정이 매우 중요하므로 청지각적 평가와 함께 긴장 정도를 확인하는 것이 매우 중요하다. 또한, 근긴장성 발성장애는 고개를 앞으로 내밀고 있는 듯한 나쁜 자세와 올바르지 못한 목과 어깨 근육의 사용, 스트레스, 장시간 큰 목소리의 사용 및 인후두염증 등 다양한 요인이 영향을 미칠 수 있으므로 충분한 상담을 통해 잘못된 음성 사용에 대한 이해와 이를 조절할 수 있는 방법을 가르치는 것이 일차적으로 중요하다.

3) 기능적 실성증

기능적 실성증(functional aphonia)은 후두의 기질적 특이 소견이 관찰되지 않지만 속삭이는 듯한 음성으로 말하는 것이다. 기능적 실성증 환자에게 '아'라고 발성을 시켰을 때 정상적인 발성이 이루어지기에는 성대가 너무 멀리 떨어져 있고 속삭이는 음성을 산출할 때의 성대 위치가 만들어지기도 한다. 성대의 기능이 정상인지 시각적 검사를 통해 확인하고자 할 때는 주로 기침하기와 목청 가다듬기를 이용한다. 기능적 실성증이 발생하는 시점은 다양하다. 상당수의 실성증 환자의 음성상실은 점진적으로 나타나기도 하고, 산발적으로 나타나기도 한다. 스트레스가 심한 상태에서는 음성이 상실되지만 스트레스가 경감되면 정상음성으로 회복되기도 한다.

후두질환이나 심한 신체적 질환을 앓고 난 이후에 실성증이 발생하기도 한다. 아마도 급성 감염에 의한 후두부종 때문에 음성산출이 불가능할 수도 있다. 음성상실을 유발시킨 초기 감염 이후 며칠 동안은 실성증이 지속될 수 있다(Roy, 2003).

4) 기능적 부전실성증

기능적 부전실성증(functional dysphonia)은 성대를 지나치게 이완시켜 기식음성을 산출하거나 지나치게 긴장시켜 긴장된 음성을 산출하거나 자신의 성과 연령에 비해 부적절한 음도를 산출하는 것을 말한다. 즉, 기능적 부전실성증이라는 진단명은 음성장애의 원인이 신체적 혹은 기질적 문제로 인한 것이 아니라는 것을 의미한다. 음성언어치료사는 환자와 함께 어떤 상황에서 정상적인 음성을 산출할 수 있는지를 찾고, 다양한 음도, 강도, 음질 수준을 환자에게 모방이 가능한지 시도적 치료를 해 보아야 한다.

4 기질적 음성장애

1. 기질적 음성장애

기질적 음성장애에 대한 일차적인 치료는 대개 의료적 · 치과적 · 수술적 측면에서 이루어진다. 음성언어치료사가 음성치료를 실시하는 치료 목적 중 하나는 음성장애의 구조적인 문제가 조정되거나 안정화될 때 손상을 입은 후두의 생리적인 기능을 향상시키고자 여러 가지 측면에서 돕는 것이다. 이처럼, 음성언어치료사는 환자와 함께 여러 가지 치료 방법을 사용하여 가능한 한 최상의 음성이 산출되도록 노력한다.

기질적 음성장애의 치료는 대개 초기 치료로 음성치료와 약물치료를 병행하며, 효과가 없을 때는 최종적으로 후두미세수술을 시행하여 종물을 제거하는 것이 일반적이다(Aronson, 1990; 정옥란, 1996).

1) 급성 후두염

급성 후두염(acute laryngitis)은 일반적으로 감염성 후두염으로 바이러스성 후두염이 가장 흔하며, 감기 증상의 일부분으로 여겨진다. 가장 흔한 원인인 바이러스는 리노 바이러스(rhino virus)이고, 습도 부족, 흡연과 음성남용과 관련이 있다. 후두내시경 검사에서 점막의 발적(flare)을 보이는데, 특히 진성대 주위의 종창과 발적이 두드러진다(대한이비인후과학회, 1989).

치료 방법으로는 습도 유지, 목소리 안정, 금연, 충분한 수분 섭취 등을 먼저 권고하며, 필요시 소염제를 투여한다. 다른 세균감염이 있거나 고열 환자의 경우 항생제 투여를 시행한다. 약물치료를 주로 시행하며, 만성 후두염으로 발전한 경우 습윤치료(hydration therapy), 음성위생(vocal hygiene) 교육 등을 약물치료와 병행하는 경우가 있으나 추가적인 음성치료는 대개 시행하지 않는다(그림 7-2).

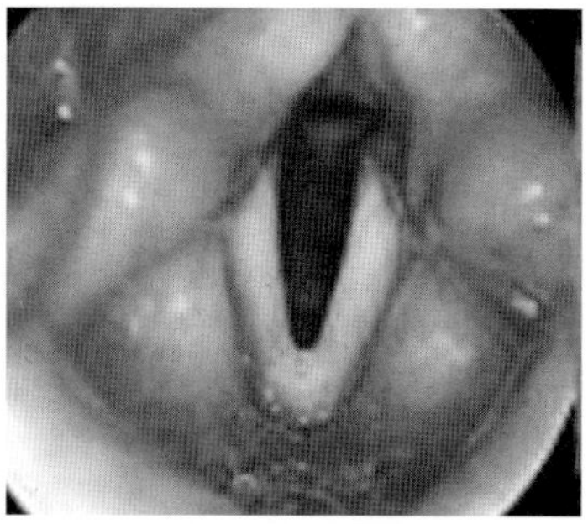

[그림 7-1] 정상성대

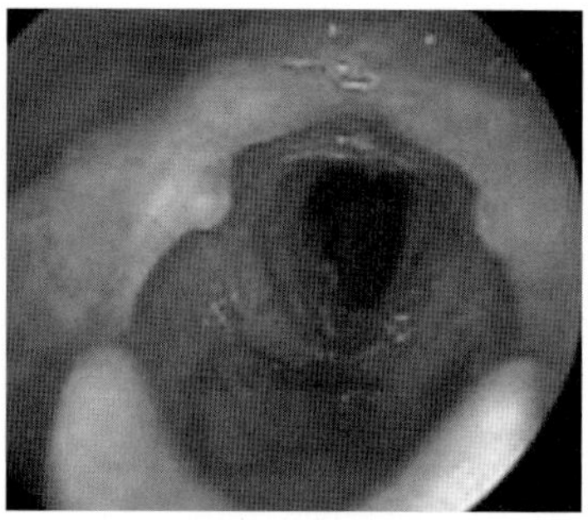

[그림 7-2] 급성후두염

2) 인후두역류 질환

인후두역류 질환(laryngopharyngeal reflux disease: LPRD)은 비감염성 후두염의 가장 흔한 원인으로 후두증상을 호소하는 환자의 반 이상이 역류와 관련된 원인을 가지고 있다고 보고하고 있다(대한후두음성언어의학회, 2016).

인후두역류 질환은 인후두 이물감(globus sensation)이 인후부에 존재하는 것을 말하는데, 건강한 일반인 중 45%가량이 한 번 이상의 인후두 이물감을 겪는다고 하며, 특히 여성과 감정적인 스트레스가 있는 사람의 경우 발병 빈도가 높은 것을 알 수 있다(Thompson & Heaton, 1982). 감염성 후두염, 후두 협착, 재발성 후두경련, 윤상피열연골 고정 등 다른 많은 인후두 질환과 관련이 있다고 보고되고 있다(그림 7-3). 후두 소견은 다양한데, 주로 후두 뒷부분을 침범하여 피열연골 사이 점막과 비후(thicken), 라인케 부종이나 전반적인 후두 부종, 혹은 발적 없이 비후된 점막 소견, 성대돌기(vocal process)의 육아종을 관찰할 수 있다(문고정 외, 2003).

치료 방법으로는 단백질 및 채소류 섭취를 권장하고 탄수화물 및 육류를 줄이도록 하는 식이요법과 주기적인 운동 및 잠자기 3시간 전 음식물을 삼가는 등 불규칙한 생활습관을 개선하는 것이 필요하다. 약물치료 방법으로는 제산제를 투여하며, 일반적으로 양자펌프 억제제(proton-pump inhibitor: PPI)인 약물을 사용한다.

3) 성대결절

성대결절(vocal nodules)은 아동뿐만 아니라 성인에게서도 성대에 발생하는 가장 일반적인 양성 병변이다. 지속적인 후두 남용과 음성 오용으로 발생한다(그림 7-4). 성대결절은 일반적으로 성대 양쪽 모두에 나타나는 특징을 가지며, 발성 시 접촉으로 발생되는 마찰이 가장 많은 성대막성부의 중간 지점에서 주로 관찰된다(나희 외, 2010; 대한이비인후과학회, 1989). 성대결절은 각 성대의 가장자리에 흰색 돌기 모양을 하고 있으며, 성대 앞쪽으로부터 1/3 접촉 지점에 위치한다. 보통 성대결절은 음성치료로 좋은 효과를 볼 수 있는 질환이기도 하며, 발성 시 양측성 결절이 서로 접촉할 때 보통 결절 접촉 지점의 뒤로 성문 틈이 생겨서 성문은 모래시계 모양을 띠게 된다.

치료방법으로는 음성위생 교육과 함께 부드러운 성대접촉을 유도하는 음성치료 기법이 효과적이다. 음성치료로 대부분 수술적 치료 없이 치료가 가능하며, 수술적 치료는 환자가 원하거나 최소 3개월 이상 음성치료를 시행하여도 잘 반응하지 않는 경우에 고려될 수

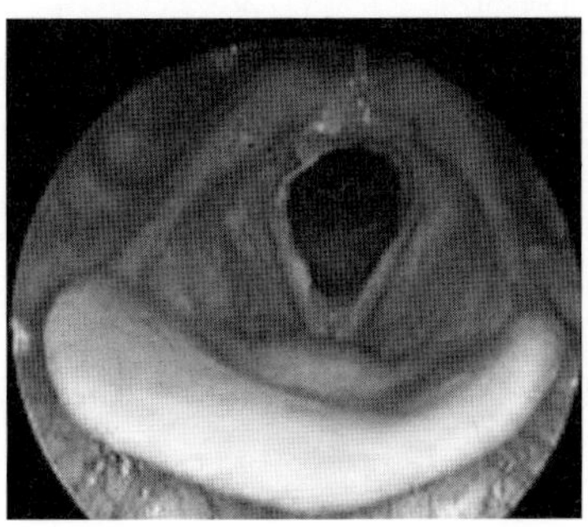

[그림 7-3] 인후두역류 질환

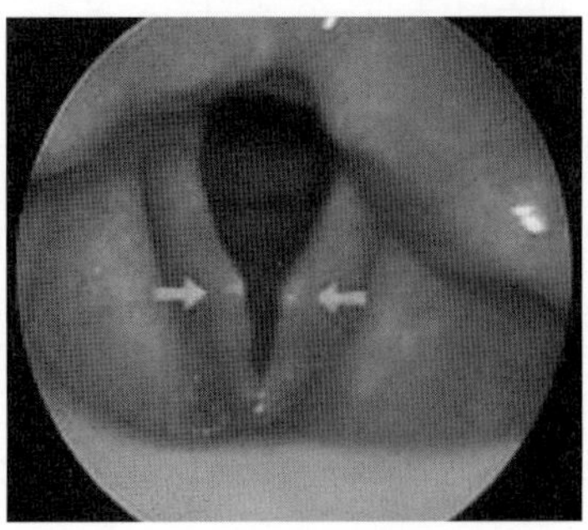

[그림 7-4] 성대결절

있으나 장기화되고 각화증(keratosis)으로 발전한 성대결절이라도 치료 효과가 비교적 천천히 나타나긴 하지만 음성치료가 가능하다. 소아의 성대결절은 음성치료에 잘 반응하며, 원칙적으로 수술을 시행하지 않는다. 이는 수술 후 재발이 잦고, 작은 크기의 후두에 위치한 결절을 정확히 제거하기 어렵고, 사춘기 이전에 대부분 소멸되는 경우가 많으며, 수술 후 음성휴식에 대한 인식이나 협조가 잘 안 되기 때문이다.

4) 성대폴립

성대폴립(vocal polyp)은 양측성으로 발성하는 성대결절과 달리 편측성으로 더 많이 발생하며, 발성 시 성대접촉이 많은 성대의 앞쪽으로부터 1/3 지점에 발생한다(그림 7-5). 지속적이고 만성적인 성대자극으로 인해 발생되는 성대결절과 달리 폴립은 종종 단 한 번의 성대의 아주 과도한 접촉이나 외상으로 인해 생기기도 한다. 성인 후두질환 중 가장 흔하며, 주로 출혈성 폴립은 남자에게서 많이 발생한다. 원인으로는 성대 마찰을 야기하는 발성이 주된 원인이며, 과도한 흡연과 음주, 오랜 항응고제 복용, 만성적인 위산역류로 인한 후두자극 등이 영향을 줄 수 있다.

치료방법으로는 음성의 남용과 오용을 줄이고 금연, 금주 등 원인을 제거하고 크기가 작은 초기 폴립일 경우 음성위생과 함께 시행되는 단기간의 음성치료에 비교적 많은 환자가 호전되기도 한다. 그러나 장기화되고 각화증이 동반되거나 큰 폴립인 경우는 대부분 수술적 치료가 필요하다.

5) 라인케 부종

라인케 부종(Reinke's edema)은 음성의 오남용 및 흡연이 주원인이며, 만성적인 남용 때문에 발생하는 성대비대의 또 다른 한 형태이기도 하다(그림 7-6). 장기화된 흡연력을 가지고 있고, 음성 사용이 빈번하며 흡연하는 중년 여성에게서 많이 발생한다. 특징적인 낮은 음성의 목쉰소리가 주 증상이며, 부종이 지나치게 커지면 호흡곤란이 발생할 정도로 성문을 막기도 한다. 대부분 양측성으로 나타나고, 좌우 대칭형의 형태를 나타내는 것이 일반적이다(안철민, 2001).

치료방법으로는 우선적으로 금연을 해야 하고, 음성위생과 함께 음성치료를 시행하며, 부종을 유발하는 갑상선 기능저하증이나 인후두역류 치료도 함께 병행할 수 있다. 호흡곤란이 있거나 보존적 치료효과가 없을 경우 후두미세수술을 시행한다. 더불어 재발 원인인 지속적인 흡연과 음성남용을 막기 위해 수술 후 음성위생교육과 음성치료를 반드시 실시하여야 한다.

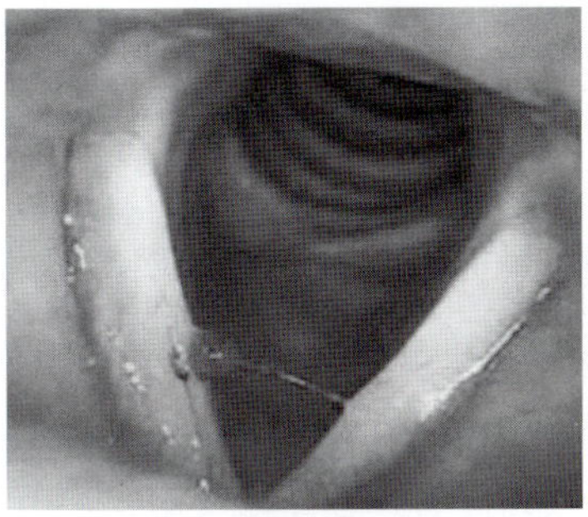

[그림 7-5] 성대폴립

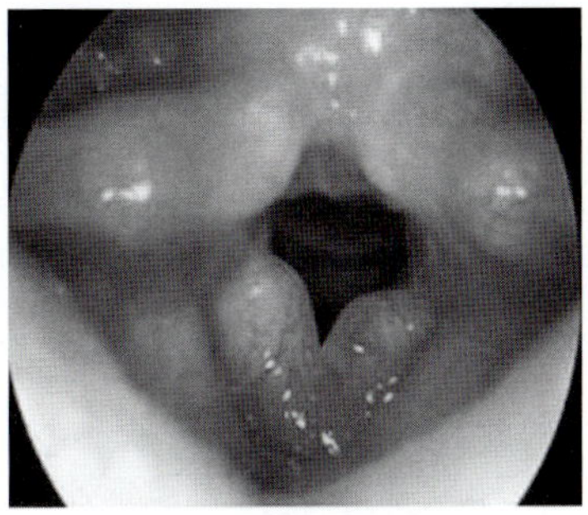

[그림 7-6] 라인케부종

5 신경학적 음성장애

1. 신경학적 음성장애

신경학적 음성장애는 선천적 혹은 후천적인 원인으로 신경계가 손상되어 발생되는 것으로, 뇌손상으로 인한 운동구어장애와 동반되어 나타나는 음성장애를 말한다. 운동구어장애 유형에 따라 치료접근법이 달라지는데, 신경학적 음성장애의 일반적인 치료 목적은 발성의 효율성과 자연스러움을 추구한다. 마비말장애 음성치료의 궁극적인 목적은 정상 음성회복보다는 환자의 '말 명료도 개선'을 주된 목적으로 하고 있다. 마비말장애의 음성치료는 후두기능의 상태에 따라 치료접근법의 방향이 달라진다(Darley, Aronson, & Brown, 1975; 이옥분, 2016).

1) 경직형 마비말장애

경직형 마비말장애(spastic dysarthria)는 양측상부운동신경원(upper motor neuron) 세포의 손상으로 발생한다. 상위운동신경원은 추체로(pyramidal tracts)와 추체외로(extrapyramidal tracts)를 포함한다. 상위운동신경원손상의 증상으로 근육약화, 점진적으로 증가하는 근육긴장, 과도한 반사(hyper reflexia)와 가성구마비(pseudobulbar palsy)가 있다. 이러한 근육상태가 호흡, 발성, 공명, 조음, 운율의 산출 근육들의 근긴장과 운동속도와 범위에 영향을 미친다(Swigert, 1997).

가장 두드러진 음성특징은 억압되고 꽉 쪼여진 듯한 음성이다. 이로 인해 발화 전체가 힘이 들어가고 노력해서 말하는 듯한 인상을 준다. 이외에도 거친 음질, 과비성(hypernasality), 단조로운 음도와 강도, 강도변화가 적은 특징이 나타난다. 과도하게 긴장된 상태에서 음도와 강도변화가 쉽지 않기에 단조로운 말소리가 나타나며, 과긴장이 지속되면서 성대근운동의 불협응(incoordination)으로 음이탈(pitch break)이 나타날 수 있다.

치료방법으로는 우선적으로 '부드러운 발성 및 발화'를 유도하는 것이다. 안정된 발성을 확립하기 위해서 머리와 몸통의 중립적 자세를 잘 유지하도록 지도해야 한다. 증가된 후두근 긴장도를 약화시키기 위한 행동주의적 음성치료접근법을 적용할 수 있다.

2) 이완형 마비말장애

이완형 마비말장애(flaccid dysarthria)는 말초신경계의 운동신경원 손상에 기인한다. 이 운동신경원은 하위운동신경원(lower motor neuron) 혹은 최종공통경로(final common pathway)라고 말하기도 한다. 호흡, 발성, 공명, 조음, 운율의 근육들을 중재하는 하위운동신경원의 신경충동을 방해하거나 이 부위의 손상으로 나타나는 구어장애이다.

음성특징은 성대 내전근의 약화로 기식화된 음성, 부적절한 호흡으로 인한 숨소리가 많이 나는 음질 그리고 과비성이 두드러진다(Aronson, 1990; Duffy, 2005). 치료방법으로는 '힘 있는 발성 및 발화'를 유도하는 것이다. 후두의 저하된 근긴장으로 인해 약해진 성대내전력(adduction force)을 강화하고 동시에 부드러운 발성을 산출할 수 있도록 해야 한다. 강도증가훈련을 통해서 과비성을 감소시키고 보다 명료한 발화가 되도록 유도할 수 있다.

3) 실조형 마비말장애

실조형 마비말장애(ataxic dysarthria)는 소뇌 손상에 기인하므로 전체적인 근운동의 협응부족과 불균형이 나타난다. Darely 등(1975)은 실조형 마비말장애의 두드러진 지각적 특성으로 부정확한 조음, 운율과다, 발성 · 운율 협응 부족을 제시하였다.

음성특징으로는 후두의 저하된 근긴장으로 인해 목소리가 다소 위약(asthenic)하고, 떨림(tremor)이 나타나며, 갑작스러운 발성일탈, 음성 끊김 현상 등이 두드러진다. 전체적으로 술에 취한 듯한 말투가 연상된다. 그 외 거친 음질, 단조로운 음도, 단조로운 강도도 나타난다(Dworkin, 1991; Kent et al., 2000). 치료방법으로는 말 명료도 개선을 위해 발화의 속도를 감소시키는 것이다. 말 속도 조절과 연계하여 적절한 강세와 운율패턴을 조절하여 보다 자연스러운 발화가 되도록 형성하는 것이다(Duffy, 2005). 안정된 발성과 음도와 강도의 의도적인 조절능력의 향상은 전체적인 말 명료도 향상에 직접적인 도움이 된다.

4) 과소운동형 마비말장애

과소운동형 마비말장애(hypokinetic dysarthria)는 기저핵(basal ganglia) 기능을 조정하는 도파민 부족으로 발생한다. 대표적인 질환이 파킨슨병(Parkinson's disease)이다. 파킨슨병은 운동퇴행성 질환으로 주요 신체적 증상은 강직(rigidity), 운동이상증(bradykinesia), 떨림(tremor), 운동범위가 제한되는 것이 특징이다. 음성특징으로는 목소리 크기가 점진적으로 감소하며, 기식화된 음성이 산출되고, 억양변화가 거의 없어지는 단조로운 음도, 조급하게 몰아치는 듯한 발화, 자음이 다소 부정확하고 불명료한 특징 등을 나타낸다.

치료방법으로는 성대 내전력을 강화하고 충분한 호흡지지력을 증대하여 발성크기를 증가시키는 것이 말 명료도를 증진시키는 데 효과적일 수 있다. 가장 빈번하게 사용되는 방법은 리실버만 음성치료(Lee Silverman voice treatment: LSVT)인데(Solomon et al., 2004), 구체적인 치료기법으로는, 첫째, 음도와 강도를 조절하는 방법, 둘째, 말 속도 조절하기, 셋째, 과도한 조음동작으로 힘주어 말하기, 넷째, 바른 자세 확립과 입술, 턱의 안정성을 증가시키는 방법 등이 있다(Ramig et al., 2008).

5) 과다운동형 마비말장애

과다운동형 마비말장애(hyperkinetic dysarthria)는 기저핵(추체외로)의 손상에서 기인한다. 소뇌 조절회로(cerebellar control circuit)의 손상 가능성도 있으며, 기저핵 손상으로 인해 발생하는 질환 가운데 무도병(chorea)과 운동이상증(dystonia)이 있다. 무도병은 말 속도가 대체로 느리고 어눌하며, 말 산출 자체가 힘들기도 하다. 전체적인 동작의 무도형태(choreiform)를 취하며, 그 움직임 변화의 속도가 빠른 편이다. 그 외 씹기와 삼키기에도 문제가 나타난다. 운동이상증도 말소리가 어눌하고 씹기와 삼키기에도 문제가 나타난다(Swigert, 1997).

음성특징으로 약간 쪼여진 듯하면서도 동시에 기식화되고 말소리 음도와 강도변화가 크다는 점이다. 또한, 불수의적인 근운동 발생으로 말하는 도중에 갑작스럽게 음성이 멈추거나 음성 틱(vocal tic) 증상이 나타날 수 있다.

음성치료의 방향은 안정되고 부드러운 발성패턴을 형성해 가는 것이 효과적이다. 증가하는 근육긴장에 의한 거칠거나 꽉 쪼여진 음질, 음도파열, 낮은음도 등을 완화시키기 위해 '하품-한숨 접근법'을 이용하여 발성 메커니즘의 긴장도를 완화시킬 수 있다. 그리고 후두운동의 불협응으로 인한 불규칙적인 음도 및 강도변화, 떨림을 치료하기 위해 '일정한 강도와 음도로 발성하기'에 초점을 둔 음성치료가 필요하다(Duffy, 2005; Dworkin, 1991).

6) 혼합형 마비말장애

혼합형 마비말장애(mixed dysarthria)는 마비말장애 유형의 몇몇 특징이 공존하여 나타난다. 혼합형 마비말장애가 나타나는 퇴행성 운동질환 중에는 근위축측삭경화증(amyotrophic lateral sclerosis: ALS)과 다발성 경화증(mutiple sclerosis: MS)이 있다.

ALS 혹은 루게릭병은 뇌와 척수 양쪽의 운동신경원이 손상되는 일종의 퇴행성 운동질환이다. 상위운동신경원과 하위운동신경원 모두의 손상에 기인한다. MS는 중추신경계의 회백질(white matter) 장애이다. 신경계의 점진적인 퇴행으로 재발성 감퇴(remitting-relapsing course)가 나타난다. 가장 빈번한 증상은 균형장애, 감각손상, 마비 등으로 알려져 있다(Yorkston & Beukelman, 1981). 주된 발성특징은 전사식 발화(scanning speech)이다. 느리고 어둔한 조음으로 단어를 말하면서 중간의 음들을 길게 연장하는 식의 발화이다(Ramig et al., 1990).

음성치료의 초점은 안정된 발성 확립을 우선으로 고려하며, 무엇보다도 질병의 퇴행 정도에 따라 중재전략이 달라질 수 있음을 알아야 한다. 즉, 발성 및 발화치료의 초점은 환자의 의사소통기능을 고려해야 한다. 심한 경우에는 의사소통 능력을 보완하고 지원할 수 있는 보완대체의사소통(augmentative-alternative communication: AAC) 시스템을 사용할 수 있다.

〈표 7-1〉 병태생리학적 원인에 따른 마비말장애 유형

병소 단계	병소 부위	마비말장애 유형
상위운동신경원/추체로	편측(좌뇌 혹은 우뇌) 상부운동신경세포	편측상부운동신경세포형
	좌 · 우뇌의 상부운동신경세포	경직형
추체외로	기저핵과 연관회로	과소운동형
	기저핵과 연관회로	과다운동형
소뇌	소뇌 및 소뇌와 연결된 회로	실조형
하위운동신경원	한쪽 혹은 양쪽의 하위운동신경세포 및 근육의 손상	이완형
두 개 이상의 병소 단계		혼합형

출처: 김향희(2013).

6 음성장애 중재전략

1. 음성위생(간접치료)

음성위생(vocal hygiene)은 간접치료 기법 중 가장 흔히 사용되는 방법이다(김성태 외, 2014). 간접치료는 주로 음성문제가 중증도(severity)가 심각하지 않을 때 효과적이라고 본다. 음성위생은 음성질환을 동반하거나 또는 그렇지 않은 음성남용 및 오용을 하고 있는 사람이 알고 있어야 하는 주의사항이라고 말하며, 최적의 음성상태를 유지하기 위한 모든 요소를 포함하는 용어이다(송윤경, 심현섭, 1999).

Haskell(1995)은 음성위생을 3개의 범주로 나누어 제시하였는데, 신체 단련과 관련해서는 충분한 휴식과 올바른 식습관, 적절한 운동과 수분 섭취를 권하는 것을 말하고, 둘째로는 주변 환경의 오염물질과 약물에 대해서는 성대를 자극하는 먼지, 화학약품, 음주 및 흡연 등의 사용을 줄일 것을 권고하고, 마지막으로 물리적 긴장으로 성대의 과도한 긴장을 유발하는 여러 음성 사용 행동의 자제를 권고하고 있다. 음성위생은 성대를 포함한 음성 산출 기전에 좋지 못한 영향을 미치는 습관을 감소 및 제거하고 좋은 영향을 미치는 기존의 습관을 유지하고 새로운 습관을 습득하는 데 목적을 두는 프로그램이다.

2. 행동적 음성치료

행동적 음성치료는 음성의 과기능적 혹은 과소기능적인 이유로 음성문제가 나타나는 경우에 음성산출의 방법을 변경하거나 개선하여 음성산출 기능을 향상시키는 것을 말한다(Boone et al., 2014). 다양한 행동적 음성치료 방법에는 Boone 등(2014)이 기술한 25가지 음성촉진기법이 있으며, 이 중에서 실제 음성치료에서 많이 사용되는 방법에 대해 기술하고자 한다.

청각적 피드백(auditory feedback)은 음성치료에서 가장 일반적으로 사용되는 피드백으로서 치료사의 음성이나 자신의 음성을 듣고 점검하는 데 이용되는 방법이다(유재연, 2016). 대부분의 음성장애 환자에게는 청각적 모델링이 도움이 되며, 청각적 피드백이 효과적인 대상자에게는 즉각적인 피드백을 제공하는 것이 필요하다.

문제의 설명(explanation of problem)은 모든 음성장애 대상자에게 적용할 수 있다. 음성치료에서 대상자에게 음성 문제에 대한 직접적인 상담은 증상적인 음성치료기법을 적용하는 것보다 더 유용할 수도 있다. 음성상담을 통해 대상자는 자신의 문제를 정확하게 이해하는 것이 치료에서 매우 중요하다. 음성상담의 내용은 대상자에 따라 매우 다양하며, 대상자가 음성문제를 최대한 잘 이해할 수 있도록 설명해 주어야 한다.

새로운 음도 확립(establishing a new ptich)은 음성을 지나치게 낮게 사용하거나 너무 높게 사용하면 음질과 강도의 문제가 발생할 수 있다. 음도 수준의 변화를 통해 음성의 개선을 유도할 수 있는데, 새로운 음도로 말하기 위해 사용할 수 있는 기기들을 이용해서 새로운 음도를 확립하는 데 매우 유용하게 사용할 수 있다(Watts et al., 2003).

후두마사지(laryngeal massage)는 후두 주변의 과긴장을 줄이기 위한 활동이며, 손가락으로 후두 주변을 마사지하는 것은 대개 발성 시 과도한 긴장을 수반하고 뚜렷한 기질적인 원인이 나타나지 않는 목쉰음성, 가성대발성, 변성발성장애 등의 기능적 음성장애 환자에게 유용하다. 손가락을 이용한 후두마사지는 후두연골의 하강을 유도하고 후두 주변 근육의 이완을 촉진할 수 있기도 하다.

호흡훈련(respiration training)은 음성산출에는 반드시 필요한 요소이며, 살아가기 위한 생리적 호흡과는 달리 말을 하거나 노래를 할 때 더 많은 호흡량이 필요한데, 이 경우 복부 · 횡격막 호흡을 통해 보다 많은 공기량이 공급된다. 부적절한 호흡기능은 음성문제를 야기할 수 있다. 불충분한 호흡으로 음성을 산출할 경우 발화의 끝으로 갈수록 힘을 들여 억지로 말하는 현상이 나타날 수 있는데, 이는 성대의 과긴장을 유도하여 음성문제가 발생하는 주된 원인이 되기도 한다. 호흡에 대한 설명을 진행하면서 짧은 흡기와 긴 호기를 유도하기 위해 호기 동안 모음을 최대한 길게 연장하면서 발성하는 방법으로 호흡훈련을 실시한다.

시각적 피드백(visual feedback)은 음도, 강도, 음질, 공기역학, 비성도에 대한 다양한 시각적 피드백이 활용되고 있으며, 시각적 피드백을 이용할 경우 음성장애를 가진 대상자에게 실제적으로 눈에 보이는 결과를 가져옴으로 인해서 자아효능감이 개선되고, 비디오 자료를 통한 음성치료도 효과적인 것으로 보고되기도 한다(van Leer & Conner, 2012).

하품 · 한숨 접근법(yawn sigh approach)은 성대과기능 발성에서 나타나는 후두의 긴장을 줄이는 데 가장 효과적인 방법 중 하나이며, 과기능적 음성장애 치료의 대표적인 접근법이다. 발성 시 후두가 올라가고 혀가 위쪽으로 거상하며 인두가 수축하고 성대가 조이는 듯한 음성과기능은 하품 · 한숨을 통해 이완된 발성으로 변화될 수 있다. 치료사가 하품 · 한숨을 시범 보이고 대상자가 하품을 하고 부드럽게 호기하면서 발성하도록 유도를 하는 방법이다. 대상자에게 'ㅎ'으로 시작되는 단어를 발화하도록 하면서 하품할 때마다 하나의 단어를 말하게 하고 점차적으로 한 번의 호기에 4~5개의 단어를 말하도록 하는 방법을 말한다. 대상자에게 초성이 'ㅎ'음이 들어간 단어들을 발화하게 하고 항상 이완된 발성을 유지하도록 지도한다.

3. 총체적 음성치료

총체적인 음성치료(holistic voice therapy)는 종합적인 음성치료를 말하며, 음성산출과 연관된 호흡, 발성, 공명, 조음 모두를 통합하여 음성산출 전반에 걸친 음성치료를 하는 것을 말한다. 호흡, 발성, 공명이 상대적으로 역동적인 평형상태에 놓여 있어야만 음성은 정상 또는 증진된 상태일 수 있으며, 이 기법에 의하여 음성장애의 개선과 정상음성의 향상이 이루어지는 것을 말한다(Stemple, 1993). 총제적인 음성치료 중에서 악센트기법(accent method: AM), 성대기능훈련(vocal function exercise: VFE), 공명음성치료(resonant voice therapy: RVT)에 대해서 알아보고자 한다.

악센트기법(AM)은 매우 다양한 음성장애에 적용할 수 있으며, 복부횡격막 호흡, 악센트가 들어간 리드미컬한 모음발성, 몸체와 팔의 움직임 등을 이용하여 다양한 음성훈련을 포함하는 방법이라고 말할 수 있다. 개인의 호흡, 발성, 조음, 몸동작, 언어와의 협응을 최대화시키는 방법이다. 이 기법은 말의 자연스러운 운율을 몸동작에 적용시켜 간단한 리듬에서 복잡한 리듬으로 옮겨가고, 무의미 발성에서 읽기와 자발화로 옮겨가도록 구성되어 있다(송윤경, 2016).

성대기능훈련(VFE)은 후두근육을 운동시키는 방법으로서 과기능적 음성장애와 과소기능적 음성장애를 포함하는 대부분의 음성장애에 적용할 수 있다. 성대기능훈련은 음성장애뿐만 아니라 정상음성을 더욱 향상시키는 데에도 유용한 것으로 알려져 있다. 이 기법은 모음 최장연장 발성하기와 음도를 미끄러져 올리거나 내리기가 핵심활동이다. 이러한 활동은 후두근의 근력과 지구력뿐만 아니라 후두근과 호흡근 각각의 정교한 협응이 가능해야만 이루어질 수 있고, 최장연장발성을 하기 위해서 성대는 아주 부드럽게 내전된 상태로 폐쇄되어야만 하는데 이러한 방식으로 발성하게 되면 최소의 호흡노력과 최소의 성대충격으로 최대로 강하고 깨끗한 음성을 만들어 낼 수 있게 되는 것을 말한다.

공명음성치료(RVT)는 성대에 병변이 있는 장애나 기능성음성장애, 마비나 성대의 휘어짐(bowing)과 같은 서로 다른 다양한 경우에 적용될 수 있는 기법이다. 기법은 성대의 외상과 같은 문제를 최소화하기 위하여 최소의 노력과 최소의 충격으로 가능한 한 강하면서 맑은소리를 내는 것이다. 공명발성은 흔히 얼굴 앞쪽으로 진동감각을 느끼게 함으로써 힘들이지 않고 소리를 내는 것이 특징이며, 비음 '/ㅁ/, /ㄴ/, /ㅇ/'과 같은 소리를 사용하여 공명감각을 촉진시키는 것을 목적으로 하고 있다. 허밍(humming)이나 공명에 유리한 음소가 들어 있는 구나 문장을 연습하게 되고 궁극적으로는 자발화나 노래에서 적용할 수 있게 한다. 즉, 대상자에게 생리학적인 특성을 설명하기보다는 감각에 집중하게 하고 새로운 감각을 개발하게 하는 데 중점을 두는 기법이다.

4. 음성장애 치료 실제

음성장애학생을 위한 지도법은 원인에 따라 다르게 접근해야 한다. 일반적으로 병리학적 비정상적인 음성이 발생한다면 먼저 외과적인 치료나 수술을 받아야 한다. 그다음에 개인에게 적합한 음성을 만들기 위한 학습이 이루어져야 하며, 그 방법은 직접 교수법이 주로 사용되고 있다(공주대학교 특수교육연구소, 2016). 〈표 7-2〉는 일반적인 음성관리 촉진접근법에 대한 내용이다.

〈표 7-2〉 음성장애 음성관리 촉진접근법

촉진접근법	절차 내용
혀 위치 변경	혀의 위치를 변경하여 앞쪽이나 뒤쪽으로 옮기는 발성법으로 지도
생체피드백	발성을 함으로써 성대가 움직이는 것을 알게 해 줌
강도변화	심한 성대접촉을 하는 아동에게 부드럽게 발성하는 방법으로 지도
저작하기	음성 과대 기능과 관련된 문제를 지닌 아동과 성인에게 지도 (예: 입안에 비스킷을 저작하는 흉내를 내면서 발성시킴
손가락 조작	발성을 길게 연장하면서 손가락으로 갑상연골을 살짝 누르면 음도가 낮아진다. (예: 변성기가 지난 남학생이 높은 음도로 발성할 경우)
청능훈련	청각적으로 자신의 목소리를 듣고 좋은 음성과 나쁜 음성 구별 연습
남용의 제거	아동의 음성남용 문제에 매우 큰 효과를 준다.
심한 성대접촉 제거	아동의 음성을 녹음하여 들려주고, 부드럽고 편안한 성대 접촉 시범 후 심한 성대접촉과 대조시킨다. (예: 속삭이기 발성, 하품-한숨법)
새로운 음도	과대기능적 음성장애의 일반적 특징으로 새로운 음도 사용법 지도
문제의 설명	아동에게 문제에 대해 설명하는 것은 음성 중재교육에서 중요
함수 접근법	소량의 물을 입에 넣고 머리를 뒤로 젖히고 가글링을 통한 발성 지도
흡기 발성	호흡을 들이마시면서 발성(가성대 발성 아동, 기능적 무변성 아동)
차폐	아동에게 이어폰을 착용하게 하고 글을 읽게 한다. 아동이 글을 읽는 동안 차폐잡음이 커지면 커질수록 아동의 음성도 커진다.
구강개방법	입을 크게 벌려서 음성 과기능 심한 성대접촉을 감소시키는 지도
음성배치	아동에게 음성 발성의 초점을 성대 입구의 목구멍에서 상부 음성관으로 옮기도록 하는 지도

출처: 정옥란 역(2001). 음성과 음성치료. 발췌-수정.

Chapter 8

지적장애학생 의사소통교육

출처: http://news.mtn.co.kr/newscenter/news

학·습·목·표

1. 지적장애의 정의 및 분류에 대하여 이해하고 알 수 있다.
2. 지적장애학생의 언어 및 의사소통 특성을 이해하고 지도할 수 있다.
3. 지적장애학생의 문해 특성을 이해하고 지도할 수 있다.

1 지적장애 정의 및 분류

1. 지적장애 정의

2016년 2월 3일 「장애인 등에 대한 특수교육법」 일부 개정으로 그동안 '정신지체'로 사용되던 용어가 '지적장애'로 변경되었다. 이로써 「장애인복지법」에서 이미 사용하고 있는 지적장애 용어와 동일하게 되었다.

과거 지적장애의 정의는 용어 규정의 문제, IQ 검사에 기초한 지능 그리고 사회적 · 개인적 능력에 기초한 적응행동 등에 입장 차이를 보이며, 시대에 따라 정신박약(저능아)→정신지체→지적장애로 변천해 왔다(권순우 외, 2017).

1) 「장애인 등에 대한 특수교육법」의 정의

"지적 기능과 적응행동상의 어려움이 함께 존재하여 교육적 성취에 어려움이 있는 사람"으로 정의하고 있다.

(1) 지적 기능

미국 지적발달장애협회(AAIDD, 2010)에서는 지적 기능의 평가 준거의 척도로 지능이란 일반적인 정신능력을 말한다. 지능에는 추리, 계획, 문제해결, 추상적 사고, 복잡한 아이디어의 이해, 학습의 신속성, 경험을 통한 학습으로 제시하고 있다.

(2) 적응행동

적응행동은 인간이 살아가는 모든 환경과의 일상적인 상호작용에서 개인적 또는 사회적 생활에서 원활히 기능하기 위해 학습해 온 개념적 · 사회적 · 실제적 기술의 집합체이다(표 8-1 참조).

〈표 8-1〉 개념적 · 사회적 · 실제적 적응기술의 예

범주	내용
개념적	• 언어(수용과 표현), 읽기와 쓰기, 금전 개념, 자기 지시
사회적	• 대인관계, 책임감, 자존감, 속기 쉬움, 규칙준수, 법률준수, 희생되는 것 피함
실제적	• 일상생활: 먹기, 이동, 화장실 이용하기, 옷 입기 • 일상생활 도구적 활용: 식사 준비, 가사, 교통, 약물복용, 금전관리, 전화사용 • 작업기술, 안전한 환경의 유지

2) '미국 지적발달장애협회(2010)' 의 정의

AAIDD에서는 지적장애를 "지적 기능과 개념적 · 사회적 · 실제적 적응기술로서 표현되는 적응행동의 두 영역에서 유의한 제한성을 가진 것으로 특징지어진다. 이 장애는 18세 이전에 시작된다."라고 정의하였다.

3) '미국 정신의학회: DSM-5' 의 정의

미국 정신의학회에서는 지적장애에 대한 정의를 「정신질환의 진단 및 통계 편람 제5판(Diagnostic and Statistical Manual of Mental Disorders-5th ed: DSM-5)」에서 다음과 같이 제시하고 있다.

지적장애는 발달 시기에 시작되며, 개념적 · 사회적 · 실제적 분야에서 지적 기능과 적응기능 모두에 결함을 나타내는 장애로 다음 3가지 기준이 충족되어야 한다.

① 지적 기능의 결함: 임상적 평가와 개별적으로 실시된 표준화된 지능검사로 확인된 지적 기능(추론, 문제 해결, 계획, 추상적 사고, 판단, 학업, 경험 학습)의 결함이 있다.
② 적응기능의 결함: 독립성과 사회적 책임 의식에 필요한 발달학적 · 사회문화적 표준을 충족하지 못한다. 지속적인 지원 없이는 적응 결함으로 인하여 다양한 환경(가정, 학교, 직장, 공동체)에서 한 가지 이상의 일상 활동(의사소통, 사회적 참여, 독립적 생활) 기능에 제한을 받는다.
③ 위의 지적 기능과 적응기능의 결함이 발달기간 중에 시작된다.

위에서 살펴본 여러 단체의 정의를 정리해 보면 다음 [그림 8-1]과 같다. 지적 기능과 적응기능의 결함이 발달 시기 중 시작되어 실제적 적용에 큰 어려움을 가지는 것이라고 할 수 있다.

[그림 8-1] 지적장애의 정의

2. 지적장애의 분류

지적장애의 분류는 전통적 관점에서 일반적으로 장애 정도에 따른 기준으로 하는 IQ 검사의 결과에 기초하였다. 그러나 1992년 AAIDD의 9차 정의가 발표되면서 지능지수에 의한 분류를 삭제하고, 적응기술 영역에서 개인이 필요로 하는 지원의 분류로 새롭게 제시되었다. 즉, 지적장애를 이해하기 위해서는 개인적 측면(능력)뿐만 아니라 기능에 영향을 미치는 환경도 이해해야 함을 보여 주고 있다. 2010년 AAIDD에서 발표한 11차 정의에서는 지적장애 상태를 이해하기 위해서 인간의 기능성에 대한 생태학적인 접근의 분류 모델을 제시하였다(Wehmeyer, 2008). 지적장애의 분류에 대하여 살펴보면 다음과 같다.

1) 「장애인복지법」의 분류

「장애인복지법의 시행규칙」(2019.7.2 개정)에서는 지적장애를 기존 1급, 2급, 3급의 3개의 장애등급으로 분류하던 것을 장애의 정도에 따라 〈표 8-2〉와 같이 「장애의 정도가 심한 장애인」으로 분류하고 있다. 장애 상태의 세부 판정 기준은 기존 장애등급으로 나누는 기준과 동일하다.

〈표 8-2〉 「장애인복지법」의 분류

장애 정도	장애 상태
장애의 정도가 심한 장애인	1. 지능지수가 35 미만인 사람으로 일상생활과 사회생활의 적응이 현저하게 곤란하여 일생 동안 타인의 보호가 필요한 사람 2. 지능지수가 35 이상 50 미만인 사람으로 일상생활의 단순한 행동을 훈련시킬 수 있고, 어느 정도의 감독과 도움을 받으면 복잡하지 아니하고 특수기술을 요하지 아니하는 직업을 가질 수 있는 사람 3. 지능지수가 50 이상 70 이하인 사람으로 교육을 통한 사회적 · 직업적 재활이 가능한 사람

2) 한국특수교육학회의 분류

한국특수교육학회(2008)는 「장애인 등에 대한 특수교육법 시행령」에 따라 다음의 〈표 8-3〉과 같이 지적장애를 분류하여 제시하였다.

〈표 8-3〉 지적장애의 분류

지적장애 정도	IQ 점수 범위	IQ 분류 표준편차	적응행동 제한범위
경도	55~70	−2SD	두 개 또는 그 이상의 영역
중등도	35~54	−3SD	두 개 또는 그 이상의 영역
중도	20~34	−4SD	모든 영역
최중도	20 미만	−5SD	모든 영역

출처: 황보명, 김경신(2010). p. 45.

(1) 경도 지적장애

- 정신연령: 9~12세 정도(교육가능급)
- 특징: 초등학생 정도의 학력과 발달 부족으로 원조를 받아 가며 독립된 생활 가능
- 비율: 전체 지적장애의 약 85%

(2) 중등도 지적장애

- 정신연령: 6~9세 정도(훈련가능급)
- 특징: 소아기에 발달지체가 두드러지게 나타남, 어느 정도의 자조 기능과 의사소통 및 학습 기술을 획득, 적절히 지도하면 단순한 작업 가능
- 비율: 전체 지적장애의 약 10%

(3) 중도 지적장애

- 정신연령: 3~6세 정도(완전보호급)
- 특징: 최소한의 언어발달이 가능, 훈련을 하면 신변처리 겨우 가능, 생활 전반에서 보호 필요
- 비율: 전체 지적장애의 약 3~4%

(4) 최중도 지적장애

- 정신연령: 3세 미만(완전보호급)
- 특징: 언어의 발달이 거의 없음, 의사소통 불가능, 최소한의 감각, 운동 기능의 발달 가능, 기본적인 생활습관(배설, 식사하기, 옷 입고 벗기 등)과 신변처리에 개별적 보호 필요
- 비율: 전체 지적장애의 약 1~2%

3) 미국 정신지체협회(AAMR, 2002)의 지원 강도에 따른 분류

2002년 발표된 10차 정의는 다시 분류체계에 수정을 가했는데, 지원 강도, 지능지수 범위, 적응행동의 제한성, 원인론, 정신건강 범주 등에 의해 분류하도록 한 것이다(강대옥 외, 2016). 지원의 강도에 따른 분류는 다음 〈표 8-4〉와 같다.

〈표 8-4〉 지원의 강도에 따른 분류

요구되는 지원	특성
간헐적 지원	필요할 때마다 제공되는 지원으로 간헐적 성격의 특성을 지닌다. 개인이 항상 지원을 필요로 하는 것은 아니지만 인생의 전환기에 단기간의 지원을 필요로 하는 경우(실직, 심각한 의료적 위기)에 지원한다. 간헐적 지원은 고강도 또는 저강도로 제공될 수 있다.
제한적 지원	일정한 시간에 걸쳐 일관적으로 그러나 간헐적이 아닌 시간 제한적이다(시간 제한적인 고용훈련, 학교에서 성인기로 전환 지원 등).
확장적 지원	적어도 몇몇 환경(직장 또는 가정)에서 장기적으로 요구되는 지원으로 시간 제한적은 아니다(장기간의 가정생활 지원).
전반적 지원	항구성을 지닌 고강도 지원으로 전반적인 환경에 걸쳐 제공되며, 잠재적으로 삶을 유지하는 데 필요한 성격의 특성을 지닌다. 일반적으로 확장적 또는 시간 제한적 지원에서보다 더 많은 직원(staff)이 필요하며, 개인에게는 더 개입적일 수 있는 지원을 포함한다.

출처: AAMR(2002), p. 152.

AAIDD(2010)에서 설명하는 인간의 기능성 다차원적 모델은 다음과 같다.

인간기능은 두 요소로 크게 구성되는데 한 면은 지적 능력, 적응행동, 건강, 참여, 상황 맥락을 말하며, 또 다른 한 면은 지원의 역할을 말한다(그림 8-2 참조).

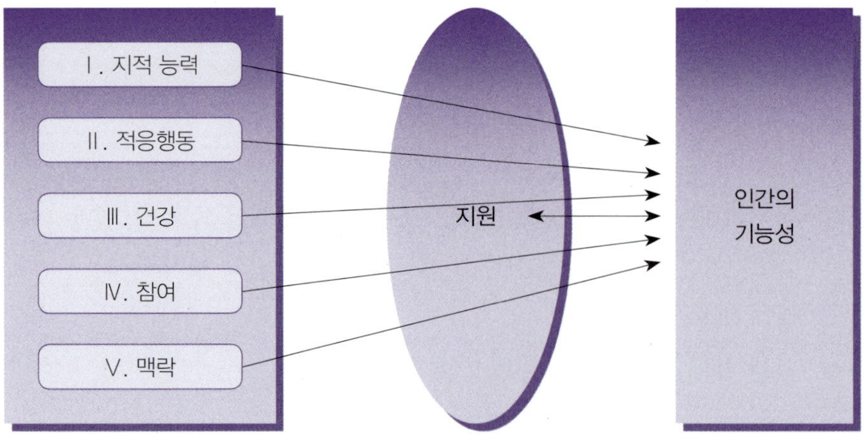

[그림 8-2] 인간의 기능성 다차원적 모델

2 지적장애 원인 및 출현율

1. 지적장애의 원인

지적장애의 원인에 대하여 현재까지는 다요소적인 원인이 두 가지 이상 결합되어 발생되는 것으로 추론하고 있다. 일반적으로 생물학적 요인, 사회 환경적 요인, 유전적 요인 및 약물오남용 등을 제시하지만 아직까지 명확히 밝혀진 것은 의학적 진단에 의한 증명으로 확인된 다수의 증후군이다(예: 다운증후군, 윌리엄스증후군 등). 최근에는 초음파, 초미세먼지, 환경호르몬 등의 외부환경적인 요인의 관련성에도 염두를 두고 있다(권순우 외, 2017).

1) 발생 시기별 원인

AAIDD에서는 지적장애의 원인을 다음의 〈표 8-5〉와 같이 다양한 요인으로 제시하고 있다(AAMR, 2002).

〈표 8-5〉 지적장애의 다양한 원인

시기	생의학적	사회적	행동적	교육적
출산 전	• 염색체 이상 • 단일유전자장애 • 증후군 • 대사장애 • 뇌 발달장애 • 산모 질병 • 부모 연령	• 빈곤 • 산모 영양실조 • 가정폭력 • 출산 전 관리부족	• 부모의 약물복용 • 부모의 음주 • 부모의 흡연 • 부모의 미성숙	• 인지적 장애를 보이는 부모의 지원 결여
출산 전후 (주산기)	• 조산 • 출산 시 손상 • 신생아 질환	• 출산 관리의 결여	• 부모의 양육거부 • 부모의 아동유기	• 퇴원 시 중재 서비스를 위한 의료적 의뢰 결여
출산 후	• 외상성 뇌 손상 • 영양실조 • 뇌막염 • 발작장애 • 퇴행성 질환	• 아동–양육자 간 상호작용 문제 • 적절한 자극의 결여 • 빈곤한 가정 • 가정 내 만성질환 • 시설 수용	• 아동학대 및 유기 • 가정폭력 • 부적절한 안전 조치 • 사회적 박탈 • 다루기 힘든 아동의 행동	• 잘못된 양육 • 진단의 지체 • 부적절한 조기 중재 서비스 • 부적절한 특수교육 서비스 • 부적절한 가족

2) 유전적 원인의 분류

유전적 원인으로는 갈락토세미아, 손상된 엑스증후군, 레트증후군, 다운증후군, 윌리엄스 증후군, 프래더윌리 증후군 등이 있다. 아래 〈표 8-6〉은 대표적인 유전적 원인과 특성에 대한 내용이다.

〈표 8-6〉 대표적인 유전적 원인과 특성

유전적 원인	원인	특성
갈락토세미아	유전적으로 특정 물질을 분해하는 효소가 체내에서 생성되지 않아 발생	먼저 체중이 감소하고, 황달이 옴. 이 상태로 6~12개월이 지나도록 치료를 하지 못하면 뇌손상이나 백내장, 내장 기관에 기능적인 이상이 발생
손상된 엑스증후군	성염색체 중 X염색체 끝부분의 손상으로 인하여 발생	다운증후군처럼 얼굴 형태에서 공통점을 찾을 수 있는데, 긴 얼굴, 넓고 큰 귀, 큰 머리가 특징이며, 지적장애를 나타냄
레트증후군	X염색체의 변이로 인하여 발생	생후 6개월에서 18개월까지 정상적으로 발달, 이 시기를 넘어서면서 퇴보하기 시작하여 말과 언어 및 운동 기능을 상실, 구어 사용이 어려움, 사회적 상호작용의 감소로 사람들과의 소통이 줄어들며, 운동 기능상의 문제, 의미 없는 행동을 반복함
다운증후군	23쌍의 염색체 중 21번 염색체 수가 3개로 변형되어 발생	코가 낮고 눈과 눈 사이의 거리가 멀며, 혀가 두터워서 입을 벌리고 있는 경우가 많음, 손과 발도 작은 편이며, 근육의 긴장도가 적고 관절 부위가 과하게 유연함, 일반적으로 사회성이 좋아 대화하기를 좋아함
윌리엄스 증후군	7번 염색체의 돌연변이로 인해 발생	수학적 능력은 부족하나 상대적으로 언어 사용 능력은 우수한 편, 음악을 좋아하며, 시각적 기억이 뛰어나 사람의 얼굴을 잘 기억함, 지적장애 판정을 받지 못하는 경우도 있음
프래더윌리 증후군	15번 염색체의 이상으로 발생	식욕을 조절하지 못해 비만이 되고 키가 잘 자라지 않음, 비만은 고혈압이나 당뇨, 뇌혈관 질환 등의 큰 질환을 가져오게 되고, 선천적으로 불임인 경우도 있음

출처: 정대영, 김영익, 김은미(2012). 특수아동지도. p. 217.

2. 지적장애학생의 출현율 및 현황

1) 지적장애 출현율

전문가들은 대체로 지적장애를 전 인구의 약 2~3%의 범위에 걸쳐 다양하게 분포되어 있는 것으로 보고 있다. 지능 측정을 위한 도구로 −2표준편차 절선은 IQ 70이기 때문에 IQ 0~70 이하까지를 지적장애 판별의 범위라고 볼 때 이론상으로는 그 비율이 2.27%가 된다. 최근 조사결과에서 국립특수교육원(2024)은 전체 특수교육대상자를 115,610명으로 보고하였다. 그중 지적장애학생으로 판별된 학생은 57,833명으로 50.1%를 나타내었다. 그러나 지적장애로 진단받은 학생의 실제 비율은 이보다 훨씬 낮다.

연구자들은 지적장애의 진단을 위한 지적 능력으로서 지능지수보다는 지능에 대한 좀 더 광범위한 정의나 혹은 적응행동을 고려해서 학령인구를 추정하기 때문에 이같이 낮은 출현율을 보일 수 있다고 한다. 더불어 IQ 70 정도인 학생일 경우 부모나 교직원들은 지적장애로 판별받는 것보다 학습장애로 판별받기를 선호하는 경향이 있기 때문이다.

2) 지적장애학생 현황

교육부(2024) 특수교육통계 자료의 지적장애학생 현황은 아래 〈표 8-7〉과 같다.

〈표 8-7〉 연도별 지적장애학생 현황

구분	2020년	2021년	2022년	2023년	2024년
전체 특수교육 대상학생	95,420 (100)	98,154 (100)	103,695 (100)	109,703 (100)	115,610 (100)
지적장애학생	50,693 (53.1)	51,788 (52.8)	53,718 (51.8)	55,867 (50.9)	57,833 (50.1)

출처: 교육부(2020, 2021, 2022, 2023, 2024).

3 지적장애학생 일반적 및 언어적 특성

지적장애는 경도의 간헐적 지원이 요구되는 수준으로 또래들과 비교하여도 별 차이가 없는 지적장애학생부터 중도의 전반적 지원이 요구되는 지적장애학생에 이르기까지 개인적 요인과 환경에 따라 다양한 특성을 나타낸다.

1. 일반적 특성

1) 인지 특성

(1) 정보처리

지적장애학생의 가장 명확한 특성은 외부에서 투입되는 자극에 대해서 바람직한 반응을 산출하는 데 결함을 가진다. 정보처리는 외부세계의 어떠한 정보에 대하여 분석→분류→저장→기억→인출→실행하는 과정인데, 지적장애학생은 이러한 정보를 정확하게 파악하여 비교 결정할 수 있는 능력의 결함, 자료를 종합하여 평가할 수 있는 능력의 결함, 추론능력과 가설검증 능력의 결함 등의 특성을 보인다(강영심 외, 2010).

(2) 주의집중

지적장애학생은 감각적으로 둔감하고 예민성이 결여되어 주의집중을 하는 데 여러 가지 어려움을 보인다. 주의집중을 잘하기 위해서는 첫째, 주의집중의 지속시간, 둘째, 주의집중의 범위와 초점, 셋째, 주의집중의 선택이 필요하다. 지적장애학생은 이러한 요소에서 많은 어려움을 가진다. 즉, 주의집중의 대상을 알지 못하고, 특정 자극이나 과제의 단서보다는 자극이나 과제를 제시하는 사람에게 더 주의집중을 기울일 수 있다. 주의를 기울여야 하는 대상을 안다 할지라도 그 주의집중 시간을 오랫동안 유지하는 데 어려움을 가진다(Taylor et al., 2005).

(3) 단기기억과 장기기억

지적장애학생은 또래에 비해 정보를 기억하는 것에 어려움을 보이는데, 장애 정도가 심할수록 기억에서의 결함도 크다. 특히, 단기기억 능력의 결함이 더 크게 나타나며, 장기기억은 또래 학생과 비교했을 때 크게 뒤지지 않는 것으로 나타났다. 따라서 단기기억 기술을 향상시키는 것이 중요하며, 반복학습이나 기억증진 프로그램을 사용하여 정보를 단기기억에서 장기기억으로 옮겨서 저장할 수 있도록 하는 것이 필요하다.

(4) 사고, 추리, 개념

지적장애학생은 특정과제를 해결하기 위해 필요한 전략을 알고 자신의 수행과정을 지속적으로 검토하며 결과와 효율성을 점검하는 상위 인지능력이 부족하다(Ellis & Dulanry, 1991). 이러한 과정에서 가장 눈에 띄는 것은 사고와 추리를 효율적으로 수행하는 능력이 부족하다는 것이다. 또한, 문자언어인 읽기나 음성언어인 말로 제시되는 자극에 대한 개념을 사고하고 추리하는 능력 또한 느리게 발달하는 한계점이 있다.

(5) 모방과 일반화

지적장애학생은 모델을 관찰하거나 모방하는 것을 통해서 학습하는 능력과 참여하는 것만으로 학습할 수 있는 우발학습의 능력이 부족하다. 우발학습은 다른 기능이나 개념 혹은 다른 상황으로 전이하거나 일반화하는 것과 관계가 있다. 한 가지를 배우면 다른 것에 지나치게 적용하는 과잉 일반화의 문제를 나타내며, 한 교과에서 배운 단어를 다른 교과에서는 읽지 못하거나 교실에서 배운 것을 다른 곳에서 적용하지 못하기도 한다(송준만 외, 2016). 이러한 특성에 대한 지도방법은 학생이 관심 있어 하는 주제를 통한 동기부여로 환경중심의 상황에서 자연스럽게 습득할 수 있도록 한다.

2) 학업 특성

지적장애학생은 또래에 비하여 학업기술의 문제로 대부분의 교과에서 낮은 성취 수준을 보이고 체육이나 작업 등과 같은 비형식적인 교과에서도 어려움을 보인다(신진숙, 2010). 지적장애학생의 낮은 학업성취는 평균 이하의 지능, 낮은 동기, 주의집중과 유지의 문제, 느린 지각속도, 더딘 학습속도, 비효율적인 전략의 사용, 학업기술의 결핍 등 인지처리 특성과 관계가 있다.

일반적으로 경도 지적장애학생은 학업능력이 대체로 열악하여 초등학교 6학년까지는 유치원 정도이고, 학령기를 마칠 때까지는 3학년 정도, 지적인 최대의 능력 수준은 초등학교 5, 6학년(MA 10~12세)의 능력을 나타낸다. 또한, 중도 지적장애학생은 의사소통 능력은 기를 수 있으나 일반적인 문자학습과 기술기능은 거의 배울 수 없다(조인수 외, 2014).

즉, 지적장애학생은 경도에서 중도에 이르기까지 지적 수준과 적응행동의 능력 정도에 따른 학업 특성이 개인 간 차이와 개인 내 차이로 다양하게 나타날 수 있다. 지적장애학생이 여러 요인으로 인하여 학업에 어려움을 보이지만 기초적인 읽기와 쓰기를 통하여 느리지만 교과 학업기술을 발달시킬 수 있다.

3) 사회 · 정서 특성

지적장애학생은 또래 친구들과 어떻게 상호작용해야 하는지 잘 몰라 친구를 사귀지 못하는 경우가 많다. 또한, 어렸을 때부터 자신이 친구들과 다르다는 것을 인식하고 자신에 대한 자아개념이 낮아져서 사회성 발달에도 다음과 같이 부정적인 영향을 미치기도 한다.

- 적응행동의 결함과 반복된 실패의 경험으로 또래와의 대인관계 결여
- 가정이나 학교에서 자신감 결여로 해야 할 일을 잘 못하여 의존성이 강함
- 자신의 주변 상황에 별로 관심이 없고, 외모나 복장 상태에 개의치 않음
- 자기지향성, 책임감, 사회적 기술 등의 부족으로 인해 부적절한 행동을 함으로써 또래 친구들과의 상호작용에서 거부를 자주 경험

또한, 지적장애학생은 인지능력의 미성숙으로 주변과 상황적 요구에 따라 행동하고 자기를 통제하는 능력이 부족하다. 그로 인하여 충동적이고 공격적인 행동을 보이게 된다. 지적장애학생은 또래 학생과 비교하여 정서행동문제를 더 많이 나타내며, 불안장애나 기분장애와 같은 내재화 문제보다는 주의력결핍, 과잉행동, 적대적 반항장애, 품행장애와 같은 외재화 문제(김은화, 이승희, 2007)를 더 많이 보이는 경향이 있으므로 이러한 특성을 이해하여야 한다.

※ 자기통제(Self-control)

목표를 달성하기 위해 순간의 충동적인 욕구나 행동을 억제할 수 있는 능력을 말한다. 충동을 억제하는 법을 배우지 못하면, 다른 사람의 권리를 침해하거나 규칙을 위반함으로써 다른 사람과 마찰을 일으키게 된다.

지적장애학생은 다른 사람에게 인정받고 사랑받기 위해서 스트레스를 받거나 강압적인 상황에서도 위험하거나 부적절한 사항에 동의를 하거나 다른 사람이 원하는 것을 묵묵히 하기도 한다. 과잉 친절성이 장점이 될 수 있지만, 신뢰할 수 없는 사람과 함께하면 이해하지 못하는 가운데 동의하거나 개인의 취약성으로 나타날 수 있다. 속기 쉬움은 지적장애의 중요한 특성 중 하나로 쉽게 놀림이나 속임 등으로 이용을 당하는 것이다(Greenspan, 2006).

4) 신체 · 건강 특성

신체 · 건강 특성은 또래 학생과 비교해 경도 지적장애학생은 크게 다르지 않다. 사회 · 심리적으로 혜택을 받지 못하는 경도 지적장애학생 사이에서 뚜렷한 신체적 건강상의 특징은 보이지 않는다. 일반적으로 그들의 성취 수준은 특히 운동기능에서 신경학적인 장애를 지닌 중복장애학생보다는 훨씬 높다. 단지 장애조건 자체 때문에 또래와 신체적으로 다르게 된다. 신체적 능력과 건강에 있어 경도 지적장애학생과 또래와의 일반적인 차이점은 다음과 같다(한국특수교육연구회, 2009).

- 신체발달: 경도 지적장애학생은 또래에 비해 키, 몸무게, 골격의 성숙이 비교적 평균 이하이다.
- 운동발달: 경도 지적장애학생에 대한 연구에서 보면 모든 운동 분야에서 또래의 학생보다 평균적으로 저조하게 성취된다.
- 신체적 손상: 어떤 지적장애학생은 대개 중도장애나 신경학적 손상–뇌성마비, 뇌전증 발생, 감각손상 그리고 아동 학대에서 오는 상해와 같은 신체적 문제를 동시에 보인다.
- 건강문제: 부적절하고 불균형적인 식사, 병원균에 감염되기 쉽고, 부적당한 건강 관리 그리고 치아의 이상 등이 지적장애학생의 일반적인 특징이다.

지적장애학생은 운동 활동이나 신체적 노력에서는 생활연령이나 정신연령이 같은 또래에 비해 비교적 큰 어려움이 없다. 그러나 한 영역에서 발달의 지체는 다른 영역에서의 지체로 나타날 수 있다. 지적장애학생은 흔히 운동 수행의 발달과 함께 정서발달, 언어발달, 인지발달의 지체를 나타낸다(Owens, 2005). 이는 인간의 발달이 전인적인 것이며, 신체적 · 지적 · 정신적으로 상호 영향을 주고받는 밀접한 관계가 있는 유기체이기 때문이다.

감각지각과 운동의 발달은 균형, 보행, 대소근육의 움직임에서 문제를 나타낸다. 지적장애학생은 외부적으로 보이는 형태적인 것보다 내부적인 감각지각과 운동의 기능, 기본적인 신체조절 능력의 결핍으로 인하여 감각통합이나 평형성 등에 어려움을 가진다. 외부의 자극이나 주변 상황에 대하여 전체적인 신체 움직임 동작을 적절하게 통합 조절하지 못하여 동작이 부자연스럽고 정교하지 못하다.

2. 언어적 특성

지적장애학생의 일반적인 언어발달 특성은 지능지수가 매우 낮은 중도 이하의 아동을 제외하고는 정신연령이 10세가 되기 이전까지는 말속도, 발화길이, 발화량에서만 차이가 있을 뿐 또래 학생의 언어발달 형태와 매우 유사하게 발달하다가 10세 이후가 되면서 차이를 보이며, 또래와 질적으로도 다른 언어발달의 특성을 나타내는 것으로 알려져 있다(Owens, 2002; 김영태, 2014).

1) 음운론 특성

지적장애학생의 조음 · 음운의 문제는 지적장애가 없는 또래 학생보다 더 일반적이지 않으며, 지적 능력의 결함이 중도 이상의 지적장애학생인 경우 발성도 적고 자음의 산출도 적은 특성을 나타낸다(Long, 2005). 지적장애학생은 또래 학생과 유사한 음운변동패턴을 보이지만 그 발생빈도가 더 높은 경향을 나타낸다. 가장 흔한 음운변동은 자음 생략과 종성 생략이다. 더 나이가 들더라도 지적장애학생은 나이 어린 아동이 보이는 음운변동을 계속해서 사용한다(Klink et al., 1986; 권도하 외, 2014). 지적장애학생은 또래 학생과 유사한 음운발달을 하지만 정상적인 발달 단계를 이루지는 못한다고 하였다(김영환, 1991).

최근 음운인식에 대하여 연구한 정지원(2016)의 연구에서 지적장애학생 집단이 또래 학생 집단에 비하여 음운인식의 반응시간보다는 반응정확도에서 더 지체된 큰 차이를 보였다고 하였다. 손은남 등(2013)의 연구에서는 지적장애학생에 대한 음운 길이에 따른 수행능력과 조음 · 음운 특성의 연구에서 단어단위 정확률과 복잡률은 지적장애 정도가 심할수록 그 수행의 정도가 낮아졌다고 하면서 이것은 지적장애학생의 지적 능력과 조음 · 음운의 신경학적 운동 패턴에 관계가 있다고 하였다. 지적장애학생의 조음 · 음운의 특성을 정리하면 다음과 같다.

- 조음 · 음운의 발달이 느리게 유사하게 진행되지만 10세 이후 질적 · 양적 차이가 난다.
- 지적 능력의 결함 정도가 심할수록 조음 · 음운의 문제가 더 많이 나타난다.
- 가장 많이 나타나는 일반적인 오류형태는 자음 생략과 종성 생략이다.
- 조음 정확도의 오류가 비일관적이며, 명료도와 음운인식에서도 어려움을 가진다.

2) 형태 및 구문론적 특성

지적장애학생은 또래 학생에 비하여 형태소 사용이 매우 제한적이지만 형태론 · 구문론적 특성에서 다소 지체되어 있을 뿐, 비정상적인 패턴이나 특이한 특성은 나타나지 않는다(황보명, 김경신, 2010). 지적장애학생은 지적 능력의 결함으로 인하여 새로운 형태의 구문을 학습하는 데 좀 더 많은 시간이 필요하며, 복잡한 문장구조로 이루어진 구문을 어렵게 학습하더라도 언어 규칙을 일반화하여 사용하는 데는 매우 제한적으로 나타난다.

또한, 정보처리와 기억능력, 주의집중 등 인지결함의 요인으로 인하여 또래 학생보다 긴 문장을 따라 말하는 능력이 부족하다. 전병운(1988)에 의하면, 지적장애학생이 평균발화길이가 또래 학생에 비하여 2년 이상의 지체를 보이며 정신연령이 증가할수록 그 차이도 증가한다고 하였다. 또한, 지적장애학생의 생활연령은 평균발화길이(MLU)발달에 거의 영향을 미치지 않고 있으나, 정신연령이 증가함에 따라 유의한 차이가 있다고 하였다.

Rondal(1996)은 지적장애학생은 발화에서 간단한 문장 형태를 나타내고 기능어(관사, 전치사, 대명사 등)를 빈번히 생략하는 오류를 나타낸다고 하였다. 이러한 것은 지적장애학생은 언어규칙을 사용하기는 하지만 문법적 규칙보다는 단어들의 배열과 조합에 의존하는 경향을 나타내기 때문이다.

지적장애학생의 형태소 및 문법 구조 발달에 대한 연구들을 요약하면, 이들은 문법구조나 형태소를 습득하는 데 있어 특이할 만한 결함은 없으며, 정상적인 발달단계를 거친다는 데 대체로 일치되는 결과들을 보여 준다. 그러나 지적장애학생의 형태 및 구문론적 발달은 구체적인 문맥과 관련되어 있으며, 융통성 있는 문장보다는 고정된 형식이 문장에 제한되어 있는 것으로 보인다(권도하 외, 2014). 지적장애학생의 형태 및 구문론적 특성은 다음과 같다(정해동 외, 2010).

- 짧은 발화 수준, 간단한 문장구조와 제한된 문장 형태를 사용하는 경향이 많이 있다.
- 일반적인 문장의 발달과 길이-복잡성의 관계가 학령 전 일반아동과 유사하다.
- 또래 학생보다 주제의 정교함이 조금 떨어지거나 혹은 원인과 결과의 관련성이 적으면서 보다 덜 복잡한 문장을 사용한다.
- 더 높은 수준으로 할 수 있으면서도 덜 성숙한 형태에 의존하는 경향이 있다.
- 학령 전 일반아동과 같은 순서의 형태 발달을 보인다.

3) 의미론적 특성

지적장애학생의 의미론적 발달 패턴은 또래 학생과 유사하지만 그 속도가 느리며, 일정 수준 이상의 발달단계를 넘지 못하는 경우가 많아 초기 의미를 습득하는데 지체를 보인다. 어휘 발달이 느리고 다양한 의미를 이해하고 사용하는 데 제한되어 구체적이고 명확한 단어를 주로 사용한다. 또한, 단어의 의미를 추론하고 이해하는 데 어려움을 나타내어 의미를 알아내기 위해 상황에 더 많이 의존하는 경향이 있다.

이러한 지적장애학생의 의미론 발달 지체는 유형이나 정도 또는 환경에 따라 차이를 나타내기는 하지만 일반적으로 동일 정신연령의 또래 학생에 비해 낮은 수용언어 능력을 나타낸다. 또한, 단어의 의미를 고정적으로 사용하는 경향이 있다(Owens, 2002). 이것은 알고 있는 단어의 의미를 다양한 문맥 속에서 글자 그대로의 의미가 아닌 또 다른 제2의 의미를 나타내는 의미 추론의 표상이 제대로 확립되어 있지 않기 때문이다. 예를 들면, "두 얼굴을 가진 사람, 입이 무겁다, 허리띠를 졸라매다" 등의 관용적 표현을 이해하기가 어렵다.

다운증후군학생은 동일 이해 능력의 또래 학생보다 유의하게 낮은 수준을 나타냈다. 이러한 결과는 다운증후군학생이 관용어를 이해할 때 상황이나 문맥적 단서에 크게 의존하는 경향이 있음을 보여 준다. 다운증후군을 포함한 경도의 지적장애학생은 동일 정신연령의 또래 학생과 마찬가지로 다양한 어미와 접사를 습득하지만 상대적으로 이러한 자질을 적게 사용한다고도 보고되었다(김영태, 2014). 지적장애학생의 의미론적 특성에 대한 권도하 등(2014)의 내용을 살펴보면 다음과 같다.

- 단어 습득이 느리고 다양한 의미적 단위를 사용하는 데 어려움을 나타낸다.
- 의미 수준은 또래 학생에 비하여 확연히 지체되며, 명사에 대한 의미가 필요 이상으로 구체적이고 의미의 사용이 제한적이며 한정적이다.
- 관용어, 숙어와 같은 비유적인 언어와 추상적인 이해와 표현에 어려움을 나타낸다.
- 추상적인 사고능력이 부족하여 특히 명사만을 사용하는 경향이 있고, 다양한 단어를 사용하기보다는 몇 가지 단어만을 계속 사용하려는 경향이 있다.
- 또래 학생이 3~4단어 이상의 의미 관계를 표현하는 데 반해, 지적장애학생은 2~3단어 의미 관계 수준에 머물러 있거나 특정한 의미 관계 유형만을 사용한다.

4) 화용론적 특성

화용론적 특성은 일반적으로 다른 사람의 언어 및 비언어적인 행동, 의사소통의 의도, 참조적 이야기, 주제 유지 및 명료화 등에서 많은 어려움을 나타낸다.

(1) 의사소통 의도 능력

지적장애학생의 의사소통 능력은 또래 학생의 의사소통 능력과 유사하게 발달하나, 그 발달의 속도는 또래 학생의 발달 속도보다 느리며, 대화 시 주도적인 역할을 잘하지 못한다(Kamhi & Masterson, 1989). 또한, 더 발전된 의사소통 의도를 나타내지 못하거나 다양한 의사소통 의도를 보이지 못하는 학습된 무기력에 수동적인 경우가 많다.

(2) 전제 능력

경도 지적장애학생은 인지적 능력과 일치된 수준의 전제 능력과 관점 파악 능력을 나타낸다. 즉, 또래 학생은 초기 2단어 단계가 될 때 전제 능력을 습득하기 시작하지만, 지적장애학생은 그보다 훨씬 늦게 전제 능력을 나타낸다(김영태, 2014).

(3) 참조적 의사소통 능력

참조물을 구별하는 능력과 적절한 참조물을 선택하거나 주제를 유지하는 능력에 비하여 상황적 정보가 부족할 때 상대에게 명확한 정보를 요구하는 명료화 능력이 많이 결여되어 있다. 또한, 참조물을 비일관적으로 사용하거나 동일한 참조물을 새롭게 설명하여 상대방을 혼란스럽게 하는 경향이 있다(Abbeduto et al., 2006).

(4) 말차례 주고받기 능력

지적장애학생은 대부분 매우 짧게 말하는 경우가 많다. 또한, 질문에는 대답을 잘 하지만 대화를 계속 이끌어 가기 위해 질문을 하는 경우는 많지 않은 편이다. 대화를 유지하기 위해서 계속 말차례를 주고받아야 하는데 이러한 것을 어렵게 느낀다.

(5) 주제 다루기 능력

부족한 인지 능력과 경험 부족으로 인하여 특정한 주제로 대화를 시작하고, 또한 주제를 지속적으로 유지하기가 어렵다. 주제유지가 되지 않으면 더 이상 할 말이 없어지게 되므로 대화가 짧아질 수밖에 없고, 주제에서 벗어나게 되면 두서없는 대화가 진행되어 흥미를 잃어버리게 된다(권도하 외, 2014).

(6) 명료화 능력

지적장애학생은 상황적인 정보가 부족할 때 상대방에게 명확한 정보를 요구하는 명료화 능력이 상대적으로 많이 결여되어 있다. 그리고 이미 언급하였던 한 가지 주제를 지나치게 반복적으로 이야기하는 구어적 고착현상을 나타내는 경향을 보인다(Owens, 2002). 이는 구체적인 명료화 대상에 대한 언어학적인 인지정보가 부족하기 때문이다.

위에서 살펴본 지적장애학생의 언어특성을 바탕으로 다시 한번 황보명과 김경신(2010)의 내용을 요약하여 살펴보면 다음 〈표 8-8〉과 같다.

〈표 8-8〉 지적장애학생의 언어특성

영역	내용
음운론	• 학령 전 일반 아동과 유사한 음운규칙을 보임 • 자신의 가능성보다 더 낮고 덜 성숙한 형태에 의존
구문론/형태론	• 학령 전 일반 아동과 유사한 문장 길이와 복잡성 • 일반학생과 동일한 문장 발달 과정 • 정신연령이 동일한 일반학생보다 주어를 정교화하거나 비교하는 절이 더 적고 더 짧으며 덜 복잡한 문장 • 단어 관계보다 문장 내 단어 순서를 우선시함 • 자신의 가능성보다도 더 낮은 수준의 형태에 의존 • 학령 전 일반 아동과 동일한 순서의 형태소 발달 • 더 초기에 나타나는 형태에 의지함
의미론	• 더 구체적인 의미의 단어를 사용함 • 어휘 증가량이 적음 • 다양한 의미론적 단위를 잘 사용하지 못함 • 다운증후군 학생은 정신연령이 동일한 일반학생처럼 문맥에서의 노출에 따라 단어 의미를 학습할 수 있음
화용론	• 요구하기 제스처의 지체 • 제스처 발달과 의도 발달 양상은 일반학생과 유사 • 명료화 기술은 정신연령이 동일한 일반학생과 비교하여 차이가 없음 • 대화 역할이 주도적이지 않음
이해	• 다운증후군 학생은 정신연령이 동일한 일반학생보다 수용언어 기술이 더욱 열악함 • 정신연령이 동일한 또래보다 문장 상기 능력이 열악함 • 의미를 추출하기 위하여 문맥에 더 많이 의존

4 지적장애학생 언어지도

지적장애학생에 대한 언어지도 접근법은 학생 개개인이 나타내는 학습자 특성이 매우 다양하기 때문에 어떤 특별한 지도법이 정해져 있는 것은 없다. 즉, 현재 언어발달 수준과 다양한 특성을 고려하여 발달에 근거한 접근과 기능적 접근을 토대로 하여 일반적으로 제시하는 몇 가지 언어지도법에 대하여 살펴보고자 한다.

1. 언어지도 원리

지적장애학생이 나타내는 언어기술의 수준에 따라 언어지도의 목표는 상이할 수 있다. 초기의 언어지도 접근에 있어서는 인지적 지각, 사회적이고 의사소통적인 기술, 초기 의사소통 수립에 초점을 두어야 한다. 초기에 장애를 보이는 언어영역은 대부분 의미론과 화용론이므로 두 영역을 목표로 삼을 수 있다. 이후 언어지도를 통해 짧더라도 두 단어 발화가 시작되면 언어규칙 체계를 목표로 하여야 한다(권도하 외, 2014). 다음의 [그림 8-3]과 〈표 8-9〉는 언어지도 접근에 대한 학습의 기본적인 원리에 대한 내용이다.

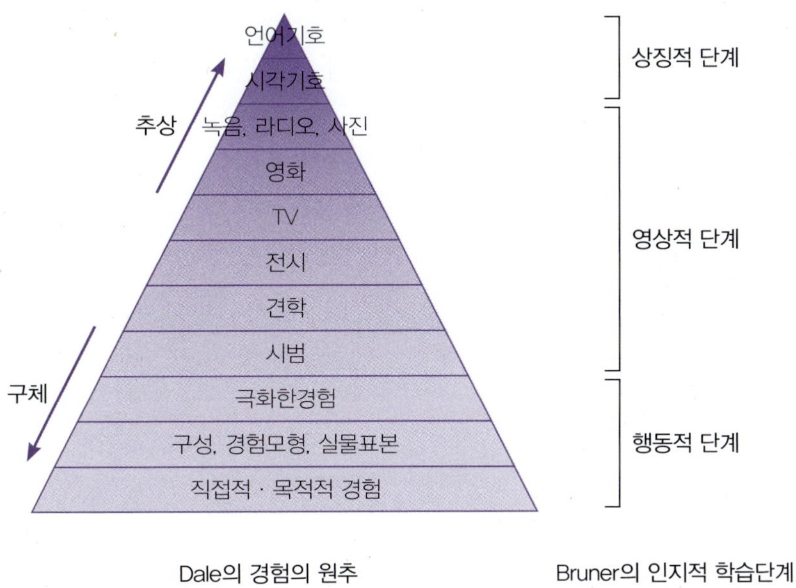

[그림 8-3] 언어지도 접근에 대한 학습의 기본적인 원리

〈표 8-9〉 지적장애학생의 언어지도 원리

- 지적장애학생과 의사소통을 할 때는 구체적이고 명확하고 시각적이어야 한다. 문장보다는 단어로, 긴 문장보다는 짧은 단어 1~2개로 요약해서 전달한다.
- 일상생활에서 자주 사용하는 어휘로 하되, 가급적 행동과 함께 보여 주어야 한다.
- 언어자극이나 그 밖의 청각적인 자극들은 최소화한다. 여기서 최소화란 불필요한 자극을 주지 않는다는 것이다. 특히, TV나 라디오, 심지어는 명상음악까지도 언어적 정보 수용을 방해하고 집중력을 떨어뜨릴 수 있으므로 무관자극을 제거해 주어야 한다.
- 지적장애학생에게는 시각적 · 촉각적 자극을 함께 주는 것이 좋다. 특히, 다운증후군 학생은 청각적 정보처리에 특히 어려움을 가지므로 개념을 학습시키기 위해서는 반드시 다른 감각 자극을 함께 활용하도록 한다.
- 지적장애학생은 개념 형성이 어렵다. 따라서 계속해서 반복해 주어야 한다. 설령 이미 학습되었다는 느낌이 들더라도 계속해서 그 학습을 반복해 주는 과잉학습이 필요하다.
- 언어중재는 자연스러운 환경 안에서 이루어져야 한다. 지적장애학생은 일반화가 잘 되지 않으며 상황적 맥락에 의존한 의사소통을 하기 때문에 반드시 매일매일의 일상생활을 이용하여야 한다.
- 지적장애학생은 주의집중시간이 매우 짧고 동기유발이 어렵기 때문에 언어중재에서도 효과적인 강화 활동이 필요하다.
- 새롭거나 연관성 있는 자료에 밝게 표시를 해 둔다.
- 더 쉽게 학습하고 상기할 수 있도록 정보를 미리 조직화한다.
- 연관성이 있거나 유사한 자극으로의 전이를 촉진하기 위하여 지적장애학생이 과제를 훑어볼 수 있도록 훈련한다.
- 인지적 조직화와 기억을 촉진하기 위하여 시연 전략을 훈련한다.
- 전이를 촉진하기 위하여 유사한 상황과 자료를 사용한다.
- 초기 훈련 동안 구체적이고 친숙한 사물들, 사람, 상황을 사용한다.
- 자극 단서는 점차적으로 변화시키고 연속적인 회기 동안 한 번에 한 개씩만 제시한다.
- 이후에는 상기하고 전이를 촉진할 수 있도록 과잉학습과 반복을 사용한다.

출처: 고은(2014). pp. 338-339. 수정 보완.

※ 지적장애학생의 장애정도에 따른 언어지도

- **경도 및 중등도:** 언어발달지체에 초점을 맞추어 일반아동의 언어발달 단계를 기준으로 지체된 언어영역별 부분들을 순서에 따라 순차적으로 중재, 일반화가 어렵기 때문에 일상생활에서 실제로 경험하고 사용하는 상황과 유사한 언어맥락의 다양한 장면들을 구성하여 지도.
- **중도 및 최중도:** 구어를 가르칠 것인지와 보완대체의사소통 수단을 가르칠 것인지, 또는 두 가지를 병행할 것인지 고려해야 하여 실생활에서 의사소통하는 데 필요한 언어를 먼저 가르치는 하향식으로 접근한다. 또한 생활연령과 언어연령의 차이가 심하므로, 언어연령만을 고려한 어휘를 가르치지 않도록 유의해야 한다.

2. 활동중심 언어지도

활동중심 언어지도는 학교 환경의 수업 장면에서 동기부여를 통한 교사와 지적장애학생과의 자연스러운 의사소통 맥락을 활용한 효과적이고 의미 있는(교육목표 성취) 활동을 통한 언어지도 접근법이라고 할 수 있다. 교육과정을 통한 교육목표 성취는 대부분 교과서를 통한 교사의 언어표현과 학생의 언어이해를 통한 상호작용으로 이루어진다. 그렇기 때문에 특별한 교육적 서비스가 필요한 지적장애학생 개개인의 다양한 학습특성과 언어특성의 수준을 고려하여 활동중심으로 접근하면 효과적일 것이다(표 8-10 참조).

〈표 8-10〉 주제활동, 신체활동, 음악활동을 통한 언어지도

- **주제활동 언어지도:** 주제활동을 통한 언어지도는 지적장애학생이 관심을 가지고 동기부여 될 수 있는 내용에 대하여 다양한 교수매체를 통한 시각적 자료의 제시로 지적장애학생이 경험한 인지의 수준을 확인하고 지도하면 훨씬 더 언어를 이해하고 표현하는데 좋은 결과가 있을 것이다.
  예: 주제 활동 날씨에 대한 정보는 실생활에서 꼭 알아야 하는 내용이며, 건강 관리에도 매우 중요한 사항이다. 지적장애학생이 경험을 통하여 인지하고 있는 현재 수준을 바탕으로 지도해야 할 언어를 수준별로 활동을 통하여 제시한다.
  목표 언어: 날씨, 일기예보, 미세먼지, 황사, 마스크, 야외활동 금지, 실내활동 등
  (습득한 언어: 비, 바람, 강풍, 우산, 비옷, 장화, 덥다, 춥다, 맑음, 흐림 등)
- **신체활동 언어지도:** 신체활동은 지적장애학생의 의사소통 및 언어발달, 인지발달, 사회 · 정서발달, 대 · 소근육발달, 자기효능감 성취 등에 긍정적인 영향을 준다. 신체활동에는 스스로 신체를 움직이는 활동도 있으며, 기구(트램펄린, 짐닉볼, 그네 등)를 통한 신체 감각 능력을 조절하는 활동도 있다.
  예: 체육 시간에 지적장애학생과 수업을 할 때 공을 가지고 활동하는 시간
  목표 언어: 공 앞 · 뒤에, 공 빠르게 · 느리게, 천천히, 멀리, 가까이, 오른쪽, 왼쪽 등
  (습득한 언어: 공, 공 던진다, 공 받는다, 공 찬다, 공 굴린다, 공 잡는다 등)
- **음악활동 언어지도:** 음악활동은 소리로 전달되는 청각적인 음률을 통하여 자신의 감정을 표현하고 조절하며, 또래와의 원활한 상호작용을 위한 언어발달을 촉진시키고 다양한 영역의 전인적인 발달에도 도움을 준다.
  예: 신나는 음률과 노래 가사가 함께 제시될 때 다양한 음악의 빠르기와 강약의 멜로디에 지적장애학생은 흥미를 가진다. 즐거운 마음으로 자신의 정서적 감정의 표현을 동작과 언어 모방의 단계로 처음에는 흥얼거리며 부르다가 차후 다양한 단어의 습득으로 언어발달에 긍정적인 영향을 미친다.

3. 환경중심 언어지도

환경중심 언어지도는 기능적인 의사소통을 자연스럽게 유도할 수 있도록 학생의 환경 속에서 학생의 관심과 흥미에 따라 언어지도를 한다는 다소 포괄적인 접근법이다. 이 접근법은 특수교육학에서 의사소통이나 상호작용을 촉진하기 위해 많이 사용되었는데, 통합교육과 일반화 문제가 대두되면서 언어치료에서도 많이 활용되고 있다(김영태, 2014).

1) 아동중심 시범 기법

- 개념: 수업 환경에서 학생중심의 언어적 시범을 의미하는데 학생이 관심을 가지고 주시하는 장면에 대하여 교사가 적절한 언어 사용의 시범을 보이는 것이다.
- 사례: 학생– 수업 시간 얼굴을 돌려 빗소리 나는 창문 밖을 보고 있을 때
  교사– "밖에 비가 내린다.", 또는 "창문 밖에 지금 비가 많이 내린다."

※ 학생 반응에 따라서 다시 시범을 보이거나 언어적 확대, 확장과 강화를 제공한다.

2) 시간지연 기법

- 개념: 수업 시간의 어떠한 활동에서 학생이 말해야 하는 의사소통 순서에 교사는 학생의 언어적 반응을 가만히 기다려 주는 것이다. 즉, 학생이 말해야 하는 상황임을 깨닫고 언어를 사용하면 교사는 그에 적절한 언어 시범의 피드백으로 지도한다. 만약, 학생이 지연시간(보통 3~5초이지만 10초 이상을 하기도 한다)에 반응이 없으면, 다른 지연을 제시하거나 선요구–후시범 기법의 절차를 사용한다.
- 사례: 교사– 정전기 개념의 지도에서 시범을 보이고 풍선과 종이를 가지고 학생 앞에 선다.
  학생– 3초 정도 기다리다가 스스로 교사를 향해 두 손을 내밀면서 "푸~~ 주"
  교사– "풍선이 필요하구나. ○○아, 풍선 주세요! 라고 말하는 거야. 잘했어요."

3) 선요구–후시범 기법

- 개념: 교사는 학생이 관심을 가지는 물건이나 활동을 제시하여 학생이 다가오면 촉구와 직접적인 질문을 통하여 학생에게 언어적 반응을 요구한 후 그에 대한 적

절한 언어 시범의 모델을 제시하는 것이다.

- 사례: "말해 봐."–"차." 또는 "뭐 가지고 놀까?"–"차."

※ 이 기법은 의문사 질문이나 선택형 질문, 시범 등을 제시하는 것이 오히려 학생으로 하여금 지나치게 요구 촉구에 의존하게 하여 자발적인 의사소통을 방해할 수 있다.

4) 우발학습 기법

- 개념: 우발학습 기법이란 학생의 학교 생활환경에서 자연스럽게 우연히 일어나는 모든 의사소통의 장면과 언어학습의 기회를 이용하여 언어지도를 하는 것이다. 그러나 이러한 우발학습의 기회 상황이 잘 나타나지 않을 경우 변형된 유사한 상황에서의 우발학습 기회를 만들어 주는 환경을 제공하여 지도하기도 한다.
- 사례: 교사– 미술 수업시간에 교사의 탁자 위에 시범을 보이기 위한 물감 옆의 물통이 실수로 엎질러진 상황에서 바닥에 흘러내린 물을 보며 "수건으로 닦아요."

4. 맥락 활용 언어지도

의사소통이 이루어지는 상황에서 언어 사용은 전 · 후 상황의 맥락적인 영향을 많이 받는다. 구조적이고 반복적인 언어지도 접근은 지적장애학생의 일반화에 어려움을 가질 수 있다. 그러므로 학생의 학교 및 가정생활 속에서 의사소통을 위한 여러 가지 기능을 습득하기 위해서는 자연스러운 맥락적인 환경에서 언어지도가 꼭 필요하며, 이러한 맥락 활용 기법은 다음과 같다.

① 혼잣말 기법: 학생이 표현할 말을 직접 시범 보이기보다는 교사나 언어치료사, 부모가 자신의 입장에서 말하는 것을 들려주는 것이다.
예: 통학 버스를 타면서 "차를 타요.", 손을 씻으면서 "손을 씻어요."라고 말한다.

② 평행적 발화 기법: 의사소통의 상황에서 학생이 말할 만한 문장을 학생의 입장에서 말해 주는 것이다.
예: 교사가 물을 주면서 "물 주세요.", 공을 주면서 "공 주세요."라고 말한다.

③ 오류반복 후 재시도 요청: 학생이 잘못 말한 부분이나 문장을 교사는 그대로 반복한 후 학생에게 다시 말하도록 요청하는 방법이다.
예: 학생 "선생님이가 해 주세요."라고 말하면 교사는 "선생님이가 해 주세요." 반복

④ 주제 확대하기: 학생의 말을 알아들었다는 표시를 해 주고 나서 학생에게 좀 더 이야

기를 하도록 요청하는 것으로 학생이 바르게 말했을 경우 다시 반복하도록 하는 반복 요청보다 좀 더 자연스러운 방법이다.

⑤ 어휘 확대: 학생의 발화 주제는 유지한 채, 어휘를 더 첨가하여 들려주는 것이다.
예: 학생이 "가요."라고 했을 때 "체육관 가요.", "화장실 가요.", "급식소 가요." 등

⑥ 구문 확장: 학생의 문장구조는 유지한 채, 문법적으로 바르게 고쳐서 다시 들려주는 것이다.
예: 학생이 "친구"라고 했을 때 교사는 "친구가" 또는 "친구하고"라고 말해 준다.

⑦ 분리 및 합성: 학생의 발화를 구문의 작은 단위들로 쪼개서 말했다가 다시 합쳐서 들려주는 것이다.
예: 학생이 "친구가 의자로 뒤에 넘어졌어요."라고 하면 "친구가 넘어졌구나." "의자가 뒤로 넘어졌구나.", "친구와 의자가 뒤로 넘어졌구나."라고 말해 준다.

⑧ 문장의 재구성: 학생이 말한 문장의 뜻은 그대로 유지한 채, 문장의 형태를 재구성해서 들려주는 것이다.
예: 학생이 "정민이가 정재 공을 빼앗아 갔어."라고 하면 교사는 "정재에게 정민이가 공을 빼앗겼구나."하고 새 형태의 문장을 들려준다.

출처: 김영태(2014), pp. 407-410. 발췌 보완.

5. 매체 활용 언어지도

지적장애학생에게 다양한 매체를 활용한 언어지도는 자연스럽게 주의집중을 통한 흥미와 동기유발을 이끌어 내기 때문에 매우 중요한 수단이 된다.

1) 그림책 활용

그림책은 취학 전 영유아의 언어발달에 중요한 역할을 한다. 특히, 영아의 듣기능력 발달과 유아의 문해능력 발달로 많은 어휘력을 습득하는 데 효과적으로 도움을 준다. 이러한 그림책은 세상에 대한 다양한 경험과 나와 다른 사람, 환경과의 교감을 가능하게 해 준다. 또한, 다양한 인물에 대한 공감을 통해 사회적인 관계 형성과 사고력이 발달한다.

※ 언어 수준에 따른 그림책 제시하기: 그림과 글자의 비율, 선호하는 주제로 제시 등

2) 스크립트 활용

스크립트는 어떤 특정한 문맥 속에서 진행되는 단계적인 일련의 사건들을 설명하는 구조로, 일상적인 상황 문맥은 그 즉각적인 상황에 대하여 화자 간에 공유하는 상황 지식을 제공해 주며, 그 결과 학생에게 그 상황에서 늘 쓰이는 상황적인 언어를 배우는 학습의 기회를 제공해 준다. 따라서 스크립트를 활용한 언어치료는 지적장애와 같은 인지적 결함을 가진 학생에게 인지적인 부담을 덜어 줄 수 있으므로 효과적인 언어지도 방법으로 활용되고 있다(권도하 외, 2014). 구체적인 절차는 9장을 참고하면 된다.

3) 컴퓨터 보조학습 활용

컴퓨터 보조학습(computer Assisted instruction: CAI)이란 컴퓨터 프로그램화되어 있는 학습 자료나 학습내용을 가지고 컴퓨터를 통하여 학습자가 학습목표를 성취하는 데 도움을 주는 하나의 수업방법이다. 즉, 지적장애학생의 언어지도를 위한 수업 중 사용할 수 있는 CAI는 각 학생의 현재 언어발달 수준과 인지능력에 따라 체계화되어 있는 단계별 프로그램을 제시하여 언어지도를 하는 것이다.

4) 증강현실 프로그램 활용

증강현실이라 함은 현실과 가상이 합쳐진 것이다. 증강현실 기반 언어중재 프로그램을 지도하기 위해 현실 공간 위에 인식 마커를 배치하고 3D 애니메이션 형태로 구현되는 스마트기기의 애플리케이션 작동으로 현실과 가상의 결합에 의한 동작 시연이 되는 실시간 상호작용에 의한 동영상을 말한다. 시각과 청각을 통하여 제시되는 증강현실 프로그램을 활용한 언어지도는 학생의 흥미유발과 동기부여 그리고 동영상으로 구현되는 현실감의 신기성 효과로 학습의 효과를 높이고 언제 어디서나 시 · 공간을 초월한 학습의 경험을 가지게 한다(김영익 외, 2020). 최근에는 특수교육과 언어치료에서도 증강현실을 기반으로 하는 콘텐츠를 개발하여 장애학생의 교육적 적용 가능성에 대한 많은 연구가 이루어지고 조금씩 결실을 맺고 있다. 이러한 연구는 효율적인 교육의 실행과 다양한 학습 욕구의 지원을 충족시켜 줄 수 있다(권순우 외, 2017).

6. 국어교과 연계 언어지도

'연결하는 말 찾기 놀이'를 해 봅시다. 21

- 교과서의 듣기 자료를 준비합니다.
- 글을 한 번 읽고 대강의 내용을 파악합니다.
- 선생님께서 불러 주시는 연결하는 말을 글에서 찾습니다.
- 연결하는 말을 찾아 원인과 결과로 정리합니다.
- 손을 들고 정리한 내용을 원인과 결과로 발표합니다.
- 다섯 번을 가장 먼저 정확하게 발표한 친구가 이기는 놀이입니다.

이름 / 연결하는 말	원인과 결과로 말하기				
	예 홍길동				
그래서	○				
때문에	×				
-아서/-어서	○				
왜냐하면	○				
때문에	○				

원인과 결과를 다양하게 말하는 방법을 알아봅시다.

1 보기 **의 내용을 듣고 다양하게 말하여 봅시다.**

보기

책을 열심히 읽었습니다.		독서 우수상을 받았습니다.
책을 열심히 읽었습니다.	그래서	독서 우수상을 받았습니다.
독서 우수상을 받았습니다.	왜냐하면	책을 열심히 읽었기 때문입니다.
책을 열심히 읽	-아서/-어서	독서 우수상을 받았습니다.
책을 열심히 읽었기	때문에	독서 우수상을 받았습니다.

원인이나 결과를 다양하게 말하려면 연결하는 말을 알맞게 바꾸어 말해야 해.

[그림 8-4] 특수교육 기본교육과정 중학교 국어 나-2

출처: 교육부(2015). pp. 232-233.

5 지적장애학생 문해지도

1. 읽기특성 및 지도

1) 읽기특성

지적장애학생의 읽기능력 발달은 또래 학생과 동일한 발달과정을 거치지만 소리와 대응되는 문자 일치의 음운규칙과 구조분석, 기능적인 단어 이해력과 어휘력에 있어서 학년이 높아질수록 점점 많은 차이를 나타낸다. 이는 언어발달 수준이 전반적으로 지체되어 있기 때문에 읽기능력도 또래 학생에 비해 상대적으로 떨어진다(전병운 외, 2013).

읽기는 단어재인을 통한 음독으로 시각적 기호인 문자로 쓰인 언어에 대하여 전달하고자 하는 정보의 의미를 이해하는 과정이다. 이러한 읽기에 있어서 대부분의 지적장애학생은 이른 초기 취학 전 언어발달의 듣기와 말하기에 어려움을 가져 초등학교 취학 후에도 언어발달의 연속선상에 있는 읽기와 쓰기에도 많은 어려움을 가진다. 여러 연구자들의 보고 내용에서 나타나는 지적장애학생의 읽기특성은 다음과 같다.

- 지적장애학생 개개인의 언어발달 수준과 인지적 특성에 따라 차이가 있겠지만 대부분 또래 학생에 비해 2~4년, 또는 5~6년 그 이상의 차이를 보이는 경우도 있다.
- 지적장애학생 읽기능력은 양적 · 질적인 차이와 함께 느린 발달의 양상을 보인다.
- 문자 형태를 인식하는 시각적인 발달까지는 또래 학생과 유사하나, 글자 읽기로 전환하는 과정에서 소리와 문자의 연결이 늦어 학년이 높아질수록 그 차이가 크다.
- 음운론적 인식이 낮고 음의 오류, 대치, 생략이 많으며, 단어 인식 기술이 부족하여 음의 해독 재부호화 과정에 어려움을 가진다.
- 모르는 단어를 친숙한 단어로 대치하여 읽는 경향이 있다. 이는 인쇄된 글자를 읽는 과정에서 필요한 음운 재부호화 과정의 결함으로 인해 단순화시키기 때문이다.
- 글자를 읽어도 읽은 내용의 의미를 제대로 파악하지 못하고, 자신이 알고 있는 기존의 배경지식과 방금 읽은 내용을 혼동하며, 읽은 내용에 대하여 이해를 토대로 할 때 읽은 내용에서 직접적으로 드러나지 않는 의미를 추론하는 능력이 어렵다.
- 읽기능력 결함으로 대부분의 학교 수업 장면에서 학습된 무기력과 좌절감으로 인해 학습에 대한 부정적인 영향과 자기효능감에서도 낮은 성취감을 나타낸다.

2) 읽기지도

지적장애학생에 대한 읽기지도는 먼저 지적장애학생이 나타내는 현재의 읽기수준과 개개인의 읽기특성을 정확히 평가하여 효과적인 읽기지도가 이루어지도록 해야 한다. 읽기에 필요한 기술은 음운인식, 글자 개념, 글자 경험, 단어재인, 어휘력, 내용이해를 위한 사전지식의 활용, 독해 전략 등이다. 교사는 이러한 읽기기술에 대한 개념을 숙지하고 지도를 해야 한다.

읽기지도에서 가장 핵심은 문자가 의미하는 상징부호의 단어재인에 대한 지도이다. 또한, 지적장애학생의 언어적 경험 유무와 지도하고자 하는 텍스트 구성의 주제는 동기부여 부분에서 매우 중요하다. [그림 8-5]와 〈표 8-11〉은 단어재인의 분석과정과 읽기지도에 대한 사례이다.

단어재인은 문자에 대한 해독을 의미하는 것으로 다음과 같은 분석 과정을 통해 진행된다.

형태 분석 ➡ 음소 분석 ➡ 음절 분석 ➡ 의미 분석 ➡ 문장 의미 분석

[그림 8-5] 단어재인의 분석과정

〈표 8-11〉 읽기지도 방법

※ 청각으로 이해되는 말소리의 음운인식과 시각으로 표현되는 단어와의 관계를 알 수 있도록 사진과 글자로 표현되는 단어를 함께 제시(말소리 – 글자 관계 이해)

- 글자 그대로 표현되고 알기 쉬운 사물 명사 단어부터 먼저 지도

 가방  피자  신발 

우유

- 명사 단어와 결합하여 행동의 의미를 전달해 주는 동사 단어 지도

 가방 메다  피자 먹다 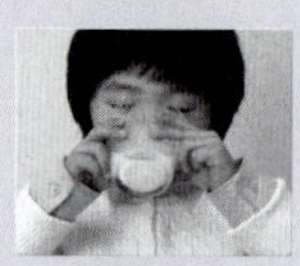 우유 마시다

- 두 단어 결합 구 문장 구성을 위한 형용사, 부사, 조사 등을 함께 제시 작성
  예: 가방을 메다. 피자를 먹다. 신발을 신다. 우유를 마시다 등

음운인식

말속에 들어 있는 여러 가지 소리의 단위와 유형들을 지각하고 그 소리를 변별할 수 있어야 한다. 즉, 글자를 이루는 낱자의 소리들을 변별하고 또 그런 소리들이 결합되어 단어가 된다는 사실을 지도해야 한다.

▼

글과 글자의 개념

글과 글자의 여러 가지 형태와 기능을 이해시키고 지도해야 한다.

▼

글과 경험과 반응

여러 가지 다양한 글을 읽어 주는 것을 듣고 그것에 적절하게 반응하는 것이다.

▼

단어재인 능력

자모 낱자의 이름을 알고 인식하기, 주변 환경 속에서 자주 볼 수 있는 단어들을 단어가 가진 특별한 특징들을 단서로 통째로 기억하고 암기하였다가 문자 형태의 단어로 제시되면 이것을 말로 바꾸고 그 의미를 아는 것이다.

▼

내용 이해(독해)

내용을 이해하기 위해 주제에 관해 자신이 이미 알고 있는 지식을 끌어내어 연결시키는 것으로, 글을 읽는 동안 내용을 이해하기 위해 적절한 전략, 즉 추리하기, 중요한 정보 찾아내기, 자신의 이해 정도 점검하기, 요약하기, 질문 만들어 내기, 단어의 정의를 이해하고 여러 가지 맥락에서 다른 의미로 사용되는 것을 아는 것이다.

[그림 8-6] 읽기지도 단계

3) 효과적인 읽기지도 접근

다음은 효과적인 읽기지도 접근을 위한 다양한 학습방법에 대한 내용이다.

- 그림 동화책
- 영화 개입
- 마인드맵
- 총체적 언어 접근
- 학습 만화
- 삽화 구성
- 상보적 접근법
- 균형 있는 문해
- TV 매체
- 신문 활용
- 멀티미디어 언어 학습
- 발음 중심
- 독서 활동
- 인터넷 활용

2. 쓰기특성 및 지도

1) 쓰기특성

의사소통 수단 중 듣고 이해하는 것이 읽고 이해하는 과정이라고 하면 이러한 내용을 바탕으로 자신이 이해한 것을 음성언어로 표현한 것은 말이고 문자언어로 표현한 것은 쓰기이다. 이처럼 쓰기는 대뇌 언어중추신경계의 읽기이해 과정을 통해 필기구를 잡은 손과 눈의 시지각 협응 동작 등의 여러 복잡한 연쇄 과정을 통하여 산출되는 것이다. 즉, 언어라는 상징기호를 시각화하여 선과 원 그리고 곡선의 전사를 통하여 쓰기로 표현하는 것이다(권순우 외, 2018). 대부분의 지적장애학생은 이러한 쓰기에 많은 어려움을 가진다. 여러 연구자들의 보고 내용에서 나타나는 지적장애학생의 쓰기특성은 다음과 같다.

- 지적장애학생은 학년이 올라감에 따라 조금씩 쓰기능력이 발달은 하지만 또래 학생에 비해 전반적으로 모든 영역에서 많은 차이를 나타낸다. 특히, 쓰기의 측면이 읽기보다 더 큰 어려움을 나타내는 이유는 쓰기 영역은 고차원적인 인지활동의 사고능력이 필요하기 때문이다.
- 쓰기에 필요한 준비 기술의 습득과 글자 획수를 이해하지 못하고 부적절한 연필 쥐기 자세와 공책의 위치로 인하여 글자를 바르게 쓰지 못한다.
- 쓰기의 속도가 느리고 글자 크기가 균형적이지 않으며, 쓰기 여백을 조절하는 능력이 부족하다. 이는 눈-손의 시지각 협응 동작을 조절하는 소뇌의 운동 기능과 관련이 있기 때문이다.
- 구두점, 철자법, 문법에서 낮은 성취를 보이고 특정적인 음과 그에 상응하는 문자와의 상관을 맺는 의미를 파악하여 쓰는 데 어려움을 나타낸다.
- 단어를 쓸 때 글자를 구성하는 자음을 대치하거나 생략하는 경우가 많고, 글자를 연음으로 표기하는 오류를 자주 범하고 음운 및 음소에 대한 이해가 부족할 때 특히 많은 오류를 나타낸다(김영환, 2002).
- 지적장애학생은 작문 영역에서도 많은 어려움을 가지는데 이는 또래 학생과 비교하여 양적 · 질적으로도 많이 뒤처져 있고 따라가는 데도 한계점이 있다.
- 지적장애학생의 작문은 대체로 사용하는 단어 수가 적고, 문장 길이가 짧으며, 복문을 잘 사용하지 못한다. 뿐만 아니라, 글의 소재가 단순하고 주제도 일상적이며 다양한 글감을 생성하지 못하고 논리적 사고가 부족하며 문장 배열 규칙에 따라 여러 문장을 조합하여 완전한 글로 표현하는 것이 어렵다(김병수, 정동영, 2011).
- 추상적인 의미를 표현하는 단어의 사용과 문맥과 상황에 따른 비유적인 표현 · 관용

적인 표현 등 제2의 의미를 가지는 내용의 표현은 매우 제한적이며 작문 자체를 어려워한다. 이는 언어사용 능력과 낮은 인지 능력의 결과이기도 하다.

2) 쓰기지도

[그림 8-7]은 지하철 주제에 대한 언어활동 후 쓰기지도에 대한 내용이다.

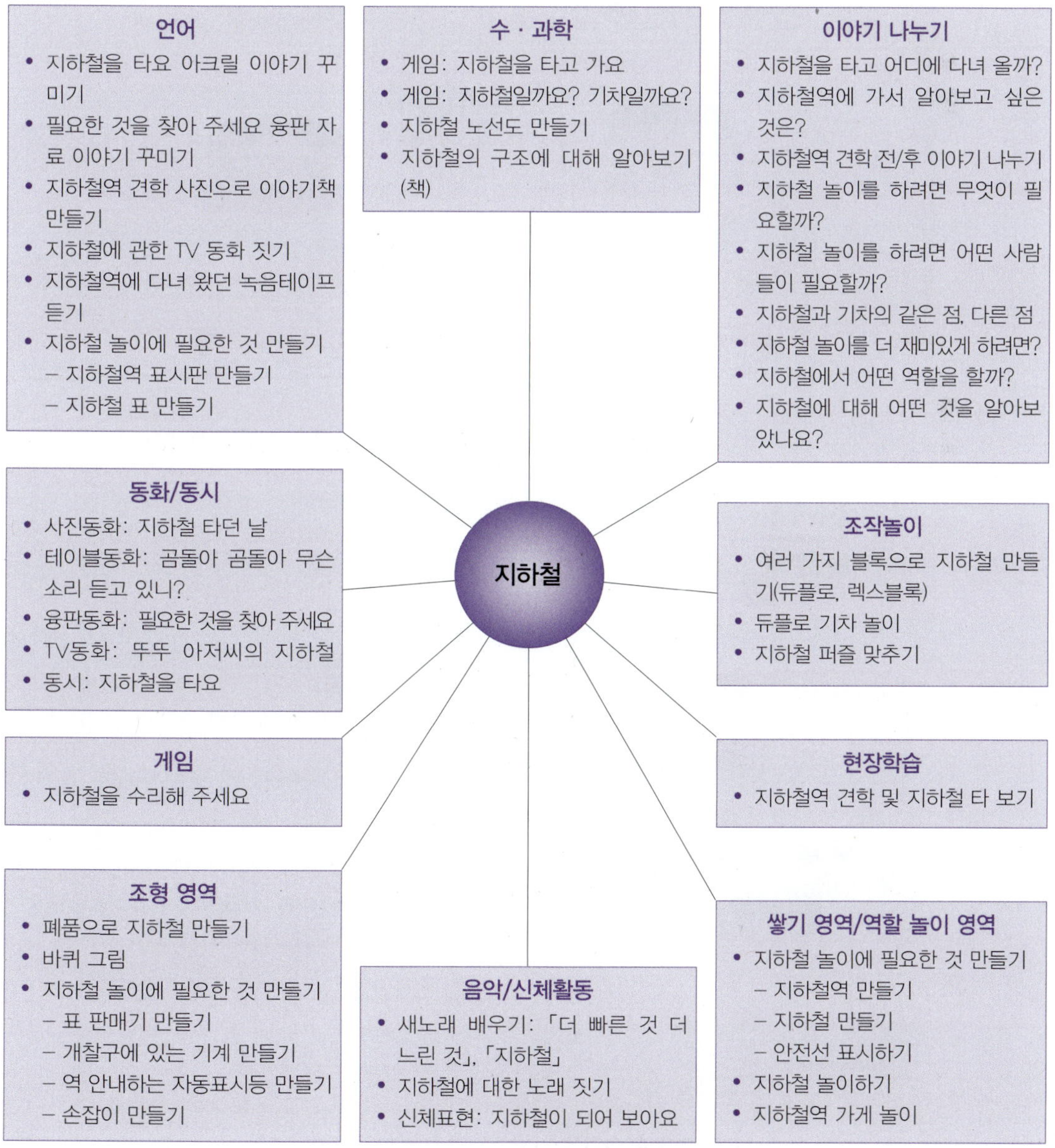

[그림 8-7] 주제활동 후 쓰기지도

3) 국어교과 연계 지도

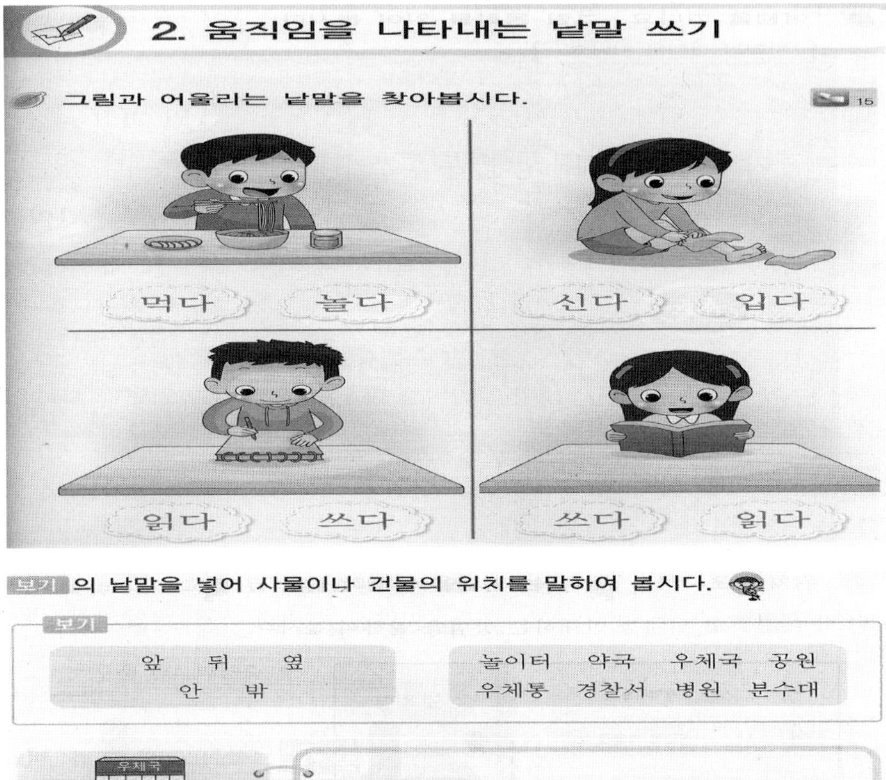

[그림 8-8] 특수교육 기본교육과정 중학교 국어 나-2

출처: 교육부(2018). pp. 232-233.

체크 포인트: 임용시험 기출(2019년) 확인 마무리

(가)는 중도 지적장애학생 M의 특성이고, (나)는 학생 M을 위한 스크립트 중재 적용 계획의 일부이다. 〈작성방법〉에 따라 서술하시오. [4점]

(가) 학생 M의 특성

- 15번 염색체 쌍 가운데 어머니로부터 물려받은 염색체가 결손이 있음
- 발달지연이 있으며, 경미한 운동장애를 보임
- 부적절한 웃음, 행복해하는 행동, 손을 흔드는 것 같은 독특한 행동을 종종 보임
- 수용언어 능력이 표현언어 능력보다 비교적 좋음
- 표현언어는 두 단어 연결의 초기 단계임

(나) 스크립트 중재 적용 계획

〈중재 전 점검 사항〉

1. 상황 선정 시 점검 사항
- ㉠ 학생이 상황 맥락을 이해하는 데 신경 쓰지 않도록, 화자 간에 공유하는 상황지식(shared event knowledge)을 제공하는 상황으로 선정
- 학생에게 익숙하고 자연스러운 상황으로 선정

2. 상황언어 선정 및 중재 적용 점검 사항
- 일상적이고 익숙한 상황언어를 선택
- 기능적 언어 사용을 향상시킬 수 있도록 지도
- 수용 및 표현언어의 습득 효율성을 고려한 지도

(… 하략 …)

〈활용할 스크립트〉

상황	하교 시 학교 버스 이용하기			
하위행동	유도 상황/발화	가능한 목표언어	목표언어 구조	
			의미관계	화용적 기능
교실에서 하교 준비하기	겉옷을 입도록 한다.	"옷 주세요."	대상–행위	행동요구
교실에서 복도로 이동하기	"누가 교실 문을 열까요?"	"제가 열래요."	(㉡)	주장
(… 중략 …)				
자리에 앉기	"어디에 앉을까요?"	"(㉢)"	장소–행위	질문에 대한 반응

〈작성방법〉

- (가) 학생 M의 특성에서 설명하고 있는 증후군의 명칭을 쓸 것
- 밑줄 친 ㉠의 이유를 인지부하(cognitive load) 측면에서 1가지 서술할 것(단, 목표언어와 관련지어 서술할 것.)
- 괄호 안의 ㉡에 해당하는 의미관계를 쓰고, 괄호 안의 ㉢에 해당하는 '가능한 목표언어'를 밑줄 친 ㉣에 근거하여 쓸 것

Chapter 9

자폐성장애학생 의사소통교육

학·습·목·표

1. 자폐성장애의 정의 및 분류에 대하여 이해하고 알 수 있다.
2. 자폐성장애의 일반적 및 의사소통 특성을 이해하고 지도할 수 있다.
3. 자폐성장애학생의 문해 특성을 이해하고 지도할 수 있다.

1 자폐성장애 정의 및 분류

1. 자폐성장애 정의

자폐증(autism)의 어원을 살펴보면 자폐증은 희랍어로 '아우타(auto)'에 해당하는 것으로 영어로는 'self'와 같은 뜻이다. 즉, '자기 자신의 혼자만의 세계에 스스로 갇혀 머물고 있다'라고 할 수 있다.

자폐성장애는 자폐증(autism), 자폐성장애(autistic disorder), 자폐범주성장애, 자폐스펙트럼장애(autism spectrum disorder), 전반적발달장애(Pervasive Developmental Disorders: PDD) 등의 다양한 용어로 표현되고 있다. 현재 우리나라 「장애인 등에 대한 특수교육법」에서는 '자폐성장애'라는 용어로 규정하고 있으며, 사회 통념상으로도 많이 사용되고 있다.

자폐란 용어는 1943년 미국의 정신과 의사 Leo Kanner에 의해 처음 사용되었는데 Kanner는 자신이 진료하던 11명의 아동이 사람이나 상황에 대해 일반적인 방식으로 관계를 형성하지 못하는 사회적 손상, 비정상적인 언어, 한정되고 반복적인 관심을 보이는 특성의 아동에 대하여 '유아자폐'라는 용어를 사용하여 표현하였다.

1) 「장애인 등에 대한 특수교육법」의 정의

우리나라의 「장애인 등에 대한 특수교육법」에서는 장애별 정의를 별도로 하지 않고 있지만, 시행령에서 별표로 특수교육대상자 선정기준을 제시하고 있어 이 기준이 정의에 준한다고 할 수 있다.

> 사회적 상호작용과 의사소통에 결함이 있고, 제한적이고 반복적인 관심과 활동을 보임으로써 교육적 성취 및 일상생활 적응에 도움이 필요한 사람

2) 「장애인복지법」의 정의

자폐성장애의 상태와 GAS척도 점수의 평가를 근거로 〈표 9-1〉과 같이 장애 정도를 최종 판정하여 자폐성장애로 인정한다.

〈표 9-1〉 장애 정도 기준

장애 정도	장애 상태
장애의 정도가 심한 장애인	1. ICD-10의 진단기준에 의한 전반성발달장애(자폐증)로 정상발달의 단계가 나타나지 아니하고 지능지수가 70 이하이며, 기능 및 능력장애로 인하여 GAS척도 점수가 20 이하인 사람 2. ICD-10의 진단기준에 의한 전반성발달장애(자폐증)로 정상발달의 단계가 나타나지 아니하고 지능지수가 70 이하이며, 기능 및 능력장애로 인하여 GAS척도 점수가 21~40인 사람 3. 1호 내지 2호와 동일한 특징을 가지고 있으나 지능지수가 71 이상이며, 기능 및 능력장애로 인하여 GAS척도 점수가 41~50인 사람

※ 자폐성장애의 능력장애 측정기준

① 불러도 대답이 없다.
② 독립적으로 적절한 식사가 불가능하다.
③ 대소변을 가리지 못한다.
④ 또래와 놀지 못한다.
⑤ 남의 말을 이해하지 못한다.
⑥ 표현언어가 없다.
⑦ 자기방어를 하지 못한다.
⑧ 충동적인 행동을 보인다.
⑨ 자해적인 행동을 한다.
⑩ 한 가지 장난감에 집착한다.
⑪ 가구의 위치를 옮기면 불안해한다.
⑫ 같은 길로만 가려고 한다.
⑬ TV에서 광고만 보려고 한다.
⑭ 밖으로 나가면 그냥 마음대로 가버린다
⑮ 머리의 크기가 작다.
⑯ 눈을 맞추지 않는다.
⑰ 손을 비틀거나 씻는 것 같은 행동을 반복한다.
⑱ 모든 물건을 입에 집어넣는다.
⑲ 생후 1~2년 정도까지는 정상적인 발달을 한다.
⑳ 혼자서 말을 하는데 대화를 하지 못한다.

출처: 보건복지부(2019). 「장애인복지법」 개정.

3) '미국 정신의학회: DSM-5' 의 정의

최근 2013년 미국 정신의학회의 「정신질환의 진단 및 통계 편람 제5판(Diagnostic and Statistical Manual of Mental Disorders-5th ed: DSM-5)」(2013)에서는 〈표 9-2〉와 같이 자폐성장애에 대하여 제시하고 있다.

〈표 9-2〉 자폐스펙트럼장애에 대한 DSM-5 진단기준

A. 현재 또는 과거 병력상, 다양한 맥락에 걸쳐 사회적 의사소통과 사회적 상호작용의 지속적인 결함으로 다음의 3가지 모든 증상을 보인다.

1. 사회적-정서적 상호성의 결함: 비정상적인 사회적 접근, 관심사, 정서, 감정, 반응을 공유하는 것이 어려워 주고받는 대화가 실패함. 사회적 상호작용의 개시에 있어 전반적인 부족
2. 사회적 상호작용에 사용되는 비언어적 의사소통 행동의 결함: 언어와 비언어적 상호작용의 통합이 어려움, 눈 맞춤, 바디랭귀지의 이상함, 제스처의 이해, 사용의 결함, 얼굴 표정 및 비언어적 의사소통의 전반적인 부족
3. 관계의 형성과 유지의 결함: 다양한 사회적 맥락에 어울리도록 하는 행동의 조절이 어려움, 상상놀이를 공유하는 것이 어려움, 친구를 만드는 것이 어려움, 또래에 대한 관심이 없음

B. 현재 또는 과거 병력상 제한되고 반복적인 패턴의 행동, 관심, 활동들로 다음 중 2가지 이상

1. 상동적이고 반복적인 근육운동, 사물이나 말의 사용(예: 단순한 상동운동, 장난감 줄 세우기, 사물 던지기, 반향어, 특이한 문구)
2. 일관된 동일성, 루틴에 대한 경직된 집착, 언어 또는 비언어적 행동의 의식화된 패턴(예: 작은 변화에도 극도의 고통, 전환의 어려움, 경직된 사고 패턴, 인사 의식, 매일 같은 길을 가거나 같은 식사를 하려고 함)
3. 비정상적인 강도 또는 몰입의 매우 제한되고 고정된 관심사(예: 평범하지 않은 사물에 대한 매우 강한 애착이나 집착, 과도하게 제한되거나 보속적인 관심사)
4. 감각 자극에 과도하게 민감하거나 둔감함, 또는 환경의 감각적 측면에 평범하지 않은 관심을 보임(예: 통증/온도 등에 분명한 무관심, 특정의 소리나 문양에 이상한 반응, 사물에 대한 과도한 냄새 맡기나 만지기, 빛 또는 움직임에 대한 과도한 흥분

현재의 심각도에 대한 세분화: 심각도는 사회적 의사소통의 손상 및 제한적이고 반복적인 행동 패턴에 근거함

C. 초기 발달 기간 동안 증상이 나타나야 함(다만 제한된 능력을 넘어서는 사회적 요구가 있어야 비로소 명백하게 나타날 수 있음 또는 이후에 학습한 전략을 사용해 가장할 수 있음).

D. 증상이 사회적 · 직업적 또는 현재 기능 중 여타의 중요한 영역에서 임상적으로 유익한 손상을 초래함.

E. 이러한 장애가 지적장애(지적발달장애) 또는 전반적 발달 지연으로 더 잘 설명되지 않음. 지적장애와 자폐스펙트럼장애는 흔히 동반되어 나타남: 자폐스펙트럼장애와 지적장애, 사회적 의사소통장애를 함께 진단 내리려면 예상되는 일반적 발달 수준 이하여야 함.

주의:
DSM-Ⅳ의 자폐성장애, 아스퍼거장애, 또는 비분류 전반적 발달장애로 확실하게 진단받은 사람이라면 자폐스펙트럼장애로 진단 내릴 수 있다. 사회적 의사소통에 현저한 결함을 보이지만 자폐스펙트럼장애의 준거의 다른 증상에 해당되지 않는다면, 사회적 의사소통장애에 대해 평가가 이루어져야 한다.

명시할 내용:
- 지적 손상이 동반됨 또는 동반되지 않음
- 언어 손상이 동반됨 또는 동반되지 않음
- 익히 알려진 의학적 또는 유전적 상태나 환경적 요인과 연관됨
  - 부호화 주의사항: 관련된 의학적 또는 유전적 상태를 확인하여 추가적으로 부호화할 것
- 다른 신경발달장애, 정신장애 또는 행동장애와 연관됨
  - 부호화 주의사항: 관련된 신경발달장애, 정신장애, 또는 행동장애를 확인하여 추가적으로 부호화할 것
- 긴장증 있음(다른 정신장애와 관련된 긴장증의 준거를 참고할 것)
  - 부호화 주의사항: 긴장증의 공병이 확인되면 자폐스펙트럼장애와 연관된 긴장증에 추가 부호화할 것

미국 정신의학회에서 DSM-5를 통하여 발표한 '자폐스펙트럼장애'라는 용어는 자폐성장애 범주의 하위유형으로 분류하던 자폐장애, 아스퍼거장애, 레트장애, 소아기 붕괴성장애, 비전형성 전반적 발달장애를 일련의 연속된 선상에서 심각도의 수준으로 바라보는 의미의 개념으로 새롭게 정의하였다.

※ 다음에 나와 있는 항목은 자폐증의 주요 증세입니다.
아동이 현재 일상생활에서 나타내는 행동항목에 ○표 하세요.

① 정상적인 교육방법을 받아들이지 않는다.
② 위험상황에서 실질적으로 위험을 느끼지 않는다.
③ 흔히 물체를 돌리는 버릇이 있다.
④ 얼러 주어도 반응이 없다.
⑤ 눈을 맞출 수가 없다.

⑥ 쌀쌀맞은 태도를 가지고 있다.
⑦ 엉뚱한 상황에서 소리 내어 웃거나 킥킥댄다.
⑧ 고통에도 반응이 없다.
⑨ 예를 들어 "가겠니?"라고 물으면 "가겠니?"라고 대답한다.
⑩ 이상한 놀이에 집중한다.

⑪ 공을 차지 않고 그냥 가지고 논다.
⑫ 다른 아동과 잘 지내지 못한다.
⑬ 대소근육운동의 기능이 골고루 발달되어 있지 않다.
⑭ 일상습관의 변화를 수용하지 못한다.
⑮ 신체적으로 과다 혹은 과소활동을 보인다.

⑯ 별 이유없이 성질을 부리거나 운다.
⑰ 마치 귀머거리처럼 행동한다.
⑱ 몸짓으로 요구를 나타낸다.
⑲ 물체에 불필요한 집착을 한다.

위의 19가지 항목 중에서 7가지 이상의 항목에 ○표가 되고 그 행동들이 지속적이며, 또한 아동생활연령에 맞지 않는다면 자폐로 간주되므로 다른 진단평가를 더 필요로 합니다.

[그림 9-1] 자폐증의 주요 증세

출처: 권순우 외(2017). p. 193.

위의 19가지 항목 중에서 7가지 이상의 항목에 ○표가 되고 그 행동들이 지속적이며, 또한 아동 생활연령에 맞지 않는다면 자폐성장애 특성의 위험군으로 선별될 수 있고 좀 더 심층적인 진단평가의 의뢰가 필요하다.

2. 자폐성장애 분류

1) DSM-IV-TR(2000)에서 분류

전반적 발달장애(자폐범주성장애)를 다섯 가지 하위 장애 유형, 즉 자폐성장애, 아스퍼거장애, 아동기 붕괴성장애, 레트장애, 달리 분류되지 않는 전반적 발달장애로 〈표 9-3〉과 같이 분류하여 구분한다.

〈표 9-3〉 자폐범주성장애의 유형에 대한 개념

유형	개념
자폐성장애	사회적 상호작용과 의사소통이 현저하게 비정상적이거나 발달에 장애가 있음
레트장애	정상적인 태아기나 주산기를 가지며 일정 기간이 지난 후에 특정 결함을 보임
아동기 붕괴성장애	2년간 정상발달을 한 후 여러 가지 기능 영역에서 현저한 퇴행을 보임
아스퍼거장애	사회적 상호작용에 심한 장애를 나타내며 제한적이고 반복적인 행동, 관심 또는 활동을 나타냄
달리 분류되지 않는 전반적 발달장애	사회적 상호작용의 발달이나 언어적 · 비언어적 의사소통기술의 발달에 전반적으로 심한 장애를 보임

출처: 김영익 외(2015). p. 71.

2) DSM-5(2013)에서 분류

DSM-5에서는 자폐스펙트럼이라는 용어로 정의하면서 다음의 〈표 9-4〉와 같이 사회적 의사소통의 특성 및 제한적 · 반복적 행동을 나타내는 특성의 정도에 따라 심각도 수준을 3단계로 구분하여 제시하고 있다.

이러한 관점은 외부 환경보다는 장애를 지니는 학생 중심으로 변화하는 패러다임의 흐름이라고 할 수 있다(예를 들면, 지적장애의 분류를 1992년 이전 지능지수 IQ를 기준으로 규정하던 것을 현재는 지원의 강도를 기준으로 정의함).

〈표 9-4〉 자폐스펙트럼장애 심각도 수준

심각도 수준	사회적 의사소통	제한적/반복적 행동
수준 3. 매우 상당한 수준의 도움을 필요로 함	언어적 · 비언어적 사회적 의사소통 기능의 사용에 대하여 심각한 장애, 사회적 상호작용 상황에서 최소한의 제한적인 반응만 보임. 예를 들어, 사회적 상호작용을 좀처럼 시도하지 않는, 이해 가능한 말이 거의 없는 사람은 욕구 충족만을 위해 특이한 방식으로 접근하거나 매우 직접적인 사회적 접근에만 반응함	행동의 경직, 변화를 극도로 어려워함, 또는 다른 제한적/반복적 행동이 모든 영역에서의 기능을 현저히 방해함, 큰 고통/어려움이 초점 또는 행동을 변화시킴
수준 2. 상당한 도움을 필요로 함	언어적 비언어적 사회적 의사소통 기술의 현저한 결손, 적합한 도움이 있더라도 사회적 장애가 명백하고 사회적 의사소통의 제한적인 시작, 그리고 타인의 사회적 접근에 대한 감소되거나 비정상적인 반응. 예를 들어, 간단한 문장을 말하는 사람의 상호작용은 특정 흥미에 제한되고 현저하게 특이한 비언어적 의사소통을 함	행동의 경직, 변화를 어려워함, 또는 다른 제한적/반복적 행동이 일반 사람이 보기에도 확실하게 흔히 나타나고 다양한 맥락에서 기능을 방해함, 큰 고통/어려움이 초점 또는 행동을 변화시킴
수준 1. 도움을 필요로 함	적합한 도움이 없다면, 사회적 의사소통의 결손은 뚜렷한 장애를 초래함. 사회적 상호작용을 시작하기 어려움. 타인의 사회적 접근에 대해 비전형적이고 성공적이지 않음. 사회적 상호작용에서 감소된 흥미가 나타남. 예를 들어, 완전한 문장으로 말할 수 있고 의사소통이 어느 정도 가능하나 타인과 주고받는 대화에는 실패하는 사람은 친구를 만들려는 시도가 특이해서 성공적이지 않음	행동의 경직은 하나 또는 그 이상의 맥락에서의 기능을 심각하게 방해함. 활동 사이의 전환에 어려움이 있음

출처: 권순우 외(2017). p. 189.

2 자폐성장애 원인 및 출현율

1. 자폐성장애 원인

연구 초기에는 자폐성장애의 원인을 부모의 탓으로 돌렸다. 자폐를 처음 명명한 Kanner는 자폐아동의 부모를 매우 지적이고 차가운 성격을 가진 강박적 인물로 이들을 소위 냉장고형 부모라고 불렀으며, 그런 부모의 양육 태도가 장애의 원인이라고 믿었다. 그러나 부모의 성격과 자폐성장애의 인과적 관계는 밝혀진 것이 없으며, 미국 자폐학회는 1977년 아동의 심리적 환경에서 자폐성장애를 일으키는 원인이 확인된 바 없다고 밝혔다(Heward, 2009). 그럼에도 불구하고 많은 부모들은 자녀의 장애에 대해 죄의식을 갖기도 하고, 이를 극복하는 어려움을 겪기도 한다(정대영 외, 2012).

지금까지 자폐성장애의 원인에 대하여 수많은 요인과 가설이 난무하지만 그 원인이 무엇인지는 명확히 밝혀지지 않았다. 하지만 일반적인 견해는 생물학적인 유전적 요인, 신경학적인 신경전달물질의 불균형, 뇌기능의 구조적 이상, 다복합적인 생태학적 환경오염의 요인들로 서로 상호 관련성에 의한 것으로 다음의 〈표 9-5〉와 같이 추정하고 있다.

〈표 9-5〉 자폐성장애의 다요인적인 원인

생물학적 요인	특성
선천적인 요인	페닐케톤뇨증, 푸리대사 장애, 납중독, 갑상선 기능항진증, 결정경하증 등의 대사장애 및 신체질환, 풍진, 헤르페스 뇌염 등의 감염으로 인한 뇌의 손상
신경학적인 생화학적 불균형	신경학적 전달물질인 세로토닌의 과대 함량, 높은 수준의 생체 자연 아편 물질 생성으로 타인과의 상호작용 의지가 낮음
뇌의 구조 문제	대뇌 구조 기능 담당 영역의 전두엽의 이상과 좌측 뇌가 작고 우측 뇌가 크거나, 외부 정보에 대한 뇌의 기능적 반응 활동 이상으로 인해서 주의력결핍 및 언어 능력, 강박적 행동 출현

2. 자폐성장애 출현율

자폐성장애는 인종, 민족, 사회적 계층, 가족의 수입, 생활양식, 교육 수준을 불문하고 발생할 수 있고 전 세계적으로 나타나는 장애이므로 어느 가정이나, 어떤 아동이라도 발생할 수 있다. 자폐성장애인구는 인구 10,000명당 4~5명 정도에서 나타나는 것으로 알려졌으나 1990년대 이후 그 숫자가 점점 증가하여 현재는 세계 인구의 1% 정도가 자폐성장애인으로 추정된다(ASD, 2015). 남녀 발생 비율은 4 대 1 정도로 현격하게 남성이 높다(공주대학교 특수교육연구소, 2016).

교육부 특수교육통계(2024)에 의하면 자폐성장애를 지닌 특수교육대상자는 22,194명으로 전체 특수교육대상자의 19.2%를 차지하고 있다. 연도별 자폐성장애학생 현황은 다음의 〈표 9-6〉과 같으며, 2015년 이후 매년 증가하고 있다. 자폐스펙트럼장애로 그 범주의 폭이 넓어지고, 장애를 진단하는 기준이나 방법이 다양한 특성을 포괄적으로 포함하고 있어 전문화되고, 외부 환경적인 수많은 요인 등에 의해 출현율이 증가하고 있음을 통계를 통해 유추할 수 있다.

〈표 9-6〉 연도별 자폐성장애학생 현황

(단위: 명, %)

구분	2020년	2021년	2022년	2023년	2024년
전체특수교육대상아동	95,420 (100)	98,154 (100)	103,695 (100)	109,703 (100)	115,610 (100)
자폐성장애아동	13,917 (14.6)	15,215 (15.5)	17,024 (16.4)	19,275 (17.6)	22,194 (19.2)

출처: 교육부(2020, 2021, 2022, 2023, 2024).

스펙트럼 정의: 빛의 성분을 파장의 순서로 나열한 것을 말한다. 빛을 각 성분으로 나누는 것을 "스펙트럼으로 분해한다"라고 표현할 수 있다.

자폐스펙트럼장애 = 자폐 + 스펙트럼
즉, 다양한 특성이 연속선상에서 존재

3 자폐성장애학생 일반적 및 의사소통 특성

자폐성장애학생은 다양한 발달영역에서 많은 문제행동을 나타내고 있다. 대표적인 주요한 특성은 사회적 상호작용의 결함, 의사소통의 질적인 결함, 그리고 제한적이고 반복적인 특이한 상동적 행동, 관심 및 활동을 보인다. 주의할 점은 이러한 장애는 증상의 심각도 정도, 발생 시기, 다른 장애와의 연관성(예: 지적장애, 언어지체, 뇌전증)에 있어서 매우 다양하다는 점이다(National Research Council, 2001; 권순우 외, 2017).

1. 일반적인 특성

1) 사회적 상호작용의 결함

자폐성장애학생의 사회적 상호작용의 결함은 발달단계와 인지기능에서만 아니라 전 생애에서 찾아볼 수 있으며(Marriage, Wolverton, & Marriage, 2009), 일상생활에서 다른 사람과의 관계 형성을 위한 사회성을 방해한다. 장애가 심한 취학 전 자폐성장애아동은 많은 시간 동안 혼자 놀고, 다른 사람이나 부모와도 거의 상호작용하지 않는다. 취학 후 학령기가 되어도 사회적 기능이 낮은 경우 상호작용에서 수동적 태도를 보이거나 즐거움을 공유하기 위한 상호작용이 어렵다. 이와 반대로 인지기능이 어느 정도 뛰어난 고기능자폐학생은 사회적 상호작용에 관심을 보이기도 하지만 상대방의 생각이나 의도, 동기 등의 내면적인 마음을 이해하거나 예측하는 능력이 부족하여 다른 사람과 관계 형성 시도를 위한 상호작용에서 어려움을 유발하게 된다.

따라서 자폐성장애학생이 다른 사람과의 상호작용을 잘하려면 상대방의 마음을 이해하고 감정이입을 할 수 있어야 할 뿐만 아니라 언어의 미묘한 어감과 비언어적 단서(예: 몸짓, 시선, 자세, 옷차림, 행동 등)도 알아차릴 수 있어야 하는데, 자폐성장애학생은 이러한 능력이 부족하여 이를 활용해 타인과 상호작용을 하지 못하고, 또한 소통하는 타인의 반응을 해석하는 데도 어려움을 경험한다. 다음 〈표 9-7〉은 자폐성장애학생의 사회적 의사소통 특성과 관련 행동에 대한 예시이다(김건희 외, 2018).

〈표 9-7〉 자폐성장애학생 사회적 의사소통 특성

사회적 의사소통 특성	의사소통과 관련된 행동
사회 · 정서적 상호작용의 어려움	• 다른 사람에게 사회적으로 적절한 접근을 하는 데 어려움 • 다른 사람의 감정을 인식하는 데 어려움 • 자신의 감정을 표현하는 데 어려움 • 즐거움, 관심, 정서, 애정 등을 다른 사람과 공유하는 데 어려움 • 관심 있는 물건 보여 주기, 가져오기, 가리키기 행동의 어려움 • 다른 사람의 칭찬에 적절한 반응을 나타내는 데 어려움 • 자신의 관심사를 다른 사람과 공유하는 데 어려움
사회적 상호작용을 위해 사용하는 비언어적인 의사소통 행동의 어려움	• 눈 맞춤, 응시행동 어려움 • 다른 사람의 몸짓을 이해하거나 의사소통을 위한 몸짓 사용에서의 어려움 • 얼굴 표정을 포함한 비언어적 의사소통 행동 사용의 어려움 • 의사소통을 위해 목소리의 크기를 조절하거나 적절한 억양을 사용하는 데 어려움 • 문서화되지 않거나 비유적인 표현(예: 유머 풍자, 속담 등)을 이해하는 데 어려움
사회적 관계 형성과 유지의 어려움	• 사회적 규약과 사회적 기대를 이해하지 못함 • 다른 사람의 사회적 행동을 적절히 해석하는 데 어려움 • 대인 간 사회적 상호작용의 어려움 • 다양한 사회적 맥락에 맞게 행동하는 데 어려움 • 사회적 상호작용을 시작하고 반응하는 데 어려움 • 발달수준에 적절한 또래 관계 형성의 어려움

출처: American Psychiatric Association(2013)의 진단 규준과 관련 내용을 수정 · 보완.

사회적 상호작용의 결함은 사회적 관계 형성의 시작과 유지에도 어려움을 가진다. 다른 사람과 사회적 상호작용을 시작하고 반응하는 것은 중요한 사회적 행동이며, 자폐성장애 학생에게 있어서 특히 문제가 된다(Koegel & Koegel, 2006). 반면, 부적절한 방법으로 시작행동을 하는 학생은 자주 상대방을 방해하거나 상대방과 무관한 말을 하기도 한다. 그들은 반복적으로 질문하거나 자신의 흥미에 관해서만 이야기하는 경향이 있다. 예를 들어, 조용히 해야 하는 도서관이나 교실에서 사회적 상황을 무시하고 다른 사람에게 말을 하기도 한다. 이러한 경우 시작행동을 가르치면 질적인 측면을 개선하도록 지도할 필요가 있다(김건희 외, 2018).

※ 사회적인 정서 인식의 결함: 정서 인식이란 다른 사람이 느끼고 있는 내면의 다양한 정서를 이해하는 것인데, 자폐성장애학생은 즐거움, 기쁨, 신남, 감동과 같은 긍정적인 정서와 우울, 불안, 공포, 분노와 같은 부정적인 정서의 인식에 결함을 보인다. 또한, 설렘, 반가움, 수줍음, 부끄러움, 석연찮음, 죄의식 등에도 어려움을 가진다.

2) 인지 및 감각적 특성

(1) 인지 특성

자폐성장애학생의 지능은 지적장애의 수준에서부터 정상 혹은 그 이상의 지능 범주를 가지고 있다. 약 75% 정도는 지능지수가 35~50 정도로 지적장애를 지니며, 약 25% 정도는 정상적인 지능이나 심지어 그 이상의 지능을 지니고 있다(Scott, Clark, & Bradt, 2000). 그중 10% 정도는 서번트증후군(savant syndrome)으로 특정 영역에서 천재적인 재능을 보이는 경우도 있다. 그러나 대부분의 자폐성장애학생은 인지능력과 학습능력에 많은 어려움을 나타내며, 새로운 학습, 기술을 습득하는 데 필요한 시간이 또래 학생에 비해서 길다.

자폐성장애학생은 시각적 기억능력이 강한 것으로 알려져 있다. 예를 들면, 관심 있어 하는 사항에 대하여 한번 본 빌딩이나 버스 노선도, 복잡한 지하철 노선을 정확하게 기억하여 그림으로 표현하는 것이다.

(2) 감각적 특성

자폐성장애학생의 감각적 특성은 신경학적 체계가 또래 학생과는 다른 방식의 기능적인 시스템 정보처리로 인하여 다양한 행동에 문제를 일으키게 된다.

〈표 9-8〉 감각자극에 대한 자폐성장애학생의 감각수용력 이상

감각수용력 이상 원인	감각수용력 이상 반응
입력된 자극이 다른 유형의 감각자극으로 혼동을 유발	청각자극인 소리가 시각자극인 색깔로 처리되어지는 반응
자극에 대하여 둔감 또는 무반응 그리고 민감	바로 곁에서 엄청나게 많은 접시가 깨져도 반응을 보이지 않다가도 자신의 흥미를 끄는 음악 소리나 사탕 껍질 벗기는 아주 작은 소리에는 민감하게 반응
다른 두 유형의 청각자극이 서로 간섭과 방해를 유발하고 청각적 정보의 왜곡	요리를 맛보는 동안 믹서기, 가스레인지 후드 등의 소음을 내는 주방기구는 꺼두어야 하고, 어떤 소리의 특정 주파수에 매우 예민하게 반응
촉각이나 통각에 의한 행동 방해와 집착	명절에 한복에 받쳐 입는 속치마의 꺼칠한 촉감에 안절부절못하거나, 심하게 다쳐도 울지 않거나 이상스러운 물건을 만지는 데 집착

3) 상동적인 반복행동과 제한된 특정 관심

자기자극 행동은 자폐성장애아동에게서 흔히 나타나는 행동이다. 이러한 행동은 상체를 앞뒤 또는 옆으로 흔들기, 얼굴 앞에서 손 흔들기, 사물 돌리기, 물건 제자리에 놓기와 같이 명확한 기능이 없는 반복적이고 정형화된 행동이다. 자기자극 행동은 감각적 자극을

얻기 위하여 하는 것 같다(Scheuermann & Webber, 2002; 고은 외, 2015). 또한, 특정한 사물에 대하여 강한 집착을 나타내거나 지나치게 몰두한다. 예를 들면, 얇은 종이를 잡고 손가락으로 탁탁 치거나, 긴 끈을 잡고 돌리거나, 열린 문을 가만히 보지 못하고 모두 닫는 등의 자폐성장애학생만이 느끼는 독특한 제한된 관심을 추구하는 행동들이다.

자폐성장애학생이 보이는 상동적인 반복행동과 제한된 특정 관심의 구체적인 행동은 〈표 9-9〉와 같다.

〈표 9-9〉 자폐성장애학생의 행동 특성에 따른 구체적인 예시

진단기준의 결함	관련된 행동 예시
제한된 범위 관심 영역에 지나치게 강도 높은 독특한 관심을 보임	• 특정 주제에만 지나친 관심을 보이고 다른 주제에는 전혀 관심 없음 • 특정 주제나 활동을 종료하는 데 어려움을 보임 • 다른 활동에 방해가 됨(예: 활동에 집착하느라 화장실 가는 것 지체) • 독특한 주제에 관심을 보임(예: 물 분무기, 영화 등급, 우주 물리학, TV 광고, 특정 음률의 노래, 라디오 방송에서 읽어 주는 편지) • 특정 관심 영역에 대한 비상한 암기력
특정한 비기능적인 일과나 의례적 행동에 융통성 없이 집착함	• 정확한 순서에 따라 특정 활동을 수행하기를 원함(예: 자동차에서 내려 문을 닫을 때 정해진 순서에 따라서 행동함) • 일과의 사소한 변경에 대하여 쉽게 흥분함(예: 학교에서 집으로 돌아가는 길을 다른 길로 변경할 때) • 모든 변화에 대하여 사전 통보를 필요로 함 • 일과나 의례적인 행동이 지켜지지 않을 때 매우 불안해함

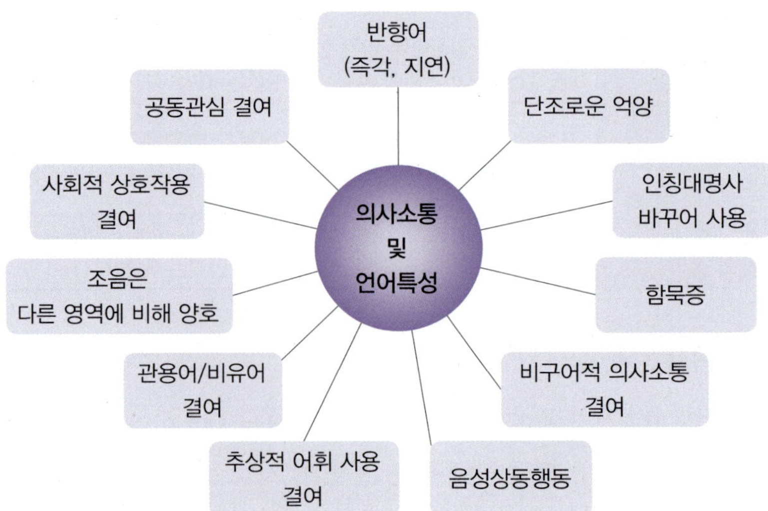

[그림 9-2] 자폐성장애학생의 의사소통 및 언어특성

진단기준의 결함	관련된 행동 예시
상동적이고 반복적인 운동성 습관을 보임	• 흥분했을 때 양손을 펴서 좌우 또는 상하로 흔듦 • 손가락을 눈앞에 대고 흔들거나 꿈틀거림 • 손의 자세가 특이하거나 기타 손의 움직임을 보임 • 장시간 빙빙 제자리에서 돌거나 몸을 앞뒤로 흔듦 • 발뒤꿈치를 들고 걷거나 뜀
사물의 특정 부분에 지속적인 관심과 집착을 보임	• 사물을 비기능적으로 사용함(예: 인형의 눈을 손가락으로 두들김, 장난감 자동차 문을 계속 열었다 닫았다 함) • 사물의 감각적인 부분에 관심을 보임(예: 냄새를 맡거나 눈앞에서 봄) • 움직이는 사물을 좋아함(예: 선풍기, 환풍기, 돌아가는 바퀴) • 독특한 사물에 집착함(예: 오렌지 껍질, 딱딱한 노끈)

출처: 이소현, 박은혜(2011). p. 230.

2. 의사소통 특성

자폐성장애학생의 의사소통 특성은 단순히 독립적으로 나타나는 것이 아니다. 의사소통은 인간이 세상에 태어나는 순간부터 본능적으로 여러 가지 울음부터 시작하여 타인을 향하여 끊임없이 자신의 생각이나 느낌, 정서, 감정, 기분 상태에 대하여 표현하면서 발달한다. 이때 인간은 다양한 환경적 상황을 인식하고 전달하고자 의사소통의 모든 수단을 사용하면서 사회적 상호작용을 위한 관계 기술을 습득해 나간다.

그러나 전반적인 발달에 어려움을 지니는 자폐성장애학생은 대부분 영유아기 발달 단계의 감각운동기에서부터 자신의 신체활동을 통한 표현에 의사소통의 질적인 결함뿐만 아니라 내적인 자기자극의 동작표현으로 인하여 나타나는 외적인 상동행동은 의사소통발달, 인지발달, 정서발달, 사회성발달, 애착발달, 대소근육발달 등의 영역에 부정적인 영향을 미치게 된다. 왜냐하면, 인간의 발달은 전인적으로 발달하기 때문에 이러한 영역들은 서로 연관성 있는 상호 간섭이 작용하기 때문이다(김영익 외, 2018).

※ **공동관심 결함:** 관심을 통한 관계 형성 시도의 사회적 의사소통에 어려움을 나타냄

- 초기 의사소통에서 가장 기본이 되는 능력 중 하나가 공동관심(함께 주의집중)이다. 자폐성장애학생은 영유아시기부터 이러한 공동관심에 많은 결함을 나타낸다.
- 공동관심은 자연스럽게 일어나는 다른 사람과의 다양한 사회적 의사소통 상황에서 어떠한 대화의 주제가 되는 사물이나 활동에 대하여 사람의 관심을 이끌어 내는 능력인데 대부분 자신의 것만 요구하거나 거부하는 행동을 통하여 의사소통한다.
- 공동관심을 위한 함께 주의집중하기와 시선을 다른 주제나 활동으로 옮기는 것에 어려움을 나타내고, 공동관심을 보이더라도 시간이 아주 짧고 지속이 어렵다.

- 자폐성장애학생의 의사소통 특성은 매우 다양하다(Ogletree & Oren, 2006). 언어(Language)나 말(Speech)에 문제가 있는 것이 아니라 의도적인 의사소통이 어렵다는 것이다. 말을 전혀 습득하지 못하는 경우도 있으며, 말을 하는 경우에도 말의 출현 및 발달이 또래보다 많이 지체된다. 그러나 그중 일부는 현학적인 대화를 즐기는 수준까지 스펙트럼이 매우 다양하다.
- 자폐성장애학생이 어느 정도의 수준에 도달하는 언어를 습득하였더라도 대부분은 인칭대명사가 바뀜, 반향어 사용, 독특하고 단조로운 억양, 관용어구나 속담을 융통성 있게 이해하지 못하고 언어를 문자 그대로 해석하기 등의 언어적 특성을 보이기도 한다(공주특수대학교 특수교육연구회, 2016).

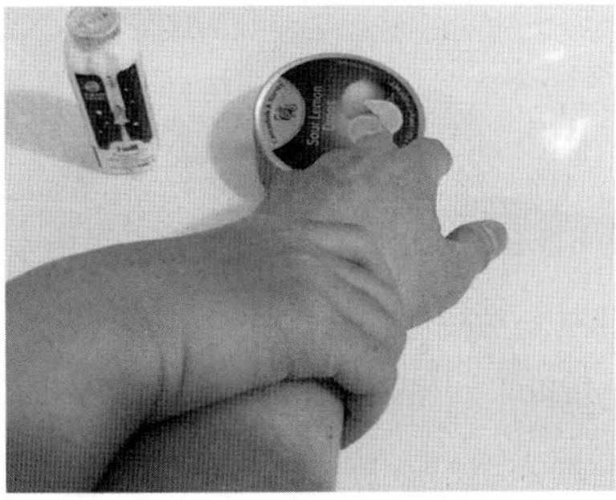
[그림 9-3] 상대방의 손을 도구로 사용

1) 비구어적-의사소통 특성

비구어적 의사소통은 사회적 상호작용을 형성하고 유지하는 데 중요한 역할을 한다. 자폐성장애학생의 의사소통 문제는 사회적 상호작용의 결함과 함께 나타난다. 이러한 문제는 향후 자폐성장애학생의 언어발달과 관련이 있기 때문에 예보적인 역할을 한다.

(1) 눈 맞춤

자폐성장애학생의 경우 다른 사람과 주의를 공유하기 위한 수단인 눈 맞춤에 질적인 결함을 나타내고, 사물이나 사건에 동시에 주의를 기울이는 것에 어려움을 보인다(Wetherby et al, 2004). 의사소통을 시작하기 위해서는 상대방을 향하여 신체 및 눈 맞춤과 같은 얼굴의 움직임을 통해 의사소통한다.

자폐성장애학생의 눈 맞춤 행동은 대부분 또래 학생 행동과는 다르다. 이들은 특정한 물체에 시선을 고정해서 응시하고 주위의 시각 자극들을 통합해서 보지 못한다. 물체의 전체를 보기보다 부분에 집중하고 사람의 얼굴보다는 기하학적 패턴 보는 것을 더 좋아할 수 있다. 또한, 사람이 있는 방향을 응시하지만, 그 사람이 없는 것처럼 행동하기도 한다. 눈 맞춤에서의 이상은 세상을 이해하는 데 있어 문제가 있음을 알려 주는 것일 수 있고, 의사소통 발달에 부정적인 영향을 미칠 수 있다(김건희 외, 2018).

(2) 몸짓

자폐성장애학생은 원하는 물건을 얻기 위해 몸짓보다 유도하기 기법을 사용한다. 예를 들어, 학생이 무엇인가를 얻기 위해 도움을 바랄 때 그 물건 쪽으로 자신의 신체(몸통 어깨나 손)를 이용하여 상대방의 손이나 팔을 밀쳐 내기도 한다. 이때 학생은 상대방과 상호작용을 하는 것이 아니라 자신이 원하는 물건을 얻기 위한 도구로 사용할 뿐이다.

또한, 자폐성장애학생은 다른 사람의 주의를 끌기 위해 가리키기를 잘 활용하지 못할 뿐만 아니라 보여 주기, 손 흔들기, 몸짓, 손짓하기 등과 같은 동작을 사용하지 못할 수 있다(김건희 외, 2018). 자폐성장애학생은 자신의 감정을 몸짓으로 표현하는 의사소통 수단으로 좋아하는 상황, 싫은 상황, 불안한 상황, 긴장되는 상황 등에서 제자리에서 펄쩍펄쩍 뛰거나, 머리를 흔들거나, 몸통을 앞뒤로 빠르게 움직이거나, 손이나 팔과 목을 동시에 움직이는 반복적인 상동행동의 몸짓을 표현한다. 이처럼 자폐성장애학생은 의미 있는 몸짓을 사용하여 의사소통을 하는 데 있어 양적 · 질적인 결함을 나타낸다.

(3) 모방

모방은 의사소통의 상징적인 활동에 필요한 선수기능으로 아동의 발달에 매우 중요하다. 모방 기술은 다른 사람이 말한 언어를 처리하는 것으로, 자기 주위에 있는 사람의 언어를 획득하고 발달시킬 수 있는 아동의 능력을 촉진한다. 이러한 모방에 대하여 자폐성장애학생은 발달 수준에 따라 습득해야 하는 다양한 모방하기에 어려움을 지닌다. 모방할 때 어떤 자폐성장애학생은 그들이 본 그대로 행동을 모방함으로써, 예를 들어 누군가 자신에게 손을 흔드는 것을 모방할 때, 손바닥을 자신의 얼굴 쪽으로 향하게 하는 것과 같은 자기중심적인 오류를 범한다(김건희 외, 2018). 모방은 언어발달 측면에서 언어습득 이전에 기본적으로 학습할 수 있는 기저를 제공하기 때문에 매우 중요하다.

- 눈 맞춤: 상대방과 의사소통을 위한 눈 맞춤과 지속이 어렵고, 사물의 특정 부분에 집중
- 몸짓: 의사소통의 몸짓보다는 상대방을 도구로 사용, 자신의 의사표현에 독특한 몸짓
- 모방: 듣고, 보고, 말하는 등의 모방 기술의 습득에 어려움을 보여 언어발달에 영향을 줌

2) 구어적-의사소통 특성

자폐성장애학생 중에는 또래와 비슷하거나 드물지만, 오히려 또래에 비해 더 빠른 언어발달을 보이는 경우도 있다. 그러나 대부분의 자폐성장애학생은 언어장애를 동반하는 경우가 많으며, 일반적인 언어발달을 보이는 경우라도 상황에 적절한 말을 사용하여 효과적으로 의사소통을 하는 데는 어려움이 있다.

(1) 반향어

반향어(echolalia)는 전에 들은 낱말이나 문장을 의도나 의미 없이 반복하는 현상으로 자폐성장애학생은 다른 사람이 하는 말을 분석하지 않은 통합체로 외워버리기 때문에 융통성 있는 언어를 습득하지 못한다. 반향어는 대뇌과정을 거치지 않고 바로 반복되는 즉각 반향어와 일단 저장되었다가 시간이 어느 정도 경과한 후에 상기되어 반복되는 지연 반향어로 구분한다. 반향어에 대한 언어중재를 시도하기 위해서는 자폐성장애학생의 반향어가 보이는 역할 및 기능, 그리고 반향어가 나타나는 상황을 평가하는 것이 중요하다(Prizant et al., 1997). 즉각 반향어는 무엇인가를 이해한다는 증거를 제공하고 있으며, 지연 반향어는 다양한 방식으로 사회적 상호작용을 하도록 도울 수 있다.

그러므로 자폐성장애학생이 반향어를 사용한다는 것은 학생이 이해가 부족할 수도 있고, 새로운 단어나 표현을 연습하는 기능이 있을 수도 있고, 행동에 방해를 받거나 불안할 때 사용하는 것일지도 모른다(Rydell & Mirenda, 1994; 권도하 외, 2014). 따라서 자폐성장애학생이 환경중심의 의사소통 상황 맥락에서 사용하는 반향어를 잘 이해하고 그러한 언어행동의 목적에 대한 기능을 분석하면 다른 사람과 의사소통할 수 있는 바람직한 언어 형태로 사용하도록 지도해야 할 것이다. 즉각 반향어의 범주와 기능, 지연 반향어의 범주와 기능은 각각 〈표 9-10〉, 〈표 9-11〉과 같다.

〈표 9-10〉 즉각 반향어의 범주와 기능

범주	기능	예시
상호작용	의사소통 순서 지키기	시선이나 동작이 사람이나 사물을 향하고 있으나, 주고받는 순환적인 반응이나 이해를 동반하지 않는다.
	진술	사물이나 행동, 장소를 명명하는 것으로 시선이나 동작이 명명하는 방향을 응시하고 있다.
	긍정대답	반향어로 긍정을 표현하는 것으로 이전에 직전 또는 직후의 동작으로 그 의도가 표현되어 있다는 것을 알 수 있다.
	요청	사물이나 다른 사람들의 행동을 요청하는 데 사용하는 말로 보통 가벼운 형태의 반향어가 포함된다.
비상호작용	분명치 않음	분명한 의도 없이 발화되며, 가끔 두려움이나 고통 등 각성 수준이 높은 상태에서 의도하지 않은 상태에서 발화한다.
	시연	행동이 발생하기 전에 생긴 반향어로서 직후의 동작이나 의도가 추측된다.
	자기조절	자기의 행동을 조절할 때 사용하는 말로, 운동 기능을 이용한 행동과 동시에 발화한다.

〈표 9-11〉 자연 반향어의 범주와 기능

범주	기능	예시
상호작용	의사소통 순서 지키기	주고받는 의사소통 상황에서 자신이 말하는 순서를 지키는 기능을 한다. 의사소통 의도는 관찰되지 않는다.
	언어의 완성	다른 사람에 의해서 시작된 자연스러운 일상적인 맥락의 말에 대한 반응으로 그 발화를 완성하는 기능을 나타낸다.
	정보제공	의사소통 상황에서 분명하지 않은 새로운 정보를 제공한다.
	명명하기	제스처를 대부분 동반하여 사물이나 행동을 명명한다.
	저항	다른 사람의 행동에 저항하는 기능을 갖는다. 그러므로 다른 사람의 행동을 저지하는 결과를 가져올 수 있다.
	요청	원하는 사물을 얻기 위하여 요청하는 기능을 나타낸다. 대개 원하는 사물을 바라보면서 얻을 때까지 계속 말한다.
	부르기	자신에게 주위를 집중하게 하거나 상호작용을 확립 혹은 유지하기 위해 사용하는 말이다.
	확인	이전에 나왔던 말을 확인하는 데 사용하는 말이다.
	지시	다른 사람들의 행동을 지시하는 데 사용하는 말이다.
비상호작용	분명치 않음	아무 목적이 없으며, 자기자극적인 발화를 한다.
	상황연상	사물이나 사람 또는 행동에 의해서 초래하는 반향어다.
	자기지시	자신의 행동을 조절하는 데 사용하는 말로, 운동 기능을 이용한 행동과 동시에 발화된다.
	시연	낮은 소리로 발화되는 말로, 더 커다란 상호작용적 음성 발화가 함께 나타난다(후속 발화를 위한 연습일 수 있음).
	명명	분명한 의사소통 의도 없이 주위에 있는 사물이나 행동을 명명하는 말, 언어를 학습하기 위해 연습할 수도 있다.

출처: 고은(2014). pp. 367-368. 수정 · 보완.

(2) 함묵증

함묵증(mutism)은 전혀 소리를 내지 않는 철저한 무언증으로부터 약간의 소리를 동반하는 형태까지 다양하다. Schuler(1979)는 함묵증을 다음과 같이 3가지로 나누어 정의하였다.

첫째, 어떠한 소리도 내지 않는 완전 함묵증

둘째, 자기자극이나 소리 유희를 위한 약간의 소리를 동반하는 기능적 함묵증

셋째, 욕구나 거부 등 즉각적인 표현을 하기 위한 어휘가 충분하지 못하여 나타나는 준함묵증

이 중에서 준함묵증은 자폐보다는 언어장애아동에게서 많이 나타난다. Schuler는 함묵증의 종류와 그들의 언어 이해력과의 관계를 설명하였는데, 완전 함묵증은 언어 이해력이 거의 없고 기능적 함묵증은 매우 제한되어 있으며, 준함묵증은 비교적 발달되어 있다고

하였다. 그 외에도 선택적 함묵증이 있는데, 이것은 특정한 장소와 사람에게만 말을 하는 형태로 자폐성장애학생의 초기 함묵 증세와는 완전히 다른 것이다(김영태, 2014).

(3) 억양 결여와 제한적·고정적인 언어

억양은 의사소통의 상황에서 문장의 종류를 구분하고 자신이 감정적 태도나 표현을 나타내는 기능을 가지고 있다. 억양은 화자의 의도나 감정이 반영되어 있어 몇 가지로 해석 가능한 애매모호한 문장도 억양에 따라 의미를 분명히 할 수 있다. 즉, 평서문으로서의 억양, 의문문으로서의 억양이 있으며, 억양을 통해 심리적인 면을 표현할 수 있기 때문이다. 자폐성장애학생은 이러한 억양과 관련된 음성의 강도, 음도, 초분절적 요소 등의 조절이 상당히 어려워 감정 표현의 곤란으로 이어지는 어려움을 지니고 있다.

자폐성장애학생은 말을 지나치게 제한적인 의미로 사용하거나, 지나치게 확대한 의미로 사용하기 때문에 흔히 사용되는 의미의 범위를 넘어서는 경우가 많다. 따라서 문맥에 맞지 않는 혼잣말 · 상투 어구의 남용이 보이며, 지나치게 제한적인 의미로 사용되는 발화나 어떤 단어가 독특한 구체적 내용을 담고 있는 경우가 관찰된다(강수균 외, 1999). 예를 들면, 다음과 같다.

학생: "마트! 마트! 가요~~ 마트 엄마 같이 마트 가요." → 억양 변화 없음
학생: "아침이 되었습니다. 아침이 되었습니다. 준비하자!" → 외출하자는 뜻
학생: "TV 광고 노래를 갑자기 상황에 맞지 않게 부른다." → 기분이 좋다는 뜻

(4) 언어특성

자폐성장애학생 언어특성은 〈표 9-12〉와 같으며, 특히 사회적 상호작용과 공동관심에 관련되는 언어의 사용과 관련되는 화용론에 가장 큰 어려움을 지닌다. 물론, 의미론과 구문론, 조음, 운율 등에도 어려움을 지닌다.

〈표 9-12〉 자폐성장애학생의 언어특성

언어 영역	특성
운율적 측면	• 억양, 강세, 리듬 등의 표현에 어려움을 나타낸다. • 감정이 없는 단조로운 단음도(음도의 변화 없음)로 표현한다. • 개개인의 독특한 음성을 사용한다(예: 흥얼거리는 모음반복). • 일상적인 생활의 관습적인 억양 모방에 결함을 보인다
조음 측면	• 조음능력은 다른 언어 영역에 비교하여 다소 긍정적이다. • 반향어 사용 시 자발어에 비하여 훨씬 조음정확도가 높다. • 일부 자폐성장애학생의 경우에는 지나치게 정확한 정조음 때문에 운율적인 구어의 흐름이 방해를 받기도 한다. • TV 광고, 다양한 매체(트로트 노래, 캐릭터, 말)를 모방 발화한다.
구문론 측면	• 감정이입이 없는 전보문식 문장을 사용한다. • 조사, 조동사, 접속사 등의 기능어 사용이 어렵다. • 문장을 구성하고 표현하는 시제의 이해와 사용이 어렵다. • 문장이 아주 단순하고 짧으며, 문법적 오류가 자주 발생한다.
의미론 측면	• 사물의 기능보다는 주로 물리적 유사점을 범주화한다. • 어휘의 의미가 매우 제한적이다. • 과잉축소 또는 과잉확대 하는 경향이 많다. • 비유적인 표현과 추상적인 단어 습득이 어렵다 • 관습적인 표현의 관용어와 속담의 이해가 어렵다.
화용론 측면	• 대인반전 인칭대명사의 사용이 어렵다(내가, 네가 등) • 상대방의 생각이나 관점을 이해하지 못한다. • 나이에 따라 사용하는 사회적 예절의 존댓말 사용이 어렵다 • 의사소통 대화의 순서에서 주고받기가 이루어지지 않는다. • 질문에 대해서만 반응하는 수동적 대화의 태도를 보인다. • 공동관심의 주제에 대하여 대화의 주제를 유지하기 어렵다. • 대부분의 의사소통에서 대화를 자발적으로 시작하지 않는다. • 일방적으로 지나치게 반복되는 질문을 사용한다.

※ 자폐성장애학생 언어표현의 단편적인 사례

학생: ㅇㅇ아, 물 줄까~~?
교사: 아~~ ㅇㅇ이가 물 마시고 싶구나! 자~ 물 여기 있다.
학생: 물 여기 있다(반향어). 물 더 줄까~~(물 더 마시고 싶다는 뜻)
학생: 당신의 아침은 건강하십니까? (갑자기 상황에 맞지 않는 말 표현→ 버스 광고판 광고: 이 학생의 경우, 어떠한 상황에 만족스럽다는 자신만의 독특한 언어표현)

※ 의사소통 방법 체크리스트

의사소통 방법	의사소통 목록의 방법 사용 빈도				비고
	항상	자주	가끔	없음	
원하는 사물 가리키기					
다른 사람의 손 이끌기					
특이한 음성으로 요구하기					
반향어 사용(전체, 부분)					
눈으로 응시					
단어로 반복 표현					
한 단어로 표현					
간단한 구문장 표현					
전보문식 문장으로 표현					
알아들을 수 없는 표현					
곁눈질 고개돌려 응시					
보완대체기기 사용					
사물사진, 카드 사용					
손등 물기					
제자리에서 껑충껑충 뛰기					
몸을 앞뒤로 반복 흔듦					
상대방 공격행동					
위험성 모르는 행동					
특이한 손짓 표현					
자해행동					
자리 피하기/멀어지기					
잡거나 접근하기					
손으로 단순표현(싸인랭귀지와 비슷)					
물건던지기/물건뒤집기					
동일성에 집착					
다양한 상동행동					
다양한 음성틱					
손 모양 사용					
자신만의 특이한 표현					

기타 의사소통 방법:

※ 언어와 함께 지도하는 인지적 기술

1. 범주화

학생은 비슷한 것들을 범주로 분류하는 것을 배워야 한다. 예를 들면 사물들을 생김새, 색깔, 크기, 분류(음식물, 탈것, 동물 등)에 의해서 구분할 수 있어야 한다. 대상의 유상성과 차이점을 지적하는 연습은 이러한 기술을 촉진시킬 수 있다.

2. 수단–목표

수단–목표의 개념은 사건이 어떻게 일어나는지에 대하여 인지하고 아는 것과 관련된 것이다. 예를 들면, 손이 닿지 않는 장난감(목표)을 긴 막대기를 이용하여(수단) 가질 수 있다. 만일 학생이 텔레비전을 어떻게 켜는지(목표) 알지 못한다면 엄마를 이용하여(수단) 텔레비전을 켤 수 있다. 즉, 말은 다양한 종류의 목표(주의, 대상, 획득 등)를 획득하는 수단으로 사용한다. 그리고 이러한 개념에 대한 기초적인 이해는 좋은 의사소통의 핵심이 된다.

3. 적절하게 물건 사용하기

학생은 어떤 것에 대하여 말할 수 있기 이전에 대상이 무엇인지 그리고 그것으로 무엇을 하는지에 대하여 알아야 한다. 아동에게 대상을 어떻게 정확하게 사용하는지를 보여주고, 물건을 던지거나 두드리거나 입에 넣지 못하도록 지도한다.

4. 즉시 모방과 지원된 모방

학생은 교사가 어떠한 행위를 한 것을 보고 즉시 모방할 수 있어야 한다. 학생이 모방하기 쉬운 것을 한다. 마주 앉아 상대의 손바닥 치기 놀이, 동작 따라하기와 같은 활동은 주의를 유지하고 상호작용하는 데 좋은 활동이다. 지연된 모방으로 교사가 한 행동을 시간이 지난 후에 할 수 있어야 한다. 학생과 함께 퍼즐 맞추기, 막대기에 링 고리 던지기와 같은 활동을 한 후 시범 동작을 제시하지 않아도 혼자서 하도록 지도한다.

5. 상징놀이

역할놀이나 가상의 상징놀이를 할 수 있도록 교사는 학생이 선호하는 활동을 잘 선택하여 다양한 주제와 다양한 교수–매체를 활용하여 지도한다. 예를 들면 동물 흉내 내기, 킥보드 타는 사람 흉내 내기, 운전하는 사람 흉내 내기 등 일상생활로 연계하여 교사가 먼저 모델링을 보여준다.

4 자폐성장애학생 의사소통지도

자폐성장애학생의 언어 및 의사소통의 기회를 이끌어 내고 사회적 상호작용을 위한 수단으로 시각을 활용한 다양한 매체를 적용하여 의사소통 발달에 대한 지도로 많이 접근한다. 자폐성장애학생에게 메시지를 제시할 때 순간적으로 지나가는 단서인 청각적인 언어로만 의사소통하는 것보다 시각적 매체를 병행하여 제시하면 더 효과적이다(Cafiero, 1998; 김영익, 2004).

최근 자폐성장애학생의 교수방법에 있어서 사회적 의사소통과 화용 및 기능적 접근이 강조되고 있다. 이는 언어의 실제적 습득과 사용이 자폐성장애학생의 환경을 둘러싼 생태학적 환경과 맥락이 중시되고 언어의 형식보다 의사소통 기능이 강조되고 있기 때문이다.

※ 일반적인 언어발달지도법

① 발달적 접근

- 교사는 아동의 발달 수준과 기능적인 기준을 근거로 가르칠 목표행동을 선정
- 의사소통 기술을 교수함에 있어서 진보된 언어 형태를 강조하기보다는 모든 자연적인 상황에서의 언어 및 의사소통의 기능적인 사용을 강조
- 또래와의 사회적 관계 장면의 의사소통 촉진을 위한 자연스러운 환경 제공

② 기능적 접근

- 교사는 아동의 발달 수준과 기능적인 기준을 근거로 가르칠 목표행동을 선정
- 의사소통 기술을 교수함에 있어서 진보된 언어 형태를 강조하기보다는 모든 자연적인 상황에서의 언어 및 의사소통의 기능적인 사용을 강조
- 또래와의 사회적 관계 장면의 의사소통 촉진을 위한 자연스러운 환경 제공
- 교육의 대상자가 자폐성장애아동으로 제한되어서는 안 되며, 학생 주변의 모든 사람이 촉진적인 상호작용 방법을 활용할 수 있도록 교육 대상자로 포함

자폐성장애학생 의사소통 지도에서 고려해야 할 내용은 다음과 같다.

첫째, 교사는 자폐성장애학생의 전반적인 의사소통의 발달 단계를 확인하고 학생의 언어발달 수준에 적합한 전반적인 언어 환경에서 지도한다.

둘째, 자폐성장애학생의 독특한 의사소통 표현에 대하여 각 개인에 맞는 고유한 학습 특성 및 기질을 고려하는 것이 필수사항이다.

셋째, 사회성 기술, 의사소통기술, 문제해결 기술, 의사결정 기술 등 아동의 일생을 통

해 반드시 필요한 기능적 기술에 대한 개별화교육프로그램을 강조하여 체계적으로 연결되도록 한다.

넷째, 자폐성아동의 특성상 적극적인 가족참여를 바탕으로 가족 중심적이며, 지역사회 중심의 중재접근을 강조하고 있다. 자폐성장애아동에 대한 특수교육은 집중적이고 지속적이며 다학문적으로 접근해야 한다. 또한, 매우 계획적이고 예측 가능한 태도로, 환경적 자극을 고려하여 제시하여야 한다.

1. 경험중심의 스크립트 문맥 지도

경험중심의 스크립트 문맥 지도는 자폐성장애학생이 일상생활(가정환경, 학교환경, 지역사회환경 등)속에서 자연스럽게 경험하는 다양한 상황의 의사소통 맥락을 시각적 자료인 그림이나 사진을 통하여 순차적으로 일어나는 장면의 제시를 통한 전반적인 언어 및 의사소통 지도를 의미한다.

스크립트는 '어떤 특정한 문맥 속에서 진행되는 단계적인 일련의 사전들을 설명하는 구조'이다. 스크립트 연구자들에 의하면 일상적인 상황문맥, 그 즉각적인 상황에 대하여 다른 사람과의 공유하는 상황지식을 제공해 주며, 그 결과 학생에게 그 상황에서 늘 쓰이는 상황언어를 배우는 학습의 기회를 제공해 준다. 즉, 익숙하고 일상화된 상황적인 문맥 속에서 학생은 쉽게 상대방의 말을 예견할 수 있으며, 그러한 상대방의 언어와 그 상황 간의 관계를 인지적으로 연결시킴으로써 상황적인 언어를 쉽게 학습하게 된다(김영태, 2014).

자폐성장애학생은 일상생활 속에서 경험하는 다양한 장면에 대하여 동기유발이 되는 의사소통의 기회 상황에서는 자신만의 독특한 방법으로 표현하기도 한다. 교사는 자폐성장애학생의 의사소통발달 수준을 고려하여 쉽게 습득할 수 있는 의미 있는 내용으로 스크립트 문맥을 구성하여 지도해야 한다.

[그림 9-4]는 일상생활에서 자주 경험하고 동기유발이 되는 동네 마트나 편의점, 도시락 전문점에서 기능적으로 접근할 수 있는 경험중심의 스크립트 문맥 활동 후 실제적인 지역사회에서의 의사소통 지도방법이다.

[그림 9-4] 지역사회 일반화 의사소통 지도

2. 구조화된 교수(TEACCH) 지도

구조화된 교수는 특정한 중재방법이 아니다. TEACCH는 'Treatement and Euducation of Autistic and Related Communication Handcappes Children'의 약자로 가정과 관련 기관들과의 밀접한 연계 속에서 자폐를 가지고 있는 사람들을 평생 동안 교육하고 지원해 주는 미국 노스캐롤라이나 주에서 개발 · 운용하는 네트워크 형식으로 이루어지는 프로그램이다. 구조화된 교수에서 가장 핵심적인 것은 '의사소통 능력의 증진'이다. 의사소통을 하는 데 있어서 구어가 사용될 수도 있지만 발달 정도가 낮은 학생의 경우에는 몸짓, 사인언어, 그림카드와 같은 언어기술도 적극적으로 활용된다. 실생활에 초점이 맞추어져 있어서 쉽게 일반화할 수 있는 장점이 있지만, 의도적으로 환경을 구조화시켜야 하기 때문에 어느 정도 교사의 노력과 전략이 필요하다(Schopler et al., 1987). 구조화된 프로그램은 '의사소통평가–표본분석–중 · 단기목표 설정–교수전략' 순으로 이루어진다(고은, 2014).

의사소통 평가

- 학생이 의사소통 상황에서 나타내는 의사소통의 행동, 최소한 50개 표본 수집
- 학생의 의사소통 비율이 매우 낮을 경우에는 최소 2시간 동안 관찰하여 표본 수집

▼

표본 분석

① 의사소통 기능 분석: 관심 끌기, 요구하기, 거절하기, 언급하기, 정보 찾기, 정보제공, 감정표현

② 의사소통 형태 분석: 특이한 몸짓, 독특한 음성, 그림표현, 문자사용, 신체 움직임의 표현, 사인, 구어

③ 의사소통 의미 분석: 단어가 가지고 있는 의미를 적절하게 사용한다. 사물(물 줘), 행위(밖에 나가), 사람(엄마 안아줘), 위치(위에 있어)

④ 의사소통 단어 분석: 구어, 사인, 문자, 그림, 제스처에 사용되는 어휘를 의미한다. '학생이 두 손을 겹쳐 내민다 → 주세요, 어깨로 밀친다 → 싫어'

⑤ 의사소통 상황 분석: 다양한 의사소통 상황의 장면에서 같은 의미를 지닌 단어에 대하여 학교 치료실에서는 구어로 표현하는데 다른 장소에서는 표현하지 않는 것은 학습되지 않았다고 할 수 있다.

▼

중 · 단기목표 설정

- 3개월~1년 동안의 중간목표 그리고 단기목표를 설정하는데 이때 단기목표는 현재의 기능수준보다 약간 위의 단계를 목표로 설정한다.
- 교사는 한 번에 한 가지 의사소통 영역에서의 변화만을 유도하여 그 학생에게 나타나기 시작한 기술을 강화시켜 주고, 점진적으로 장기목표의 새로운 기술을 지도한다.

▼

교수전략

TEACCH 프로그램은 자폐성장애학생을 정서적 문제가 아니라 지각정보처리의 결함으로 보고 비구조화가 아닌 구조화된 중재전략과 의미와 맥락 그리고 예측 가능한 환경을 중요 요소로 보며 전략은 다음과 같다(Bayer & Gammeltoft, 2002).

① 원인과 결과에 대한 인과관계의 이해에 어려움을 가지므로 전체 상황을 제시하여 실제적인 맥락을 자연스럽게 이해하는 지도 방법으로 제시되어야 한다.
② 개인적인 전반적인 발달 수준에 고려하여 우연학습의 기회를 최대한 활용한다.
③ 시각적 자극에 대한 지각을 최대한 잘 활용하도록 지도한다.
 - 활동순서를 이해하기 쉽게 시각적으로 볼 수 있도록 한다.
 - 상징물, 사진, 견본 등을 활용하여 지도한다.
 - 강조해야 하는 부분에 대해서는 주의집중을 할 수 있는 추가적인 줄긋기를 한다.
④ 교실 공간을 구조화한다(공간을 기능에 따라 구분하고, 그에 따른 표식을 한다).
⑤ 일과를 구조화한다.
 - 불안이나 두려움을 갖고 예측 가능하도록 시각이나 언어적 정보를 제공한다.
 - 시간 개념에 어려움을 지니므로 정확한 규칙과 객관적인 지침을 제시한다.

〈표 9-13〉 구조화된 교수(TEACCH) 내용의 사례

목표: 일반화할 수 있는 단어지도
학생의 현재 의사소통 수준: 1~2단어 수준으로 자신이 원하는 몇몇 사물이나 행동을 요구할 때만 구어로 표현하며, 때때로 교사의 손을 잡아 행동으로 의사표현을 한다.
내용: 학교 수업 시간에 할 수 있는 활동
1. 점심시간에 선호하는 반찬을 요구할 때 지적하기와 구어를 함께 지도한다. 2. 미술시간에 선호하는 찰흙을 요구하도록 사인과 구어를 함께 지도한다. 3. 과학시간에 선호하는 과학재료를 요구하도록 사인, 지적하기를 구어와 함께 지도한다.
예: 음악시간
학생: 학생이 음악교실로 들어온다. 교사: 교사가 반기며 "민승이네!, 음악실에 왔구나! 안녕하세요?"라고 인사한다. 학생: "으으(눈을 옆으로 흘깃)" 하면서 즐거운 표정으로 교사의 손을 잡는다. 교사: 교사가 즉각적인 반응을 보이며 "그래, 민승아! 신나게 드럼 악기 연주하자!" 학생: '드럼'이라는 말을 듣고 "이이 드드(손을 위아래로 흔들며) 해~"라고 한다. 학생: 교사에게 "이이 드드" 손을 잡아당긴다(드럼은 학생이 눈에 안 보이는 곳에 둠) 교사: 학생에게 드럼 연주 표현을 시각적인 제스처로 드럼 연주하는 모델링을 해 주며(눈앞에서 손을 흔들고, 교사의 손잡아 당기는 것 → 바람직한 표현), "드럼 해요."라고 하고 기다린다. 학생에게 다시 동작표현과 동시에 언어 모델을 해 준다.

3. 비연속 시행훈련(DTT) 지도

비연속 시행훈련(Discrete Trial Training: DTT)은 응용행동분석의 원리에 기초한 전략 중 하나로 자폐성장애학생에게 많은 기술을 가르치는 데 사용되어 왔다. 특히, 언어 및 동작모방 기술, 학업 전 기술 및 학업기술, 의사소통 언어, 사회적 상호작용 기술, 감정 코멘트하기, 정서적 진술에 반응하기 등에 사용되었다. 이 전략은 자폐성장애학생에게 필요한 수많은 일반적 기술을 가르치는 데 사용된다. 각 시도는 세 번에 걸쳐 명백한 선행사건이나 표적행동과 유관하게 후속결과가 수반되게끔 구성한다. 비연속적 시행훈련의 특징과 훈련절차는 다음과 같다(김건희 외, 2018).

※ 비연속 시행훈련 특징

- 교사는 한 번에 한 명의 학생에게 제시하기 위한 일련의 문제를 준비한다.
- 이런 순서는 교사에게는 최선의 교수 및 학습을 위해 가장 적절하다.
- 학생은 각 문제에 반응하거나 반응에 실패한다.
- 교사는 학생의 반응이나 무반응에 대해 반응하고, 정확한 반응에는 보상하고, 부정확한 반응에는 무시하거나 수정하거나 꾸짖으며, 무반응에는 무시하거나 반응을 촉구한다.

장점: 학생으로 하여금 배우고 연습할 많은 기회를 제공하고 차별자극의 교수가 분명하다.
단점: 일반화가 되지 않고 기계적 반응의 부작용과 교사의 지시가 있어야 한다는 것이다.

※ 비연속 시행훈련과 단계

- 교사는 빨간색과 노란색 카드 한 장씩을 학생 앞에 있는 책상에 놓는다.
- 교사는 학생이 정확히 카드를 보고 있는 상황에서 "빨간색 주세요."라고 한다.
- 학생은 교사의 말에 반응을 보이며 빨간색 카드를 준다.
- 교사는 학생에게 "맞아요! 잘했어요."라고 학생과 눈을 맞추고 밝은 표정으로 말한다.
- 다음 과제를 시도를 하기 전에 매우 짧게 멈춘다(0.5초~1초 이내).

각 과제의 시도는 대부분 다음과 같은 절차로 구성된다.

- 1단계: 주의집중
- 2단계: 자극의 제시
- 3단계: 학생 반응
- 4단계: 피드백(정반응과 오반응)
- 5단계: 시행 간 간격
- 6단계: 변화

4. 포괄적 중재 모델 접근 지도

포괄적 중재 모델은 자폐성장애학생의 발달을 촉진하기 위해 요구되는 다양한 발달영역(예: 정서조절, 사회성, 언어발달 등)을 포함하여 사회-화용론적 관점에서 의사소통을 증진하는 접근이라고 할 수 있다(방명애, 2018). 포괄적 중재 모델로 대표적인 SCERTS와 PRT에 대하여 살펴보기로 하겠다.

1) SCERTS(Socal Communication, Emotional, Regulation, Transactional Support)

SCERTS 모델은 자폐성장애학생의 사회적 의사소통, 정서조절, 상호교류적 지원에 초점을 둔 종합적인 접근이라고 할 수 있다. 사회적 의사소통에서는 공동관심과 상징의 사용과 관련한 주요 영역에서의 능력을 증진하도록 한다.
공동관심 능력이란 학생이 다양한 사회적 맥락에서 적합한 사회적 상호작용에 참여하도록 하는 능력의 기초로서 관심, 정서, 의도 공유하기를 통해 표현된다. 또한, 상징을 사용하는 능력은 공동관심을 통해 공유된 의미를 이해하는 것으로 비구어적 의사소통인 몸짓이나 표정, 억양 등의 관습적 의미를 이해하고, 단어를 포함한 언어를 습득하며, 상징놀이와 같은 상황에서 사물을 적절히 사용하고, 다양한 사회적 맥락에서 적절한 사회적 의사소통을 이해하는 것이라고 할 수 있다(Prizant et al,, 2006).

〈표 9-14〉 공동관심 능력 지도절차

전략	예시
환경구조화	학생과 가까이 앉아서 눈을 맞춤 → 손이 닿는 곳에 선호하는 교구를 둠 → 방해물을 없앰 → 학생과의 사회적 의사소통 시도를 촉진하기 위한 환경을 사용함
학생의 주도 따르기	행동하기 전에 기다림 → 학생이 교실 안을 탐색하도록 허용함 → 학생이 선택한 교구에 대하여 큰 관심을 보여줌.
발판교수	발판교수를 할 공동관심 기술을 확인함 → 학생의 기술에 대해 굉장한 긍정적인 강화를 제공함 → 기술 학습을 촉진하기 위해 촉진의 위계를 사용함
언어 확장	학생이 하고 있는 것에 대해 말해 줌 → 학생이 말한 것을 반복함 → 학생의 의사소통을 확장함 → 수정 피드백을 제공함
모방	학생이 교구를 가지고 조작하는 행동을 모방함 → 학생의 언어를 그대로 따라 함

출처: kasari et al(2010); 이소현 외(2017). p. 222. 수정 · 보완.

2) PRT(Pivotal Response Tretmentments)

PRT(중심반응훈련)모델은 교사가 자연스러운 환경에서 지도할 수 있도록 목표행동의 발생 가능성을 증가시킬 수 있는 환경을 구성하고 바람직한 반응을 자주 모델링해 주면서 '지속적이고 긍정적인 피드백'을 사용한다. 일반적인 절차는 다음과 같다(Koegel & Koegel, 2006).

- 1단계: 자극에 대한 흥미를 비롯해 학생이 이끄는 대로 따르기
- 2단계: 학생이 흥미를 유지하기 위한 과제를 정기적으로 다양화하기
- 3단계: 행동형성을 위한 새로운 과제를 습득하는 동안 이전에 성취한 유지과제를 함

께 제시

- 4단계: 학생의 합리적인 시도와 정반응을 강화하기
- 5단계: 직접적이고 자연스러운 강화 제공하기(예: 학생이 요구하는 사물을 가지고 놀 기회)

5. 그림교환 의사소통체계(PECS) 지도

그림교환 의사소통체계(Picture Exchange Commuication System: PECS)란 비구어나 구어가 제한된 개인을 위해 고안된 보조가 필요한 그림/아이콘 기반의 보완체계다(Frost & Bondy, 2002; 이소현 외, 2017). 그림교환 의사소통체계는 자폐성장애학생만을 위한 것이 아니지만 자폐성장애 및 관련 의사소통장애학생에게 효과적인 프로그램으로 알려져 있다. 보완대체의사소통 프로그램의 한 유형으로 이해하면 될 것이다. 지도방법은 자기가 요구하는 사물의 그림을 의사소통 상대자에게 건네주면 상대자는 그림과 같은 사물을 교환하는 직접적인 피드백의 영향을 주고받는 사회적 의사소통 방법이다.

그림교환 의사소통체계 지도 절차는 다음 〈표 9-15〉와 같다.

〈표 9-15〉 그림교환 의사소통체계 지도 절차

단계	활동
1단계	교사는 학생에게 원하는 사물이나 선호하는 활동 하나의 그림 카드를 제시하여 학생이 그것을 얻기 위해 손을 뻗고 이때 학생의 뒤에 있는 다른 교사가 아동의 손을 잡고 해당되는 카드를 잡도록 한다. 해당 카드를 교사에게 주면 선호하는 사물을 교환하는 즉각적인 피드백이 이루어진다. 
2단계	자발적 의지로 한 개의 그림을 사용하지만 학생은 여러 장소에서 여러 사람과 여러 거리에서 그 그림을 사용함으로써 일반화하는 새로운 기술을 학습한다.
3단계	학생은 자신이 선호하는 것을 요청하기 위해 두 개 이상의 그림(싫어하는 그림 포함)을 선택하도록 하는 변별학습을 한다.
4단계	그림교환을 하면서 간단한 문장을 만들기 시작하는 단계로 학생은 요구하는 물건의 그림 한 개와 함께 '나는 치킨 먹고 싶다.' 그림을 사용하여 떼었다 붙였다 할 수 있는 문장을 구성하도록 학습한다(예: /치킨/ + /먹고 싶다/ 그림이 필요)
5단계	기다리기 지연훈련으로 학생이 그림카드를 제시할 때 '기다리기 카드'와 교환하여 약 5초 내외의 시간이 지난 후에 '기다리기 카드'와 사물을 교환해 준다.
6단계	학생에게 앞의 단계를 종합적으로 수행하도록 한다. 만일, 부족한 단계가 있을 경우 그 단계부터 반복하여 훈련한다. 학생이 먼저 의사소통을 자발적으로 시작하고 여러 사람들과도 소통이 가능한 단계다.

[그림 9-5] 아동 행동요구하기: '불어 주세요!'

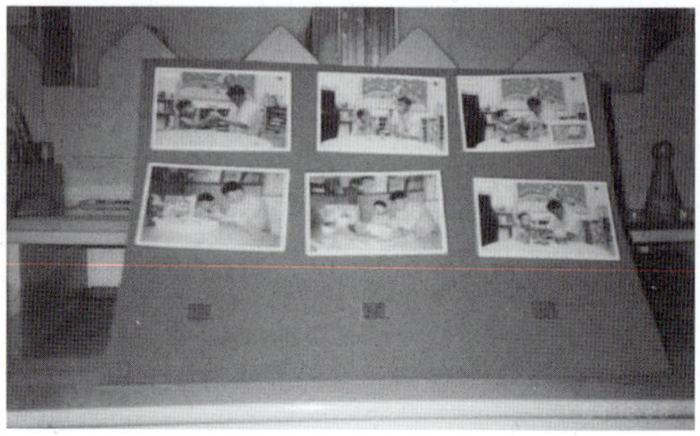

[그림 9-6] 사진 교환을 위한 의사소통판과 사진

출처: 김영익, 권순복(2006). 특수교육재활과학연구. pp. 103-126.

6. 감각통합심리운동 지도

감각통합심리운동은 감각통합의 기본원리인 전정감각, 고유수용성감각, 촉감각 자극을 통한 활동과 심리운동의 기본원리인 신체경험, 물질경험, 사회경험을 신나는 음악리듬에 맞추어 신체를 움직이는 동기부여 활동을 말한다(김영익, 권순우, 2016). 감각통합심리운동은 의사소통의 기회, 사회성 증진, 뇌 발달의 인지기능 등이 촉진된다. 이는 자폐성장애학생뿐만 아니라 모든 학생에게 즐거움을 통한 전인적인 발달교육에 효과적이며, 학생의 장점을 활용한 긍정적 측면이 많은 신체 움직임의 즐거움을 통한 의사소통 접근이다.

특히, 감각통합은 자폐성장애학생의 독특한 감각체계에 대한 중재방법이며(Baranek, 2002), 다양한 감각통합기구를 활용한 지도는 전정계를 자극하여 발성을 촉진시킨다. 교사와 학생 간의 자연스러운 활동은 다양한 의사소통의 기회가 발생하여 언어적 및 비언어적 의사소통을 통한 사회성이 증진된다.

다음의 [그림 9-7]은 감각통합심리운동과 PECS를 함께 지도한 사례이다.

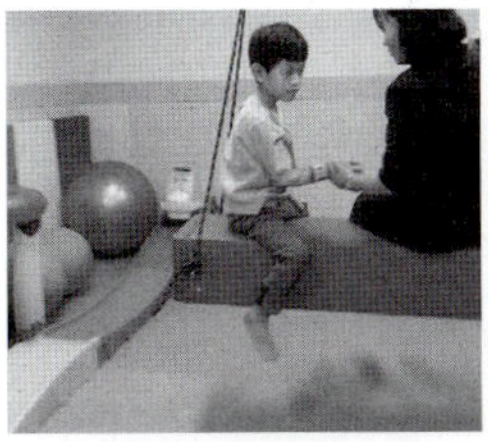

① [해먹 + 타요]

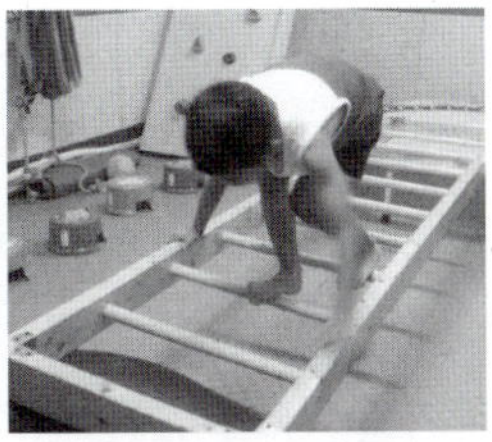

② [사다리 + 건너요]

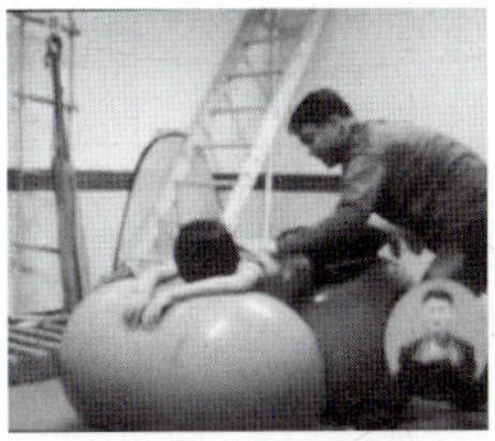

③ [앞으로 + 뒤로]

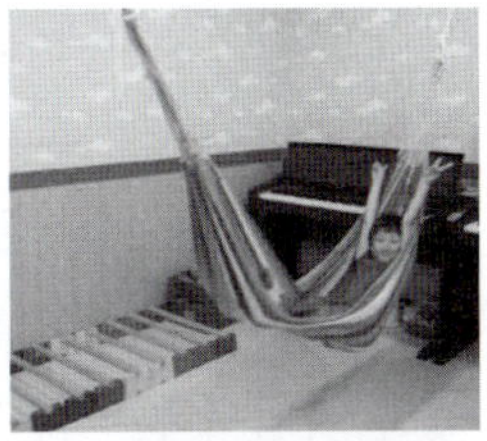

④ [높이 + 낮게]

⑤ [이거 + 타요]

⑥ [줄잡고 + 올라가]

⑦ [이거 + 싫어]

⑧ [3개 + 올라가]

[그림 9-7] 감각통합심리운동 지도 사례

감각통합심리운동 지도: [그림 9-7]의 ④번 예시

교사: 감각통합심리운동실 내측 벽에 사진 교환을 위한 의사소통판에 사진을 준비한다.
학생: 학생은 의사소통판에서 자신이 활동하고 싶은 해먹 사진(자신 모습)을 가져온다.
교사: 교사는 즉각적인 피드백과 함께 활동에 해당 언어를 제시한다. "아! 해먹 타고 싶구나!"
학생: 해먹이 있는 위치 앞에서 의사소통판에서 떼어온 사진을 교사에게 준다.
교사: 해먹 활동에 적합한 언어를 제시한다. "ㅇㅇ아, 높이 할까? 낮게 할까? 등" (… 중략 …)
교사: 학생에게 간단명료하게 "해먹 끝! 내려요."라고 이야기하고 학생이 내리면 다음 활동 의사소통판을 제시한다.

7. 기타 의사소통지도 접근

1) 증강현실 기반 언어지도

제4차 산업혁명 시대를 맞이하여 최근 연구에서 컴퓨터나 스마트폰 태블릿 PC와 같은 스마트 기기를 활용한 중재법에 대하여 Mumford와 Kita(2014)는 학생을 대상으로 그림카드 보다도 입체감이 있는 애니메이션 동영상 등의 교육매체를 사용하는 것은 언어습득에 있어서 의미적 표상에 영향을 주어 언어습득에 긍정적이었다고 하였다. 특수교육에서도 이러한 연구 보고를 토대로 교육적 적용에 관심을 가지고 다양한 연구가 활발히 진행되고 있다.

증강현실이란, 가상현실(virtual relity)의 한 분야로 실제 환경에서 가상의 사물이나 정보를 합성하여 원래의 환경에 존재하는 사물처럼 보이도록 하는 3차원의 입체적 컴퓨터 그래픽 기법이다. 이는 '증대' 혹은 '확대'라는 의미를 담고 있는 증강(augmentation)이라는 단어와 눈앞에 펼쳐진 실제 현실(reality)이라는 단어가 합쳐진 합성어이다(Billinghurst & Kato, 2002). 즉, 증강현실은 학습자가 보고 있는 현실의 영상에 3차원 입체 가상영상을 겹쳐 보여 줌으로써 실제 환경과 가상 화면을 함께 보여 주는 기술이다. 이처럼 증강현실을 기반으로 하는 언어지도는 자폐성장애학생의 강점인 시각을 통한 동기유발의 흥미도와 주의집중을 이끌어 내어 입체적 동작을 통하여 문맥의 상황을 나타내는 다양한 발달단계의 수준에 따른 언어습득에 긍정적인 효과를 가져다줄 수 있다(김영익 외, 2018).

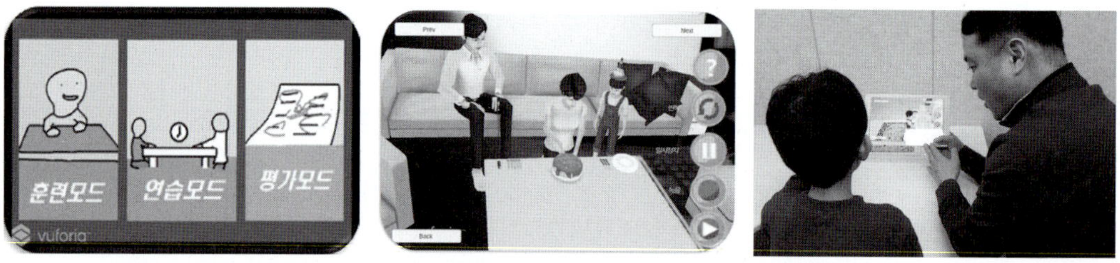

[그림 9-8] 증강현실 기반 언어지도

2) 환경중심 언어지도

환경중심 언어지도는 환경중심 교수지도를 의사소통에 적용한 것으로 학생이 처한 일상생활에서 학생의 관심과 흥미에 따라 의사소통 증진을 하는 접근방법이다. 국내에서도 환경중심 언어지도가 자폐성장애학생에게 효과적인 중재임을 보여 주었다(노은호, 김은경, 2010) 구체적인 지도법은 ① 아동중심 시범 기법, ② 시간지연 기법, ③ 선요구-후시범 기법, ④ 우발학습 기법으로 제8장에서 상세히 서술하였으므로 참고하기 바란다.

3) 보완대체 의사소통지도

보완대체의사소통(Augmentative and Alternative Communication: AAC)은 구어적 의사소통 기술을 효과적으로 향상시키지 못한 사람들을 위해 1950년대 말부터 의학과 임상 및 교육기관에서 창의적인 전략과 재료를 대안으로 사용하기 시작하면서 개발되었다. AAC란 개인의 의사소통을 증진시키기 위해 사용되는 상징(symbol), 보조도구(aid), 전략 및 기술(strategy and technique)을 포함한다. 많은 자폐성장애학생은 구어의 발달에 문제가 있기 때문에 최근에는 중재과정에 특별한 기법이나 도구를 이용하는 보완대체의사소통의 사용에 대한 논의가 늘고 있다(전헌선 외, 2012). 구체적인 내용은 제12장에서 상세히 서술하였으므로 연계하여 살펴보기로 하겠다.

5 자폐성장애학생 문해지도

1. 읽기특성 및 지도

1) 읽기특성

자폐성장애학생은 읽기에서 많은 제한을 보이며, 자폐성장애의 독특한 특성만큼이나 다양한 읽기특성을 나타낸다. 단어를 읽고 그 의미를 이해하는 단어 수준의 이해와 관련이 있는 읽기 선수기술 또는 해독 및 단어재인에 제한을 보일 수 있다. 또한, 단어 수준 이해에는 어려움이 없으나 문장구성 단어를 유창하게 읽거나 문장구조를 이해하는 등의 구/절 읽기유창성, 문장읽기, 어휘력, 문장구조 이해 등과 관련한 문장 수준의 이해에서 어려움을 보일 수 있다(Huemer & Mann, 2010; 방명애 외, 2018).

2) 읽기지도

문자(글자)는 음성언어를 시각화하여 그 의미를 상징체계인 기호로 나타낸 것이다. 대부분의 자폐성장애학생은 취학 전 듣고 말하기의 어려움으로 인하여 취학 후 읽고 이해하는 읽기 능력에서도 어려움을 보인다. 그러나 일부는 읽기유창성과 단어와 문장 수준의 이해는 어려움이 없으나, 내용을 이해하는 문장의 수준과 글자 그대로가 아닌 맥락에서 제2의 의미를 가지는 관용어, 속담(김영익, 권순우, 2018) 또는 은유적, 추상적 표현에는 어려움을 나타낸다.

따라서 자폐성장애학생의 읽기지도는 현재의 읽기 능력을 확인하고 장점인 시각적 의사소통을 통하여 학생이 관심 있어 하고 경험한 의미 있는 주제를 제시하여 단어 → 구 → 문장 순으로 문자를 읽고 그 의미를 알 수 있도록 확장 지도한다. 〈표 9-16〉은 비연속 시행훈련(DTT)을 통한 읽기지도의 예시다.

〈표 9-16〉 비연속 시행훈련을 통한 읽기지도

지도 단계	위치단서 제공 비연속 시행훈련 단계별 지도 절차
1단계. 그림 보고 말하기	1. 화이트보드에 사진 1개를 붙인다. 2. 교사가 "○○"이라고 말하면 학생은 듣고 따라 말한다. 3. 동일한 방법으로 6개 사진을 붙인다. 4. 교사가 사진이나 사진을 가리키며 "이것은 무엇입니까?"라고 질문하면 학생은 해당되는 단어를 말한다. 5. 교사가 6개 사진을 순서대로 가리키면 학생은 단어를 말한다. ※ 필요한 경우, 해당 단어를 다시 말해 주거나 단어의 첫음절을 말하는 등의 구어 촉진을 제공할 수 있다.  [우유] [수박] [가방]  [신발] [피자] [휴대폰]
2단계. 교사의 언어적 모델링 단어 읽기	1. 처음에 제시한 사진 1장을 떼어 내고 해당 단어카드를 붙인다. 2. 교사가 단어를 가리키며 읽으며 학생은 듣고 따라 말한다. 3. 동일한 방법으로 6개 단어카드를 붙인다. 4. 교사는 단어카드를 가리키며 "읽어 보세요."라고 지시하면 학생은 해당 단어를 읽는다. 5. 6개 사진을 순서대로 가리키며 단어를 말한다. ※ 필요한 경우, 해당 단어를 단어의 첫음절을 말하는 등의 구어 촉진을 제공할 수 있다. ※ 사진 6개의 위치, 단어 6개의 위치, 사진과 단어의 위치를 서로 매칭시킬 수 있도록 사진판을 단어판 옆에 두되, 학생의 수행 정도에 따라 그 거리를 조절할 수 있다.  [우유] [수박] [가방]  [신발] [피자] [휴대폰]
3단계. 단어 읽기	1. 순서에 상관없이 교사가 가리키는 단어를 학생이 읽는다. 2. 빈 화이트보드에 교사가 쓰는 단어를 학생이 읽는다. – 이 단계에서는 1, 2단계와는 달리 단어의 첫음절을 말하는 등의 구어 촉진을 하지 않고 가능한 한 언어적 모델링 없이 단어를 읽도록 한다.

출처: 이동훤, 이효신(2014).

3) 국어교과 연계지도

일기를 읽고 인물의 생각을 알아봅시다.

아버지와 함께 장에 다녀왔다.

아버지는 나를 나귀에 태우고 걸어가셨다. 옆 마을에 도착하자 할아버지들이 내가 버릇이 없다며 호통을 치시는 것이다. 그러자 아버지는 나를 걷게 하시고 아버지가 나귀를 타고 가셨다.

돌다리 위에서 아주머니들이 매정한 아버지라며 혀를 차며 지나갔다. 고민하시던 아버지는 나를 나귀에 함께 태우셨다.

장에 거의 도착했을 무렵 장사꾼들이 우릴 보고 말 못하는 짐승을 못살게 군다고 손가락질을 했다. 아버지는 어찌할 바를 몰라 하시며 나귀를 등에 메자고 하셨다.

나는 이랬다저랬다 하시는 아버지 때문에 힘든 하루를 보냈다.

1 이 글에서 '나'의 마음을 나타내는 부분에 밑줄 그어 봅시다.

2 아버지의 행동을 바꾸게 한 사람들의 생각을 연결하여 봅시다.

• • 혼자 나귀를 타고 가는 아이가 버릇없다고 생각한다.

• • 혼자 나귀를 타고 가는 아버지가 매정하다고 생각한다.

• • 나귀에 두 사람이 타고 가는 것은 동물을 괴롭히는 일이라고 생각한다.

[그림 9-9] 특수교육 기본교육과정 중학교 국어 나-2

출처: 교육부(2017). p. 195.

2. 쓰기지도

1) 쓰기특성

쓰기는 고차원적인 사고능력의 과정으로 어휘를 선정하고 문장을 구성하여 자신의 생각과 정보를 상대방에게 효과적으로 전달하는 일련의 의사소통의 과정이다. 자폐성장애학생은 쓰기의 하위 요소에서 과제수행 시 불안을 보이거나 과제거부 등의 행동을 보일 수 있고, 글씨 쓰기는 매우 힘든 신체 활동으로 여겨질 수 있다(Church et al., 2000).

전달하고자 하는 주제의 내용에 대한 문장구성은 또래 학생에 비해 더욱 짧고, 덜 복잡한 양상을 보인다(Myles et al., 2003). 또한, 사회적 상호작용의 어려움은 자기중심적인 제한된 어휘로 이어져 다양한 형식의 문장구성과 사용이 어렵다.

2) 쓰기지도

(1) 단어 수준

① 컴퓨터 활용지도

컴퓨터 활용지도(computre-assisted instruction: CAI)를 통해 자폐성장애학생의 기능적 단어들에 대한 철자 능력을 향상시킬 수 있다. 컴퓨터는 사용자가 모니터에 주의집중할 것을 요구하기 때문에, 많은 감각정보 중에서 필요한 자극을 선택하여 등록하는 데 어려움이 있는 자폐성장애학생에게 적합하다(Pennington et al., 2012). 컴퓨터 활용지도는 다양한 소프트웨어의 교육 자료를 제시할 수 있어 자폐성장애학생에게 부담을 주지 않고 주의집중과 흥미유발 그리고 문제해결 등의 수준을 향상시키는 데 활용될 수 있다. 또한, 자기 스스로 변별하여 입력하는 방식은 즉각적인 피드백과 자연스러운 강화를 제공하고 교사의 개입과 지원이 줄어 자기주도적 활동이 될 수 있으며, 무엇보다도 학생의 수행 수준에 맞는 단계의 교육내용과 진행을 조절할 수 있다.

② 학생선호 단어지도

학생선호 단어지도는 자폐성장애학생의 특성을 이해하고 반영하는 효과적이고 의미 있는 지도 방법이다. 자폐성장애학생이 관심 있어 하는 단어를 제시하여 지도한다면 그 자체로 사회성 증진에도 도움이 될 것이다. 교육과정의 교과서에 나오는 단어도 중요하지만 자폐성장애학생을 중심으로 볼 때 자기가 자주 말하고 듣고 사용하는 음성언어를 시각화하여 표현하는 문자, 즉 단어에 대하여 다양한 학습에서 내용을 재구성하여 단어 확장을 지도한다면 단어이해의 자발적 참여와 철자지도에도 효과적일 것이다. 예를 들면, 자동차만 보면 모델명을 말하는 학생에게 자동차 모델 사진을 붙이고 옆에 모델명을 적어 준다.

그리고 교통기관과 연계하여 재구성 지도한다.

(2) 구 문장 수준

〈표 9-17〉 과정중심 쓰기지도 마인드맵 지도 예시

[대상: 자폐성장애 고등학생]

단계	지도 절차
시범단계	1. 마인드맵 준비물을 보여 주고, 작성법에 대하여 말하면서 시범을 보인다. ① B4용지와 사인펜 준비하기: "종이를 준비합니다." ② 종이를 가로로 길게 놓기: "종이를 옆으로 길게 놓아요." ③ 중심에서부터 시작하기: "종이 중심에서부터 시작해요." ④ 주제 확인하기: "오늘의 주제는 ○○이에요." ⑤ 종이 중심에 주제 쓰기: "중앙의 사각형에 사인펜으로 주제를 쓰세요." ⑥ 주제와 연관된 주 가지 정하기: "주제와 관련된 것으로 ○○이 생각나요." ⑦ 주 가지 생각하고 쓰기: "주 가지에 바른 글씨로 써요." ⑧ 부 가지 생각하고 쓰기: "주 가지와 연관된 부 가지에 생각하고 써요." ⑨ 세부 가지 생각하고 쓰기: "부 가지와 연관된 세부 가지를 생각하고 써요." ※ 더 이상 떠오르는 것이 없으면 마인드맵을 멈춘다.
교사주도 연습단계	1. 교사는 큰 소리로 마인드맵 작성 순서를 이야기하며 시범을 보인다. 2. 학생이 마인드맵 작성 순서를 소리 내어 따라 하며 마인드맵을 작성한다. 3. 교사는 말소리를 점점 작게 하며 시범을 줄여 가고, 학생은 큰 소리로 마인드맵 작성 순서를 말하며 마인드맵을 작성한다.
독립적인 연습단계	1. 학생이 작은 소리로 마인드맵 작성 순서를 말하며 마인드맵을 작성한다. 2. 마음속으로 생각 그물 작성 순서를 말하며 마인드맵을 작성한다.

출처: 방선주, 김은경(2010).

체크 포인트: 중등 임용시험 출제(2019년) 확인 마무리

(가)는 자폐스펙트럼장애학생 D에 대한 특수교사와 통합학급 교사의 대화이고, (나)는 학생 D를 위해 Carol Gray의 이론에 근거하여 만든 중재방법이다. 〈작성방법〉에 따라 서술하시오. [4점]

(가) 특수교사와 통합학급 교사의 대화

통합학급 교사: 선생님, 우리 반에 있는 학생 D가 ㉠ <u>광고에 나오는 단어나 문장을 일정한 시간이 지난 뒤에 다시 말할 때가 자주 있어요.</u>

(… 중략 …)

통합학급 교사: 그리고 학생 D가 수업 시간 중에 갑자기 일어서는 행동을 자주 보여요. 적절한 중재 방법이 없을까요?

(나) 학생 D를 위한 중재방법

1. (㉡)을/를 사용하여 지도함
- 학생 D가 통합학급 수업에 참여하기 전 다음의 글을 소리 내어 읽음

수업 시간에 친구와 함께 공부하기

나는 교실에서 친구들과 함께 공부를 한다.
친구들과 함께 공부하는 것은 즐거운 일이다.
우리는 수업 시간에 바른 자세로 선생님 말씀을 듣는다.
나는 때때로 가만히 앉아있는 것이 힘들다.
내가 갑자기 일어서면 친구들에게 방해가 될 수도 있다.
㉢ <u>나는 도움이 필요할 때 "선생님, 도와주세요."라고 말할 것이다.</u>
선생님이 나에게 와서 도와줄 것이다.
교실에서 친구와 함께 수업하는 것은 즐거운 일이다.

2.(㉣)을/를 사용하여 지도함

• 학생 D가 교사와 대화하면서 다음과 같은 그림을 그림

〈작성방법〉

• 밑줄 친 ㉠에 해당하는 반향어의 유형을 쓸 것
• ㉡에 들어갈 중재방법의 명칭을 쓸 것
• 밑줄 친 ㉢의 문장 유형 명칭과 그 기능을 1가지 서술할 것
• ㉣에 들어갈 중재방법의 명칭과 그 장점을 1가지 서술할 것

Chapter 10

지체장애학생 의사소통교육

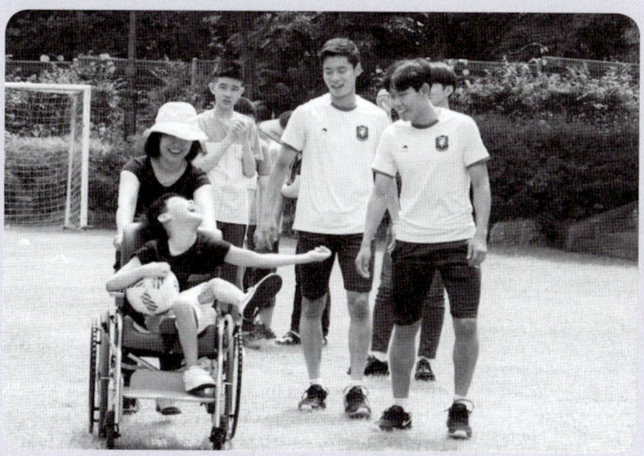

학·습·목·표

1. 지체장애의 정의 및 분류에 대하여 이해하고 알 수 있다.
2. 뇌성마비학생의 언어 및 의사소통 특성을 이해하고 지도할 수 있다.
3. 뇌성마비학생의 문해 특성을 이해하고 지도할 수 있다.

1 지체장애 정의 및 분류

지체장애는 신체의 골격, 근육, 신경계통의 장애 정도와 유형에 따라 매우 다양하게 나타난다. 인지기능의 장애가 수반되지 않는 가벼운 신체적 장애로 인한 움직임과 보행의 어려움에서부터, 인지기능의 결함을 수반하는 심각한 지적 능력과 신체적 장애를 함께 가지는 특성이 나타나기도 한다.

1. 지체장애 정의

우리나라에서는 「장애인 등에 대한 특수교육법」과 「장애인복지법」에서 각각 지체장애에 대해 규정하고 있다. 「장애인복지법」상 지체장애와 관련이 있는 장애영역은 지체장애와 뇌병변장애다. 지체장애 특수학교의 학생 중 가장 높은 비율을 차지하는 뇌성마비는 「장애인 등에 대한 특수교육법」에서 지체장애로, 「장애인복지법」에서는 뇌병변장애로 분류한다.

1) 「장애인 등에 대한 특수교육법」의 정의

「장애인 등에 대한 특수교육법」에서는 지체장애를 "기능 · 형태상 장애를 가지고 있거나 몸통을 지탱하거나 팔다리의 움직임 등에 어려움을 겪는 신체적 조건이나 상태로 인해 교육적 성취에 어려움이 있는 사람"으로 정의한다.

2) 「장애인복지법」의 정의

「장애인복지법 시행규칙」(시행 2019. 7. 1.)에서는 지체장애와 뇌병변장애로 나누어 다음과 같이 장애의 정도와 상태로 나누어 제시하고 있다. 지체장애인을 절단장애, 관절장애, 지체기능장애(① 상지, 하지 기능장애, ② 척추장애), 변형 등의 장애로 분류하고 뇌병변장애의 경우 보행과 대부분의 일상생활동작은 자신이 수행하나 간헐적으로 타인의 도움이 필요하며, 수정바델지수 점수와 상하지 근력과 근경직 정도로 '장애의 정도가 심한 장애인'과 '장애의 정도가 심하지 않은 장애인'으로 분류하고 있다.

「장애인 등에 대한 특수교육법」에서는 지체장애를 개념적으로 규정하고 조작적 정의를 내리지 않아 특수교육대상자 선정에 다소 어려움이 있다. 특수교육에서는 일반적으로 지체장애를 신경성 증후군과 운동기 증후군으로 분류한다(전헌선 외, 2012). 본 절에서는 지체장애학생 중에서 가장 많은 비율을 차지하는 뇌성마비를 중심으로 살펴보고자 한다.

2. 지체장애의 분류

1) 신경성 증후군

신경성 증후군은 뇌나 척수(신경학적인)의 손상이 원인이 되는 장애를 뜻하며, 뇌성마비, 근이영양증, 척수손상, 뇌전증 등이 있다(표 10-1 참조).

〈표 10-1〉 신경성 증후군 원인 및 특성

신경성 증후군	원인 및 특성
뇌성마비 (cerebral palsy)	뇌성마비는 발달기(구체적으로는 수정부터 생후 4주까지의 기간) 때 뇌에 장애를 받은 결과 운동, 근긴장, 자세이상을 초래한 상태를 말한다. 진단으로는 신경증상(자세반사나 운동반응), 병 유형 진단(경직형, 무정위형) 등이 행해진다. 그 외에 발달 진단, 합병장애(지능장애, 시각장애, 청각장애, 간질) 등을 포함해서 종합적 평가한다.
근이영양증 (muscular dystrophy)	진행성근이영양증은 유전성 질환으로 점진적인 근육 위축이 특징이다. 보통 신경에 손상이 있거나 근육이 신경의 퇴화로 쇠약해지는 경우를 위축(atrophy)이라고 하고, 진행성이고 유전성인 경우 이영양증(dystrophy)이라고 한다.
척수손상 (spinal cord injuries)	척추 골절이나 척수의 과도 신전 및 굴곡, 압박, 회전 등 척수에 가해진 외상으로 인해 정상적인 운동, 감각 및 자율신경 기능에 이상을 나타내며, 신체적 · 정신적으로 심각한 후유장애를 초래하는 손상을 의미한다. 가장 주된 원인은 갑작스러운 사고이다. 종양이나 소아마비 등 질병에 의한 척수 손상은 소수이다(박은혜 외, 2018).
뇌전증 (epilepsy)	뇌에서 생기는 질환으로 뇌의 신경세포가 일시적 이상을 일으켜 과도한 흥분 상태를 나타냄으로써 의식의 소실이나 발작, 행동의 변화 등 뇌 기능의 일시적 마비 증상을 나타낸다. 중추신경계 활동이 돌발적이고 일시적으로 되풀이되는 상태를 말한다(박은혜 외, 2018).
외상성 뇌손상 (traumatic brain injury : TBI)	외상성 뇌손상은 다양한 외부의 충격 요소에 의해 뇌의 기능과 구조에 문제가 발생하는 것을 말한다. 통계에 따르면, 매년 500명의 취학학생 중 1명이 두부의 외상으로 병원에 입원하며, 30명 중 1명이 15세까지 심각한 뇌손상을 가지며, 10,000명 중 1명이 뇌손상으로 인해 사망한다. 외상에 의한 뇌손상은 학생의 가장 주요한 사망원인이다(김종현, 2016). 뇌손상의 정도가 심하면 언어장애, 기억상실, 감각장애 등 다양한 결함이 동반되어 나타날 수도 있다.

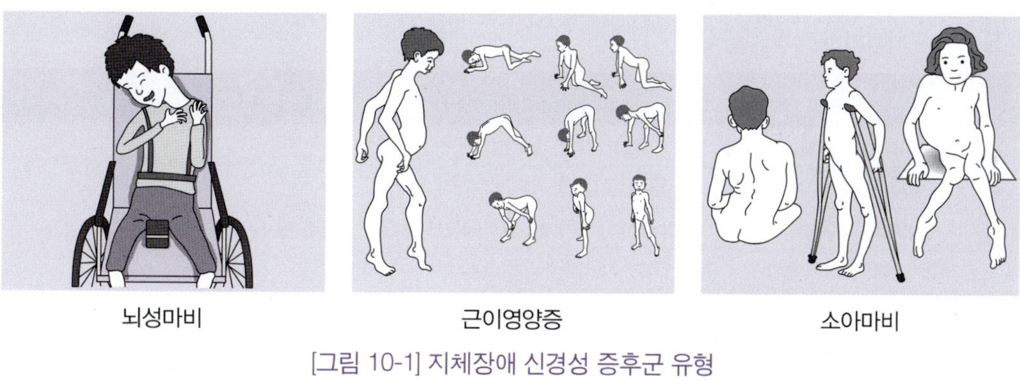

뇌성마비 근이영양증 소아마비

[그림 10-1] 지체장애 신경성 증후군 유형

2) 운동기 증후군

운동기 증후군은 뼈나 관절 등의 이상으로 인해 신체 일부의 움직임이 원활하지 않은 경우이며, 이분척추, 골형성 부전증, 외상성 뇌손상 등이 있다. 다음 〈표 10-2〉는 운동기 증후군의 원인 및 특징에 대한 내용이다.

〈표 10-2〉 운동기 증후군의 원인 및 특징

운동기 증후군	원인 및 특징
이분척추 (spina bifida)	이분척추란 임신 중 태아기 첫 달(28일) 동안 척추 뼈가 완전히 닫히지 않은 상태를 말한다. 원인은 인체에서 엽산의 사용에 영향을 미치는 효소를 만들어 내는 유전자에 문제가 있을 경우 발생한다. 이분척추는 척수를 싸고 있는 척추 뼈 뒷부분이 완전히 닫히지 않은 채 태어나는 선천적인 이상으로 신경손상과 마비를 일으켜서 생기는 기능장애이다.
골형성 부전증 (osteogenesis imperfecta)	골형성 부전증은 뼈가 약하여 신체에 큰 충격이나 특별한 원인이 없이도 뼈가 쉽게 부러지는 유전질환이다. 일생 동안 몇 차례 정도의 골절을 겪기도 하며, 학생에 따라서는 다발성 골절을 경험하기도 하지만, 이러한 골절의 빈도는 나이가 많아짐에 따라 감소한다(Bowe, 2000). 대부분 정상적인 지능을 가지고 있으며, 운동 발달이 늦고 이관의 문제로 인해 귀에 자주 바이러스에 감염된다.
척추 카리에스 (spinal caries)	척추 카리에스는 척추가 결핵균에 감염되어 생기는 척추염, 척추결핵이라고도 하는 질병이다. 즉, 척추로 들어간 결핵균에 의해 조직이나 세포가 죽어서 뼛속에 빈 공간을 형성하면 등골뼈가 연화되어 척추가 둥글게 굽는다. 심한 통증과 고름, 종기 등의 증세가 나타나기도 한다.
선천성 고관절탈구 (congenital dislocation of hip)	태어날 때부터 고관절이 어긋나 있는 것을 말한다. 고관절이란 엉덩이뼈와 다리뼈를 연결하는 관절이다. 선천성 고관절탈구는 좌측보다는 우측에서 많이 나타나며, 원인은 확실하지 않지만, 유전이나 임신 중 모체에 대한 외부의 영향, 내분비계 이상, 자궁 내에서 태아가 받는 기계적 요소 등의 관련된 위험 요인으로 발생한다.

3) 뇌성마비 유형

(1) 뇌성마비의 부위별 유형

뇌성마비의 부위별 유형에 따른 분류는 〈표 10-3〉과 같다.

〈표 10-3〉 뇌성마비의 부위별 유형

부위별 유형	부위별 마비 증상
단마비(monoplegia)	사지 중의 한쪽 마비(매우 희박함)
편마비(hemiplegia)	몸 한쪽의 팔과 다리 마비
양마비(diplegia)	모든 사지마비: 팔보다는 다리가 더 포함됨
사지마비(quadriplegia)	모든 사지마비: 팔, 다리가 똑같이 포함됨
삼지마비(triplegia)	몸 세 부분의 마비
대마비(paraplegia)	오로지 다리만 마비(매우 희박함)

출처: Marilyn, S. Workinger(2005); 전헌선 외(2012), 재인용, p. 276.

(2) 뇌성마비의 생리학적 유형과 특징

뇌성마비의 생리학적 유형과 특징의 분류는 〈표 10-4〉와 같다.

〈표 10-4〉 뇌성마비의 생리학적 유형 및 특징

유형	특징
경직형 (spastic type)	뇌성마비의 가장 보편적인 형태(뇌성마비의 50~60%)로 대뇌피질의 손상에서 오며, 근 긴장도가 높아서 잘 움직이기가 어렵고, 움직임이 느리다.
불수의운동형 (athetoid type)	사지가 떨리거나 근긴장도가 수시로 변해 의도한 행동 이외에 과도한 흔들림이 많이 나타난다(뇌성마비의 20%). 이러한 불필요한 흔들림은 의도적인 움직임을 시도할 때 많이 나타나서 기능적 동작을 방해한다.
강직형 (rigid type)	근육의 신축성 상실로 운동저항이 강하게 나타나며 언어나 동작이 둔하며 성장도 좋지 않고 지능도 일반적으로 낮아 사회생활의 적응이 곤란하다.
진전형 (termor type)	대개 뇌막형과 같은 출생 후의 질환에 의해 생기며, 사지가 쉬고 있을 때에도 계속적으로 흔들린다. 대소변을 가리지 못하거나 말더듬이 심하든가 하는 소아적인 증상을 나타낸다.
운동실조형 (ataxic type)	소뇌의 손상에 기인하며, 몸의 균형을 잡지 못하고 방향과 균형감각이 마비되어 보행에 어려움이 있다. 눈과 손발의 협응동작도 좋지 않다.
혼합형 (mixed type)	뇌성마비의 여러 유형이 함께 나타난다.

뇌성마비 유형별 뇌 손상 범위는 아래 [그림 10-2]와 같다.

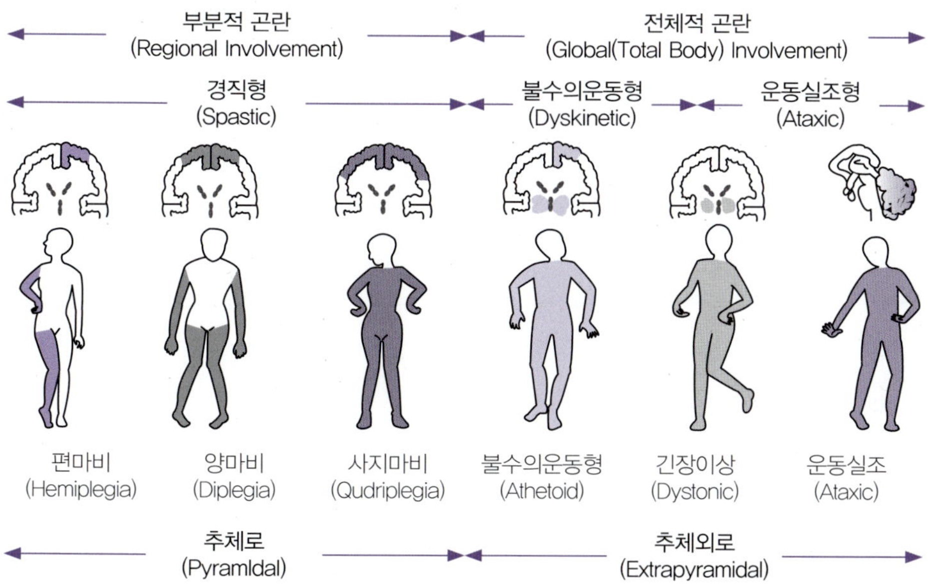

[그림 10-2] 뇌성마비의 유형별 뇌 손상 범위

출처: Batshaw, M. L., Roizen, N. J., & Lotrecchiano, G. R. (2013). Children with disabilities (7th ed.). p. 433.

(3) 뇌성마비 기능수준별 분류

뇌성마비의 기능수준별 분류는 운동손상의 정도와 기능수준에 따라 분류하며, 다음의 〈표 10-5〉와 같다.

〈표 10-5〉 기능수준별 분류

정도	기능수준
경도 (mild)	• 보행과 언어 가능 • 머리와 목의 움직임 조절 가능 • 활동의 제한이 경미함 • 일상생활이나 다른 신체활동을 독립적으로 수행 가능
중등도 (moderate)	• 보행과 언어 손상 • 머리와 목의 움직임 조절 능력 손상받음 • 활동의 제한이 중도에서 중등도 • 일상생활이나 다른 신체활동이 보조도구 없이는 제한을 받음
중도 (severe)	• 손상은 무능력으로 이어짐 • 머리와 목의 조절을 할 수 없거나 제한 정도가 심각함 • 신체 기형과 구축이 존재 • 일상생활이나 다른 유용한 신체활동을 보조도구 없이 수행할 수 없음

출처: 김삼섭 외(2012). p. 133.

뇌성마비학생이 나타내는 기능수준은 위의 〈표 10-5〉와 같이 경도, 중등도, 중도의 분류체계가 보편적으로 사용되었다. 그러나 이러한 유형의 분류체계에서 조작적 정의나 신뢰도 부족에 대한 논란이 계속되었다(Rosenbaum, 2006; 박은혜 외, 2012). 그로 인해 좀 더 세분화하고 숫자를 사용한 연구가 진행되었는데, 예를 들면 [그림 10-3]과 같은 대근육운동(Gross Motor Function Classification System) 기능의 분류체계이다.

	GMFCS 1단계 집, 학교, 실외에서 잘 걷는다. 난간을 잡지 않고 계단을 오를 수 있다. 달리기와 점프 같은 대운동 기능을 수행할 수 있지만 속도와 균형, 협응은 제한적이다.
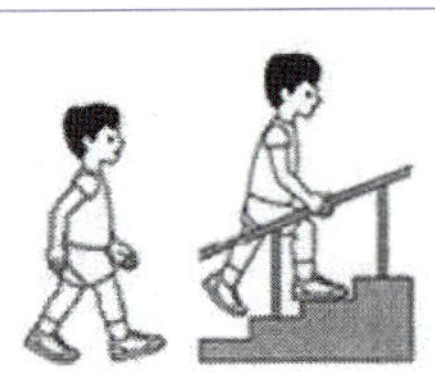	GMFCS 2단계 대부분의 환경에서 걸을 수 있고 난간을 잡고 계단을 오를 수 있다. 장거리 걷기와 평평하지 않은 지면이나 경사로, 사람들이 많은 공간, 비좁은 공간에서 균형을 잡는 데 어려움을 느낀다. 신체보조, 손으로 잡는 보행보조기구, 휠체어를 사용하면 조금 먼 거리도 걸을 수 있다.

<table>
<tr><td>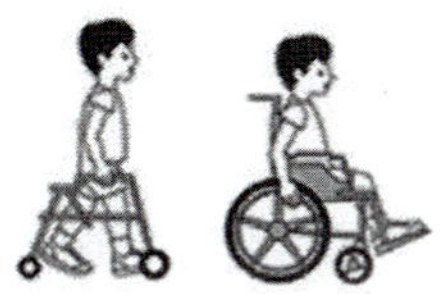</td><td>GMFCS 3단계
대부분의 실내 환경에서 손으로 잡는 보행보조기구를 사용하여 걸을 수 있다. 감독 또는 보조 아래 난간을 잡고 계단을 오를 수 있다. 장거리를 이동할 때 휠체어를 사용해야 하고, 짧은 거리는 스스로 휠체어를 추진하여 이동할 수 있다.</td></tr>
<tr><td>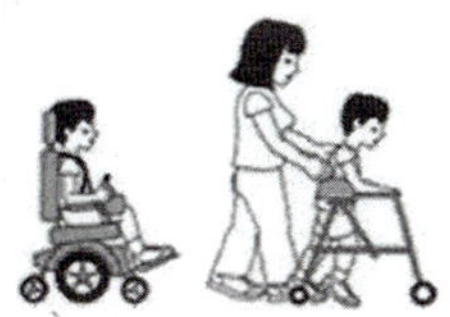</td><td>GMFCS 4단계
대부분의 환경에서 물리적 보조가 필요한 이동보조기구 또는 전동 휠체어를 사용한다. 집에서는 신체 보조 또는 전동 휠체어, 자세를 지지해 주는 워커를 사용해 짧은 거리를 걸을 수 있다. 학교와 실외, 지역사회에서는 수동 휠체어를 밀어주거나 전동 휠체어로 이동할 수 있다.</td></tr>
<tr><td></td><td>GMFCS 5단계
모든 환경에서 수동 휠체어를 밀어주어야 이동이 가능하다. 중력을 이기고 머리와 몸통 자세를 유지하기 어렵고, 팔과 다리의 움직임을 조절하는 능력이 제한적이다.</td></tr>
</table>

[그림 10-3] 대근육운동 기능 분류체계(GMFCS)

출처: 정동훈 외(2016). p. 37.

2 지체장애 원인 및 출현율

1. 뇌성마비 원인

뇌성마비의 원인은 출산 전이나 출산 시, 그리고 출산 후 영유아 초기의 몇 년 이내에 발생하는 대뇌 중추신경계의 손상이나 결함으로 인해 수의적 움직임이나 자세 조절의 손상을 보이는 비진행적 장애이다(Beers et al., 2006; Miller, 2005). 비진행적 장애의 의미는 대뇌의 손상이 진전되지 않는다는 것을 의미한다.

현재 주산기 질식과 관련된 뇌성마비는 전체 뇌성마비 원인의 약 6~8%에 해당하며, 뇌성마비의 75% 이상이 출생 전 인자와 관련된 것으로 알려져 있다. 약 10~20%의 뇌성마비는 출생 후에 발생하는데, 그 원인으로는 박테리아 감염, 자동차 사고, 추락, 유아 학대 등이다. 조산아, 저체중아, 특히 재태기간 32주 이전에 출생한 조산아 및 극소체중 출생아(체중 1.5kg 미만)에서 뇌성마비 유병률이 현저히 높게 나타난다. 뇌성마비의 원인은 크게 다음의 [그림 10-4]와 같이 두 가지로 나누어 살펴볼 수 있다(국가건강정보포털).

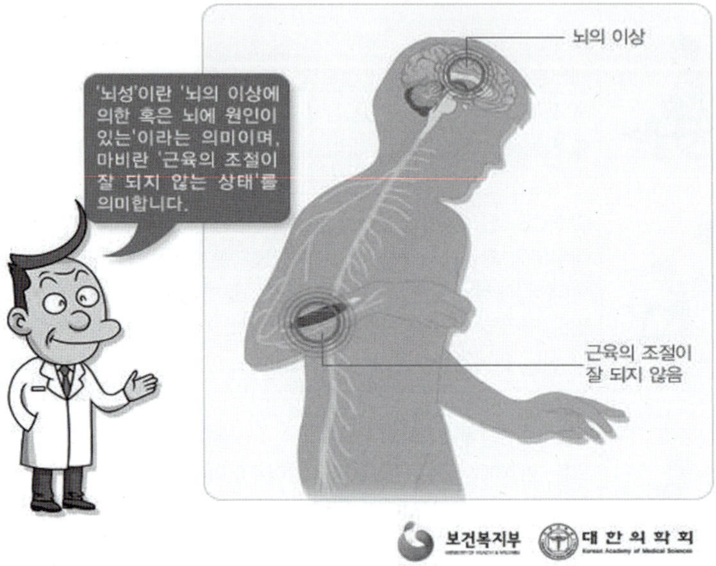

[그림 10-4] 뇌성마비의 개념

출처: 국가건강정보포털(http://health.cdc.go.kr).

1) 뇌 발달 기형

임신 초기와 중기에 태아의 신경세포들은 빨리 증식하며, 주로 뇌의 내측에 존재하다가 나중에 특정 위치로 이동하여 특별한 기능을 수행한다. 그러므로 임신 초기에 이러한 뇌의 정상적인 발달이 이루어지지 못할 경우, 신경세포의 이동이 제대로 이루어지지 못하기 때문에 뇌 기형이 발생하여 뇌성마비가 될 수 있다. 정상 인구의 약 4.9%가 선천성 뇌 기형 갖고 있는 반면, 중증의 뇌성마비의 경우 약 29.3%에서 선천성 뇌 손상을 보인다.

2) 뇌의 신경학적 손상

뇌성마비는 출생 전, 출생 시, 출생 후에 발생한 뇌의 신경학적 손상 결과라고 추정한다. 이러한 손상은 미숙아에게서 가장 빈번하게 발생하며, 난산, 신생아의 의학적 문제, 외상성 뇌 손상 등이 원인이다(표 10-6 참조).

〈표 10-6〉 뇌성마비와 연관이 있는 출생 전 · 후 원인 및 위험요인

시기별	요인	주요 원인과 증상
출생 전	유전적 요인	• 가족성 불수의운동증 • 가족성 진전증 • 가족성 역성대마비 • 가계성 경직형 사지마비
	임신 중 요인	• 모체의 자궁 내 감염, 태아의 톡소플라스마증 • 모체의 풍진, 기타 감염, 모체 빈혈, 저혈압, 태아의 무산소증, 일산화탄소 중독, 태아의 뇌출혈, 모체 중독증, 대사장애, X선 조사, 모체의 영양실조, 임신 3개월 이내의 출혈 • Rh 혈액형 불일치 등
출생 시	무산소증	• 기계적 호흡기 폐쇄, 난산으로 목조임, 폐확장부전, 마약중독, 전치태반 박리, 모체의 산소 결핍, 모체의 저혈압, 골반 이상 분만, 머리 배출 지연, 약물중독 등
	외상 및 출혈	• 부적절한 겸자 사용, 뇌의 후굴, 지연 분만에 따른 제왕절개, 태아의 위치 부전 등
	소인성	• 미열, 핵황달, 태아의 출혈성 질환 등
출생 후	뇌손상	• 뇌경막하혈종, 두개골절, 뇌의 타박상, 좌상, 외상, 뇌막염, 뇌염, 중독증(비소, SM, 콜탄), 뇌혈관 사고, 무산소증, 경기, 뇌의 발육 결함 등

출처: 전헌선 외(2004). pp. 8-9.

2. 지체장애학생 출현율 및 현황

1) 지체장애 출현율

국립특수교육원(2001)의 출현율 조사에 의하면 지체장애를 가진 특수교육대상학생은 0.19%로 나타났으며, 그 가운데 뇌성마비가 0.1%, 형태이상이 0.03%, 근이영양증이 0.02%였다. 또한, 남학생과 여학생의 출현율 비교에서는 다른 장애영역에 비해 남학생의 출현율이 1.6배로 상대적으로 낮았다(자폐성장애 4.6배, 의사소통장애 3.5배, 정서 · 행동장애 2.6배). 뇌성마비의 발생 추정 수는 인구 2,000명당 4~5명 정도로 추정되며(Miller & Bachrach, 1995), 뇌전증은 학령기 학생에게서 볼 수 있는 가장 일반적인 신경학적 손상으로 전체 인구의 약 0.5~0.7%가 해당한다(Hardman, Drew, & Egan, 2006).

2) 지체장애학생 현황

교육부(2024) 특수교육통계 자료에 따르면 지체장애학생 현황은 〈표 10-7〉과 같으며, 장애영역별 특수학교 현황은 [그림 10-5]와 같다. 지체장애 특수학교는 21개교로 전체 특수학교 195개교 중 지적장애 다음 순으로 나타난다.

〈표 10-7〉 연도별 지체장애학생 현황

구분	2020년	2021년	2022년	2023년	2024년
전체 특수교육 대상학생	95,420 (100)	98,154 (100)	103,695 (100)	109,703 (100)	115,610 (100)
지체장애학생	9,928 (10.4)	9,695 (9.9)	9,639 (9.3)	10,200 (11.0)	9,263 (8.0)

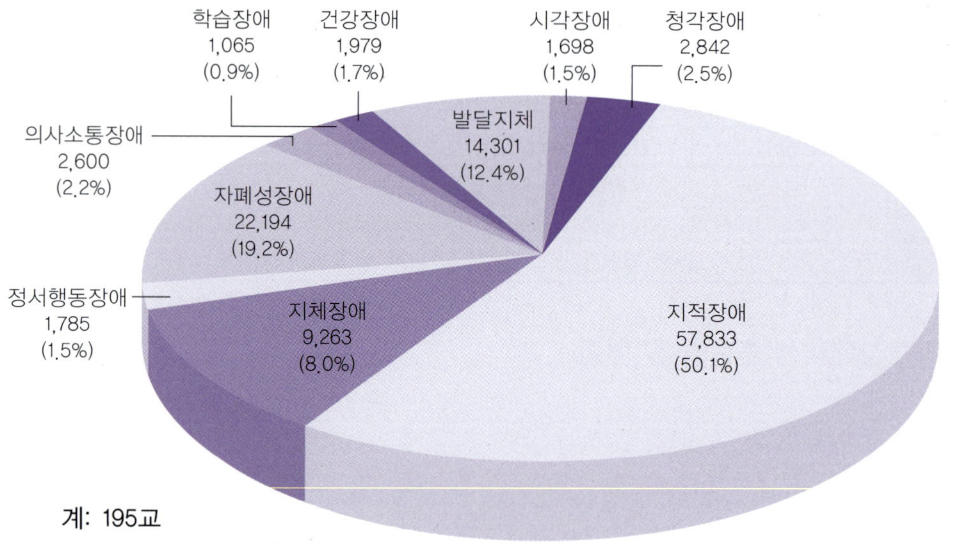

[그림 10-5] 장애유형별 특수학교 현황

3. 뇌성마비와 동반되는 장애

뇌성마비학생은 뇌의 손상으로 신경운동 조절기관에 장애를 가지고 있다. 뇌 기능 손상의 정도와 범위에 따라 다른 기능까지 장애를 갖게 된다. 뇌 기능장애는 행동장애뿐만 아니라 감각 기능과 그와 관련된 장애를 동반한다. 따라서 이들은 운동장애 외에도 지각, 언어, 청각, 시각 등의 장애와 발달지체를 동반하며(박화문 외, 2011), 이를 간략히 살펴보면 〈표 10−8〉과 같다.

〈표 10-8〉 뇌성마비와 동반되는 장애

동반장애	내용
지적장애	60% 이상의 뇌성마비학생은 지적장애를 나타내며, 그중 20~30%는 지능이 매우 낮거나 심한 발달지체를 보인다. 불수의운동형은 경직형 학생보다 상대적으로 지적장애가 가볍다. 경련성 학생의 80%는 지적장애를 가지며, 경련성 사지장애를 가진 30% 정도의 중복장애학생은 정상적인 지능을 가지고 있다. 무정위운동형 40% 정도가 지적장애를 나타낸다.
언어장애	뇌성마비학생 30~60%는 언어장애가 있다. 듣기, 말하기 장애는 기능장애의 특성으로 인해 언어장애를 나타낸다. 선천적 풍진으로 인한 뇌성마비는 대부분 청각의 손실이 있다. 언어 산출을 위한 호흡–발성–공명–조음의 과정에서 뇌 손상으로 인한 근육의 마비로 조음장애를 나타낸다.
시각장애	25~50%의 뇌성마비학생은 사시가 있으며, 경련성 학생에게서 많이 보인다. 또한, 약 15%에서는 심한 시력저하가 나타났으며, 뇌성마비학생의 40%는 학습에 영향을 미치는 시 · 지각에 장애를 가지고 있다.
청각장애	약 5~15%의 뇌성마비학생은 감각신경성 난청을 동반할 수 있으며, 특히 청각장애의 가족력이 있거나 태내의 감염, 두개 및 경부의 선천성 기형, 출생 당시 체중이 1,500g 미만일 경우 발생 가능성이 크다.
뇌전증	뇌성마비학생의 뇌 손상은 비정상적인 과도한 전기자극으로 인한 뇌전증을 유발한다. 뇌성마비학생 중 25~50%의 학생이 뇌전증을 보이며(Best, Heller, & Bigge, 2010), 경직형 뇌성마비 학생은 불수의운동형이나 운동실조형 학생에 비해 뇌전증이 더 많이 나타난다.
구강운동장애	구강운동장애는 주로 중증의 경직형과 불수의운동형 뇌성마비학생에서 많이 나타난다. 영유아는 대체로 빨기, 씹기, 삼키기에 어려움을 보이고, 학령기 학생에게서는 침 흘리기, 구어장애 등을 보인다.
위장관장애	뇌성마비학생의 위장관 장애는 잦은 오심과 구토를 유발하는 위식도 역류와 변비가 흔하게 나타난다. 위식도 역류의 경우 약물치료에 반응하지 않고 영양부족을 초래할 정도로 심하면 수술, 변비는 마비로 인하여 장운동 기능저하와 활동 부족 등의 결과로 생기는 경우가 많다.

3 뇌성마비학생 일반적 및 언어적 특성

1. 일반적 특성

1) 인지 · 학업 특성

뇌성마비학생의 인지능력이나 학업성취도는 심한 인지적 결함을 나타내는 수준부터 우수함을 나타내는 수준까지 다양한 분포를 보이기 때문에 일반화시켜 말하기는 곤란하다. 그러나 신경계통의 장애로 인한 언어발달의 지연과 지각 · 운동장애로 인한 정보 수용능력의 부족은 학습욕구를 저하시키고 습득한 지식을 일반화, 통합 조직하는 학습능력의 지체를 가져온다(한국특수교육연구회, 2009). 지체장애학생의 대부분을 차지하는 뇌성마비학생의 경우 뇌의 손상으로 국소적 또는 광범위하고 다양하게 지적 능력에 문제를 보이는 경우가 있지만 모두가 지적 능력에 문제를 지니는 것은 아니다. 평균적으로 뇌성마비학생의 약 40~60% 정도가 IQ 70 이하를 나타낸다. 뇌성마비학생은 뇌 손상의 정도와 범위에 따라 신체적 · 인지적 · 정서적 · 의사소통 기능 등에 있어서 경증에서 중증에 이르는 다양한 특성을 나타낸다.

다음 〈표 10-9〉는 D대학교 뇌성마비학생(휠체어에 앉아서 목만 겨우 가누는 상태이며, 불수위운동형으로 신체를 움직이고, 마시는 물은 옆자리 장애학생도우미의 도움을 받아야 마실 수 있다.)이 제출한 과제에 대하여 어머니와 의사소통을 통하여 두 시간 동안 A4용지 두 페이지에 직접 받아 작성한 내용이다.

〈표 10-9〉 뇌성마비학생이 통합교육에 대하여 발표한 내용 발췌

얼마 전의 일입니다. 휠체어를 타고 다니는 저에게 요즘에도 특수학교에서 연합캠프를 가느냐는 질문을 하신 분이 계십니다. 보다시피 제가 신체장애가 많이 심한 편이어서 그분뿐만 아니라 많은 분들이 제가 당연히 특수학교를 나왔을 것이라고 생각합니다. 하지만 저는 초등학교부터 고등학교까지 일반학급에서 완전통합 수업을 해 왔습니다. 제가 몸도 많이 불편하고 발음도 다른 사람들이 알아들을 수 없을 정도로 부정확해서 처음 만나는 대부분의 선생님이나 친구들은 제가 인지도 떨어질 것이라는 선입견을 갖고 있었습니다. 매 학기마다 선생님들께서는 글자는 읽을 수 있는지, 정신은 문제없는지를 궁금해했고 기억력 좋은 저를 신기해했었습니다.

고등학교 1학년 때 선생님들과 전교생들을 놀라게 한 적이 있었는데 국어시험에서 저 혼자 100점을 받은 일이었습니다. 그 일로 장애인에 대한 선입견을 조금이라도 없앨 수 있었던 것 같아 혼자 뿌듯해했던 기억이 있습니다.

통합교육은 장애학생에게 사회성을 기를 수 있는 교육 기회가 되고 비장애학생은 장애학생과 생활하면서 새로운 진로를 찾고 장애에 대한 편견을 없앨 수 있을 것입니다. 이러한 통합교육을 받은 학생은 성인이 되어서 장애인을 이웃으로 자연스럽게 받아들일 수 있을 것이고 장애인에 대한 차별과 편견도 개선될 것입니다.

좀 더 나은 통합교육을 위해서는 개선되어야 할 점들이 많이 있지만 차별 없는 사회로 가기 위해서 통합교육은 필수라고 생각합니다. (… 중략 …)

뇌성마비학생을 교육할 때 학업성취에 영향을 미칠 수 있는 중요한 세 가지 영역은 [그림 10-6]과 같이 장애의 유형, 장애의 기능적 영향, 그리고 심리 · 사회적 및 환경적 요인이다. 따라서 교사는 이러한 뇌성마비학생을 둘러싼 여러 변인 요인을 고려해야 할 것이다.

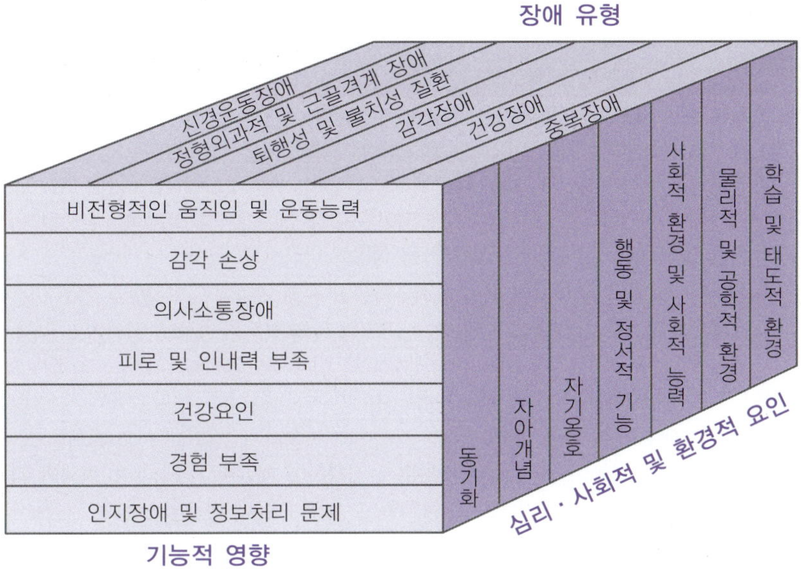

[그림 10-6] 뇌성마비학생의 학업성취에 미치는 변인 요인

출처: 박은혜 외(2012). p. 53.

2) 사회 · 정서 특성

뇌성마비학생은 일반적으로 어머니, 가족, 주위 사람들의 순서로 인간관계를 점차 확대해 가고, 이들을 통해 사회성을 획득한다. 그러나 장애로 인하여 부모의 과보호와 병원 및 사설치료기관에서 치료 및 재활 시간을 많이 보내기 때문에 또래 학생과의 접촉이나 주변 사회와의 상호작용 경험이 현저하게 제한되는 경우가 많아 사회성 발달에 어려움을 초래한다.

뇌성마비학생의 사회성과 정서 발달은 심리적인 문제와 밀접한 관련이 있다. 뇌성마비학생의 심리적인 문제를 설명하는 이론으로 욕구불만 이론, 기관열등감 이론, 장 이론, 신체상 이론 등이 있다(표 10-10 참조).

〈표 10-10〉 뇌성마비학생의 심리적인 문제

이론	내용
욕구불만 이론	욕구불만 이론은 정신분석학적 관점에 의한 것으로 사람은 기본적으로 생리적 욕구와 심리적 욕구를 만족시키며 살아간다. 뇌성마비학생의 경우 기본적인 욕구가 저지당할 뿐만 아니라 주장애인 운동장애로 인해 재차 욕구가 저지당한다. 또한, 나이가 들어감에 따라 욕구는 증가하는 반면 욕구 충족은 점점 적어지게 되어 욕구불만이 만성적으로 나타나게 된다. 이로 인하여 반항, 불복종, 공격적 행동 등의 부적응 행동이 나타날 수 있다.
기관열등감 이론	기관열등감 이론에 의하면 뇌성마비는 자신이 신체 기관의 열악함으로 인해 만성적인 열등감을 형성하고 그 보상으로 자기방어, 자기도피 등의 부적응 행동을 일으키고 인격 구조가 왜곡되기 쉽다. 기관열등감에 대한 대처 방안으로 신체적인 결함을 객관시 · 초월시 할 수 있는 방향으로 뛰어넘을 수 있도록 지도할 필요가 있다.
장 이론	장 이론에 의하면 보통 학생이 새로운 장면에 적응하려고 할 때 먼저 어떠한 장면에 대해 그곳에 아무런 장벽이 없을 때는 순조롭게 적응하여 행동한다. 뇌성마비학생의 경우 적절하게 의사소통을 할 수 없고, 마음대로 움직일 수 없기 때문에 환경의 변화에 영향을 미칠 수가 없다. 뇌성마비학생은 장애를 극복할 수 있는 능력이 없어 목표가 좌절되고 대상적 만족도 개발시킬 수 없어 현실을 도피하려는 자기방어 기제가 생기게 된다.
신체상 이론	신체상이란 각 개인이 자기 자신의 부분 또는 전체에 대하여 가지고 있는 이미지로서 자기 신체의 전후, 좌우, 상하, 크기, 체위나 운동에 대한 인지이며, 자아개념, 자아의식의 형성에 많은 영향을 미친다. 뇌성마비학생은 신체 기관의 장애로 인한 운동 범위의 협소와 경험의 부족으로 신체상 형성에 영향을 받는다. 그리고 뇌성마비는 자기 신체의 전부 또는 일부가 자신이나 타인의 주의를 끌게 되면 그 부분이 심리적으로 강조된 신체상을 만들게 된다.

출처: 전헌선 외(2009). pp. 61-62. 발췌 요약.

3) 신체 · 운동 특성

뇌성마비학생은 근육 긴장도, 조절력, 불수의적 움직임과 정상범위를 벗어나는 손상으로 인하여 운동발달의 속도가 느리거나 특정발달 단계에 머물거나 기능적인 신체 · 운동적 능력이 제한적인 경우가 많다. 신체 형태의 이상, 운동발달의 지연으로 인한 기능장애와 함께 많은 수가 지적장애, 경련장애, 언어장애, 행동 및 정서장애, 감각 · 운동장애 등의 수반장애를 가진다(Best, Heller, & Bigge, 2005).

뇌성마비학생의 가장 두드러진 특성은 감각과 운동 기능의 문제다. 뇌성마비학생은 근육의 협응이 어렵고 비정상적인 운동패턴의 영향을 받으며, 특정 근육이 마비 또는 위축되거나 신체 일부를 상실하는 경우가 있다. 다음 [그림 10-7]은 일차 운동피질 위에 각 신체를 조절하는 부분을 그린 그림인 '운동 및 감각 호문쿨루스'이다(Heller et al., 2009; 박은혜 외, 2018).

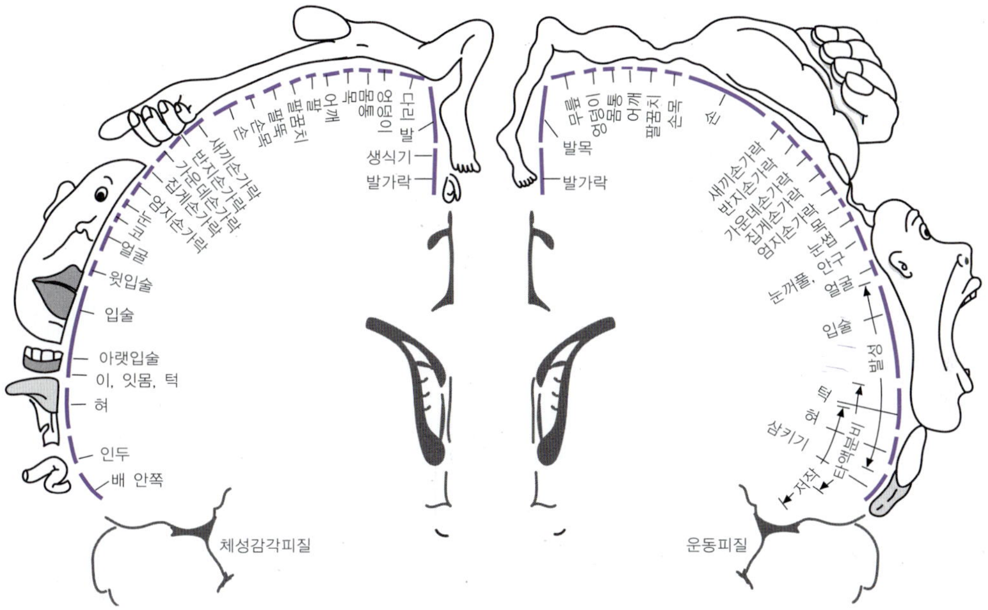

[그림 10-7] 운동 호문쿨루스와 감각 호문쿨루스

2. 언어적 특성

1) 의사소통 특성

뇌성마비학생은 신체운동 기능의 제한으로 영유아 시기부터 사물에 대해 관심을 표현하는 행동인 잡기, 가리키기 등의 몸짓과 발성 등을 자신의 의도에 따라 자율적으로 표현함에 어려움을 가진다. 이러한 이른 시기의 비언어적인 표현에 대한 소통의 저하로, 부모는 아동이 표현하고자 하는 의사소통을 제대로 이해하는 데 어려움이 생기면서, 아동이 원하지 않는 사물을 제시할 수 있다. 이런 경우 아동과 부모 모두 상호작용에 만족하지 못하게 된다.

뇌성마비학생이 표현하는 의사소통에 어려움이 생기면서 부모는 자신이 이해할 수 있는 몇몇의 의사소통 수단을 중심으로 대화를 구성하게 된다. 또한, 신체운동 능력이 제한되기 때문에 부모는 뇌성마비학생의 시야 내 있는 사물을 제시하는 정도로 제한된 환경의 자극만 줄 수 있다. 그리고 단순한 긍정과 부정의 반응을 할 수 있는 질문을 제시하게 된다(Pennington, 2012). 이와 같은 상호작용의 반복은 수동적인 의사소통을 나타내어, 발달에 충분한 의사소통 기술을 습득하지 못할 수 있다. 또한, 다양한 상황과 문맥 속의 의사소통 기회 경험의 결핍으로 인하여 풍부한 어휘 습득에도 어려움을 지니게 된다.

2) 말 산출 특성

뇌성마비학생은 중추신경계의 기질적인 뇌 손상으로 인하여 음성언어인 말 산출을 위한 호흡-발성-공명-조음 및 운율체계 등의 과정에 영향을 받게 된다. 모든 뇌성마비학생이 말 산출에 어려움을 가지지는 않지만 대부분의 뇌성마비학생은 말하는 것이 느리고 운율이 불규칙적이며, 말이 매우 불명확하다. 또한, 음성은 쥐어짜는 듯한 말소리로 힘겹고, 말을 할 때 눈과 입술의 움직임은 고통스러운 얼굴 표정을 나타낸다.

뇌성마비학생은 후천적인 마비성말장애와 달리, 정상적인 말을 산출해 본 경험이 없고, 대소근육 운동의 기능부전으로 말 산출 시도에 모델이 되는 정상 운동 패턴에 대한 기억을 가질 수 없다는 것이다(Workinger, 2005).

이와 같은 뇌성마비학생의 말 산출에 영향을 주는 전반적인 내용에 대하여 살펴보면 다음과 같다.

(1) 호흡

뇌성마비학생은 호흡에 어려움을 보이는데 이로 인해 말에 영향을 받게 된다. 뇌성마비학생의 호흡은 지나치게 빠르거나 지나치게 느린 경우가 많다. 깊이 숨을 들이쉰 후 배출된 폐활량이나 전체 호기량이 감소할지도 모르는데 이것은 말을 산출할 만큼 충분히 호기하는 것을 어렵게 한다. 이처럼 뇌성마비학생이 나타내는 말장애의 근본적인 문제는 말 산출의 에너지가 되는 호흡 기능의 문제로부터 기인한다(박유린, 2005). 호흡은 중추신경계의 성숙과 함께 어깨의 조절, 몸통 근위부, 팔 및 다리의 움직임, 그리고 흉곽의 변화 등에 의해 발달되지만, 뇌성마비학생의 경우에는 중추신경계의 손상으로 인해 호흡을 위한 적절한 움직임을 만들지 못하고, 뇌성마비의 발생 시기적인 특성으로 인해 비정상적인 호흡 패턴을 나타내게 된다(홍정선, 이해덕, 1997).

뇌성마비학생의 호흡 이상은 호흡 관련 근육의 조절 이상과 근육의 약증, 마비, 위축 등으로 인한 것이다. 이러한 원인으로 인해 흡기 및 호기량의 감소, 폐활량의 감소, 휴식 시에도 빠른 호흡 속도 등을 나타내며, 말을 산출하기 위해 사용할 수 있는 공기량이 제한되어 있기 때문에, 한 번의 호기에 재빨리 또는 많은 말을 하려고 하는 경향이 나타난다(권도하 외, 2013). 또한, 뇌성마비학생은 말을 할 때도 휴식 시의 호기 형태를 취한다. 휴식 시의 호흡 패턴에서는 호기의 길이가 너무 짧아서 말 산출에 있어 충분한 기류 지원이 이루어지지 않으며, 호흡을 순간적으로 정지하거나 호기를 연장할 수 없는 경우가 종종 발생한다.

(2) 발성

뇌성마비학생은 말 산출을 위한 발성 시 부적절한 호흡의 비정상적인 근긴장으로 인하여 저긴장성이나 경직을 보여 발성에 많은 장애를 가진다. 즉, 뇌성마비학생은 성대 근육의 과긴장이나 부적절한 성대의 내·외전 패턴으로 인하여 성대 발성의 음도, 강도, 음질, 유동성 등의 음성 조절에 어려움을 나타내어 비정상적인 음성을 산출한다.

성대가 적절하게 내전되지 않을 때나 부적절하게 긴장된다면 기식성 음질과 약한 강도가 나타날 것이고, 극단적인 경우에는 발성 시도로 한꺼번에 공기를 쏟아내 버릴 것이다. 반면, 성대가 과내전되고 긴장이 너무 심하다면 그 결과는 쥐어짜는 음성이 될 것이다. 굉장히 심한 경우에는 발성이 전혀 나타나지 않을 경우도 있다(신후남, 이남순, 2010).

이처럼 뇌성마비학생의 성대 근육 조절에 대한 긴장조절이나 비정상적인 운동의 패턴은 다음과 같은 발성의 특성을 나타낸다.

① 호기에 맞추어 적절하게 발성을 시작하지 못하는 문제가 발생된다. 일부 뇌성마비학생은 숨을 내쉬는 호기 때 성대가 열려 있어서 발성을 하지 못하는데, 호기를 시작할 때 성대가 내전되면서 공기가 급히 빠져나오기 때문에 내전이 완료된 때에는 말 산출에 필요한 공기가 거의 남아 있지 않다. 호기가 짧거나 조절이 적절하게 되지 않을 때에는 이것이 결정적인 발성 문제의 원인이 된다.

② 정상적인 경우에는 발성의 시작과 끝이 유성음의 산출과 시간적으로 정확하게 맞아야 하지만 뇌성마비학생의 경우에는 발성의 시간 조절이 어려워 부적절한 발성이 나타나게 된다(김종현, 1996). 이러한 결과로 말을 산출할 때 음성에 이상을 초래하는 이질적인 발성의 양상을 보이게 된다.

(3) 공명

뇌성마비학생이 나타내는 공명의 이상은 연구개와 인두의 구조 및 기능 이상으로 인해 연인두폐쇄가 부적절하여 과대비성을 산출하며, 과도한 구강 개방 및 폐쇄가 나타나는 경우에는 공명강의 부적절한 크기 변화로 인해 비정상적인 공명과(곽미영 외, 2019) 조음의 산출에 어려움을 나타낸다. 즉, 자음을 정확하게 조음하기 위해서는 성도에서 공기 압력의 유지가 중요한데, 연인두 기능 불능(비강 폐쇄)은 공명을 위한 공기 압력의 감소를 가져와 음의 산출에 있어서 조음장애에 어려움을 가지는 영향을 미친다.

뇌성마비학생이 나타내는 공명장애의 특성은 다음과 같다(김종현 1996).

① 하악의 지나친 하강변위와 머리 및 목의 신전으로 인한 구강과 인두강의 크기 변화로 인한 유발되는 비정상적인 공명 혀와 경구개의 근육은 연결되어 있기 때문에 이

러한 상태에서 혀의 뒷부분을 아래로 당기게 되는데, 이는 연인두 기능의 부전으로 인하여 비강 폐쇄를 해야 할 필요가 있을 때 구개의 운동을 방해하게 된다.

② 연인두의 근육조직이 잘 발달되지 않는 경우에는 원하지 않는 비강 공명이 일어나게 된다. 또한, 하악이 지나치게 벌어져 있고 혀의 신경근육 조절이 잘 이루어지지 않으면 공명강에서 공명이 부적절하게 일어난다.

③ 연인두폐쇄부전에 대한 보상작용을 나타내는 경우가 있는데, 뇌성마비학생은 구강 공명을 더 많이 일으키기 위하여 하악과 혀를 하강시킴으로써 구강 및 인두강이 크기를 늘리지만, 이러한 부적절한 공명강의 변형은 적절한 공명을 변화시키는 결과를 초래한다.

④ 뇌성마비학생의 공명장애는 가벼운 비성 혹은 모음 왜곡을 나타내는 경도에서부터 모든 음성의 산출에 부정적인 영향을 나타내는 중도에 이르기까지 다양하며, 부적절한 강도의 조절 및 공명이 결합되어 구어 명료도를 떨어뜨리게 된다.

(4) 조음

뇌성마비학생이 나타내는 조음의 이상은 조음기관의 구조 및 기능 이상에 의한 것으로 하악, 입술, 혀, 구개의 구조 및 기능의 문제로 인해 부정확한 자음과 모음의 왜곡을 나타낸다. 또한, 조음기관의 근육 긴장의 부적절한 변화와 불수의적인 운동으로 인해 비일관적인 조음오류 패턴을 나타낼 수도 있다(곽미영 외, 2019). 즉, 뇌성마비학생은 조음의 구강구조에 있어서 하악, 입술, 혀, 구개 등의 제한된 움직임으로 부적절한 기능을 나타낸다는 것이다.

이러한 조음기관 구조 및 기능의 이상으로 인해 뇌성마비학생은 자음과 모음의 조음에 오류를 나타내게 된다.

자음을 조음하기 위해 혀끝을 독립적으로 움직이기보다 혀의 앞부분이나 전체를 구부려 조음하려는 경향을 보인다. 전헌선 등(2002)은 이러한 혀 운동의 문제는 뇌성마비학생으로 하여금 혀끝의 도움으로 형성되는 /s/, /z/, /r/, /l/과 같은 음의 산출을 어렵게 한다고 하였다.

모음을 조음하기 위해서는 입술과 턱의 움직임이 매우 중요하다. 그러나 뇌성마비학생은 입술의 움직임 또한 느리고 탄력성이 매우 제한되어 있는 특성을 보이고, 턱 움직임도 매우 느린 경향이 있다. 게다가 혀와 턱의 움직임은 서로 아주 밀접히 관련되어 있는데, 예를 들어 혀를 구강 위쪽으로 올리려고 하면 턱 또한 위로 올리는 것이 가능해야 한다. 따라서 턱의 문제는 조음 산출에 매우 중요하다(전헌선 외, 2004).

다음 〈표 10-11〉은 뇌성마비학생이 조음을 위한 말을 산출할 때 조음기관의 구강구조 및 기능에 대한 비정상적인 조음 패턴에 관한 내용이다.

〈표 10-11〉 뇌성마비학생의 비정상적인 조음 패턴

비정상적인 조음 패턴	설명
입술 뒤로 당기기 (lip retraction)	• 증가된 근 긴장과 함께 입술이 미소를 지을 때처럼 뒤로 당겨지고 뺨이 팽팽해진다. • 윗입술이 올라가고 치경(gum ridge)이나 치아를 드러낸다.
입술 오므리기 (lip pursing)	• 끈을 졸라매는 식으로 입술을 앞쪽으로 내민다. • 입술을 뒤로 당기는 아동에게도 자주 나타난다.
턱 내밀기 (jaw thrust)	• 턱을 강하게 아래로 확대시킨다. • 운동이 리드미컬하지 않은데, 이 자세로 턱을 오랫동안 고정하고 있는 것으로 보일 수도 있다.
턱 변화의 결함 (lack of jaw granding)	• 턱 운동이 '이것 아니면 저것' 형태로 나타난다. 즉, 턱을 닫고 있거나 활짝 열고 있다. • 정교한 조절이 이루어지지 않는다.
긴장성 물기 (tonic bite)	• 치아나 치경의 자극이 세고, 빠르며, 강력한 물기를 유발시킨다. • 문 것을 풀기가 어려울 수도 있다.
혀 뒤로 당기기 (tongue retraction)	• 혀가 단단해지고 구강 내 뒤쪽으로 들어가 있다. • 운동 범위가 제한된다. • 마치 안정성을 위한 것처럼 가끔씩 혀를 입천장에 대고 있다.
혀 내밀기 (tongue thrust)	• 입으로부터 혀를 강력하게 돌출시킨다. • 뒤로 당기기 단계보다 신전 단계가 더 길다. • 빨기에서처럼 운동이 리드미컬하지 못하다. • 혀가 두꺼워 보이기도 한다.

출처: Arvedson & Brodsky (2002); 신후남, 이명순 역(2010), p. 50.

(5) 운율

뇌성마비학생은 운율적인 측면에서 음조의 변화가 단조로운 단음도와 단강도, 말 산출 기관의 운동력 감소로 인한 느린 말 속도, 호흡조절의 이상으로 인한 짧은 발화길이, 부적절한 쉼 및 연장된 발화간격 등을 나타낸다(곽미영 외, 2019). 이러한 뇌성마비학생의 운율 특성은 발성을 위한 성대진동의 내·외전에 의한 음도 조절이 어렵고, 소리의 크기를 조절하는 강도와 음절 산출의 적절한 조절이 어려워 억양 패턴이나 운율에 장애를 가져온다. 운율에 맞는 말을 산출하기 위해서는 여러 가지 신경근육이 빠르고 세밀하게 협응되어야 하지만 뇌성마비학생은 기질적인 신경계의 뇌 손상으로 인하여 조음기관에 관련하는 근육들의 움직임을 수의적으로 조절하지 못하여 비정상적 패턴이 나타난다.

결과적으로 뇌성마비학생이 나타내는 말 산출을 위한 자세와 호흡조절의 어려움으로 짧은 구나 단어를 거칠게 말하고 자주 말이 중단되고, 리듬이 없고 비유창한 특징을 나타낸다.

위의 말 산출과 관련한 뇌성마비학생의 특징을 간략히 정리하면 다음과 같다.

호흡

- 호기의 지속시간이 너무 짧다.
- 역호흡 증상이 나타난다.
- 호흡량이 부족하다.
- 음절당 소모되는 공기의 양이 많다.

▼

발성

- 비정상적인 근긴장으로 인하여 저긴장성이나 경직을 보여 발성이 어렵다.
- 부적절한 성대의 내·외전 패턴으로 인하여 성대 발성의 음도, 강도, 음질, 유동성 등의 음성 조절에 어려움을 나타내어 비정상적인 음성을 산출한다.
- 호기에 맞추어 적절하게 발성을 시작하지 못하는 문제를 나타낸다.
- 발성의 시간 조절이 어려워 부적절한 발성으로 말 산출을 한다.

▼

공명

- 연구개와 인두의 구조 및 기능 이상으로 인해 연인두폐쇄가 부적절하여 과다비성을 산출한다.
- 연인두폐쇄부전으로 인한 보상작용은 부적절한 공명강의 결과를 초래한다.
- 과도한 구강 개방 및 폐쇄가 나타나는 경우에는 공명강의 부적절한 크기 변화로 인해 비정상적인 공명과 조음의 산출에 어려움을 나타낸다.

▼

조음

- 조음기관의 구조 및 기능 이상에 의한 것으로 하악, 입술, 혀, 구개의 구조 및 기능의 문제로 인해 부정확한 자음과 모음 왜곡을 나타낸다.
- 조음기관의 근육 긴장의 부적절한 변화와 불수의적인 운동으로 인해 비일관적인 조음오류를 나타낸다.
- 혀끝의 도움으로 형성되는 /s/, /z/, /r/, /l/과 같은 음의 산출이 어렵다.
- 모음을 조음하기 위한 입술과 턱의 움직임에 많은 어려움을 나타낸다.

▼

운율

- 운율적인 측면에서 음조의 변화가 단조로운 단음도와 단강도를 나타낸다.
- 운율에 맞는 말 산출을 위한 여러 신경근육들의 빠르고 세밀한 협응이 어렵다.
- 말 산출을 위한 자세와 호흡조절의 어려움으로 짧은 구나 단어를 거칠게 말하고 자주 말이 중단되고, 리듬이 없고 비유창한 특징을 나타낸다.

3) 유형별 언어장애 특성

뇌성마비학생의 운동 패턴에 따른 언어장애의 특성으로 경직형은 일반적으로 억양이 없고 단조롭고 느리게 말하며, 노력성으로 후두에서 쥐어짜서 내는 것과 같은 소리가 특징적이며, 소리의 크기 · 높이의 조절이 나쁘다. 불수의운동형은 말에 명료도가 나쁘고 조음장애가 많으며, 기식성의 가성대 발성을 나타내기도 하고, 헐떡이는 모양의 잡음을 수반한 호흡이 나타나기도 한다. 실조형은 조음이 불명확하고 말하는 속도가 느리며, 소리의 크기와 높이는 단조롭지만 때때로 급격하게 변화하는 특성을 보이기도 한다(전헌선 외, 2004).

이와 같은 유형별 운동 패턴에 따른 언어특성이 모든 뇌성마비학생에게 적용되는 것은 아니므로 언어지도는 개개인이 나타내는 다양한 특성을 고려하여야 한다. 뇌성마비학생의 유형별 언어특성은 〈표 10-12〉와 같다.

〈표 10-12〉 유형별 특성에 따른 언어장애 특성

유형	언어장애 특성
경직형 (손상: 대뇌피질)	• 말하는 동안 흉강이 팽창하는 역호흡의 양상이 강하게 나타나면서 복부로 호기할 때 동시에 흉부로 흡기하기도 한다. • 근긴장도가 너무 높아 과도한 근육 긴장으로 점진적이고 유연한 운동을 하기 어려워 말이 폭발적인 특성을 보이며, 비정상적인 멈춤과 헐떡거리는 형태 또는 약하거나 실성증적인 음성의 특성을 보인다. • 말을 산출하는 동안 종종 음질의 변화를 나타낸다(Workinger, 2005). • 지나친 성대 긴장으로 인해 말더듬과 비슷한 형태를 나타낸다. • 치조음(ㅅ, ㄹ, ㄴ) 발성이 어려워 왜곡과 생략이 많이 나타나며, 연인두폐쇄 능력의 부전으로 과대비성이 나타난다. • 파열음(ㅁ, ㅂ, ㅃ)을 낼 때 공기가 비강으로 새어 나가 왜곡 오류가 많다.
불수의운동형 (손상: 기저핵)	• 연구개 거상의 불안정으로 인해 간헐적인 과대비성을 나타낸다. • 부정확한 자음과 모음의 산출로 인해 조음오류가 많고 명료도가 떨어지는 특성을 나타낸다(윤미경, 2002). • 불수의운동의 특성으로 말 산출 시 목소리가 현저하게 떨린다. • 성대의 진동이 매우 빨라 가성의 음질을 보인다. • 조음오류가 많은데 미세한 협응이 필요한 음소일수록 왜곡이 많고, 치조음의 조음 산출이 어렵다. • 갑작스럽고 조절되지 않는 근육의 긴장과 변화로 경직형보다 더 심한 이탈을 보일 때도 있다.
운동실조형 (손상: 소뇌)	• 말의 속도가 느리고 리듬이 없는 특성을 보이며, 로봇이 말하듯 끊어지는 듯한 소리, 즉 음절이 단절되는 발성을 특성으로 한다. • 말을 시작할 때 첫음절의 조음 조절은 가능하나 지속하는 동안 조절이 어려워지고, 명료도가 떨어지는 경향을 나타낸다(지선영, 2004). • 말소리의 강도(크기)와 음도(높낮이)가 단조롭다. • 근긴장의 저하에 따른 근육수축의 이상으로 목쉰 소리를 나타낸다.

출처: 전헌선 외(2004). pp. 110-113. 발췌 보완.

4 뇌성마비학생 언어지도

뇌성마비학생에 대한 교육적인 언어지도 접근법은 항상 정상발달이 지체되고 있는 단계부터 지도가 시작되어야 한다. 이를 위해 뇌성마비학생을 주의 깊게 관찰하고 이들의 특성을 보다 많이 이해할 수 있어야 한다(전헌선 외, 2004). 또한, 뇌성마비학생은 신경학적인 손상 정도와 범위에 따라 개개인이 나타내는 신체 움직임의 자세 조절에 어려움을 가지므로 이로 인한 말 산출을 위한 과정에 다양하게 영향을 미치는 것을 알고 지도해야 한다.

본 절에서는 뇌성마비학생의 의사소통과 언어에 영향을 미치는 말(구어) 산출 자세지도와 섭식지도, 조음지도 그리고 컴퓨터 접근을 통한 문해능력 지도에 대하여 살펴보고자 한다.

1. 언어지도 원리

뇌성마비학생은 말 산출을 통한 언어표현에 대부분 어려움을 가진다. 그러므로 교사는 이러한 말 산출과 관련된 바른 자세지도와 호흡지도 발성지도, 조음지도 등을 통하여 효과적인 의사소통을 촉진시켜야 한다. 〈표 10-13〉은 전통적으로 뇌성마비학생에게 가장 많이 접근하는 Bobath 언어지도법이다.

〈표 10-13〉 Bobath 언어지도법

Bobath가 주장한 뇌성마비학생에 대한 언어지도의 원칙은 정상 운동발달의 순서를 고려하면서 근육긴장의 정상화, 반사행동의 억제, 정상적인 반사의 촉진, 반사 억제 조절의 의도적 수행이라고 할 수 있다. 다음은 Bobath 언어지도법의 원리이다.

① 근 긴장의 정상화
② 비정상적 반사행동의 억제
③ 발성 기구의 과민성 감소
④ 입을 벌리고 있는 것과 비정상적 삼키기 지도
⑤ 침 흘릴 경우의 지도
⑥ 정상적인 입 모양 만들기
⑦ 여러 가지 체위 지도
⑧ 입 다물고 벌리기 역순으로 지도
⑨ 자아개념의 형성
⑩ 빨기, 삼키기, 깨물기, 씹기 반사의 촉진
⑪ 심리적 민감성 감소시키기
⑫ 빨기, 깨물기반사의 억제
⑬ 씹기반사의 촉진
⑭ 빨기, 마시기의 지도
⑮ 턱의 운동조절
⑯ 발성기관의 기본적인 기능지도
⑰ 혀의 분리 운동지도
⑱ 혀의 독립적인 분리 운동 촉진
⑲ 입술 운동의 분리

출처: 전헌선 외(2004). pp. 30-31.

1) 효과적인 말 산출 자세 조정

뇌성마비학생의 머리와 체간의 움직임은 입술, 혀, 턱, 안면근의 움직임과 얼굴 전체의 비대칭적인 움직임에 영향을 준다. 또한, 말 산출에도 관여하기 때문에 보다 쉽게 말을 할 수 있는 자세 조정이 매우 중요하다. [그림 10-8], [그림 10-9], [그림 10-10]은 교사가 꼭 알아야 할 사항이다.

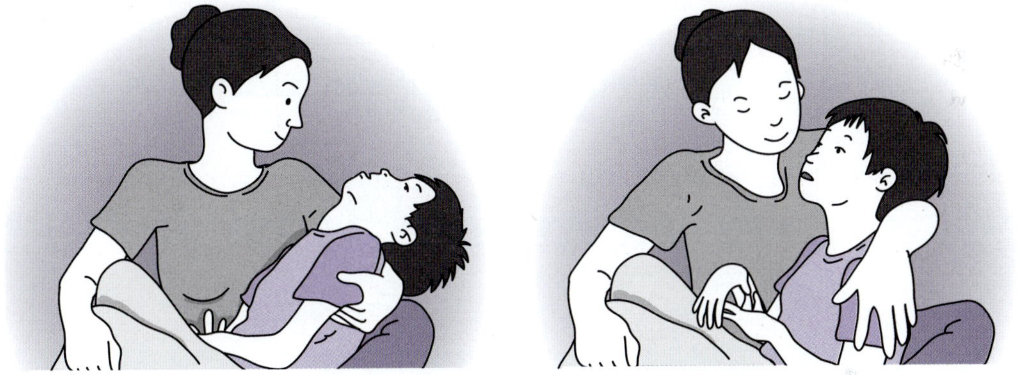

말 산출 어려운 자세 / 말 산출 쉬운 자세

[그림 10-8] 효과적인 말 산출 자세

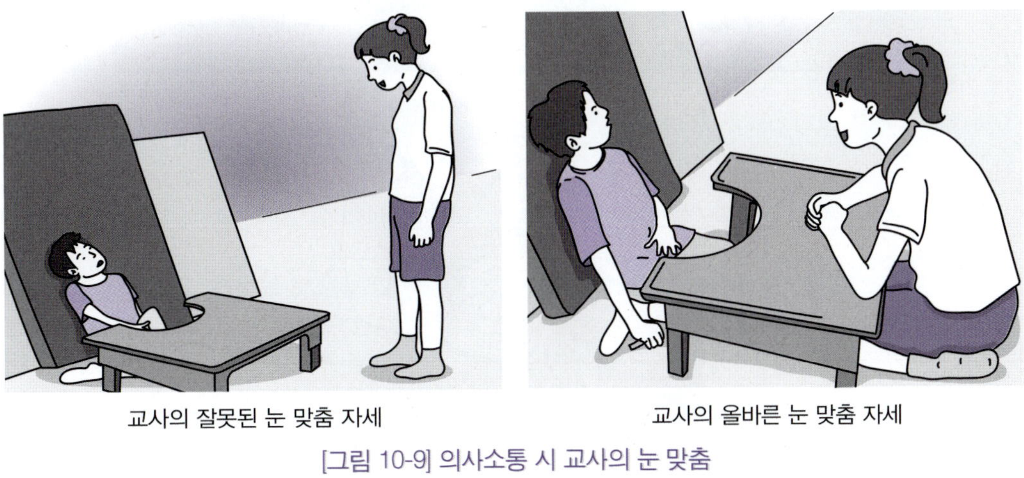

교사의 잘못된 눈 맞춤 자세 / 교사의 올바른 눈 맞춤 자세

[그림 10-9] 의사소통 시 교사의 눈 맞춤

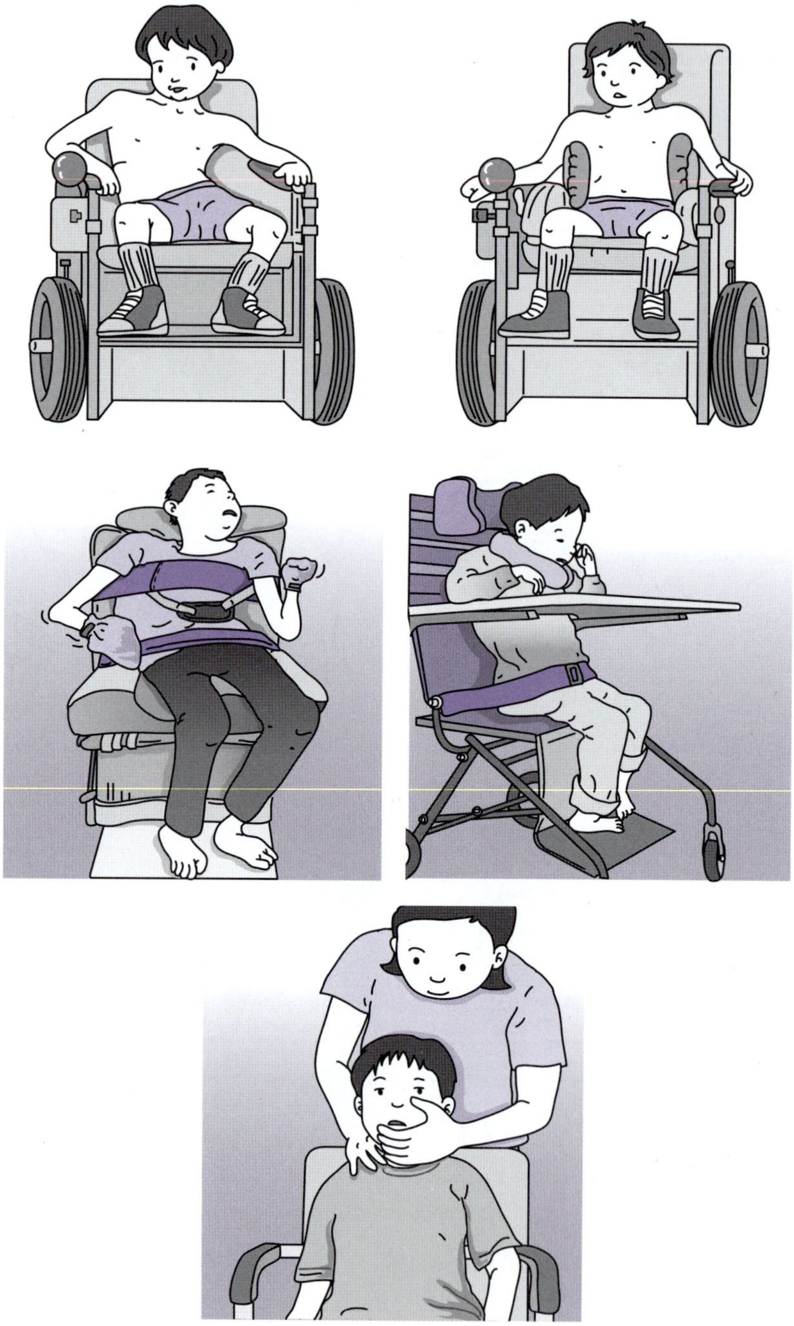

[그림 10-10] 휠체어 올바른 자세 조정

2) 섭식지도

뇌성마비학생은 빨거나 삼킬 수 있는 자세를 유지하거나 입술, 치아, 혀, 연구개 등의 삼킴 조절 능력이 부족하여 음식을 씹고 삼키기가 어려우며, 이로 인하여 필요한 영양분을 섭취하지 못함으로써 뇌 기능에 영향을 미치게 된다.

이러한 뇌성마비학생의 섭식과 관련된 기제들은 말 산출에도 함께 관여하는 것이므로 섭식지도는 말 산출을 위해서도 반드시 필요하다.

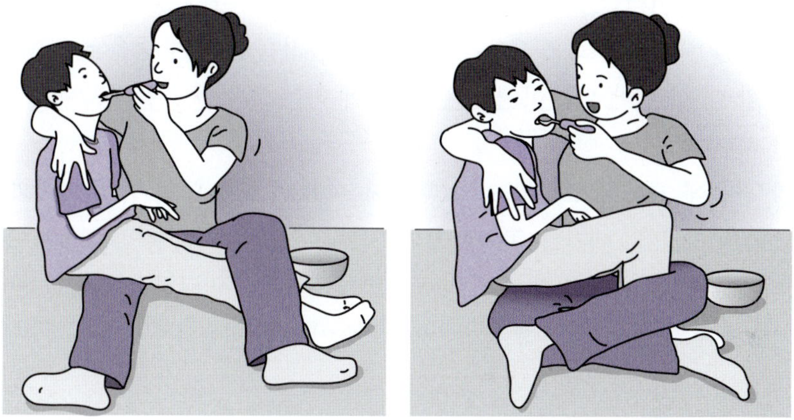

[그림 10-11] 앉은 자세 섭식지도

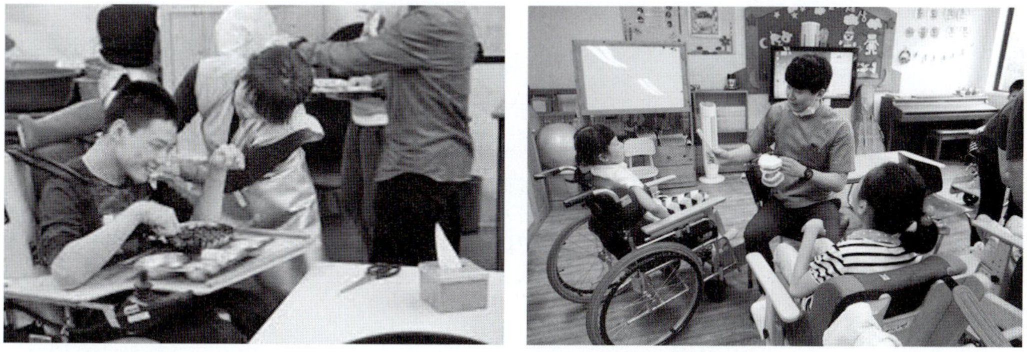

[그림 10-12] 섭식지도와 칫솔질지도

3) 말 산출지도

말 산출 과정은 호흡 → 발성 → 공명 → 조음 등의 경로를 통하여 이루어지며, 최종적으로 말의 속도로 리듬을 적절하게 조절하게 된다. 이러한 말 산출지도에 대하여 전헌선 등(2004)의 내용을 발췌 · 보완하여 살펴보기로 하겠다.

(1) 호흡

흡기와 호기를 통한 정상적인 호흡은 말 산출을 위한 에너지원으로 매우 중요하다. 특히, 뇌성마비학생은 이러한 호흡에 있어서 뇌손상 부위에 따라 정도에 차이는 있지만 정상적인 호흡에 많은 어려움을 가진다. 예를 들면, 흡기를 위하여 숨을 급하게 한 번에 흡기하고 말을 할 때 한 번에 나누어 말 산출을 해야 하는 호기를 조절하지 못하여 순식간에 숨을 내쉬어 버린다.

따라서 말 산출에 가장 중요하고도 기본이 되는 복식 호흡 익히기, 흡기력과 호기력 기르기, 흉식 호흡 익히기, 폐활량 증가시키기 지도는 뇌성마비학생의 호흡지도(흡기와 호기를 위한 자세 조절과 머리 조절은 기본)에 있어서 바르고 명료하고 유창한 말을 위해 지속적으로 지도해야 한다. 다음은 호흡법 익히기의 지도 내용이다.

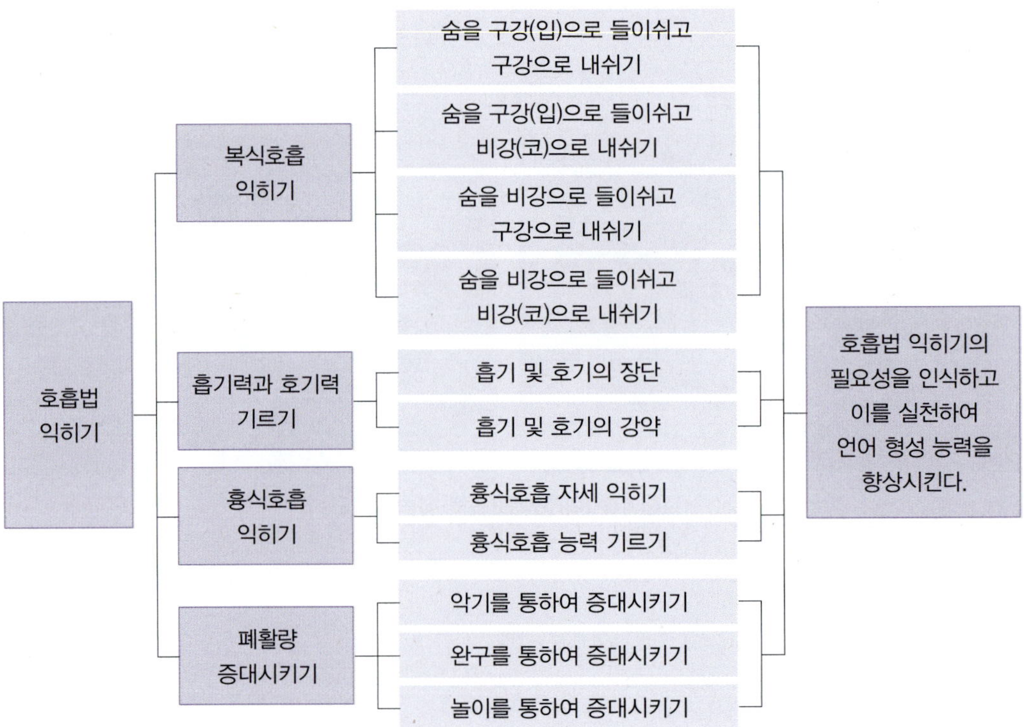

- 호기: 비눗방울 불기, 색종이 조각 또는 휴지 불기, 기구(시각적 피드백이 제공되는 호기 기구)를 통한 불기 등
- 흡기: 빨대를 이용하여 물 빨기, 탁구공 빨아 당기기, 입술에 종이 붙이기 등
- 리듬: 노래 음률 허밍하기 및 노래 부르기를 통하여 자연스럽게 강약과 장단을 표현하기

(2) 발성

호기 시 성대의 진동으로 인하여 소리가 생성되는데 이때 성대의 접촉을 부드럽게 해야 음도, 강도, 음질이 조화를 이루어 듣기 좋은 소리가 산출된다.

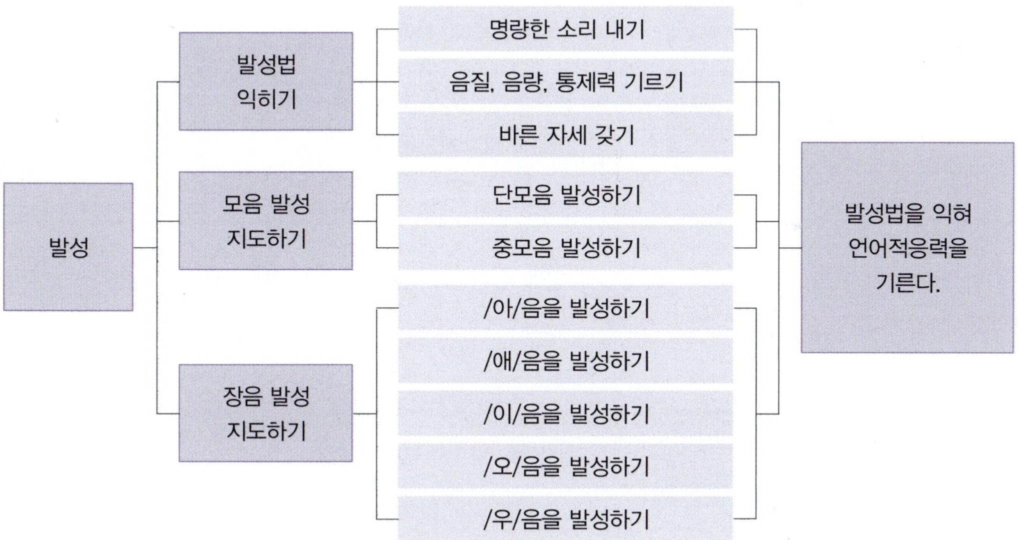

(3) 공명과 리듬

성대에서 나온 소리는 혀의 위치에 따라 자음과 모음을 적절하게 생성하게 되는데 이때 입, 코 등에서 만들어지는 공명의 소리는 명료도에 영향을 준다.

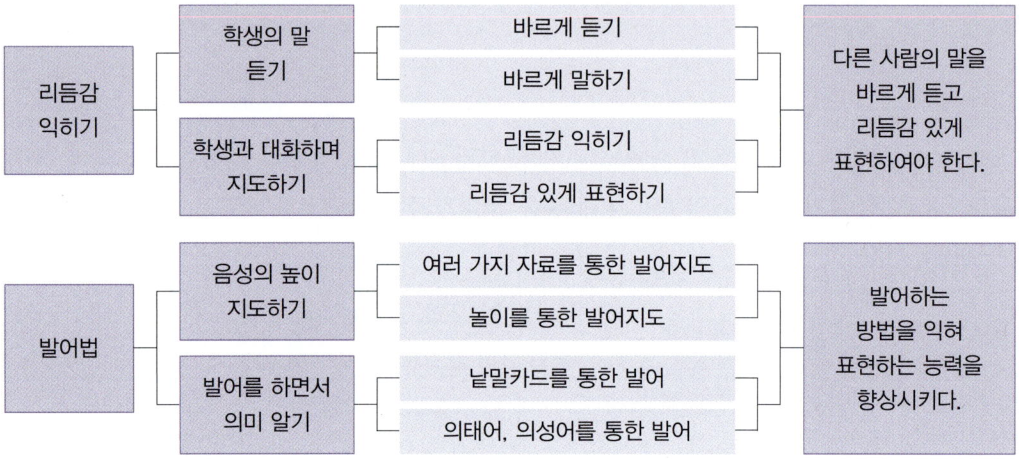

(4) 조음기관

뇌성마비학생은 조음기관의 운동 기능에 장애를 지니고 있기 때문에 개개인의 특성과 정도에 알맞은 조음기관의 지도가 매우 중요하다.

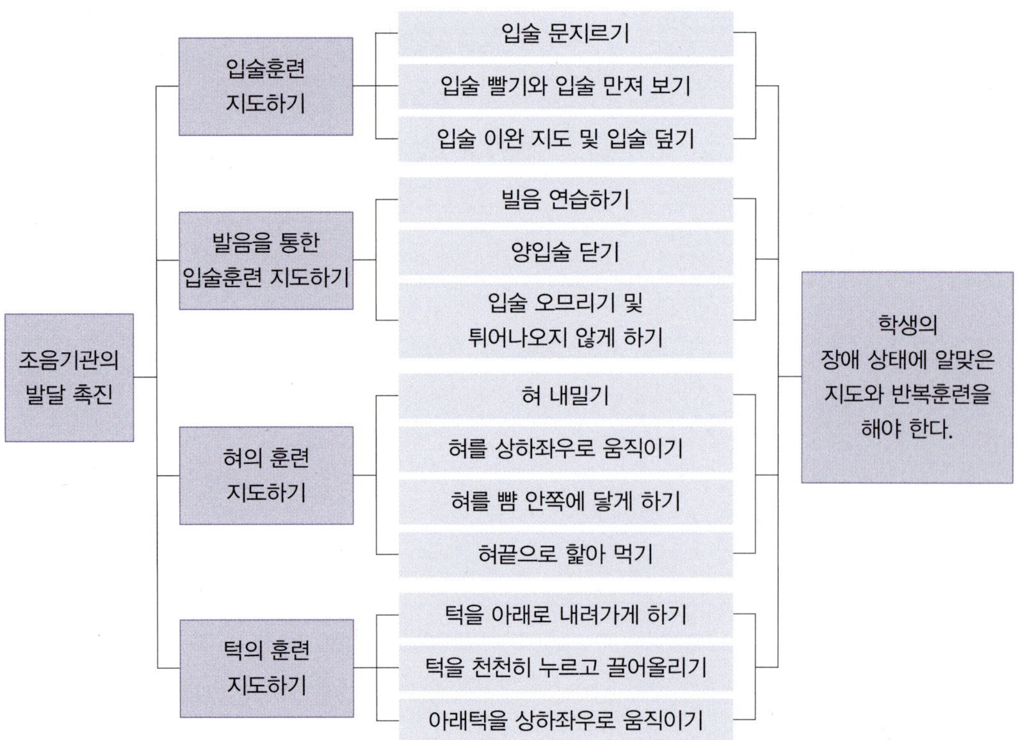

2. 시각적 의사소통지도

대부분 신체 움직임의 기능적 측면에서 어려움을 겪고 있는 뇌성마비학생에 대하여 교사는 교실환경이나 현장학습에서 효과적이고 원활한 의사소통을 위하여 비전자식 보완대체의사소통 방법의 접근을 고려할 수 있다. 시각적 의사소통지도를 통하여 쉽게 적용할 수 있는 학교 일과표의 경우, 뇌성마비학생이 즉각적이고 쉽게 인지할 수 있는 시각적 매체로써 시간의 흐름에 따른 일과를 이해하고, 혼란을 줄이고, 일과를 미리 예측할 수 있기 때문에 정서적인 안정감을 가지게 한다. 또한, 학생 스스로 수업 참여의 기회를 선택할 수 있는 자기주도적 활동에도 긍정적인 결과를 준다.

따라서 이러한 시각적 의사소통지도의 효과적인 교수를 위해 교사는 뇌성마비학생이 나타내는 현재의 의사소통 수준과 학습능력, 인지능력, 신체 사용능력 등을 정확히 알아야 한다. 이를 토대로 하여 학생의 개별적인 학습요구 수준에 따른 교육적 목적을 달성할 수 있는 다양한 장면의 그림이나 관련 자료를 준비하여 의사소통을 원활히 하도록 해야 할 것이다. 다음 〈표 10-14〉와 [그림 10-13], 〈표 10-15〉는 학교 환경에서 시각적 의사소통을 위한 그림교환 의사소통과 현장학습 활동 실시 전에 뇌성마비학생에게 미리 관련 자료를 통하여 스케줄을 알려주는 지도방법의 예시이다.

〈표 10-14〉 학교 환경에서의 의사소통판의 예

활동	장소	의사소통판의 예(초등학교 4학년의 일반학급)
공통	교실	

출처: 김영태 외(2018). p. 119.

※ ㅇㅇ초등학교 남산 현장학습(시각스케줄의 예)

[그림 10-13] 현장학습 시의 의사소통판의 예

출처: 김영태 외(2018). pp. 119-120.

〈표 10-15〉 시각적 의사소통을 활용한 교과활동 지도안의 예시

<table>
<tr><td>교과</td><td>사회</td><td>단원</td><td>우리 동네</td><td>제재</td><td>우리 동네 지도 만들기</td><td>차시</td><td>10/12</td></tr>
<tr><td colspan="8">본시 학습 목표</td></tr>
<tr><td colspan="8">• 특정 장소를 나타내는 사진 단서를 보고, 해당하는 장소의 상징을 선택할 수 있다.
• 선택한 상징을 지도 위에 적절한 위치에 배치할 수 있다.
• 각 장소를 나타내는 상징으로 지도책을 완성할 수 있다.</td></tr>
<tr><td rowspan="2">단계</td><td rowspan="2">학습내용</td><td colspan="4">교수-학습활동</td><td rowspan="2">시간(분)</td><td rowspan="2">자료</td></tr>
<tr><td>교수 활동</td><td colspan="3">학생 활동</td></tr>
<tr><td rowspan="3">도입</td><td>전시학습 상기</td><td>• 전시에 학습한 장소를 실제 지도로 보여 준다.</td><td colspan="3">• 교사가 부르는 장소가 표시된 곳을 하나씩 짚는다.</td><td rowspan="3">5</td><td rowspan="3">• 이전 시간까지 사용한 실제 지도
• 학교 주변 지도</td></tr>
<tr><td>동기 유발</td><td>• 오늘 활동할 지도를 보여 준다.</td><td colspan="3">• 바른 자세로 교사의 말에 집중한다.
• 교사의 질문에 대답한다.</td></tr>
<tr><td>학습 목표 제시</td><td>• 오늘의 학습목표를 제시한다.</td><td colspan="3">우리 동네 지도를 만들 수 있다.</td></tr>
<tr><td rowspan="2">전개</td><td>활동 1.
(동네 한 바퀴)</td><td>• 지도 위를 자석 자동차로 달리며, 각 장소에 무엇이 있는지 실제 지도와 비교하여 대답한다.
• 지정된 장소에 알맞은 모형을 붙인다.
• 각 장소를 나타내는 여러 방식으로 지도를 완성한다.</td><td colspan="3">• 사진 단서를 보고 관련된 간판을 찾아 배치한다.
• 교사가 말하는 단어를 듣고 해당하는 AAC를 누르고 지정된 자리에 붙인다.
<table><tr><td colspan="4">각 장소를 나타내는 단어</td></tr><tr><td>병원</td><td>구급차, 의사</td><td>아파요</td><td></td></tr><tr><td>소방서</td><td>소방차, 소방복</td><td></td><td></td></tr><tr><td>지하철역</td><td colspan="3"></td></tr><tr><td>제과점</td><td>빵 사진</td><td>얼마에요?, 주세요</td><td></td></tr><tr><td>학교</td><td>선생님, 버스</td><td>화장실 가요</td><td></td></tr><tr><td>약국</td><td>약 사진, 약국 간판</td><td colspan="2"></td></tr><tr><td>산</td><td colspan="2">산에 올라요</td><td></td></tr></table></td><td>20</td><td>• 각 기관의 건물 반입체 모형
• 버스 모형
• AAC음성출력기구
• 학교 주변 지도
• 각 장소를 나타내는 그림, 단어카드</td></tr>
<tr><td>활동 2.
('우리 동네' 지도책 만들기)</td><td>• 완성된 지도를 보고 여러 상징의 스티커를 사용하여 지도책을 완성한다.</td><td colspan="3">• 각 장소를 나타내는 여러 기관의 간판 스티커를 위치에 맞게 지도책에 붙인다.</td><td>10</td><td>• 우리 동네 그림사진, 스티커
• 우리 동네 지도책자</td></tr>
<tr><td rowspan="2">정리</td><td>내용정리</td><td>• 각자 만든 책자를 칠판에 전시한다.</td><td colspan="3">• 앞에 나와 자신의 지도책을 펼쳐 전시한다.
• 자신의 이름이나 사진이 붙은 자리에 자신의 지도책을 전시한다.</td><td></td><td></td></tr>
<tr><td>차시예고</td><td>• 다음 시간의 수업 내용을 예고한다.</td><td colspan="3">• 화면을 보고 바른 자세로 교사의 말을 듣는다.</td><td></td><td></td></tr>
</table>

출처: 김영태 외(2018). p. 123.

5 뇌성마비학생 문해지도

뇌성마비학생이 나타내는 다양한 특성으로 인한 신체 경직이나 원시 반사, 불수의적 움직임 등의 어려움으로 이차적인 학습과 관련된 읽기와 쓰기의 국어교과나 미술, 음악교과 등에 어려움을 가진다. 따라서 본 절에서는 뇌성마비학생의 특성을 이해하고 지도할 수 있는 특수교육공학에 대하여 알아보고자 한다.

1. 읽기 및 쓰기특성

1) 읽기특성

뇌성마비학생이 나타내는 가벼운 정도에서 심한 정도의 신체기능 제약으로 인하여 시지각에 어려움을 나타낸다. 이로 인하여 이른 시기 때부터 시각적 정보를 통한 읽기매체의 접근이 많이 부족하다. 또한, 대부분의 학생이 조음기관을 통한 말 산출에 어려움을 가지고 있어서 읽기에 많은 곤란을 겪는다. 그리고 또래 학생과 달리 음성피드백을 갖지 못함으로써 음운재인에 어려움을 갖거나 다양한 경험 부족으로 인하여 문장 이해력에 있어서도 또래 학생과는 차이를 나타낸다(Sandberg & Hjelmquist, 1997). 시지각은 교과 학습의 읽기와 쓰기 준비 기능이며, 시지각의 결함은 이러한 읽기와 쓰기에 직접적인 원인이 될 수 있다. 학습은 기본적으로 시각적인 교수매체를 통하여 배우게 되는 것이므로 시각적 능력에 장애가 있으면 다양한 학습이 어렵게 된다.

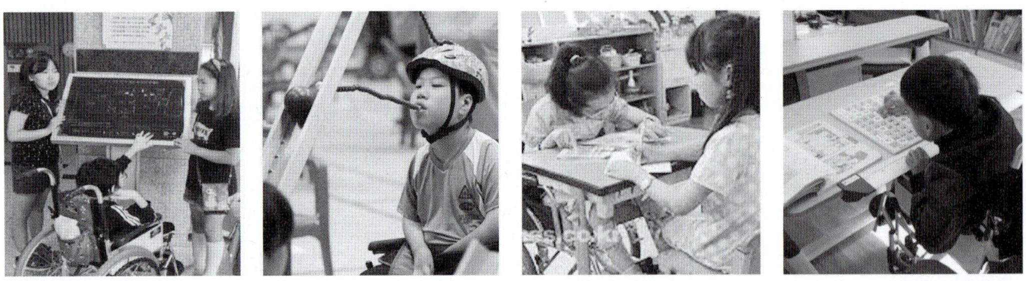

[그림 10-14] 다양한 시각적 활동을 통한 읽기 선수기능 지도

2) 쓰기특성

뇌성마비학생의 쓰기 능력을 방해하는 요인으로 쓰기를 위한 일련의 신체 조절에 있어 자세와 관련된 체간의 지지를 유지하고 눈과 손의 적절한 협응으로 필기도구를 잡고 글씨

쓰기를 수행하는 시지각과 시각변별, 시공간관계, 시각운동능력, 공간관계처리능력 등에 어려움을 지니는 것이다. Kirk와 Chalfant(1984)는 쓰기를 습득하는 데 있어서 눈-손협응, 운동협응, 시-공간 협응, 시-공간 관계, 시기억, 신체상, 좌에서 우로 쓰는 개념, 손의 선택 등의 발달이 이루어져야 한다고 하였다. 정해동(2002)의 연구 보고에서도 뇌성마비학생은 쓰기에서 또래 학생보다 낮은 수행능력을 보였는데, 이것은 뇌성마비학생은 중추신경계의 결함으로 인해서 운동협응 부전, 균형 유지력 미약, 불수의적인 운동 등을 나타내어 뇌성마비학생이 쓰기를 배우는 데 필요한 활동을 방해하여 쓰기장애를 갖게 한다고 하였다.

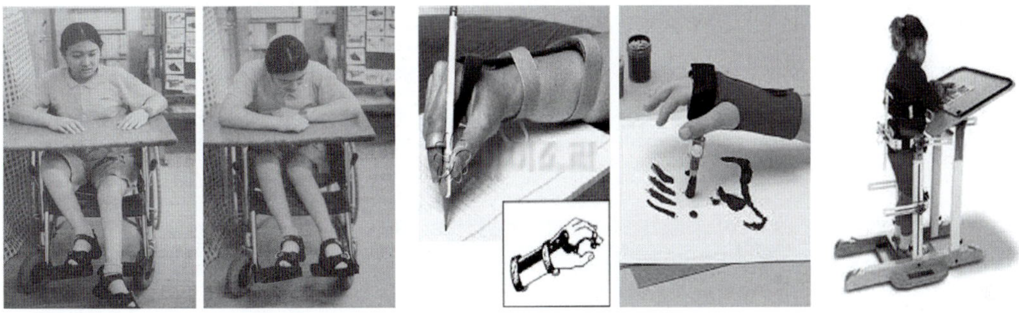

쓰기자세 × 쓰기자세 ○ 쓰기 및 그리기 보조기구 쓰기활동

[그림 10-15] 쓰기자세 및 쓰기 보조도구

3) 읽기와 쓰기지도

① 읽기지도

- 뇌성마비학생의 신체 방향성 특성과 시지각의 특성을 고려하여 학생이 가장 적합하게 시각매체를 잘 보고 읽을 수 있도록 자세유지를 지원
- 읽기의 주제를 작은 단위로 나누어 제시하고, 교사가 먼저 읽어 주고 학생이 모르는 어휘를 질문하게 하여 맥락 중심의 사례를 제시하여 어휘 개념이해 지도
- 동기부여→ 의미 있는 읽기자료 제시→ 주제에 대하여 요약하기→ 토론하기

② 쓰기지도

- 뇌성마비학생의 쓰기 자세유지를 위한 개개인의 특성에 적합한 보조기구 지원(예: 손이나 팔 움직임을 지원을 위한 보조기구, 체간 유지를 위한 보조기구)
- 쓰기는 학습주제에 대한 내용을 이해하고 종합적으로 그 주제에 대하여 자신의 생각이나 의견을 표현하는 것으로 수준에 적합한 단계별로 과정중심 쓰기지도

2. 컴퓨터 접근의 문해지도

뇌성마비학생에게 신체적 움직임의 제약을 극복하고 또래와의 의사소통 증진과 학습목표를 달성할 수 있도록 보완대체로 접근할 수 있는 컴퓨터를 사용하는 것은 단지 컴퓨터라는 기계를 조작하여 작업을 하는 것만 의미하지 않는다. 이들은 컴퓨터 접근을 통하여 다양한 교과목의 학습권에 접근하고 이를 토대로 학업성취를 이룬다. 또한, 자신의 존재감과 자존감의 향상은 물론 또래 학생과의 사회적 의사소통을 할 수 있는 보다 폭넓은 기회를 가질 수 있다.

컴퓨터 접근을 통한 교수-학습을 위해서는 효과적인 읽기, 쓰기의 문해지도 성취를 위해 컴퓨터 접근에 대한 기능평가를 실시하여 개개인의 특성을 고려한 맞춤형 보조공학서비스를 제공하여야 한다.

1) 기능평가

영역	평가기능	주요평가항목	수행결과기옥
마우스 사용 (Pointing Devices)	목표겨냥 (Aim)	• 목표물로 커서를 이동 • 목표를 선택하여 클릭(또는 유지하기)	%정확도, 전체 수행시간, 반응시간, 목표물로 커서 도달, 클릭
	끌기 (Drag)	• 목표물로 커서를 이동 • 목표물을 선택하여 클릭(또는 유지하기) • 목적지로 목표물을 드래그하기 • 목표물에서(마우스를 누른 상태에서) 떼기	%정확도, 전체 수행시간, 클릭오류, 끌기시도
	메뉴선택 (Menu)	• 특정한 메뉴 선택하기	%정확도, 전체 수행시간, 오류
문자입력 (Texi Entry)	글자	• 특정한 문자 입력하기	%정확도, 전체 수행시간, 키를 누르는 시간, 키를 떼는 시간
	낱말 (Word)	• 특정한 낱말 입력하기	%정확도, 전체 수행시간, 타자 입력속도, %낱말에 대한 오류율
	문장	• 특정한 문장 입력하기	%정확도, 전체 수행시간, 타이핑 속도, %문장에 대한 오류율
스위치 사용 (Switch Use)	스위치 누르기	• 스위치를 누르거나 떼기	%정확도, 전체 수행시간, 스위치를 누르는 시간, 스위치를 떼는 시간
	스캔 사용	• 직사각형 형태를 한 열의 scan matrix를 통해 문자를 일일이 표시하여 선택하기	%정확도, 전체 수행시간, %타이밍 오류율

출처: 육주혜 외(2012). p. 78.

터치스크린 접근

킹 키보드 접근

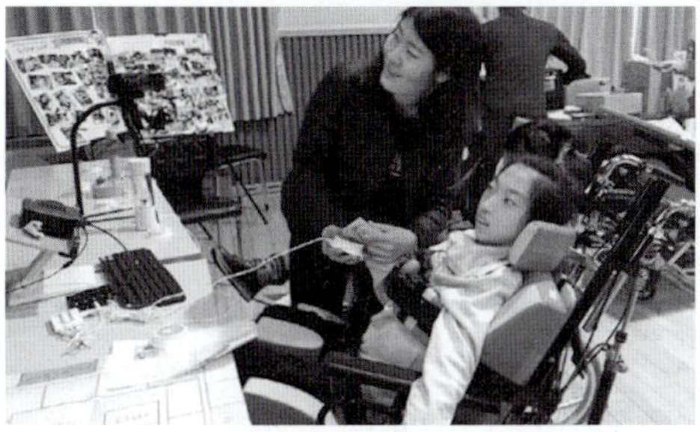

스트링 스위치 접근

태블릿 PC 접근

[그림 10-16] 컴퓨터 접근을 통한 학습

2) 컴퓨터 접근

뇌성마비학생을 위한 컴퓨터 접근의 학습지도를 위해서는 〈표 10-16〉과 같은 전반적인 현행 수준을 확인하고 특성에 따른 입력매체를 선정하여야 한다.

〈표 10-16〉 컴퓨터 접근을 위한 학생 현행 수준 평가

영역	내용
의사소통	• 학생의 수용언어, 표현언어를 중심으로 서술 • 컴퓨터와의 상호작용 여부에 대한 평가를 통하여 컴퓨터 교육방법을 선택하는 데 적합한 기기 선정의 정보제공
인지능력	• 문자인지, 문자이해, 문장이해 능력에 대한 현행 수준을 서술 • 문자를 기반으로 한 컴퓨터 이용 여부에 대한 평가의 기초자료
일상생활	• 학생의 일상생활 자세에 대하여 서술 • 어떠한 자세에서 가장 안정적으로 컴퓨터에 접근할 수 있는가에 대한 정보제공
대근육운동	• 학생의 움직임 중에서 대근육 운동이 가능한 범위를 서술
소근육운동	• 학생의 움직임 중에서 소근육 운동이 가능한 범위를 서술
자발적 움직임	• 학생 스스로의 의지에 따라 움직일 수 있는 신체 부위와 움직일 수 있는 패턴을 서술하는 것은 뇌성마비학생의 컴퓨터 접근을 통한 학습 적용 평가에 있어서 중요한 정보를 제공 • 학생의 의사소통 및 인지능력과 함께 컴퓨터 접근 시 중요한 정보를 제공

3) 컴퓨터 접근 지도 사례

(1) 기기 선정 이유

신체 기능을 고려했을 때 키보드의 키를 입력하기에 손이나 팔의 움직임이 세밀하지 못하고 마우스를 쥐고 움직이기 어려우므로 일반적인 키보드나 마우스 적용이 어렵다고 판단되어 컴퓨터 접근을 위한 대체 입력 장치를 찾아야 했습니다.

자발적인 신체 움직임은 손으로 물건을 쥐거나 팔을 움직여 원하는 것을 지적하는 것입니다. 단, 손을 펴고자 했을 때 주먹이 쥐어지거나 주먹을 쥐고자 했을 때 손이 펴지는 동작이 나타나기도 하여 의도적인 동작을 하는 데 시간지연이 따르기도 합니다. 이런 경우 기능상으로 스위치, 트랙볼, 터치모니터 등을 이용할 수 있습니다만, 트랙볼을 미세하게 조정하는 데 어려움이 있고, 일반적인 스위치의 경우는 터치모니터보다 사용할 수 있는 프로그램이 제한된다는 점을 고려하여 터치모니터를 먼저 적용하였습니다.

(2) 기기 적용

터치모니터는 압력식과 정전식이 있는데 수민이는 터치모니터를 손으로 누를 때 손끝에 약간의 힘을 줄 수 있는 점과 원하는 것을 누르기 전 손으로 주변이 눌리는 점을 고려하여 이를 보완할 수 있는 압력식 터치모니터를 사용하였습니다.

(3) 장착

터치모니터를 사용하기 위해 수민이에게 특별한 시설이 필요한 것은 아닙니다. 다만, 모니터 받침대에 따라 아래와 같이 T-stand 받침대 또는 각도 조절 모니터 거치대를 사용했을 때 수민이가 보기 편하고, 손의 위치를 자연스럽게 유지할 수 있어 팔의 피로도도 감소할 수 있습니다.

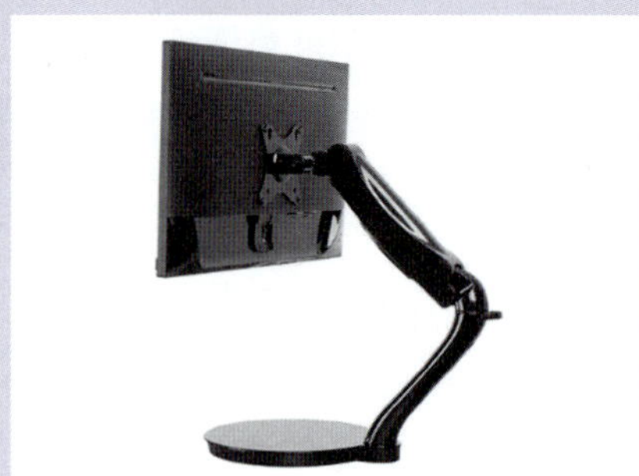

출처: 육주혜 외(2012). pp. 140-141.

4) 국어교과 연계 지도(기본교육과정 적용 학생)

낱말의 뜻을 구별하며 문장을 써 봅시다.

- 벌이다: 일을 계획하여 시작하거나 펼쳐 놓다.
- 벌리다: 둘 사이를 넓히거나 멀게 하다.

벌이다

- 민수는 친구와 논쟁을 벌였다.
- 선영이는 책상 위에 책을 어지럽게 벌였다.
-

벌리다

- 민수는 밤송이를 벌리고 알밤을 꺼냈다.
- 선영이는 하늘을 향해 두 팔을 벌렸다.
-

문장에 어울리는 낱말을 찾아 써 봅시다.

보기

시켜서　　식히기　　식혀야지　　느리게

주연이네 가족은 더위를 ______ 위해 양평에 있는 펜션으로 출발했다. 여름휴가를 떠나는 사람들로 도로의 자동차는 ______ 움직였다. 심심한 주연이는 동생을 ______ 음악을 켜도록 했다. 주연이는 '도착하자마자 계곡물로 들어가서 더위를 ______.' 하고 생각하였다.

[그림 10-17] 특수교육 기본교육과정 중학교 국어 다-1

출처: 교육부(2017). p. 81.

체크 포인트: 임용시험 출제(2021) 확인 마무리

(가)는 뇌성마비 학생 F의 의사소통 특성이고, (나)는 학생 F의 수업 참여도를 높이기 위해 교사가 작성한 보완대체의사소통기기 활용 계획의 일부이다.
〈작성방법〉에 따라 서술하시오. [4점]

(가) 학생 F의 의사소통 특성

- 한국 웩슬러 아동용 지능검사 4판(K-WISC-Ⅳ) 결과 : 언어이해 지표 점수 75
- 조음에 어려움이 있음.
- 태블릿 PC 애플리케이션을 이용하여 수업에 참여함.

(가) 보완대체의사소통기기 활용 계획

- 활용 기기: 태블릿 PC
- 애플리케이션을 활용한 수업 내용
  - ㉠ <u>문장을 어순에 맞게 표현하기</u>
- 어휘 목록
  - 문법 요소, 품사 등 수업 내용에 관련된 어휘 목록 선정
- 어휘 목록의 예 ㉡
  - 나, 너, 우리, 학교, 집, 밥, 과자
  - 을, 를, 이, 가, 에, 에서, 으로
  - 가다, 먹다, 오다, 공부하다.
- 어휘 선택 기법 ㉢
  - 화면이나 대체 입력기기를 직접 접촉하거나 누르고 있을 동안에는 선택되지 않음.
  - 선택하고자 하는 해당 항목에 커서가 도달했을 때, 접촉하고 있던 것을 떼게 되면 그 항목이 선택됨.

〈작성방법〉

- (나) 밑줄 친 ㉠과 관련된 용어를 언어의 3가지 하위 체계 구성 요소 중에서 1가지 쓸 것.
- (나)의 ㉡에 해당하는 어휘 목록 구성 전략을 1가지 쓰고, ㉠의 수업 내용을 고려하여 어휘 목록을 구성할 때, 어휘를 배열하는 방법을 1가지 서술할 것.
- (나)의 ㉢에 해당하는 어휘 선택 기법을 1가지 쓸 것.

체크 포인트: 임용시험 기출 문제(2016년) 확인 마무리

다음은 김 교사가 중학생 영수(뇌병변, 저시력)의 쓰기 지도를 위해 작성한 계획서이다. 지도 단계 중 2단계에 적용된 직접 선택 기법의 활성화 전략 명칭을 쓰시오. 그리고 영수의 컴퓨터 접근 특성을 고려할 때, ㉠~㉢ 중에서 틀린 내용 1가지의 기호를 쓰고 그 이유를 설명하시오.

- 목표: 컴퓨터를 이용하여 글쓰기를 할 수 있다.
- 영수의 컴퓨터 접근 특성
  - 일상생활에서 사용하는 간단한 단어는 말할 수 있다.
  - 대근육 및 소근육 운동 기능이 떨어져 키보드를 통한 글자 입력이 어렵다.
  - 근긴장도가 높아 주먹을 쥔 상태에서 트랙볼을 사용한다.
  - 트랙볼을 이용하여 마우스 포인터를 이동시켜 특정 키(key)를 선택한다.
  - 빛에 민감하여 눈의 피로도가 높다.
- 지도단계

단계	지도내용	유의점
1단계	• 책상 높낮이 조절, 모니터 높낮이 및 각도 조절 • 컴퓨터 입력기기 준비: 화상 키보드, 트랙볼	• 윈도우 프로그램을 기반으로 함
2단계	• 화상 키보드 환경 설정 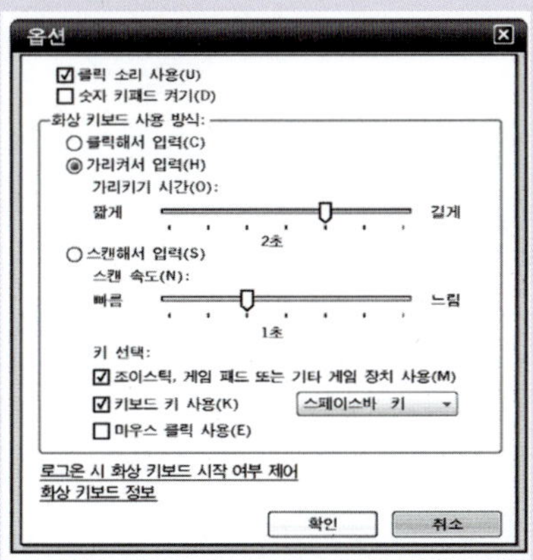 – 화상 키보드 사용 방식: '가리켜서 입력' 선택 – 가리키기 시간: 2초 마우스 포인터를 특정 키 위에 2초 이상 유지시키면 해당 키의 값이 입력됨	㉠ 영수의 특성을 고려하여 마우스 포인터의 움직임 속도를 조정함 ㉡ 키보드 개별 키의 크기를 확대하기 위해 '숫자 키패드 켜기'를 설정하지 않음 ㉢ '로그온 시 화상 키보드 시작'을 설정하여 컴퓨터 시작 시에 항상 사용할 수 있게 함

단계	지도내용	유의점
3단계	• 화상 키보드 연습 – 트랙볼을 조정하여 마우스 포인터를 특정 키 위에 위치 시키기	㉣ 반전 기능을 이용하여 대비 수준을 조정함

4단계	• 글쓰기 – 기본 자모음 입력하기 – 기능 키와 함께 단어 입력하기 – 다양한 기능 키를 활용하여 짧은 문장 완성하기	㉤ 간단한 단어 입력을 위해 대체 입력 프로그램인 스크린리더를 병행하여 사용함

Chapter 11

청각장애학생 의사소통교육

"교사의 질은 교육의 질을 넘지 못 한다."라는 말을 자주 사용한다. 특히, 특수교육대상자에 대한 교육은 더욱더 중요하다. 사진은 청각장애학생 배치학교 특수교사 및 특수교육지원센터 교사와 희망 교원이 참석하여 수어 연수를 받고 있다. 연수를 통하여 청각장애학생을 지도하는 특수교사의 수어에 대한 이해와 기초적인 연수를 통하여 소통을 위한 전문성 향상을 위함이다.

출처: http://m.iij.co.kr/news.

학·습·목·표

1. 청각장애의 정의 및 분류에 대하여 이해하고 알 수 있다.
2. 청각장애의 원인에 대하여 이해하고 알 수 있다.
3. 청각장애학생의 일반적 특성과 의사소통 특성을 이해하고 지도할 수 있다.
4. 청각장애학생의 언어지도 체계를 이해하고 지도할 수 있다.

1 청각장애 정의 및 분류

1. 청각장애 정의

청각장애의 정의는 청각장애에 대한 이해의 정도에 따라 바뀌어 왔으며, 학문적 입장과 지원의 목적 및 종류에 따라서도 약간의 차이가 있다. 그런데도 대부분의 정의는 순음청력검사의 결과로 얻은 평균청력역치에 기초하고 있는 것이 현실이다.

청각장애를 농과 난청으로 나누고 다음과 같이 구분하는 것이 일반적인 학자들의 견해이다.

- 농: 청력손실이 90(dB) 이상을 지니고, 보청기를 착용하여도 청각으로만 말소리를 듣고 이해하는 것이 거의 불가능하거나 상당한 어려움을 보이고 교육적 성취에 부정적 영향을 주는 상태
- 난청: 청력손실이 0~25(dB) 범위를 벗어나면서 보청기 착용 여부와는 무관하게 청각으로만 말소리를 듣고 이해하는 것에 곤란한 정도의 어려움을 보이고 교육적 성취에 부정적인 영향을 주는 상태

또한, 청각장애를 교육적인 관점과 의학적인 관점에 따라 다음과 같이 정의한다. 교육적인 관점에서는 청력손실이 언어발달과 교육 성취와 같은 학업수행에 부정적인 영향을 미치는 경우로 정의하며, 의학적 관점에서는 청각장애를 청력손실의 정도에 따라 정의한다(한국청각 · 언어장애교육학회, 2012).

1) 교육적 관점: 「장애인 등에 대한 특수교육법」 정의

- 청각장애: 청력손실이 심하여 보청기를 착용해도 청각을 통한 의사소통이 불가능 또는 곤란한 상태이거나, 청력이 남아 있어도 보청기를 착용해야 청각을 통한 의사소통이 가능하여 청각에 의한 교육적 성취가 어려운 사람

즉, 「장애인 등에 대한 특수교육법」에서는 청각장애의 정의를 청력의 손실 정도(dB)의 기준이 아닌 의사소통의 능력과 교육적 성취 능력의 잠재 능력 향상에 초점을 두고 있다.

2) 의학적 관점: 「장애인복지법」 정의

「장애인복지법」에서는 "청각장애로 인하여 장기간에 걸쳐 일상생활 또는 사회생활에 상당한 제약을 받는 자"로 다음과 같이 구법의 장애 등급 분류에서 장애 정도의 분류로 변경하여 다음의 〈표 11-1〉과 같이 법을 개정하였다.

〈표 11-1〉 청각장애인의 장애 정도의 분류

정도		장애 기준
청력 손실	장애의 정도가 심한 장애인	두 귀의 청력을 각각 80dB 이상 잃은 사람(귀에 입을 대고 큰 소리로 말을 해도 듣지 못하는 사람)
	장애의 정도가 심하지 않은 장애인	1. 두 귀에 들리는 보통 말소리의 최대의 명료도가 50% 이하인 사람 2. 두 귀의 청력을 각각 60dB 이상 잃은 사람(40cm 이상의 거리에서 발성된 말소리를 듣지 못하는 사람) 3. 한 귀의 청력을 80dB 이상 잃고, 다른 귀의 청력을 40dB 이상 잃은 사람
평형 기능	장애의 정도가 심한 장애인	양측 평형기능의 소실로 두 눈을 뜨고 직선으로 10m 이상을 지속적으로 걸을 수 없는 사람
	장애의 정도가 심하지 않은 장애인	평형기능의 감소로 두 눈을 뜨고 10m 거리를 직선으로 걸을 때 중앙에서 60cm 이상 벗어나고, 복합적인 신체운동이 어려운 사람

2. 청각장애 분류

청각장애의 분류에는 청력손실 정도, 청력손실 시기, 청력손실 부위 등 다양한 기준에 따라 분류한다. 학교 현장의 교육적인 측면에서는 청력손실 정도와 시기에 관심을 가진다. 왜냐하면, 취학 전·후의 언어발달 경험이 학업성취에 영향을 미치기 때문이다.

1) 청력손실 정도에 따른 분류

평균청력 손실정도	분류	청력손실이 언어이해에 미치는 영향
25~40dB (mild)	경도	• 희미한 소리나 먼 곳에서 하는 말을 듣기에 곤란을 느낀다. • 언어를 주로 하는 교과에 약간 곤란을 느낀다.
41~55dB (moderate)	중도	• 90~150cm 거리에서 얼굴을 마주보고 하는 대화는 이해한다. • 희미한 소리이고, 말하는 사람을 볼 수 없으면 학급 토의를 50% 정도밖에 이해하지 못한다. • 사용 어휘가 한정되고 언어의 이상을 나타낸다.

평균청력 손실정도	분류	청력손실이 언어이해에 미치는 영향
56~70dB (moderate to severe)	준고도	• 큰 소리로 하는 대화만 이해한다. • 집단 토의에서 곤란도가 증가한다. • 대화에 결함이 있다. • 언어를 사용하는 데 어려움이 있다. • 사용어휘가 한정되어 있다.
71~90dB (severe)	고도	• 귀에서 30cm 정도 떨어진 큰 목소리를 듣는다. • 주위의 소리를 식별할 수 있다. • 모음은 구별이 가능하나 자음은 일부만 구별한다. • 대화의 언어사용에 결함이 있고, 이해가 곤란하다.
91dB 이상 (profound)	최고도	• 큰 소리를 약간 들으나 소리의 진동으로 깨닫는다. • 의사소통을 위한 일차적인 수단으로 청력보다 시력에 의존한다. • 대화와 언어사용에 결함이 있고, 이해가 곤란하다.

출처: 송준만, 유호순(2012). p. 398. 일부 발췌 수정.

2) 청력손실 시기에 따른 분류

청력손실 시기에 따른 분류는 청력손실 시기가 언제인지가 기준이 되는 분류 방법이다. 언제 청력손실을 입었느냐에 따라 현재 가지고 있는 언어 능력이 다를 수 있기 때문이다. 교육적인 관점에서 이러한 요구를 충족할 수 있는 기준은 언어습득 전 청각장애와 언어습득 후 청각장애로 분류할 수 있다. 언어습득 전 청각장애는 언어를 이해하는 학습을 하기 이전에 청각장애가 된 사람을 말하며, 언어습득 후 청각장애는 언어를 이해하는 학습을 한 후에 청각장애가 된 사람을 말한다. 청인학생의 언어습득의 결정적 시기는 학자마다 다소 차이가 있지만 보통 2~4세에 있다고 본다.

이 시기에는 그 이전이나 이후의 시기에 비하여 발음, 어휘, 통사, 화용능력 등의 발달 속도가 현저하게 빠른 것으로 알려져 있다. 따라서 언어습득의 결정적 시기에 청각장애를 가지고 성장했다면 언어습득 전 청각장애라고 할 수 있고, 언어습득의 결정적 시기에는 청각장애가 없었으나 그 이후에 청각장애를 가지게 되었다면 언어습득 후 청각장애라고 할 수 있다.

농학생 중에 언어습득 전 청각장애인은 태어날 때부터 농이었거나 영유아기에 청력을 손실한 사람이 대부분이며, 언어습득 후 청각을 잃은 대부분은 청각장애인은 구두로 의사소통을 하는 경우가 많다(한국청각 · 언어장애교육학회, 2012).

3) 청력손실 부위에 따른 분류

청각기관의 어느 부위에 손상이 있는지에 따른 분류는 청각장애의 유형을 결정한다는 점에서 매우 중요하다. 청각기관의 어느 경로에 손상을 입는가에 따라서 전음성 난청, 감각신경성 난청, 혼합성 난청 등으로 나눌 수 있다.

청각기관의 청력손실 위치에 따른 분류는 [그림 11-1]과 같다.

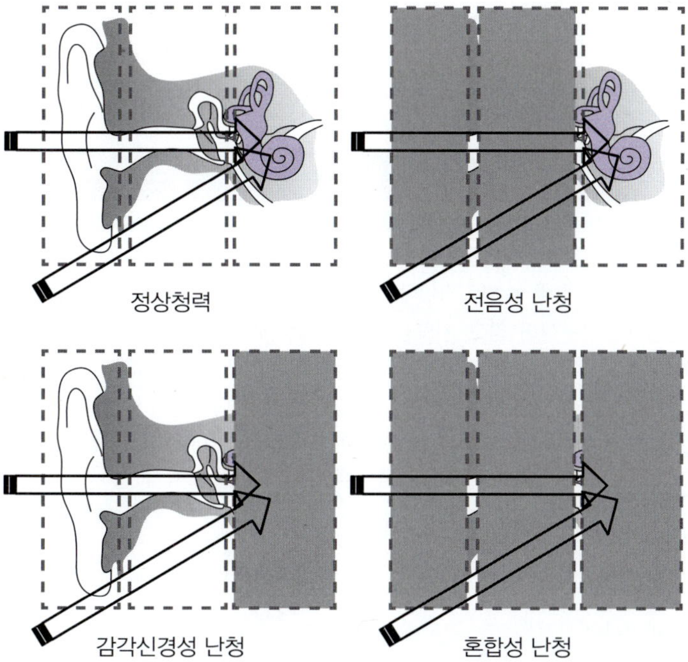

[그림 11-1] 정상청력, 전음성 난청, 감각신경성 난청, 혼합성 난청의 경로

출처: 김규상 외(2014). p. 85.

(1) 전음성 난청

청각기관의 이상이 외이와 중이에 있다면 이 경우는 전음성 난청이라 한다. 즉, 소리를 전달하는 과정에서의 난청이다.

(2) 감각신경성 난청

외이와 중이에는 이상이 없으나 내이에 이상이 있는 경우를 감각신경성 난청이라 한다. 이는 감각과 신경계통의 병변을 모두 포함하며, 감각계통의 병변은 와우의 이상으로 인해 청각신호로 변환되는 과정에서 문제가 발생하는 경우이다. 반면에 신경계통의 병변은 유모세포에서 전달되는 청각신호에는 문제가 없으나 청각신경 자체 또는 신경에 연결하는 과정에서의 병변을 말한다. 그런 맥락에서 전자는 내이에 문제가 있다고 하여 미로성 난청으로, 후자는 후미로성 난청으로 분류된다.

(3) 혼합성 난청

중이와 내이 모두에서 이상이 있는 경우에는 혼합성 난청이라 한다. 청력손실이 심할수록 혼합성 난청이 발생하는 경향이 많다(오세진, 2015).

말초청각장애는 외이, 중이, 내이, 청신경의 병변으로 발생하며, 손실의 부위에 따른 특성을 간략히 정리하면 〈표 11-2〉와 같다.

〈표-11-2〉 손실 부위에 따른 분류와 특성

유형	분류	특성	손실 부위
말초 청각 장애	전음성 난청	일반적으로 청력손실이 60~70dB을 넘지 않으며, 보청기로 소리를 증폭시켜 줌으로써 어느 정도 효과를 기대할 수 있다. 골도청력은 거의 정상에 가깝다.	외이 또는 중이의 이상
	감각신경성 난청	청력손실이 많고 기도청력과 골도청력에 모두 결함을 보이며, 골도청력 역치와 기도청력 역치 사이에 차이가 거의 없다.	내이 또는 청신경의 이상
	혼합성 난청	전음성 난청과 감각신경성 난청의 혼합. 청력손실이 많고 기도청력과 골도청력이 모두 손상되어 있다. 골도 청력역치와 기도청력 역치 사이에 차이가 있으며, 이때 기도청력 손실이 더 많다.	중이의 증폭기능과 내이의 이상

출처: 고은(2017).

2 청각장애 원인

1. 청각장애 원인

청각장애의 원인을 명확히 알 수 있는 요인을 찾아내고 밝혀내는 일은 여전히 어려운 일이다. 현재도 '원인 불명'으로 판단되는 것이 상당 부분을 차지하고 있다. 미국의 전국 단위 결과에서도 청각 손상의 원인을 400가지가 넘는 것으로 조사되어 정확한 청각장애의 원인을 알 수 없다(Gallaudet Research Instiude, 2008). 청각장애 원인의 절반 이상이 태아기에 발생하며, 이러한 원인은 유전적 요인이 1/3, 환경적 혹은 후천적 요인이 1/3, 그리고 1/3은 잘 알려져 있지 않다(Heter, Knightly, & Steinberg, 2002).

1) 유전적 요인

청각장애의 원인과 관련하여 유전성 난청과 선천성 난청이라는 용어가 서로 혼용되고 있는데, 유전성이라는 것은 유전자에 의해서 규정되는 것이고, 선천성이라는 것은 일반적으로 출생 이전에 원인이 있다는 뜻으로 사용된다. 청각장애의 유전적 원인을 정리하면 〈표 11-3〉과 같다.

〈표 11-3〉 유전적 요인에 따른 분류

유전적 요인	내용
유전성	선천적인 농의 약 1/20이 유전 이상으로 인해 유발된다. 유전에 의한 청각장애는 열성 유전형질 84%, 우성 유전형질 14%, 성 관련 형질 2%로 알려져 있다. 지금까지 선천성 농의 종류는 150～175유형이 있는 것으로 확인되고 있으며, 아동기 청각장애의 약 60%가 유전성 원인에 의한 것으로 밝혀져 있다.
이경화증	중이의 등골이 증식되어 난원창에 비정상적으로 붙어 있게 되어 점진적인 청력손실이 발생하는 유전성 질환이다. 청년층에서 가장 흔히 볼 수 있는 진행성 청각장애로 보통 한쪽 귀에 먼저 생긴 다음 다른 쪽 귀에 나타나며, 남자보다 여자에게서 2배 이상 더 잘 발생한다. 70～80%가 양측성으로 발생하며 이명 증상이 동반된다.
모자혈액형 불일치	임산부와 태아의 Rh 혈액형이 불일치하는 경우로 모체의 혈액에서 항체가 형성되고, 이것이 태아의 혈액을 파괴하여 청각장애로 발전된다. 이 경우 70% 이상이 중복장애를 갖는 것으로 밝혀져 있다.
선천성 외이 기형	귀의 발생과정 중 이상이 생겨 외이와 중이에 선천성 기형을 갖게 된 상태를 넓은 의미에서 통칭하는 것으로 그 원인이 유전성인 경우도 있지만 대개는 분명한 원인을 알 수 없는 경우가 많다.

2) 환경적 원인

환경적인 원인은 산모가 임신기간 동안 가질 수 있는 질병이나 감염과 관련된 비유전성으로 출생 이전에 시작되거나 출생 이후에 청력손실을 유발하는 환경적인 요인들이다.

(1) 중이염

중이염은 3세가 될 때까지 3명 중 2명은 누구나 한 번씩 경험하는 흔한 질환으로 소아에게 가장 흔한 난청의 원인이다. 3명 중 1명은 3회 이상의 반복적 중이염을 앓게 되어 흔하게 만성화되어 청력이 저하될 수 있다. 몇 가지 유형으로 분류하면 다음 〈표 11-4〉와 같다.

〈표 11-4〉 중이염의 유형

중이염의 유형	내용
급성 중이염	중이강 내의 염증성 삼출액이나 농으로 인해 중이의 증폭기능이 장애를 입게 된다. 이로 인한 청력장애는 약 30dB 정도의 청력손실로 가벼운 고음장애형 전음성 난청을 나타내게 된다. 일반적으로 중이염 치유와 함께 회복된다.
만성 중이염	중이강 내의 염증이 만성화된 것으로 중이 내 전음기관의 정상적인 기능을 방해하여 난청을 일으킨다. 순수한 전음성 난청인 경우가 대부분이므로 골도 청력은 정상이거나 약간 저하되는 수준이며, 기도 청력은 약화되지만 최대 70dB을 넘지 않는다.
삼출성 중이염	고막 안의 중이강 내에 액체가 고여서 난청을 초래하는 것을 말한다. 이로 인한 청력손실은 약 30dB 정도이지만 50dB를 넘는 경우도 있으며, 의료적인 치료로 치유가 가능하다.
알레르기성 중이염	최근에 와서 많은 주의를 끌고 있는 중이염으로 이관이 부어서 중이 내에 음기압을 일으키고, 이 음기압이 중이 내막의 혈청을 중이강 속으로 빨려들게 하여 청력손실을 일으킨다.

(2) 모체의 풍진

산모가 풍진바이러스에 감염되는 경우로 탯줄을 통하여 태아에게도 감염된다. 임신 3개월 이내에 감염되면, 특히 청력손실 발생률이 높다. 청각장애 발생률이 82%로 가장 높고, 시각장애 19%, 심장질환 39%, 지적장애 34%로 중복장애 발생 확률이 높은 것으로 알려져 있다. 그러나 백신을 접종하면 예방할 수 있기 때문에 실제 발생 사례는 많지 않다.

(3) 사이토메가로바이러스(cytomegalovirus: CMV)

태어난 아이 중에 가장 흔한 바이러스성 감염으로 청각장애를 포함한 여러 장애를 야기할 수 있다. 이것은 농의 주된 환경적 원인으로 산모의 자궁에서 감염되거나, 바이러스가 태반을 통해 태아에게 영향을 줄 수도 있으며, 모유를 통해서도 감염될 수 있다. 감염된 아이 중 1/2이 청각장애를 일으킬 수 있다.

(4) 뇌막염

언어발달 후 청력손실을 일으키는 가장 큰 원인이라고 보고 있다. 출생 후 또는 외인성 원인 중에서 가장 많이 나타나는 질병으로 중추신경계의 박테리아나 바이러스 감염에 의한 것으로 청신경에 손상이 올 수 있다. 뇌막염에 의해 청력이 손상된 아동에게 나타나는 일반적인 유형은 감음신경성 난청이다.

(5) 소음

큰 소음에 반복적으로 노출되는 것이 청력손실을 일으키는 원인이 될 수 있다. 소음으로 인한 청각손실은 두 가지 형태로 나타난다. 첫째는 평소에 잘 듣지 못하는 강대한 소리가 갑자기 들려 청각기관이 손상되는 경우로 급성 음향성 난청이라고 한다. 둘째는 한 번

들어서 청각장애를 일으키는 정도의 강한 소리는 아니지만 매일 같이 계속 청취하여 자신도 모르는 사이에 청각기관이 손상되어 가는 경우로 만성 소음성 난청을 말한다.

(6) 외상

외상에 의한 청각손상은 귀이개, 벌레, 그 밖의 이물질 및 외적 자극에 의하여 청각기관이 손상되어 난청이 되는 것을 말한다. 이러한 난청의 예로는 외적 자극이 물리적으로 직접 청각기관을 손상시켜 고막 손상이나 이소골 손상과 같은 중이 및 내이의 직접적인 외상, 청각기관을 내포하고 있는 두개골의 타박에 의한 두부 외상 또는 경부에 가해진 강한 충격이나 충돌로 인한 경부 외상, 기압의 급격한 변화에 의해 청각기관이 손상되는 경우 등이 있다.

(7) 메니에르병

메니에르병은 반규관과 와우에 영향을 주는 미로장애로 평형이 깨어져 똑바로 서 있는 상태를 유지하는 것이 어렵다. 급작스럽게 현기증, 이명 및 난청이 나타나며, 40~60세에 발생빈도가 높으나 10세 이하의 아동도 영향을 받을 수 있다(Heward, 2003).

(8) 약물 중독

약물에 의해서 청각손상이 나타나는 것은 그 발현 기전에 따라 두 가지 유형으로 생각할 수 있다. 그중 하나는 약물이 중추신경계 전반에 걸쳐서 영향을 미쳐 일반적으로 의식장애나 광범위한 신경증상을 비롯하여 난청이나 이명을 호소하게 되는 것이다. 또 다른 하나는 난청, 이명, 현기증 등의 청신경 영역의 장애만을 단독으로 일으키든지 또는 이것이 주된 증상의 하나로 하는 경우이다. 전자의 대표적인 예로서는 일산화탄소, 수은 등이 있고, 후자의 대표적인 것은 아미노글리코사이드계 항생제, 아스피린, 이뇨제 등이 해당된다.

(9) 미숙

미숙아는 출생 시 체중이 2.5kg 이하이며, 원인은 임신 중독증이나 모체의 만성 질환, 각종 임신 합병증이나 이상 임신, 그 밖에 원인불명 등을 들 수 있다. 미숙은 농의 원인일 뿐만 아니라 시각장애 또는 지적장애의 원인이 되기도 한다. 미숙이 청력 손실을 야기하는 원인인지 정확하게 평가하기는 매우 어렵지만 청인아동에 비해 농아동의 경우에 조산과 저체중이 더 보편적인 것으로 밝혀졌다(Heward, 2003). 그러나 현재 신생아실에서 사용되고 있는 구조기술이 점점 더 성공적이어서 청력을 손실할 확률이 낮아지고 있다.

3 청각장애학생 일반적 특성

1. 청각장애학생 언어발달 특성

1) 청각장애학생 언어발달

청각장애학생은 언어 전반에 다양한 결함을 보이며, 의사소통에도 어려움을 보인다. 청력 손실로 인해 청각 정보에 대한 자극이 감소하고, 청각적 피드백이 부족하여 환경음이나 상대방의 말소리에 대한 소리의 입력이 약하거나 왜곡되면 언어발달에도 지속적인 영향을 미쳐 부정적인 결과를 초래하게 된다.

청각장애학생은 자신의 소리에 대한 적절한 청각적 피드백을 받지 못하고, 성인으로부터 적절한 언어적 강화를 받지 못하며, 성인의 언어적인 시범을 적절하게 듣지 못하기 때문에 언어 능력, 어휘 능력, 조음능력 등에서 어려움을 겪게 되어 언어발달이 지체된다. 청각장애학생의 언어발달 순서는 청인학생에 비하여 느리게 발달하나 동일한 언어발달 이정표를 따르게 된다.

청각장애학생의 언어발달 특성에 대하여 이규식 등(2006)과 고은(2017)의 내용을 발췌하여 살펴보기로 하겠다.

(1) 음운론적 발달 특성

청각적 피드백의 결함으로 인하여 음운 체계의 지식 습득에 어려움을 예상할 수 있으며, 이는 음운론적 발달에 부정적인 결과를 초래할 수 있다.

- 전혀 소리를 듣지 못하는 농학생도 쿠잉 단계와 초기 옹알이 단계에서는 말소리를 산출한다.
- 생후 6개월 전후에 나타나는 옹알이 단계에서 점차적으로 나타나는 음소확장과 음소축소 현상이 뚜렷하게 나타나지 않는다.
- 청인학생의 경우에는 옹알이 단계에서 자 · 모음을 결합하여 여러 가지 소리를 만들어 반복하는 반면, 청각장애학생은 똑같은 소리를 반복하는 경향을 보인다.
- 청각장애학생은 분절적 요소뿐만 아니라 초분절적 요소에서도 오류를 보인다. 여기서 분절적 요소란 자 · 모음과 같은 음소를 말하며, 초분절적 요소는 말의 억양, 장단, 속도, 쉼, 강세 등을 말한다.

(2) 형태론적 발달

음소를 발음할 수 있게 된 후에 형태소를 발음할 수 있는데 청각적 피드백에 의한 모방학습의 어려움으로 형태론적 발달에 영향을 받을 수 있다.

- 문법형태소를 잘못 사용하거나, 문장의 주요 요소를 생략하는 경향이 많다.
- 어휘에 대한 부족한 지식으로 인하여 명사나 동사와 같은 내용어는 과다하게 사용하는 반면, 문법적 기능어의 사용은 부족하다.
- 문법형태소의 결함은 들려오는 음소에 대하여 일관성이 없거나 왜곡된 음소로 받아들여지기 때문으로 여겨진다.
- 청력이 좋을수록 청각적인 피드백으로 인한 음소변별력과 발음의 명료도가 높아져 형태론적 발달에 긍정적 영향을 가진다.

(3) 구문론적 발달

단어의 배열과 조합을 의미 있게 구성하여 구와 절 그리고 문장의 구조를 이루어야 하는데 청인학생에 비하여 심각한 결함과 지체를 보인다.

- 낱말의 순서가 잘못된 문장을 많이 사용한다.
- 복문 산출 시 적절한 연결 어미를 찾는 데 어려움을 보인다.
- 특정 단어만이 반복되어 나타나는 짧은 문장 형식을 사용한다.
- 시제 사용에 많은 어려움을 갖는다.
- 연결어미 사용에 있어서는 ~고(나열), ~여서(인과)가 주로 사용된다.
- 문맥에 맞지 않은 잘못된 조사의 사용과 생략이 많다.

(4) 의미론적 발달

사람과 사물 그리고 사건 사이에 어떤 관계가 존재하는지에 따라서 문장은 그 의미론적 내용으로 분류될 수 있다(Ling, 1989). 의미론은 단어와 문장의 구성에서 이루어지는 내용을 의미한다. 청각적 피드백이 곤란한 청각장애학생은 이로 인하여 의미론 발달에 부정적인 영향을 받을 수 있다.

청각장애학생은 초기 어휘발달 단계에서 다음과 같은 특성을 보인다(이상희, 2006).

- 어휘력은 생활연령이 증가함에 따라 점차 향상된다. 청인학생에 비하여 어휘력이 빈약하고 제한적이기는 하나 경험이 늘어날수록 어휘력도 꾸준히 증가한다.
- 명사보다 동사의 습득이 어렵고, 일상생활과 관련이 적은 어휘는 습득이 힘들다.
- 문맥에서 적절하지 않은 어휘를 사용하며, 다의어에 대한 이해가 어렵다.

- 구체적인 단어보다 추상적인 어휘를 습득하는 데 어려움을 보인다.
- 명사를 중심으로 어휘가 발달하고, 동사와 형용사 그리고 문법형태소가 순차적으로 출현하는 등의 어휘발달 양상은 청인학생과 동일하다.

(5) 화용론적 발달

의사소통을 효율적으로 하기 위해서는 상대방의 태도와 행동에 영향을 미치는 상황과 문맥에 적합한 기능적인 구어를 사용해야 한다. 그러나 청각장애학생은 이러한 화용론적인 측면에서 사회적으로 올바르지 않은 의사전달로 인하여 대화에서 무시되어 의사소통의 많은 부분에서 실패를 경험하게 된다.

화용론적 발달을 위해서는 다음과 같은 기술이 필요하다.

- 순서교대: 한 명이 대화를 시작하면 기다렸다가 자기 순서가 오면 말을 한다.
- 주제유지: 일관성 있게 주제를 끌어가는 규칙이다. 청자에게 반드시 대답을 요구하지 않는 문장이라 할지라도 청자는 화자가 말한 맥락 안에서 벗어나지 않는 범위에서 대화를 이어갈 수 있다.
- 피드백: 화자의 눈을 맞추거나 고개를 끄덕이거나 적절한 추임새 등을 통해 상대방의 말을 경청하고 있다는 것을 보여 준다.
- 자기수정: 맥락에서 벗어나는 음운상의 오류나 어휘 또는 높임말 등이 잘못 사용되었을 경우 자신의 말을 적절하게 조절하는 기술이 필요하다.
- 함축: 발화의 명제적 내용과는 직접 관련이 없는 암시적인 의미를 말하거나 그러한 내용을 이해하는 기술이다.
- 지시어: 지시대명사, 인칭대명사, 시간부사, 장소부사 등이 해당한다. "그 사람이 그때 그 사람이야."라고 말할 때 '그 사람'과 '그때'를 고려하지 않고는 그 내용을 파악할 수 없다.
- 전제: 담화에서 화자와 청자의 관계, 상황적 맥락 등의 전제는 매우 중요하다.

2) 청각장애학생의 언어발달에 영향을 미치는 요인

청각장애학생의 언어습득과 발달은 여러 가지 요인에 의해 영향을 받는데 개인적 조건, 가정환경, 교육환경으로 나누어 볼 수 있으며, 그 자세한 내용은 다음 〈표 11-5〉와 같다(이규식 외, 2006).

〈표 11-5〉 청각장애학생의 언어발달에 미치는 요인

요인	내용
개인적 조건	언어는 학생의 개인적 특성 가운데 지능, 심신의 상태에 따라 그 발달의 양상이 달라진다. 또한, 학생의 신체조건, 촉각기관, 발음기관, 청각기관 및 신경근육조직의 정상 여부에 따라 영향을 받는다.
가정환경	가정은 학생이 언어를 학습하는 데 매우 중요한 역할을 한다. 가정환경 변인 가운데 사회 · 경제적 계층, 형제 관계, 부모와의 언어 상호작용, 물리적 환경 등이 언어발달과 관계가 깊다.
교육환경	생태학적 관점에서 볼 때 청각장애학생은 청인학생보다 언어습득과 발달에 교육환경의 영향을 많이 받는다. 조기교육이 필수적이고, 말을 하도록 격려하고 조장해 주는 허용적인 태도가 매우 중요하다.

2. 청각장애학생 인지 · 학업적 특성

1) 청각장애학생 인지 특성

듣지 못하는 데서 오는 언어적 제약성으로 말미암아 농학생의 지적 능력은 청인학생에 비해 어떤 차이를 나타내고 있는가? 만약, 그 차이가 확실한 것이라면 어떤 면에서 어느 정도의 차이를 나타내며, 그 차이는 과연 농학생의 지적 능력의 부족에서 기인하는 것인가, 아니면 적용된 검사도구나 측정방법에 기인하는 것인가? 혹은 농학생과 청인학생 간에는 인지과정에 있어 기본적으로 차이가 없는 것인가? 이상 일련의 문제에 관련한 의문은 농교육 전문가와 농의 문제에 관심을 갖는 심리학자들의 주요한 관심사가 되어 왔다.

지금까지 청각장애학생의 인지 능력에 대한 연구 결과의 변화를 종합해 보면 다음과 같은 세 가지 입장에서 생각해 볼 수 있다(김일명 외, 2013).

첫째, 청각장애학생은 청인학생에 비해 지적으로 수준이 낮다. 이것은 20세기 전반까지 이루어진 연구 결과에 의한 것으로, 청인학생에 비해 청각장애학생의 지능지수가 10 정도 낮게 나타난다고 하였다. 이러한 결과는 청각장애학생에게는 불리한 조건이 되는 검사 환경에서 기인한 것으로 보아야 한다.

둘째, 청각장애학생의 지적 수준은 양적인 면에서는 청인학생과 크게 차이가 없지만 질적인 면에서는 차이가 난다는 입장이다. 이것은 청각장애학생의 지각적 · 개념적 · 추상적 기능의 질적인 측면은 청인학생과 다르게 나타나므로 청각장애학생은 청인학생에 비해 지적 기능의 폭이나 정교성, 추상성 등에서 어려움을 나타낸다.

셋째, 청각장애학생은 지적으로 청인학생과 동등하다는 입장이다. 청각장애학생의 지능검사 결과는 청인학생의 지능검사 결과와 마찬가지로 정상분포 곡선을 나타낸다는 것이

기본적인 가정이다. 그럼에도 청각장애학생이 청인학생에 비해 지적인 능력이 낮은 것으로 나타나는 이유는 지능검사가 실시되는 환경이 피검사적인 청각장애학생과 의사소통이 원활하지 못한 검사자에 의해 실시되거나, 검사문항이 청각장애학생의 특성을 잘 반영하지 못하는 도구가 활용되었기 때문이다.

결론적으로 청각장애학생의 지적 능력은 대체로 동작성 검사에서 청인학생과 별 차이가 없고, 언어성 검사에서 현저한 차이가 나타났지만 지능검사 도구에서 언어성 요인이 적절히 통제된다면 이들의 점수는 정상적인 분포를 이룰 것이다.

2) 청각장애학생 학습 특성

청각장애학생의 지적 능력이 정상 범위 안에 속한다고 하더라도 그들의 학업성취는 지체되어 나타난다. 왜냐하면, 교과학습의 시작은 언어기능에 의존하므로 청력손실에 의한 영향은 언어 능력뿐만 아니라 학습면에서도 나타나기 때문이다. 대부분의 청각장애학생의 학업성취도는 학년이 진행되어도 초등학교 4~5학년인 수준에 머문다고 지적하고 있다.

학자들마다 청각장애학생의 학업성취에 대한 연구결과의 차이가 다소 있지만 대체적으로 다음 〈표 11-6〉과 같다.

〈표 11-6〉 청각장애학생의 학업성취 결과

학업성취 결과	내용
읽기 능력	전반적인 읽기이해 능력은 4~5학년 정도의 수준을 나타낸다. 특히, 문법, 비유적 · 은유적인 표현, 문맥이해 등에서 어려움을 나타낸다.
쓰기 능력	문법의 규칙 습득에 전반적인 어려움을 지닌다. 자기중심적 표현과 배경내용을 알 수 있는 묘사에 부족함을 나타낸다. 특히, 조사 사용에 어려움이 많다. 문장을 구성할 때 단문장 형식으로 아주 짧게 표현하는 경향이 있다.
수학능력	수학능력은 다른 학습능력에 비하여 가장 높은 성취 수준을 보인다. 초등학교 고학년에서 중학교 저학년 수준까지 이른다.

(1) 읽기 능력

읽기는 해독하기로서의 읽기와 이해하기의 측면에서의 읽기가 있다. 단순히 활자를 보고 글자나 소리 또는 단어로 인식하는 것이 '해독하기'라면 그것을 이해하고 의미 있는 정보를 추출하는 사고과정은 '이해하기'로서의 읽기이다. 해독하기는 문자언어를 정확하게 지각하고 확인한 후 이에 대응되는 음성언어로 바꾸어 주는 문자의 음성화 과정을 뜻한다. 반면, 이해과정으로서의 읽기는 쓰여 있는 글로부터 의미를 구성하는 독자의 능동적인 의미 구성을 강조한다(김순복, 정길남, 1996).

청각장애학생의 읽기 수준은 또래의 청인학생에 비해 상당히 뒤떨어지며, 대다수 학령기 이후 청각장애인이라도 초등학교 4~5학년 정도의 읽기 수준에 머물러 있다(김승국 외, 2007). 청각장애학생의 읽기에 대한 많은 연구들은 청인학생에 비해서 읽기 수준이 매우 낮다는 결론을 내리고 있다. 미국 청각장애학생의 읽기 능력에 대해 연구해 온 많은 연구자들은 거의 일관된 경향으로 결과를 보고하고 있다. 캐나다와 미국의 청각장애학생 5,000명 이상을 대상으로 MPT를 이용한 기초 읽기 검사 결과 Wrightston, Aranow, 그리고 Moskowitz(1963)는 10세 이상의 청각장애학생 중 10% 이하의 학생만이 4학년 수준의 읽기를 할 수 있다고 보고하였다.

이와 같이 청각장애학생의 읽기 능력에 대한 많은 연구자들의 결과를 종합하여 보면 대부분의 청각장애학생이 성취하는 읽기 능력은 4학년 전후의 수준에 머무르고 있는 것을 알 수가 있다.

① 읽기와 읽기지도의 중요성

- 읽기지도의 기본 원리
  - 즐거움을 느낄 수 있는 읽기가 되어야 한다.
  - 어떤 행동을 유발시키는 기능적 읽기가 되어야 한다.
  - 정보를 습득하기 위한 읽기가 되어야 한다.
- 읽기지도 시 주의점
  - 각 학생의 개인차를 고려하여 각 학생에게 가장 필요한 읽기 기술을 갖게 해야 한다.
  - 다양한 활동 속에서 균형 있게 해야 한다.
  - 유치원 과정에서 고등교육 과정에 이르기까지 읽기지도는 연계성을 갖게 해야 한다.
- 읽기지도 시의 고려 사항
  - 학생의 흥미와 관심을 파악하여야 한다.
  - 학생의 경험과 개념의 정도를 파악하여야 한다.
  - 학생의 언어 능력을 파악하여야 한다.
  - 학생의 인지 발달 정도를 파악하여야 한다.

② 읽기지도의 활용: 신문활용교육

신문활용교육(Newspaper In Education: NIE) 이란 신문을 학습에 활용하여 교육적 효과를 높이는 매우 활동적인 교육프로그램이다. 이미 수년 전부터 미국, 영국, 독일, 일본 등 외국에서는 신문을 교육에 활용하기 위한 노력이 활발하게 진행되고 정착해 왔으나,

우리나라에서는 1995년에 그 교육적 효과를 새롭게 인식하면서부터 열린교육의 일환으로 자리잡고 있다.

신문은 정치, 경제, 사회, 예술 등 인간 생활의 모든 정보가 담겨 있는 생생한 교육의 보고로서 교과서에서 접하지 못하는 다양한 지식을 학생이 제공받을 수 있다는 면에서 교육적 가치를 인정받기에 충분하다. 따라서 신문과 활용 아이디어만 있으면 어떤 장소 어떤 교과에도 신문활용교육이 가능하다는 점에서 신문은 학교에서 사용할 수 있는 가장 값싸고도 정보가 풍부한 교재로 학생의 독해력과 지식을 높이는 유용한 기재라 할 수 있다. 그리고 오늘날 정보의 홍수 속에서 교과서만으로 학생에게 단순한 지식을 전달하는 것보다 신문을 이용한 공부가 학습의 역량을 넓힐 수 있다는 면에서 신문은 열린교육을 위한 최적의 교재로 인정받을 수 있다.

청각장애학생이 신문을 읽고 그 내용을 충분히 이해하기에는 사고력과 언어력의 부족으로 인해 많은 어려움이 따른다. 이러한 제약은 결국 신문활용교육이 청각장애학생에게는 불필요한 것으로 간주될 수 있으며, 쉽게 접근이 어려운 학습으로 단정될 수도 있다. 그러나 신문에는 기존의 국어 교과서보다 학생의 흥미와 탐구욕을 자아내는 학습 자료가 무한히 산재해 있으며, 다양한 언어의 창고로 청각장애학생이 접할 수 있는 어휘를 지속적으로 제공해 줄 수 있다.

신문 기사의 제목과 사진 등을 통해서 피상적이나마 정보를 제공받고 관심을 불러일으키는 욕구는 청각장애학생에게 있어서도 예외는 아니다. 학생 스스로 관심과 의문이 발생할 때 그것을 해결해 줄 수 있는 방안을 마련해 주는 것이 바람직한 교육이다. 그러므로 청각장애학생에게 신문활용교육을 통한 국어수업은 올바른 사고력과 언어 능력을 확장시키는 보다 좋은 계기로 작용하리라 여겨진다.

(2) 쓰기 능력

쓰기는 매우 복잡한 과정이다. 글을 쓰기 전에 글 속에 포함되어야 할 내용과 그렇지 않은 내용을 구별하고, 글을 쓰는 동안 자신이 표현한 내용이 정확하거나 적절한지 끊임없이 살펴보아야 하며, 글을 쓰고 난 다음에도 자신이 의도에 적합하게 수정해야 한다.

청각장애학생의 쓰기 능력, 즉 문장력은 어휘력의 영향을 받는다. 일반적으로 청인학생은 자연스럽게 음성 언어를 통하여 모국어를 획득하고, 그것을 바탕으로 읽기 · 쓰기를 비교적 쉽게 성취한다. 그러나 청각장애학생의 경우는 청력손실로 인해 발달과정에서 어휘력의 부족으로 자연적인 음성 언어를 습득하는 데 어려움이 있고, 음성 언어의 지체는 문자 언어의 지체를 초래한다(김병하 외, 2005). 청각장애학생의 쓰기 능력은 청인학생에 비해 낮은 수준으로, 고등학교를 졸업하는 청각장애학생의 쓰기 문법 수준은 청인학생의

8~10세 수준을 보인다(Marschark et al., 2002). 청각장애학생의 문장 구성을 통한 쓰기 능력을 연구한 Moores(1987)의 연구에서는 청각장애학생의 문장은 짧고 단문장으로 틀에 박힌 표현이 대부분이며, 그 표현의 형식에는 한계가 있고 반복적이고 사용한 어휘도 한정되어 있다고 하였다.

이와 같이 청각장애학생의 쓰기 능력을 청인학생과 비교하면 발달이 현저히 뒤떨어져 있거나 지체되어 있다. 이는 단순하고 짧은 일관된 단문 형태의 사용, 문장 이해도가 낮고 문맥에 맞지 않는 어색한 문장의 형태, 다양한 어휘의 사용 곤란 그리고 가장 어려워하는 조사 사용 등의 문법적 오류로 인하여 문맥을 연결하는 의미를 이해하지 못하기 때문이다.

(3) 수학 능력

대부분의 청각장애학생은 청인학생보다 수학 성취도에서 낮은 성취도를 보인다. 청각장애학생의 수학 성취도에 대하여 가장 광범위하게 연구한 Wood와 그의 동료들로부터 알아볼 수 있었던 결과는 농학교 졸업생 414명과 같은 연령의 일반학교 졸업생 465명과 비교한 결과 일반학교 졸업생의 수학 연령은 약 15.5세였고, 농학교 졸업생의 수학 연령은 12.3세로 통계적으로 유의미한 차이가 있었다(Wood et al., 1986).

국내 · 외의 연구를 종합하여 살펴본 유은정 등(2010)의 연구에서도 지역이나 연구 대상마다 조금씩 차이는 있으나 전반적으로 청각장애학생의 수학 성취도가 청인학생에 비해 2~3.5학년 정도 뒤처져 있음을 보고하였다.

3. 청각장애학생 심리 · 사회적 특성

Helen Keller는 "들리지 않는 것은 사람과의 단절"이라고 하였다. 듣지 못한다는 것은 단지 어떤 소리를 듣지 못하는 것 이상을 의미하며, 인간 존재와 삶에 지대한 영향을 미친다. 태어나면서부터 혹은 살아가다가 어느 순간 청력을 잃어버린다는 것은 그러한 의미에서 심리 · 정서적 발달과도 밀접한 관계를 가질 수 있다고 유추할 수 있다.

청각장애학생의 심리 · 사회적 특성에 대한 초기 연구에서는 청인학생에 비해 질투심과 고집이 세고, 사회규범이나 도덕규범의 발달이 미숙하고 비사회적인 행동을 나타낸다고 하였다. 그러나 최근의 연구에서는 청각장애학생의 심리 · 사회적 문제가 청각장애 자체에서 야기되는 것이 아니라 환경 내의 상호작용 결과로 본다(김일명 외, 2013). 결국, 정상 청력을 가진 학생의 심리 · 사회적 적응은 의사소통 기술과 가족 구성원 및 학생의 환경 내의 다른 사람과의 상호작용에 달려 있다는 의미다.

1) Erikson의 심리 · 사회이론

Erikson은 성격발달과 정서발달, 그리고 사회적 환경이 성격에 미치는 영향에 대해 많은 관심이 있었다. 그는 모든 인간은 기본적으로 같은 욕구를 갖고 있다고 보았다. 성격발달은 이러한 욕구를 채우는 과정에서 일어나고 사회적 환경, 특히 양육자가 제공하는 보살핌과 지원의 질에 영향을 받는다고 보았으며(신종호 외, 2006), 단계별 과업은 [그림 11-2]와 같다.

단계	시기	과업	설명
1단계	출생~2세	신뢰감 vs. 불신감	부모나 주위 세계의 일관성, 예언성, 신뢰성 있는 지지를 받으면 신뢰감을 얻을 수 있지만 주위의 보호가 전혀 예측할 수 없고 믿을 수 없으며, 필요할 때 자기 곁에 없을 때 아기는 불신감을 갖게 됨
2단계	2~3세	자율성 vs. 수치심	그들은 "나" 또는 "내 꺼야"라는 말을 반복해서 사용하는 데서도 자율성을 나타내 보이기도 하고, 무엇보다도 "아니야"라는 단어의 표현에서 가장 강력하게 그들의 자율성을 찾아볼 수 있다. 또한, 긍정적 격려의 태도를 보임으로써 아동의 자율성을 발달시키게 되나 대부분의 농아동 부모들은 그들에게 완고한 외적 통제를 끊임없이 가함으로써 농아동이 수치심에 젖게 할 가능성이 높음
3단계	4~5세	주도성 vs. 죄책감	매우 호기심이 많고 경쟁적이라는 것을 설명하면서 이 단계의 주요 양식을 관입(intrusion)이라 했다. 주변 세계를 탐색할 수 있는 기회와 자유는 어린이의 주도성을 발달시키지만, 그렇지 않으면 자신의 행동에 죄책감을 갖게 된다. 또한, 실제로 대부분의 농아동 부모들은 그들의 자녀가 농인이기 때문에 그들의 활동반경을 아주 제한하고 간섭하게 됨으로써 외계 속으로 그들 자신을 관입하는 기회를 상실케 됨
4단계	6~11세	근면성 vs. 열등감	기초교과를 배우면서 남에게 인정받는 것이 무엇인지 알게 되고, 우선 다른 사람으로부터 인정을 받기 위해서라도 열심히 노력을 하는 반면 남에게 인정을 받지 못하면 열등감을 가지게 됨
5단계	청소년기	자아정체감 vs. 자아정체감 혼미	정서적 안정과 좋은 성역할의 모델이 있으면 자신에 대한 통찰과 자아정체감을 갖게 되지만, 그렇지 않으면 직업선택이나 성역할, 가치관의 확립에 있어 심한 갈등을 야기시킴
6단계	청년기	친밀감 vs. 고립감	부모, 배우자, 동료 등과 좋은 인간관계를 발전시키면 친밀감을 갖게 되지만, 그렇지 못하면 타인에 대한 두려움과 고립감이 생김
7단계	장년기	생산성 vs. 침체성	자신에게 몰두하기보다는 자녀와 직업을 통해 생산적인 활동에 참여하는데, 만일 그렇지 못하면 사회 심리적으로 침체됨
8단계	노년기	통합성 vs. 절망감	지금까지의 인생에 만족하면 생의 유한성도 수용하지만, 그렇지 않으면 공허함과 초조함을 느끼며 절망감을 느낌

[그림 11-2] Erikson의 8단계 심리 · 사회적 과업

2) 농정체성

청각장애학생은 약 10%를 제외하고는 청인부모 밑에서 자라며, 부모가 선호하는 의사소통 양식으로 언어발달을 하고, 부모가 원하는 학교로 진학을 한다. 청인부모는 설령 자녀가 귀가 잘 들리지 않는다고 하더라도 청인의 문화 속에서 적응해 나가기를 바란다. 통합교육도 마찬가지로 부모의 일방적인 선택인 경우가 많다. 스스로가 수어로 대화를 할 수 없는 부모의 경우에는 자녀가 수어를 배우는 것에 대해서도 거부감을 가질 수 있으며, 이럴 경우 자녀와 의사소통도 원활하지 않게 된다. 따라서 청각장애학생의 경우에는 부모와 자녀의 상호작용이 원활하지 않거나 정서적으로 불안정한 경우가 많다.

청각장애학생에게 중요한 것은 '농정체성'이다. 우리는 살아가면서 대부분이 정체성의 혼란을 경험한다. 정체성이란 '나는 누구이며, 어떤 사람이다'라는, 다시 말하면 개인이 가지고 있는 스스로에 대한 자의식과 독특성을 말한다. 만약, 시장에서 너무 먹고 싶었던 붕어빵을 훔친 다섯 살짜리 아이에게 주인이 "이 도둑놈!"이라고 했고, 그의 부모는 "넌 나쁜 애야!"라고 비난과 조롱을 했다면 아동의 머릿속에는 자신이 매우 부정적인 '남의 물건이나 훔치는 나쁜 성향'을 가진 사람으로 남게 될 것이다.

'나는 농인이다'라는 농정체성이 중요한 것은 '나는 한국 사람이다'라는 것과 다르지 않다. 다문화가정아동의 경우 한국에서 태어났고, 한국 이름을 가지고 있으며 한국말을 하고 살아가는데 사람들이 "너는 어느 나라 사람이야?"라고 물을 때 정체성 혼란을 경험한다. 피부색이 다르다는 것 때문에 자신이 온전히 한국 사람이 되지 못한다는 사실을 깨닫게 되면 자신의 피부색을 혐오하거나 외국 어머니 또는 아버지를 거부하는 경우도 생긴다.

청각장애의 경우에도 청인문화와 농문화 사이에서 정체성의 혼란을 경험하게 된다. 그들에게 농정체성이 중요한 이유는 인간은 Erikson이 주장한 소속감에 대한 욕구를 가지고 있기 때문이다. 대부분의 청각장애학생은 입학 전에는 느끼지 못하다가 특수학교에 진학하면서 비로소 농인으로서의 정체성을 갖게 된다. 그러나 일반학교에 재학하는 학생의 경우에는 많은 경우 오랫동안 정체성 혼란을 겪게 된다. 청인 가족과 청인 친구들 속에서 어느 순간에 자신의 장애와 직면하면서 농정체성에 대한 혼란을 겪게 되는 것이다. 청각장애학생의 농정체성에 영향을 미치는 요인은 매우 다양하다.

아동의 청력 손실 시기가 빠를수록 농정체성을 확립하기 쉬우며, 부모가 농인인 경우 그리고 농학교에서 교육을 받은 경우 통합교육을 받은 아동에 비하여 정체성이 높다고 알려져 있다. 농문화는 농인에 대한 긍정적 개념과 가치를 높이고 정당화하여 농인의 생존능력을 배양하는 데 크게 기여할 수 있다는 점에서 교사는 농정체성과 농문화 수용에 긍정적이어야 한다(고은, 2017).

청각장애인의 농정체성과 관련하여 다음 〈표 11-7〉과 같이 정리할 수 있다.

〈표 11-7〉 청각장애인의 농정체성

구분	내용
청인중심 정체성	개인의 병리적 문제로 봄
주변 정체성	청각장애에 대해 혼돈과 양쪽 감정의 특징을 나타냄
몰입 정체성	청인세계의 가치를 낮게 평가하고, 대신 농세계를 이상적인 것으로 여김
이중문화 정체성	농을 문화적인 차이로 인식하며, 청인문화와 농인문화를 존중하며 두 문화의 강점과 약점을 모두 수용하며 인식함

3) 청각장애인의 생애 주기별 의사소통 방법

청각장애인의 생애 주기별 특성은 매우 다양하다. 이는 과학 기술의 발전과 밀접한 관련이 있다. 통신수단이나 의료적 혜택을 받지 못했던 기성세대와 통신수단의 발달로 빠른 소통이 가능하고 의료적 혜택으로 소리를 보존할 수 있게 된 젊은 세대와는 서로 소통이 잘 되지 않는 경우도 종종 발생한다. 그러므로 청각장애인의 생애 주기별 교육을 수행하고자 할 때 세대 간의 특성을 고려하여 〈표 11-8〉과 같이 진행하는 것이 바람직하다.

〈표 11-8〉 청각장애인의 생애 주기별 의사소통 방법

구 분	내용
10~20대	2020년 기준 10~20대의 청각장애인은 과학 문명의 발달로 인한 보장구의 혜택을 다양하게 보고 있다. 보청기의 성능 향상과 인공와우 수술이 그것이다. 대부분의 청각장애인은 청인부모에게서 태어나고, 인공와우 수술을 한다. 그래서 이들은 수어를 배우기보다는 조기에 청능훈련과 발성훈련을 통하여 구어 중심의 언어를 사용하여 일반학교에 통합되어 청인학생과 함께 교육을 받는 것이 보편적이다. 구어중심의 언어를 사용하지만 완벽한 의사소통은 어렵다. 이들이 선호하는 교육적 서비스 방법은 문자 통역이나 속기의 지원이다. 속기 서비스를 받기에는 장비와 공간의 제약이 많다. 여러 가지 이유로 이들은 20대가 된 후 뒤늦게 수어를 배우는 경우가 다수 있으며, 이들의 수어는 '한국수어'라기보다 '한글대응식수어' 중심이다.
30~40대	인공와우 수술이 도입된 첫 세대이다. 인공와우 수술 첫 세대는 기술이 현재보다 뒤떨어져 수술효과가 현재보다 낮았다. 이들의 교육환경은 통합교육의 환경과 특수학교의 환경이 공존했다. 그래서 30~40대는 의사소통 수단으로 개인의 특성에 따라 수어와 구어를 함께 사용하거나 선호하는 의사소통 방법을 사용하며, 수어를 사용하는 경우 '한국수어'와 '한글대응식수어'를 적절하게 함께 사용하는 경우가 다수이다.
50~60대	대부분 특수학교를 졸업한 세대이다. 60대 중에서는 교육의 혜택을 받지 못한 무학 농인도 간혹 있다. 이들의 의사소통 수단은 '한국수어'이며, '한글대응식수어'는 잘 이해하지 못하는 경우도 있다. 무학 농인들은 '홈사인'을 주로 사용하기 때문에 기존의 '한국수어'로도 소통하기 어려운 경우도 있다.
70대 이상	특수학교를 다닌 농인도 있지만 무학 농인도 다수 있다. 이들의 의사소통 수단은 완벽한 '한국수어'이거나 '홈사인'이다.

4 청각장애학생 의사소통교육

청각장애학생의 의사소통 양식에 대한 과거의 전통적인 교육은 듣기의 어려움을 강조하면서, 구어법과 수어법의 대립구도를 놓고 많은 논쟁을 가졌었다. 그러나 현재는 토탈 커뮤니케이션의 접근에 이어서 이중언어-이중문화 접근을 통한 청각장애학생 교육에서 가장 중요한 이슈를 의사소통 능력의 향상에 초점을 맞추고 지향하고 있다는 점이다.

이중언어-이중문화 접근(bilingual-bicultural method)이란 청각장애학생이 청각장애인의 언어와 일반언어, 그리고 청각장애인의 문화와 일반 문화를 모두 습득하도록 해야 한다는 것이다(Turnbull et al., 2009)

TIP - 청각장애학생의 의사소통 교육을 어떻게 할 것인가?

▶ 다른 사람이 말을 할 때: 보고, 듣고, 이해해야 하고

▶ 다른 사람에게 말을 할 때 : 정확한 발음으로 표현

1. 구어 및 청각적 교육법

구어와 청각적 교육을 강조하는 접근법에서는 청각장애학생이 청인학생 세계에서 기능하기를 원한다. 학생이 잔존청력을 최대한 활용하고, 구어를 명료하게 사용할 수 있도록 하는 목표를 달성하기 위해서는 청능훈련, 보청기 및 인공와우 사용, 발성 · 발어훈련, 독화훈련 등과 같은 훈련이 필요하다.

◆청능훈련: 단계별로 계획된 프로그램으로 잔존청력을 최대한 활용할 수 있는 잠재능력을 향상시켜 보다 잘 들을 수 있도록 교육하는 과정이다〈표 11-9〉.

〈표 11-9〉 청능훈련 프로그램

단 계	내용
탐 지 (감 지)	• 주제 : 환경음과 말소리 탐지하기 • 제시 : 장난감 소리, 청소기 소리, TV소리, 의성어, 노래 소리, 호명 • 지도 : 특정한 소리가 나면 자리에서 일어나 음원을 찾아가도록 한다.
변 별	• 주제 : 다양한 소리를 듣고 음원 찾아 변별하기 • 제시 : 수돗물 소리와 청소기 소리, 강아지 짖는 소리와 고양이 소리. 아버지와 어머니 말소리, 사람의 웃는 소리와 우는 소리 등
패터닝	• 주제 : 빠른 음악과 느린 음악 변별하여 걷기 동작을 사용하여 표현하기 높은 소리, 낮은 소리 변별하여 손동작을 사용하여 표현하기 • 제시 : 음악의 속도와 높낮이를 변별할 수 있는 동요를 선정하여 들려주기 • 지도 : 음악 속도에 맞추어 걷기 동작 표현, 높낮이에 대하여 손동작 표현
확 인	• 주제 : 환경음(그림), 말소리(음절수가 다른 단어) 듣고 찾아 확인하기 말소리(구나 문장의 길이가 다른 내용) 듣고 찾아 확인하기 등 • 제시 : 초인종 소리, TV소리, 음절수가 다른 단어 또는 길이가 다른 문장 • 지도 : 환경음 그림에서 찾기, 음절수 또는 문장의 길이가 다른 것을 찾기
이 해	• 주제 : 상황중심의 대화 및 들려주는 이야기를 듣고 이해하기 • 제시 : 색연필, 크레파스, 가위, 이야기 책 등 • 지도 : "파란색 크레파스 주세요", "가위로 동그라미 모양 오려요", "이야기 속 주인공이 어디에서 무엇을 보았나요?" 등

2. 최근의 청능훈련 프로그램

◆ 발성 · 발어훈련

사람의 음성은 폐에서 나온 공기를 성대로 보내고, 성대의 진동으로 만들어진 후 원음은 인두강, 구강, 비강, 그리고 입술강에서의 공명을 통해 비로소 확대된 말이 된다(김일명 외, 2013). 이러한 음성 산출의 매커니즘 이해를 통하여 발성 감각훈련을 한다.

호흡훈련 ▶조음기관훈련 ▶시각훈련 ▶촉각훈련 ▶ 청능훈련

말(Specch) 산출과정: 호흡 – 발성 – 공명 – 조음으로 이루어진다.

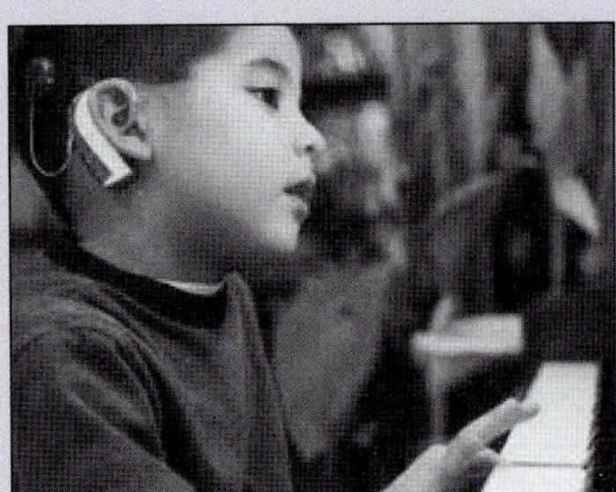

출처:http://blog.naver.com

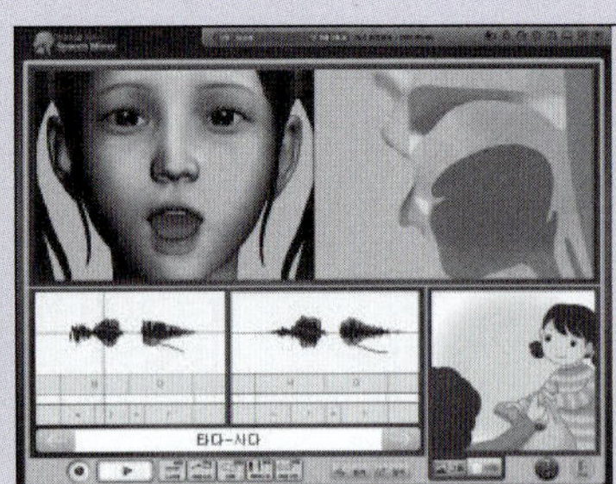

언어발성 프로그램(스피치미러(Pro))

◆ 독화훈련: 말의 시각적인 수용으로 상대방의 입 모양이나 표정을 보고 화자의 사고를 이해하는 기술로 독화과정에 포함할 수 있는 변인으로는 화자의 말소리인 음성단서, 화자의 조음운동에 의해 나타나는 시각단서, 전언에 수반되어 화자에 의해 표현되는 비음성단서(안면표정, 손짓과 몸짓 등), 환경으로 오는 단서를 들을 수 있다(김영욱 외, 2009). 독화는 상대방의 말에 대한 시각적인 수용을 통한 의사소통 양식이므로 청각장애학생과의 대화에서는 말의 속도와 비언어적 정보를 함께 배려해 주어야 한다.

독화 단서의 활용은 독화자의 지적 요인에 포함된 특정 능력과도 관련될 수 있다. 예컨대 어휘력, 언어 이해력, 추리력이 높은 아동은 낮은 아동에 비해 독화과제의 구조적 특성인 통사구조 및 화용적 맥락을 효과적인 독화단서로 더 잘 활용하며, 지각속도, 공간지각력이 높은 아동은 시각단서를 효과적으로 활용할 수 있다.

말하는 사람의 입 모양을 보고 음성언어의 자극을 받아들여 시각으로 언어를 읽는 방법.

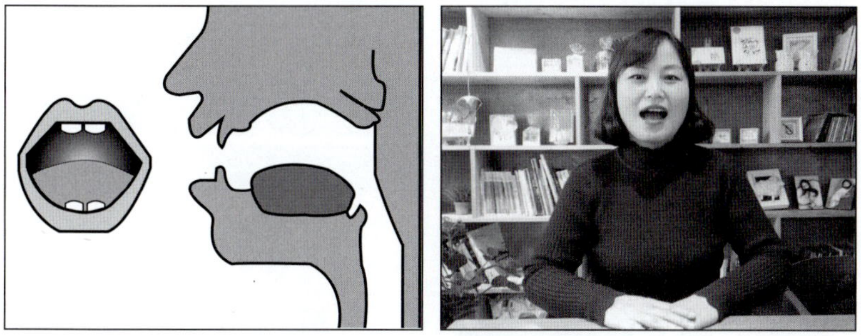

[그림 11-3] 입 모양 /아/ 발음

3. 토탈 커뮤니케이션

청각장애학생과 의사소통할 때 구화법만을 사용한다면, 청력손실이 고도 이상의 청각장애학생은 청각과 말로 정보를 받아들이는 데 한계가 있다. 토탈 커뮤니케이션은 청각장애학생이 의사소통하는 데 이러한 어려움을 덜어주기 위해 개인의 의사소통 요구에 초점을 맞추어 청각, 구화, 수화, 지문자, 쓰기 등의 모든 의사소통 양식을 활용하는 것이다(전헌선 외, 2012).

◆ 수어(sign Language)는 농인 사회에서 사용되는 의사소통 양식으로 비음성 언어이며 규칙 지배적인 시각화된 운동언어 체계이다. 손짓과 몸짓을 사용한다.

◆ 수어를 사용할 때 주의점

① 수어 동작의 범위는 가슴 높이에서 양어깨를 한계점으로 필요에 따라 큰 동작과 작은 동작으로 절도 있게 해야 한다.

② 지문자를 사용할 때는 반드시 오른손을 사용하여 천천히 한 음절씩 또박 또박 해야 한다.

③ 수어를 처음 시작하게 될 때는 상대편의 손동작을 보게 되지만 차츰 수어가 익숙해짐에 따라 상대편의 표정에 초점을 맞추어 대화하게 된다. 수어에 있어서 가장 중요한 점은 상대편에게 자신의 의사전달이 음(音)이 아니고 감정이라는 점을 주의해서 표정에 주력해야 할 것이다.

[그림 11-4] 수어로 표현한 기본 인사말

출처: http://terms.naver.com: 두산백과

◆ 지문자는 손 모양으로 사용하여 시각적으로 구어의 철자와 동일한 형태로 만든 것이며, 수화를 보충하는 것으로 많이 사용되고 있다. 수화 시에 음성언어와 함께 사용되기도 한다(권순우 외, 2023). 한국 지문자는 24개의 한글 자 · 모음으로 구성되어 있다(쌍자음, 복모음 제외).

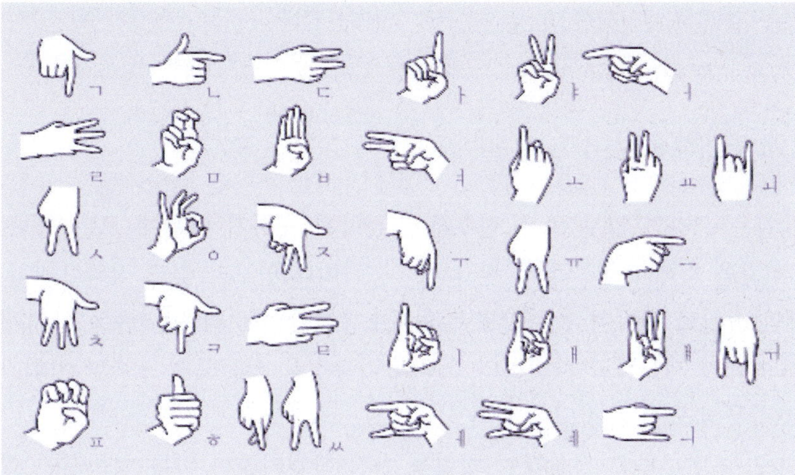

[그림 11-5] 지문자: 자음과 모음

※ 의사소통 전략

① 예기전략: 의사소통 상황을 미리 준비함
② 수정전략: 다양한 사건, 상황, 발화 내용, 형태를 수정함
③ 회복전략: 화자의 구어가 불분명하거나 발화를 잘못 이해하였을 때

5 청각장애학생 한국어 지도

1. 청각장애학생의 한국어 능력 실태

청각장애인은 소리의 일부 또는 전부를 지각하지 못하기 때문에 모든 정보를 시·청각 등의 감각 기관을 통해 수집, 인지, 전달하는 능력이 청인보다 늦고 정확도에서 떨어진다. 특히, 청력의 손실로 인하여 일차적으로 의사소통뿐만 아니라 언어습득의 지체로 사회적 상호작용의 기회가 제한되고 자신들의 요구와 가능성을 적절하게 표현할 기회가 제한되어 사회적 상호작용이 극히 한정되어 있다.

어느 문화권을 막론하고 정상적인 청력을 가진 학생이라면 비록 형식적인 교수가 이루어지지 않는다고 하더라도 자신의 모국어의 문법, 즉 구문 규칙을 습득할 수가 있다. 그러나 언어를 습득하는 기본적인 감각 통로인 청각에 장애를 입은 장애인은 말을 듣지 못하므로 구문 규칙 습득과 발달에 어려움을 겪게 되고, 듣기와 말하기뿐만 아니라 읽기와 쓰기에까지 장애가 점진적으로 심화된다. 또한, 청각장애는 이러한 언어발달을 저해할 뿐만 아니라 정신 발달, 사고 능력, 정서 발달에까지 영향을 미치게 된다. 청각장애학생은 취학 전의 자연적 언어습득은 물론 교육을 받기 시작한 이후의 언어습득에 있어서도 청인과 비교했을 때 떨어지고, 학업 성적 역시 뒤떨어지게 되는 것이다. 따라서 청각장애학생의 언어지도 접근 방법은 수단이나 전략 등이 필요하게 되는 것이다(권순우, 2017).

청각장애학생의 언어 실태를 보면 음운론적 규준에서 청각장애인은 청인에 비해서 그 기능이 매우 낮다고 지적하고 있다. 12개월 된 청인유아가 아무런 훈련이나 교육 없이 습득한 기능만큼 청각장애아동이 기능하기 위해서는 청각장애아동에게도 12개월간의 특별한 교육과 훈련이 필요하다(권순우 외, 2018). 이는 청각장애아동에게도 조기에 다양한 언어 경험을 할 수 있도록 지도하여야 하며, 정상적인 언어습득을 위해서는 장애 정도에 맞는 지도가 필요하다. 청각장애학생이 대부분 초등학교 4학년 수준의 학력에 머무는 학력 고원현상을 보인다고 하였다(Moores, 2006). 이러한 고원현상에 대해 많은 학자들은 수용 및 표현언어의 지체, 고집성, 융통성의 결핍, 자기중심성 등과 같은 부정적인 측면에서 원인을 제시하였다.

청각장애학생의 지능이 청인학생과 큰 차이가 없다 할지라도 청각장애로 인해 음성언어 습득의 지체와 구어를 통한 의사소통 능력의 어려움으로 그들이 가지고 있는 지적 및 인지 능력보다 낮은 학업 성취도를 보인다. 청각장애학생의 낮은 학업성취 능력의 일반적인 원인에 대해 연구자들은 다음과 같이 추정하였다(고은, 2017).

첫째, 청각장애로 인해 언어발달이 지체되면서 수업에서 이루어지는 정보를 받아들이는 데에 제한이 따른다.

둘째, 학업에 대한 부정적 태도, 낮은 자아개념 및 낮은 학업에 대한 성취동기 등은 학업에 부정적인 영향을 미친다.

셋째, 특수교사 및 관련 서비스 전문가들의 지원을 받는다고 할지라도 통합교육 현장에서 청각장애학생은 자신이 가지고 있는 장애의 정도에 적합한 교육적 지원을 받지 못하고 있다.

위에서 언급한 청각장애학생의 낮은 학업성취 능력의 원인 배경을 살펴보면, 청각장애학생을 사회 · 문화적인 맥락에서 다른 언어적 배경이라는 인식보다는 틀린 언어사용자로 인식하는 것이다. 즉, 청각장애학생은 본인의 의지와는 상관없이 보청기 착용과 인공와우 등과 같은 보장구를 착용하고 통합교육을 우선시하며, 수어보다는 구어라는 의사소통 양식에 적응할 것을 요구받게 된다. 이는 프랑스 학생에게 한국어로, 한국 학생에게 프랑스어로 교과교육을 하나, 낮은 학업성취도의 원인을 학생에게 귀속하는 것이다.

한 사례로 농부모를 둔 청각장애학생(Deaf Children of Deaf Parents: DCDP)은 청인부모를 둔 청각장애학생(Deaf Children of Hearing Parents: DCHP)에 비하여 많은 차별성을 보인다. 즉, 심리 · 정서적 안정, 사회성 발달, 학업성취 수준, 대학교 진학, 진로 결정과 사회 · 경제적 지위 등에서 농부모를 둔 청각장애학생은 청인부모를 둔 청각장애학생보다 긍정적인 과정과 결과를 보인다. 또한, 청인부모를 둔 청각장애학생은 부모와 수어로 의사소통하는 경우에는 언어발달 등에서 농부모를 둔 청각장애학생과 유사한 특성을 보이는 것으로 나타났다. 이는 청각장애학생의 낮은 학력 고원현상은 청각장애가 직접적인 원인이 아니라 언어적 의사소통의 상이함이며, 언어적 사고를 할 수 있는 기회 제공의 결핍이라는 구조적인 문제를 제시한다.

한편, 최근에는 청각장애로 어려움을 가지는 영유아에게 인공와우 이식 수술에 대한 건강보험 적용의 지원과 확대 그리고 조기 통합교육을 통하여 대부분의 영유아가 2살 전 · 후의 이른 시기에 인공와우 이식 수술을 받고, 듣고 말하는 능력의 향상을 위한 전문적인 청능재활을 시작한다. 청력손실의 조기 발견과 중재, 보장구 기술의 발전, 인공와우 착용의 긍정적 영향으로 인공와우를 착용한 학생이 전체 청각장애학생 중 2011년 49.9%에서 2014년 63%로 증가하는 추세를 보이고 있다. 이와 더불어 구어 위주의 의사소통을 활용할 수 있는 일반학교로 진학하는 비율이 증가하였는데, '2019 특수교육통계'에 따르면 특수교육 대상 청각장애학생 3,225명 중 절반 이상인 1,772명이 전일제 일반학급(54.9%), 717명이 특수학급(22.2%)에 속하여 77.1%가 통합교육 환경에 배치되어 있고, 나머지

709명의 학생들이 청각장애 특수학교(21.9%)에 재학 중이다(교육부, 2019).

이러한 결과로 취학 전, 듣고 말하는 능력이 많이 향상되어 취학 후 학교생활의 학습에 있어서 듣기를 통한 읽기와 쓰기 등의 학습 능력은 또래 청인학생의 평균 수준을 뛰어넘거나 또는 평균 수준에 미치지 못하는 학습 능력의 차이를 보인다. 다만, 인공와우 이식 수술의 혜택을 받지 못한 전통적인 청각장애학생과의 학습 능력을 비교할 때는 평균적으로 높은 수준을 보인다. 물론, 소수의 기존 청각장애학생은 인공와우를 착용하지 않고도 개인을 둘러싼 생애 주기별 환경 요인에 따른 교육으로 높은 수준의 학습 능력을 나타내기도 한다.

2. 청각장애학생의 한국어 능력 신장 방안

청각장애학생의 학습 지원 방법도 일반교육이라는 넓은 틀에서 바라보아야 한다. 단순히 말하기, 읽기, 쓰기로 영역을 구분하여 각각의 능력을 신장시키는 것이 목표는 아니다. 현재의 상황을 분석 · 판단하여 자신의 의견을 제시하고, 남의 의견도 수용하여 사회에 바르게 적응하도록 하는 것이 청각장애학생의 교육 목표라 할 수 있다.

따라서 청각장애학교에서 학생들을 다년간 가르치면서 그들의 한국어 능력 신장에 도움이 된 학습 지도 방법을 소개하고자 한다(대구대학교, 2019).

첫째, 학습 지도 방법을 총체적으로 접근하고 유기적으로 조직화하여야 한다. 학습 지도 방법이 네트워크화되어 있는 현대사회에서는 지식의 기억과 재생 능력이 뛰어난 학생보다는 학습 내용을 기억하고 재생하는 능력은 부족하더라도 문제 해결을 창의적이고 능동적으로 하는 학생이 더 높이 평가받는다. 모든 지식은 총체적으로 구성되어 있다는 점을 인정한다면 학습 방법 또한 총체적으로 접근하고 이를 유기적으로 조직화하여야 한다(권순우, 2010). 평가교육개혁의 목적 중 하나는 단순 지식 습득이 아니라 이를 스스로 소화하고 유기체화하는 인간으로 육성하는 것이다. 이것은 일반 교육의 주된 개선 방향이기도 하다.

학습 지도 방법을 총체적으로 접근하여 주제 중심의 통합교과를 운영하는 서울 소재의 A 학교에서는 종전에 전통적으로 각 학문 또는 지식의 체계에 따라 분화된 분절 교과 중심으로 학습 경험을 선정하고 조직하던 것에서 탈피하여 전통적 교과 간의 엄격한 울타리를 고려하지 않고 각 교과의 지식이나 경험을 필요한 대로 가져다 재구성하여 학생의 흥미 중심, 문제 중심, 주제 중심으로 통합교과를 운영하여 청각장애학생의 문해 능력 향상에 기여를 하고 있다.

둘째, 청각장애학생에 맞는 다양한 읽기지도 프로그램 개발이 시급하다. 읽기 능력이 갖추어지면 다른 영역, 즉 말하기나 쓰기는 약간의 노력만 더해지면 쉽게 가능해진다. 다양한 장르의 책 읽기를 통해 어휘력이 신장되며, 별도의 문법 지식 없이도 청인이 국어 문법을 습득한 것처럼 청각장애학생의 내면에도 국어 문법이 형성될 것으로 본다. 그러나 흔히 청각장애학교에 근무하는 교사들은 학생들이 기본적으로 읽기를 싫어한다고 지적한다. 많은 교사들이 청각장애학생에게 읽기에 흥미를 갖게 하려고 여러 가지 방법을 시도해 보지만 실패를 경험하고는 이내 포기해 버리는 경우가 종종 있다. 그 방법을 가만히 살펴보면 실패할 수밖에 없는 방법으로 지도를 하지 않았는지 반성해 볼 필요가 있다. 학생의 수준에 맞지 않는 책을 선택하지는 않았는지, 독후감을 강요하여 미리부터 책 읽기에 거부감을 주지는 않았는지, 만화책에 대한 부정적인 인식이 강하지 않았는지 등 다시 한번 그 원인을 찾아보고, 다양한 읽기지도 방법을 구안하여 새롭게 시도해 보아야 할 것이다.

서울에 소재한 A학교에서는 독해력을 향상시키는 가장 좋은 방법은 학생들이 자기 주도적으로 책을 읽을 때임을 알고, 오래전부터 읽기지도 방법을 다양하게 활용해 왔으며, 학생들이 도서실 운영을 활발히 할 수 있도록 모든 조건을 갖추어 놓고 있으며, 도서실 리모델링 작업 과정과 다양한 도서실 운영 활동에 대해 A 학교 교감은 다음과 같이 설명하고 있다.

> 도서실은 청각장애학교에서 가장 기본적이고, 핵심적인 장소라고 생각합니다. 학교가 전체적으로 추구하는 것이 편안한 학교, 정말 즐겁고 행복하고 가고 싶은 학교, 그런 학교를 지향하고 있다는 측면에서 보면 가장 편안하고 즐거워야 할 공간으로서 도서실을 선택했어요. 특히, 우리 학생들은 독해 능력이 중요하니까 책을 어려서부터 가까이하고, 학생들이 책을 많이 읽음으로써 자연스럽게 터득하는 방법이 독해 향상에 가장 좋은 것 같아요. 그래서 어려서부터 책은 베고 잘 수도 있는 것, 그 안에서 놀 수도 있는 것, 숙제를 할 때 자료로 활용할 수 있는 것 등 다양한 것을 한꺼번에 이룰 수 있는 것이라는 겁니다. 집 안에서 이리저리 뒹굴다가 손을 뻗으면 닿을 수 있는 것이 책, 그래서 도서실 바닥이 온돌로 되어 있어요. 그리고 바닥도 강화 마루라고 해서 접착제를 전혀 사용하지 않았기 때문에 상당히 비쌉니다. 학생들의 건강과 자연 친화적 선택을 고려한 것이지요.
>
> 책이 양면으로 들어가고, 책의 배치를 잘했기 때문에 공간 활용이 잘 되어 있습니다. 책은 항상 생활하는 곳에 가까이 있어야 하기 때문에 학교 전체가 이용할 수 있는 중앙 도서관 외에 각층 마다 독서 코너에 학습용 문고를 대량 배치했고, 유치부와 초등부에 4코너, 중등에 2코너, 이렇게 6코너가 학습 공간 안으로 들어갔고, 중앙 도서실은 별도 보존이 되어 있는 곳으로써 현재 1만 6천 권 정도 장서를 갖고 있습니다(A학교 교감 인터뷰 내용 일부 발췌).

이상에서와같이 A 학교의 도서실 운영에 심혈을 기울이고 있다는 것을 한눈에 알 수 있다. 다양한 장르의 책을 읽고, 이를 서로 융합시켜 새로운 지식 체계를 각자가 구성해 나가기 위해서는 어릴 때부터 책 읽는 습관을 들여 시간이 날 때마다 책을 보아야 한다.

오늘날 지식의 내용이 급속히 변화하고, 그 수량이 급속히 증가하여 교사나 교과서가 다 같이 지식 전달 능력의 한계에 다다르고 도서관의 잠재적 역할에 점차 기대를 거는 현대 학교의 상황 속에서 도서관의 기능은 더욱 다양해지고 중요시되고 있다. 학습자를 학습의 수동적 대상으로서가 아니라 능동적인 주체로 인식하고, 개인차를 중시하며, 교육자료에 있어서는 학교 교육뿐만 아니라 학습자 개인 수준에 적합한 내용을 가르치도록 하는 교육 체제의 변화와 이용자 범위 등에 따라 여러 가지 기능을 수행하여야 한다(조수경, 2003).

이와 같이 청각장애학생들의 한국어 능력 신장 방안으로 모든 청각장애학교에서 다양한 책 읽기를 통한 독해력 향상과 도서실 활용을 적극적으로 추진한다면 좋은 성과를 기대할 수 있을 것이다.

셋째, 실제 경험의 기회를 늘려야 한다. 학생이 언어를 이해하게 되는 것은 미리 잘 짜인 커리큘럼에 따른 언어중재에 의해서라기보다는 실제로 대화에 참여하고, 주변에 있는 언어와 관련된 사물을 직접 사용하고, 경험의 기회를 늘려 의미를 담은 언어적 형식을 이미 가지고 있는 내재적 지식과 연결시켜 나가는 과정을 통하여 이루어지는 것이라고 하였다(Newman, 1985). 이와 같이 현장학습이 언어 경험 차원에서 더욱 확대되어야 하며, 이에 대한 다양한 지원이 이루어져야 한다. 그리고 박물관이나 유적지, 행정관서 견학 등 시작부터 끝까지 교사가 주도하는 형태만이 현장학습이라는 생각을 바꾸어야 한다. 따라서 교사는 일정한 틀을 제시하기만 하고 학생이 대부분의 계획을 짜며, 그저 보고 설명을 듣기만 하는 것이 아니라 실제로 체험하는 학습 등 새로운 형태의 현장학습을 개발하여야 한다.

넷째, 문제 해결을 위한 다양한 매체 자료를 활용하여 다 매체적 접근이 이루어져야 한다. 현대는 정보사회다. 그 특성상 주위에 활용할 수 있는 자료는 무척 많다. 반드시 교과서나 책만이 자료가 되는 것은 아니다. 인터넷을 포함하여 요즘 많이 활용하고 있는 신문이나 TV, 컴퓨터, 비디오, 만화책, 잡지, 광고지 등 시각적으로 접할 수 있는 자료는 무한정 많이 있다. 예를 들어, 대사가 없는 만화를 본인의 상상력에 맞게 대사를 한 번 만들어 본다든지, 본인이 신문기자가 되어 제목을 정해 본다든지, 인터넷에서 지식 검색하는 것을 생활화할 수 있도록 권장한다든지, 이러한 것들이 현대를 살아가는 우리 아이들에게 흥미를 유발시키는 또 다른 언어교육이 될 것이다.

다섯째, 청각장애학생의 특성 및 수준을 고려하여 수업 내용을 재구성해야 한다. 수업 내용을 청각장애학생의 수준에 맞게 대폭적인 수정이 불가피하다. 독해능력이 초등학교 수준에 머물러 있는 학생을 대상으로 중등 교과서의 내용을 쉽게 재편성하여 가르친다고 해도 한계가 있는 것이다. 따라서 교과 내용뿐만 아니라 단위학교별 특성과 학생의 수준에 맞게 학교중심 교육과정을 전면적으로 시행해야 한다.

여섯째, 교사는 수업 시 열정적이고 활기찬 수업이 될 수 있도록 철저히 준비하고 학생의 작은 변화에 민감한 반응을 보여야 한다. 교사는 학생 개인별 눈 맞추기, 교사의 목소리 변화, 다양한 동작 등을 통해 활기찬 수업 분위기로 이끌 수 있다.

열정적인 교사의 수업, 목소리의 변화, 제스처, 눈 맞춤, 수업 내용에 따른 동작의 섬세한 부분이 필요하다. 이러한 각각의 행동을 어느 쪽에 치우치지 않으면서 적절히 구사하게 되면 이러한 행동들이 합쳐지면서 학생에게 주의 집중, 적극성, 내용 이해 등의 모습으로 나타나게 된다. 열정과 관련 있는 행동들을 일관성 있게 통합하는 능력과 시의 적절성은 교사가 하는 영향력 있는 몇 마디의 말만큼이나 중요한 역할을 한다. 또한, 학생들의 작은 변화에 대한 교사의 반응(칭찬과 격려)이 그들의 잠재능력을 극대화시켜 문해 능력 향상에 긍정적인 영향을 미칠 수 있다.

이 밖에도 청각장애학생의 학습 지도 전략은 무수히 많겠지만 가장 중요한 것은 학생 개개인의 특성에 맞게 교육 내용을 재편성하고 재미있고 유익한 수업이 되게 한다면 그들은 수업 시간에 적극적인 활동을 보여줄 것이다.

유치부부터 고등부까지 15년 이상 학교 교육을 받고 사회에 첫발을 내딛은 청각장애학생과 장애인 특례 입학으로 대학 진학을 한 학생 중 많은 수의 학생이 언어 이해 능력과 이를 통해 상황을 분석 · 판단하는 능력 부족으로 인해 여러 부적응을 보인다. 그리하여 문자로 제시된 지시 상황조차 이해하지 못해 어려움을 겪는 경우를 종종 볼 수 있다. 이 문제가 개선되지 않는다면 청각장애학생의 진정한 사회통합은 요원하다.

따라서 여러 어려움이 따르겠지만 청각장애 교육은 단순 문법 지식이나 언어 기능보다는 전인적 관점에서 확산적 사고를 통해 상황을 올바르게 판단 · 분석하고 이에 적절히 언어나 행동으로 대처할 수 있는 살아있는 교육을 해야 한다. 또한, 청각장애학생의 학습 지도 전략이 많겠지만 가장 중요한 것은 학생의 수준과 특성에 따라 수준별 및 개별화 수업에 충실을 기하고 학생의 머리에 쓸어 넣는 교육이 아닌 학생의 잠재된 능력을 충분히 끌어낼 수 있도록 외부 환경을 만들어 주는 것이 중요하다.

체크 포인트: 임용시험 출제(2023) 확인 마무리

다음은 청각장애학생 A의 청능평가 결과를 바탕으로 두 교사가 나눈 대화의 일부이다. 밑줄 친 ㉠의 종류와 괄호 안의 ㉡에 해당하는 음의 강도(dB) 범위를 순서대로 쓰시오. (단, 음의 강도는 1.8m의 거리에서 대화할 경우를 기준으로 할 것.) [2점]

> 통합교사: 학생 A의 어머니가 청력검사 결과지를 보여주시면서, 학생 A가 일상생활에서 들을 수 있는 듣기 수준을 알 수 있다고 하셨어요. 어떤 검사인가요?
>
> 특수교사: 어음명료도 검사입니다. 가장 듣기 편안한 소리 강도로 제시된 말소리를 얼마나 정확히 이해하는지 측정하는 검사로, ㉠ 검사음이 들릴 때마다 소리 내어 따라 말하거나 소리 나는 대로 종이에 쓰는 검사입니다.
>
> … (중략) …
>
> 통합교사: 그럼, 말소리를 사용해서 듣기 수준을 알 수 있는 다른 검사도 있나요?
>
> 특수교사: 네, 말소리를 사용하는 검사 중에는 모든 말소리를 검사하는 대신에 6개의 말소리만을 가지고 주파수 대역의 청취능력을 알 수 있는 링(D. Ling)의 6개음 검사를 많이 사용합니다.
>
> 통합교사: 6개의 음이 무엇인가요?
>
> 특수교사: 6개의 말소리 /i/, /u/, /a/, /ʃ/, /s/, /m/으로, 일반적으로 '약 250~8,000Hz 사이의 주파수 대역'과 '약 (㉡) dB 사이의 강도'에 분포하는 대표적인 말소리입니다.

체크 포인트: 중등 임용시험 출제(2019년) 확인 마무리

(가)는 ○○ 중학교에 재학 중인 청각장애학생 G의 정보이고, (나)는 일반교사와 특수교사의 대화 내용 일부이다. 〈작성방법〉에 따라 서술하시오. [4점]

(가) 학생 G의 정보

- 부모 모두 농인이며, 수어를 1차 언어로 사용함
- 수어통역사를 배치하여 수업을 진행함

(나) 대화 내용

일반교사: 학생 G는 수어통역 지원으로 수업을 잘 받고 있어요.
선생님께서 지난번에 읽기와 쓰기 지도도 중요하다고 하셨지요?
특수교사: 네. 수어를 1차 언어로 하고, 읽기나 쓰기를 위한 한국어를 2차 언어로 가르치는 이중언어접근법으로 지도하고 있어요. 학교에서 이중언어접근법을 강조하는 이유는 학생 G의 (㉠)을/를 목표로 하기 때문이지요.

(… 중략 …)

일반교사: 수어에서도 음성언어의 고저나 장단 같은 초분절음의 역할을 하는 특성이 있나요?
특수교사: (㉡)이/가 음성언어의 초분절음과 같은 역할을 합니다.
일반교사: 수업 시간에 활용할 수 있는 수어 하나 알려 주시겠어요?
특수교사: 이 수어를 알고 있으면 좋을 것 같아요.

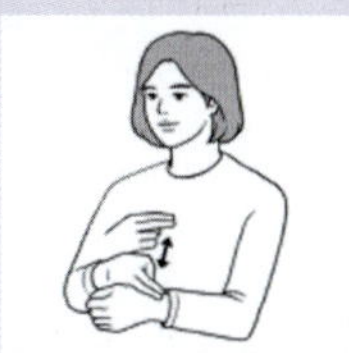

(㉢)

※ 수형 설명: 오른 주먹의 1 · 2지를 펴서 2지 옆면으로 모로 세운 왼 주먹의 손목을 두 번 두드린다.

〈작성방법〉

- 괄호 안의 ㉠에 해당하는 내용을 1가지 서술할 것
- 괄호 안의 ㉡에 해당하는 용어를 쓰고, ㉡이 가지는 수어에서의 기능을 1가지 서술할 것 (단, (나)에서 제시한 내용은 제외할 것.)
- 괄호 안의 ㉢에 해당하는 수어의 의미를 쓸 것

Chapter 12

중도 · 중복장애학생 의사소통지도

학·습·목·표

1. 중도 · 중복장애학생을 이해할 수 있다.
2. 보완대체의사소통의 개념에 대하여 이해할 수 있다.
3. 보안대체의사소통의 평가와 지도방법에 대하여 알 수 있다.

1 보완대체의사소통의 개요

본 장에서는 중도 · 중복장애에 대한 이해를 바탕으로 장애를 나타내는 학생을 위한 보완대체의사소통의 종류와 적용방법에 대하여 알아보고자 한다.

1. 중도 · 중복장애학생의 의사소통 문제

뇌성마비와 같은 많은 중도 · 중복장애학생은 말을 할 수 없거나 단어와 문장을 명료하게 발음하는 데 필요한 구강운동 조절이 어렵다. 이로 인해 의사소통에 어려움을 보이며, 주로 표정, 몸짓, 주시하기, 지적하기 등의 비상징적인 의사소통방법을 사용하는 경우가 많다(Siegel & Wetherby, 2000).

국내 지체장애학교 재학생 70% 이상은 언어 및 말에 대한 체계를 갖지 못하고, 자신의 의사표현을 하지 못하는 중도 · 중복장애학생이다. 주로 중도 · 중복 뇌성마비학생으로 구성된 국내 지체장애 특수학교에서 학생과의 의사소통은 스무고개 질문법, OX 카드 이용법, 눈과 표정 읽기 등으로 의사소통을 하지만 자주 오류가 발생하고 많은 시간이 소요된다. 반복되는 의사소통의 오류는 장애학생의 욕구 좌절과 부적응행동으로 발전하기도 한다(조두년 외, 2004).

이러한 비전형적인 의사소통 양식은 대화 상대자가 잘 이해하지 못하거나 익숙하지 않으면 의사소통이 원활히 이루어지지 않을 수 있어서 사회적 상호작용에 제한을 가져오게 된다. 그뿐만 아니라 언어 능력을 이용한 학습에 어려움은 물론 의사소통 과정에서의 좌절과 동기의 결여 등으로 이어져 사회 심리 · 정서적 발달에서도 어려움을 가져올 수 있다. 이러한 중도 · 중복장애학생의 특성은 일찍이 교육의 어려움으로 꼽혀 왔다. 중도장애학생을 가르치는 특수교사들을 대상으로 조사한 결과, 중도장애학생의 교육에 있어서 가장 어려운 점으로 다수가 의사소통 능력의 부족과 학생들의 낮은 학업 능력을 꼽았다고 보고하였다(박은혜, 박순희, 2001). 중도 · 중복장애학생의 의사소통 문제는 학습은 물론이고 사회적 능력에의 어려움으로 귀결될 수 있으므로 이들의 의사소통 능력 향상을 위한 방법의 하나로 보완대체의사소통(Augmentative and Alternative Communication: AAC) 체계의 적용이 강조되어 왔다.

의사소통장애가 있는 많은 중도 · 중복장애학생은 흔히 참기 어려운 좌절감에 빠지게 되고, 짜증과 물어뜯고 때리거나 자기학대 등의 문제행동을 보인다.

의사소통 좌절과 도발적 행위 사이의 관계는 지속해서 연구됐고, 이러한 도발적 행위를 대신할 기능적 의사소통 기술을 가르치는 전략이 필요하다.

2. 보완대체의사소통의 정의

보완의사소통(augmentative communication)은 '보완'이라는 단어가 갖는 '첨가'라는 의미대로 어느 정도 소리를 낼 수 있거나 발음이 정확하지는 않아 가족이나 가까운 사람만이 말을 알아들을 수 있는 사람을 대상으로 몸짓, 안면 표정, 컴퓨터 보조도구와 같은 의사소통 도구가 보완 및 첨가되어 이루어지는 의사소통이다. 대체 의사소통(alternative communication)은 소리를 낼 수 없거나 말 대신에 다른 의사소통 도구를 사용해야 하는 사람을 대상으로 말 대신에 그림이나 글자를 지적하거나 컴퓨터를 이용한 다른 의사소통 도구를 사용하여 이루어지는 의사소통이다(정해동 외, 1999). 보완의사소통과 대체의사소통을 합하여 사용하는 보완대체의사소통(Augmentative and Alternative Communication: AAC)은 말하기 또는 쓰기를 통해 자신의 의사소통 요구를 표현할 수 없는 사람들을 돕는 다양한 전략 및 방법을 통칭한다(Lloyd, Quist, & Windor, 1990). 이는 의사소통을 하기 위해 자신의 말이나 발성 외의 다른 보조적인 도구 및 방법을 사용하여 이루어지는 것을 의미한다(Quill, 1995), 보완대체의사소통에는 몸짓, 다양한 수어체계, 그림의사소통판, 상징체계, 전자 의사소통 보조도구가 포함된다. 결론적으로 AAC란 모든 상황에서 독립적으로 의사소통을 할 수 없는 사람들의 의사소통을 지원해 주고, 향상시킬 수 있도록 계획된 모든 접근 방법이라 할 수 있다(표 12-1).

〈표 12-1〉 보완대체의사소통(AAC)의 정의

정의	내용
보완(augment)	말이 많이 늦거나 언어치료를 받아도 조음이 부정확하여 AAC를 병용하는 경우는 보완적인 경우
보완의사소통	약간의 의사소통 기술을 가진 사람들을 위해 의사소통 과정을 보충 · 향상 · 지원하기 위하여 사용하는 것
대체(alternative)	성대 수술이나 조음기관의 마비로 인해 발음할 수 없는 경우에는 대체적인 의사소통의 경우
대체의사소통	말 대신에 다른 의사소통 도구를 사용하는 것

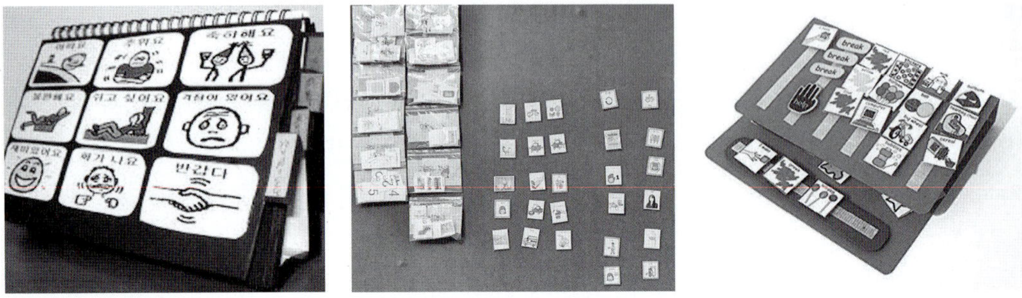

[그림 12-1] 그림교환 의사소통체계의 예시

그림교환 의사소통체계(PECS)에서처럼, 그림(사진)카드를 상징으로 하고, 의사소통책의 형태로 상징을 모아 두는(보조도구) 상대적으로 낮은 수준의 테크놀로지를 적용하는 경우도 있다(테크놀로지 수준이 낮다고, 효과성이나 활용도가 꼭 낮은 것은 절대 아님, 상황이나 학습자 특성에 따라 적절한 상징이나 도구가 달라짐).

[그림 12-2] 컴퓨터 접근 의사소통체계의 예시

AAC 시스템은 의사소통을 위해 다양한 요소와 방식을 사용하고, 상징은 AAC 시스템에 포함되는 다양한 방식 중 하나로서 수어나 표정같이 도구를 사용하지 않는 형태와 실물, 선화, 그림 같이 도구를 사용하는 형태일 수도 있다. 도구는 메시지를 주고받기 위해 사용하는 전자적 또는 비전자적 기기(장치)를 말하며, 기법은 메시지의 전달을 위한 접근 방법이다. 그리고 전략은 메시지를 가장 효과적으로 전달하기 위한 방식으로, 메시지의 타이밍 증진과 문법적 구성 촉진, 의사소통의 속도 증진을 목적으로 한다(ASHA, 1991).

다양한 활동에서 기능적 AAC 사용 훈련은 의사소통 능력을 향상해 주위 환경과의 상호작용과 활동 참여, 그리고 다른 사람들과의 긍정적인 관계를 형성시켜 줄 수 있다(Kaiser, 1995; Lanigan, 1994; Watson, 1995). 국내에서 진행된 많은 연구 결과에서도 보완대체의사소통은 중증 뇌성마비학생의 상징을 이용한 표현 방법의 습득과 상호작용 기술의 습득, 기능의 다양성, 주도적 의사소통 역할의 습득, 그리고 의사소통 성공률 등을 향상하는 것으로 알려져 있다(한경임, 1998).

보완대체의사소통은 수업 관련 의사소통에도 긍정적인 영향을 미친다. 중증 뇌성마비학생에게 의사소통판 사용 훈련이 수업 관련 의사소통 행동 습득과 일반화에 효과적이며, 수업 내용에 맞게 구성한 문자 의사소통판 역시 적극적인 수업 참여에 도움이 된다(표윤희, 박은혜, 2002).

2 보완대체의사소통의 구성요소

AAC 시스템은 의사소통을 위해 다양한 요소나 방식을 사용지만 〈표 12-2〉와 같이 크게 상징, 보조기기, 기술, 전략의 네 가지 주요 구성요소로 이루어진다(ASHA, 1991).

〈표 12-2〉 AAC의 구성요소

구성요소	내용
상징	일반적인 구어(말)가 아닌 간단한 수어나 제스처, 그림이나 사진 등과 같은 아이콘을 말한다.
보조기기	상징체계를 담기 위해 제작된 물리적인 기기를 말하며 직접 제작하는 그림판이나 전자 의사소통 기기 등을 포함한다.
기술	자기의 의견을 표현하는 방법. 크게 직접 선택(direct selection)과 스캐닝(scanning) 방법을 말한다.
전략	의사소통 기술을 향상하기 위해 보조공학 기기나 상징, 테크닉을 보다 효과적으로 사용하는 방법을 말한다.

1. 상징

상징은 무언가를 나타내거나 대표하는 것이다. 상징은 수어처럼 손 모양을 통해 만들어질 수 있고 문어와 같이 문자로 표현되기도 한다.

상징체계는 표정이나 제스처, 음성, 몸짓, 수어 등 특별한 도구가 필요하지 않은 비도구적 상징과 〈표 12-3〉과 같이 실물, 모형, 그림, 선화, 사진 등의 도구적 상징이 있다(박은혜, 김정연, 2010). 상징은 단어 같은 추상적인 상징에서부터 실물과 같이 구체적인 상징까지 다양하며, AAC를 위한 상징 선택은 학생의 운동 기술과 언어발달, 인지 수준 등을 고려하여 구체적인 것에서부터 추상적인 것까지 쉽고 간단한 것에서부터 복잡하고 어려운 것까지 체계적으로 사용해야 한다(Angelo, 1997).

〈표 12-3〉 도구적 상징

상징	내용
실물	의사소통 중재 초기에 물체 확인에 대한 도움이 필요할 때 사용하며, 학생이 장애가 심하면 구체적인 실물을 사용하고 사용이 익숙해지면 상징체계를 좀 더 발전시켜 추상적이고 융통성 있는 의사소통 체계를 사용할 수 있도록 만질 수 있는 실물 상징의 수는 점차 줄여 나간다.
모형	실물보다는 작은 크기인 축소형 사물을 말하며, 물체를 작게 복제한 것으로 물체에 대한 사진이나 그림을 해석할 수 없는 학생이나 시각장애를 동반한 학생, 그리고 실물이나 모형을 통해 촉각적인 피드백이 필요한 학생에게 사용한다.
사진	사진은 물체, 동사, 사람, 장소와 활동을 묘사하기 위해 사용하고, 질이 좋은 흑백사진이나 컬러사진을 사용한다. 장애가 심할수록 선화보다는 흑백사진, 흑백사진보다는 컬러사진을 사용하는 것이 효과적이다.
선화	선화는 색칠하지 않고 선으로만 그린 그림이다. 그림은 의사소통 도구로 가장 보편적으로 사용하는 상징체계이며, 그림이나 사진, 글자 등을 이용한 상징을 그림의사소통상징(Picture Communication Symbol: PCS)이라 한다.
철자법	철자법을 이용한 AAC는 종이와 연필 같은 로우테크부터 컴퓨터 및 전용 AAC 기기에 이르기까지 다양하다. 일부 AAC 사용자는 문자를 사용할 수 있고, 상징으로 텍스트 기반 시스템을 선호한다. 철자법의 장점은 모든 아이디어나 생각을 표현할 수 있지만 중도 · 중복장애학생이 전체 문장을 철자로 쓰는 것은 상당한 시간이 소요되므로 자연스러운 대화에 적합하지 않다.

도구적 상징 중에서도 특히 선화는 말 그대로 색칠을 하지 않고 선으로만 그린 그림으로 의사소통도구로 가장 보편적으로 사용하는 상징체계(정해동 외, 1999)이며, 그림이나 사진, 글자 등을 이용한 상징을 그림의사소통상징(Picture Communication Symbol, PCS)이라 한다. 사진보다 그림 상징을 사용하는 것이 향후 어휘 확장이나 일반화에도 도움이 된다. 그러나 그림을 이해하기 위해서는 어느 정도의 인지능력이 필요하므로 인지능력이 낮으면 이해하지 못하는 경우도 있으며, 사진보다 선화를 이해하기가 더 어렵다(MeNaughton & Light, 1989).

1) 그림의사소통 상징

PCS 중 대표적인 것이 선화를 기반으로 해서 광범위하게 사용되고 있는 보드메이커(Boardmaker) 프로그램이다(표 12-4). 보드메이커는 흑백 또는 컬러 PCS로 구성된 의사소통 디스플레이들을 한국어, 일본어, 러시아어, 베트남어 등 24개 언어로 제공받을 수 있다. 또한, 500개 이상의 동사 PCS가 만화 영화화되어 컬러로 이용 가능하다(박현주, 2008). PCS와 리버스 상징은 명사, 동사, 수식어에 있어 다른 것보다 명료하다(Beukelman & Mirenda, 1998).

〈표 12-4〉 보드메이커 상징

보드메이커 심벌	일반적 의미	의미의 명료도
	아이스크림	투명
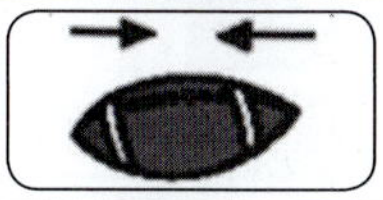	풋볼 경기	반투명
	다시 말해 주세요.	불투명
	풋볼	투명

출처: 정동훈(2019). 특수교육보조공학.

2) 리버스 심벌

리버스 심벌(Rebus)은 북미지역에서 비장애 유아의 읽기교육을 위해 개발된 것이 AAC 상징체계로 확장되었으며, 시각적으로나 명목상으로 낱말 또는 음절을 나타내는 그림이다(그림 12-3). 읽기 지도를 위해 Woodcock(1968)가 고안한 것으로 의사소통과 언어발달을 지원하기 위한 의사소통 상징체계로 활용되고 있다. 리버스 심벌은 픽 심벌(Picsyms)과 함께 상징세계의 투명도가 높고, 블리스 심벌과 비교해도 투명도나 학습 용이도가 높다(박은혜, 김정연, 2004; Burroughs et al., 1990).

3) 다이나 심벌

다이나 심벌(DynaSyms)은 전용 의사소통 도구인 Dynamo와 DynaVox 4 시리즈에서 이용할 수 있는 3,000개 이상의 상징으로 이루어진 것이다. 1,000개의 흑백 상징과 1,700개의 컬러 상징을 담고 있는 책에서 자르고 붙이거나 스티커 형식으로 사용할 수 있다. 다이나 심벌 각각의 상징 위에는 해당 내용이 문자로 인쇄되어 있다(박현주, 2008).

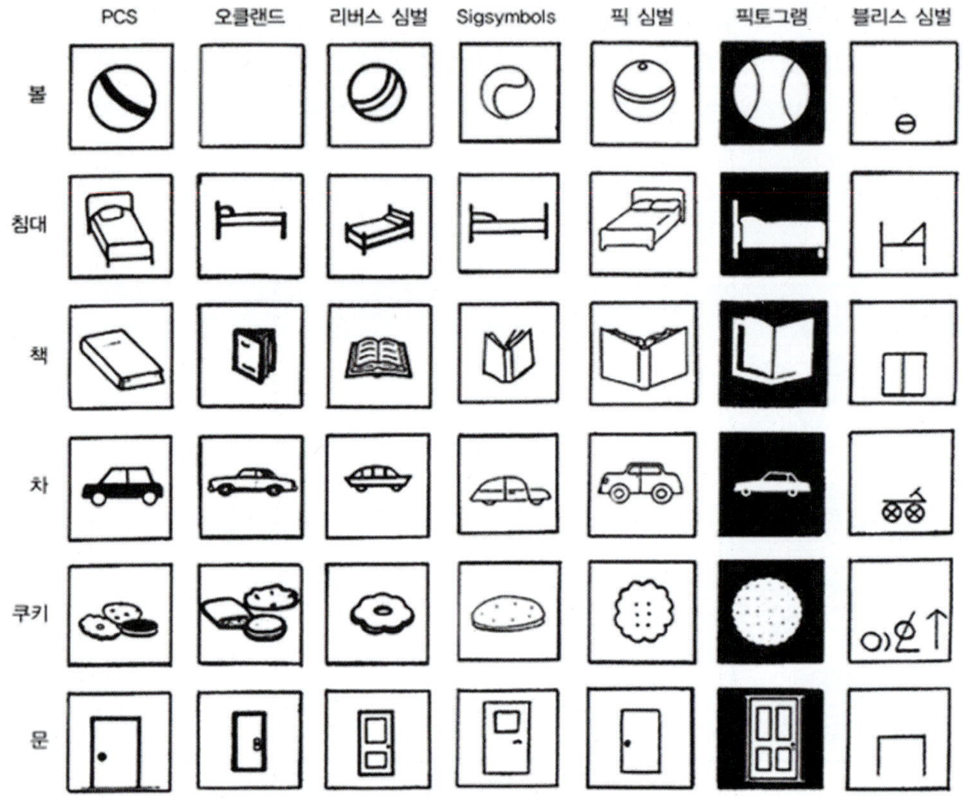

[그림 12-3] 의미에 따른 상징의 예

출처: 권혁철 외(2004).

4) 픽 심벌

픽 심벌(Picsyms)은 초기에 언어장애 유아를 대상으로 개발되었으며, 핵심체계는 880개의 선화로 구성되어 상징사전에 포함된 생성 규칙에 따라 새로운 상징을 만들 수 있다. 즉, 이미 기존에 사용되는 상징과 사용자가 그린 상징을 결합함으로써 다른 상징 세트보다 사용자에게 잘 맞는다. 픽 심벌은 PCS나 리버스 심벌보다 투명도나 학습 용이성 면에서 더 쉽다(Angelo, 1997; Mizuko & Reichile, 1989).

5) 픽토그램

캐나다에서 개발된 픽토그램(pictogram)은 흑백 상징으로 구성되어 전경과 배경 구분의 어려움을 줄여 준다. Mustonen 등(1991)은 흔히 사용되는 흰 바탕 위에 검정 그림보다 검정 바탕 위의 그림이 반드시 시각적으로 더 명확한 것은 아니라고 하였다. 일반 성인을 대상으로 한 연구에서는 픽토그램 상징이 PCS와 리버스 상징보다는 반투명도가 낮지만, 블리스 심벌보다는 반투명도가 더 높은 것으로 나타났다(Bloomberg et al., 1990).

6) 블리스 심벌

블리스 심벌(Blis symbols)은 Charles Riss가 1949년에 처음 만들고 1965년에 개정한 것이다. 원래 의사소통 장애인을 위해 만든 것이 아니고 국제적인 문자 의사소통의 보조언어로 개발하였다(권혁철 외, 2004). 약 100개의 기본적인 상징을 독자적으로 사용하거나 다른 상징과 결합하여 사용할 수 있고, 최근에는 3,000개 이상의 상징으로 확장되었다(박현주, 2008).

블리스 심벌은 음성에 기초를 두지 않고 의미에 기초를 둔 체계이므로 그림보다 조직적이고 글자보다 간편하여 읽기 능력이 꼭 필요하지는 않다. 사용자가 간단하고 구체적인 사물을 확인하고 요구할 수 있을 뿐만 아니라 생각하고 질문하고 의사표현을 할 수 있어 국제적으로 많은 지체장애인이 사용하게 되었다(정해동 외, 1999).

상징을 결합하는 원리를 따르고 전략을 활용하면 의사소통판에 없는 생각을 표현할 수 있고, 읽기와 쓰기를 포함한 다른 기법과 함께 사용할 수 있기 때문에 여전히 AAC 분야에서 널리 사용되고 있다(Vanderheiden & Lloyd, 1986). 그러나 블리스 심벌은 투명도가 가장 낮고 배우기 어려우며 기억하기도 어렵다(Bloomberg et al., 1990; Blake Huer, 2000).

7) 민스피크

민스피크(Minspeak)는 그림 언어체계로 많은 단어를 표현하기 위해 개발된 아이콘 조합 코딩 시스템이다. Prentke Romich 사의 AAC 기기에서 사용되는 유니티(Unity) 시스템도 민스피크의 기본 형태를 따른다. 단일 단어를 표현하기 위해 아이콘 하나를 선택할 수 있고, 같은 아이콘을 사용하여 간단한 구와 문장을 쉽게 만들 수 있다.

2. 보조기기

보조기기를 사용하는 방법은 메시지를 전달할 외부장치를 사용하며, 휴대의 불편함이 있지만 수어와 달리 대부분의 의사소통 상대자가 쉽게 이해할 수 있는 장점이 있다. 보조도구를 사용하는 방법은 로우테크, 미드테크, 하이테크 또는 이들 세 가지를 조합한 방법에 기초하지만, 자신의 의견을 표현할 수 있는 개인적 접근법이 필수적으로 포함된다(Glennen, 1997).

1) 의사소통판

로우테크의 하나인 의사소통판은 주변에서 쉽게 구할 수 있는 재료로 큰 비용을 들이지 않고 제작할 수 있다. 보통 AAC 훈련의 초기단계나 제한된 어휘를 필요로 할 때 사용할 수 있으며, 가장 간단한 형태가 '예/아니요' 선택 세트이다. 의사소통 훈련을 시작하거나 제한된 어휘가 필요할 경우 제작과 휴대가 간편하고 이용이 편리한 단면 의사소통판이 사용된다(그림 12-4). 사용하는 어휘 수가 많으면 의사소통책이나 다면 의사소통판 등 크기와 주제별로 제작하여 사용하기도 한다(Calculator, 1997).

의사소통판을 사용함에 있어서 몇 가지 고려할 점이 있다. AAC 체계를 적용할 때에는 사용자들의 인지 기능, 언어발달, 신체 기능 등을 고려해야 하는데, 특히 의사소통판은 신체적으로 활용할 수 있도록 사용자의 신체 특성을 고려해야 한다. 의사소통판을 구성하는 개별 상징은 사용자의 시력, 운동능력, 상징의 유형과 필요한 문항의 수와 문항 간의 간격, 의사소통판의 휴대성 여부, 개인의 신체적 잔존 능력 여부에 따라 크기가 달라질 수 있다. 문항의 크기는 사용자가 효율적이고 정확하게 선택할 수 있도록 고려해야 한다. 의사소통판에서 상징의 배열은 사용자의 운동 기능(움직임의 범위, 지적할 수 있는 거리, 방향 등)과 지각 능력에 따라 자주 사용되는 상징들을 쉽게 지적할 수 있도록 개별적인 필요를 고려해야 한다(정해동 외, 1999).

[그림 12-4] 의사소통판

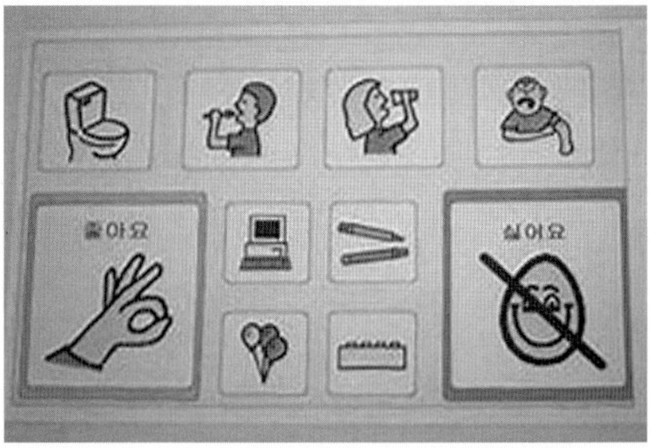

[그림 12-5] 의사소통판 지도 사례

출처: 콤마(AAC).

2) 음성출력기기

대부분의 음성출력 의사소통기기는 미드테크나 하이테크에 속한다. 국내에 수입되어 사용하고 있는 '고우톡(Go Talk)'과 '칩톡(Cheap Talk)' 등은 학생이나 교사가 음성을 녹음해서 사용하는 미드테크 의사소통기기이다(그림 12-6). 국내에서도 문자음성변환(Text To Speech: TTS) 엔진을 탑재한 '키즈 보이스'라는 제품이 출시되어 사용되고 있다. 이 제품은 AAC 전용 시스템으로 특수교육 전문가와 현장 특수교사들이 참여하여 개발한 3,200개 이상의 어휘와 그림 상징을 탑재한 하이테크 의사소통기기이다. 어휘는 학교, 가정, 지역사회 등 12개 분야에서 많이 사용되는 어휘를 탑재하였고, 어휘/그림 상징 편집 기능으로 어휘를 추가할 수 있다. 그리고 터치스크린 방식으로 접근이 용이하고 스위치 연결 및 스캐닝 기능을 지원하여 중증 지체장애학생도 사용할 수 있도록 접근성을 높였다(정해동 외, 1999).

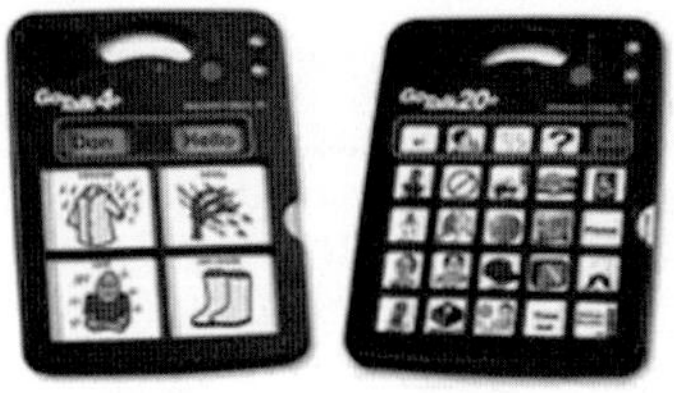

고우톡 4+와 고우톡 20+

칩톡

머큐리 II

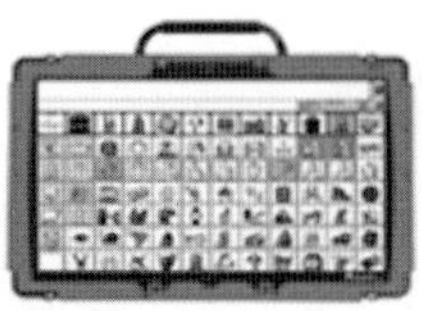

액센트 1400

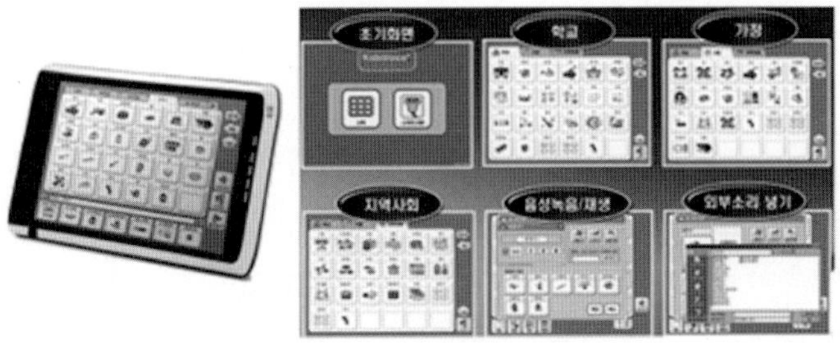

키즈 보이스

[그림 12-6] 음성출력 기기

3. 기술

보완대체의사소통체계에서는 다양한 상징 선택 기술이 사용될 수 있다. AAC 사용자는 직접 선택하기(direct selection), 스캐닝(scanning), 기호화하기(encoding)의 방법을 통해 상징을 선택할 수 있다(Heward, 2003).

1) 직접 선택

신체적인 움직임에 큰 어려움이 없는 사람에게 적합한 직접 선택하기는 손가락이나 주먹 등과 같이 스스로 일관성 있게 의도적으로 움직일 수 있는 신체 부분을 사용하여 그림 의사소통판의 상징을 짚거나 상징이 부착된 기기를 선택하는 것이다. 가장 효율적인 방법으로 운동조절 기능이 있는 아동에게 직접 선택하기 방법을 지도한다(표 12-5).

〈표 12-5〉 직접 선택하기 방법

선택방법	내용
신체적 압력이나 누르기	키나 터치 감지 표면을 누름으로써 AAC 도구들을 활성화할 수 있다.
신체적 접촉	압력이나 누르기보다는 신체적 접촉으로 항목을 선택할 수 있다.
지적하기(비접촉)	눈 지적(응시)을 할 수 있다.
말 인식	말을 할 수 있지만 쓰기나 키보드 조절할 수 없는 사람들이 주로 음성인식 전략을 선택할 수 있다.

[그림 12-7] 직접 입력: 손 터치 및 볼 터치

AAC 의존자가 일정한 방식으로 항목을 판별한 다음, 그 도구가 선택항목을 인식하도록 미리 결정되어 있는 시간 동안 접촉(또는 머무르기)을 유지하도록 요구한다. 사용자로 하여금 마주치는 항목을 활성화하지 않고도 디스플레이 표면 위에서 자신의 손가락, 헤드스틱 또는 광선 빔을 움직일 수 있도록 해 준다. 머무는 시간의 길이는 사용자의 능력과 상황에 따라 다를 수 있다. 이 전략의 명확한 장점은 부주의에 의한 활성화와 사용자에게 요구되는 운동조절의 부담을 줄여 주는 데 있다. 사용자가 디스플레이에 손가락을 갖다 대고 원하는 항목에 도달할 때까지 접촉을 유지해야 한다.

사용자가 디스플레이와 직접적인 접촉을 유지하는 동안에는 선택이 이루어지지 않기 때문에 디스플레이 위의 어디에서든지 자신의 손가락을 움직일 수 있다. 항목을 선택하려면 사용자가 디스플레이에서 접촉을 해제하면 된다. 이 전략의 장점은 사용자로 하여금 확고하게 디스플레이를 사용하도록 해 주며, 너무 느리거나 비효율적으로 움직여서 시간이 설정된 활성화 전략으로는 이득을 얻을 수 없는 사용자의 오류를 최소화해 준다는 데 있다.

특정 항목과 동떨어진 간단한 움직임을 허용하면서 포인터가 각 항목에 머문 시간의 양을 감지한다. 촉진자들은 이러한 체계를 개별화하기 위해 활성화 이전에 소요된 시간의 양을 설정해 놓을 수 있다(정해동 외, 1999).

2) 스캐닝(=훑기, 간접 선택)

스캐닝은 손으로 직접 선택하기를 하지 못하는 경우 신체의 한 부위로 스위치를 눌러서 선택하게 하는 간접적인 방법이다. 적용대상으로는 직접적인 선택을 하지 못하는 경우에는 스캐닝 방법을 사용하게 되는데, 이 경우 인지적인 이해력이 있는 학생에게 사용할 수 있다. 또한, 학생이 직접 선택을 정확하게 하지 못하거나 선택하는 데 걸리는 속도가 매우 늦거나, 피곤해하는 경우에 사용한다. 스캐닝 방법과 형태는 〈표 12-6〉과 같다.

〈표 12-6〉 스캐닝 방법 및 형태

<table>
<tr><td rowspan="2">방법</td><td>청각적 스캐닝</td><td>교사나 다른 대화 상대자가 의사소통판의 내용을 천천히 말해 주면 원하는 항목이 나왔을 때 정해진 신호를 통해 선택하는 것</td></tr>
<tr><td>시각적 스캐닝</td><td>의사소통 기기에서 불빛이 정해진 순서대로 천천히 이동하면서 아동이 원하는 항목에 불빛이 왔을 때 스위치를 누르거나 소리내기, 손들기 등으로 선택하는 방법</td></tr>
<tr><td rowspan="3">형태</td><td>원형훑기</td><td>사용자가 스캐너를 멈추고 원하는 항목을 선택할 때까지 도구 자체가 원형 안에 있는 개별항목을 제시해 주면 자동으로 한 번에 한 항목씩 훑어 주는 것</td></tr>
<tr><td>선형훑기</td><td>항목이 선택될 때까지 첫째 줄의 각 항목, 둘째 줄의 각 항목 그리고 그다음 줄의 각 항목으로 커서나 화살표가 이동하는 것</td></tr>
<tr><td>집단항목훑기</td><td>마지막 선택이 이루어질 때까지 항목들로 이루어진 집단을 판별한 다음 점차적으로 옵션을 제거하는 것</td></tr>
</table>

스캐닝의 지도 방법으로는 유도된 훑기, 자동적 훑기, 단계적 훑기 등이 있으며, 구체적인 내용은 〈표 12-7〉과 같다.

〈표 12-7〉 스캐닝 지도 방법

스캐닝 종류	방법
유도된 훑기	• 사용자가 스위치를 활성화할 때 지시기나 커서가 움직이기 시작 • 스위치가 활성화되는 한 지시기는 미리 설정된 훑기 형태에 따라 움직임 • 스위치가 놓이면 선택이 이루어짐
자동적 훑기	• 사전에 설정된 형태에 따라 지시기나 커서가 자동적으로 계속 움직임 • 선택하기 위해 원하는 집단이나 항목에 지시기를 멈출 수 있도록 스위치를 활성화
단계적 훑기	• 스위치의 활성화를 위해 지시기나 커서가 사전에 설정된 선택 형태에 따라 한 번에 한 단계씩 움직임 • 다시 말하면 커서의 움직임과 스위치 활성화 간에는 일대일 대응 관계가 성립

3) 기호화하기

기호화하기 방법은 선택된 상징이나 항목의 위치를 지적하기 위해 주어지는 복잡한 신호를 포함한다. 일반적으로 사용자는 목록표에 인쇄되어 있는 특정 메시지에 의사소통 상대방이 주의를 기울일 수 있도록 한 쌍의 반응을 만드는 방법을 사용한다(Heward, 2003).

4. 전략

의사소통 기술을 향상시키기 위해 보조공학 기기나 상징, 테크닉을 보다 효과적으로 사용하는 방법으로 의사소통 상호작용의 전략은 〈표 12-8〉과 같다.

〈표 12-8〉 의사소통 상호작용의 전략

전략	방법
충분히 기다려 주기	아동이 메시지로 전달하는 동안 대화 상대자가 충분히 기다려 주는 것
청각적 피드백 제공하기	사용자가 의사소통 기기로 지적한 항목을 크게 말해 주는 청각적 피드백 제공하기
명확한 신호 확립하기	의사소통을 하는 상호과정에서 보다 적극적인 역할을 하고 의사소통 기회를 방해받지 않도록 의사소통 단위의 시작과 끝을 알리는 명확한 신호 확립하기
잠깐 멈추어 기다리기	사용자의 의사소통을 촉진시키는 프로그램에서 의사소통 대화 상대자와 대화를 주고받는 상황에 잠깐 멈추어 기다리는 것

3 보완대체의사소통 평가

평가는 각 사용자에게 맞도록 개별화된 적합한 보완대체의사소통 방법을 찾아내기 위한 것이다. 즉, 평가를 통해 AAC 대상자가 현재 가지고 있는 의사소통 수단이 기능을 수행하는 데 있어 적절하지 못한 방법을 찾아 현재 의사소통 수단을 보완하고 완성하는 것이며 (Calculator, 1997), 이는 〈표 12-9〉와 같다.

〈표 12-9〉 보완대체의사소통 평가영역 및 방법

평가영역	방법
자세	• 바른 자세를 취할 수 있는지, 어떤 자세 보조 기기가 필요한지 등을 평가하여 AAC 체계를 사용할 때의 적절한 자세에 대해 알아본다. • 자세는 근 긴장도를 감소시킬 수 있는 안정된 자세를 기반으로 구축된 기형을 수정한다. • 자세평가는 휠체어를 사용하거나 일반 의자에 앉은 자세를 먼저 관찰하되, 의자를 이용하여 바른 자세를 취할 수 없다면 보조 기기를 이용한 지원방안을 고려한다.
신체 및 운동 기능	• 운동 문제를 묘사하는 것이 아니라 아동이 평가 과정 중에 사용할 수 있는 운동 기술을 관찰하여 장기간 동안 대안적인 접근으로서 사용할 수 있는 기술을 밝히기 위한 것이다. • 평가는 의사소통과 관련된 인지, 상징, 언어, 문해력 등의 기술을 밝히는 것으로 의사소통의 방법으로는 눈 깜박임, 얼굴 표정, 머리 흔들기, 다른 제스처 등 사용하는 직접적인 선택 기술의 정도나 스캐닝 능력, '네/아니요.'로 답하기, 혹은 지적하기 등의 개인 능력을 평가한다. • 일정 시간 동안 개인을 관찰하거나 개인, 가족 구성원, 양육자, 다른 사람들과의 관찰과 인터뷰를 통해 현재 움직임의 유형과 활동에 관한 정보를 수집하고 상징을 어떤 배열로 제시했을 때 정확하게 지적할 수 있는지 각 신체 기능의 움직임의 범위와 정확성, 조절 기능을 평가한다.
감각 능력	• AAC 체계의 구성에 필요한 기본 정보, 즉 상징들의 유형, 크기 배치, 간격, 색 등에 대한 결정을 위해 정확한 시각과 청각 능력을 진단한다.
인지 능력	• AAC 적용과 관련된 기본 인지 능력으로 사물 영속성, 부분과 전체의 개념 이해, 범주화 능력을 알아본다.
언어 능력	• 수용어휘 및 기본적인 인지 능력을 알면 AAC 체계를 계획하는 데 도움이 된다. 여러 상징체계 중 어떤 것이 사용자에게 처음 시작하기에 좋은지, 미래를 위해서는 어떤 상징체계로 발전시켜야 할지를 결정하기 위한 평가도 AAC 평가에 포함되는 부분이다.

4 보완대체의사소통 지도방법

Light 등(1998)은 모든 상황과 경우를 고려하여 궁극적으로 통합환경에서 적합한 방식으로 학생이 의사소통할 수 있도록 AAC 지도 과정을 다음과 같이 단계적으로 제시하였다.

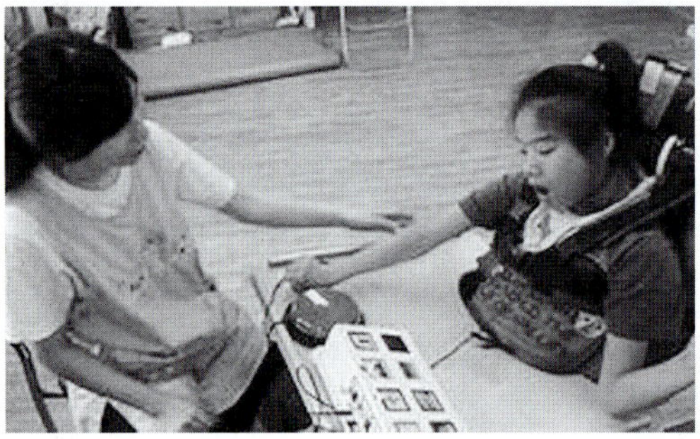

[그림 12-8] AAC 지도 장면

"오늘 날씨는 맑아요. 비가 오면 우산이 필요해요." 의사소통에 어려움을 겪고 있는 초등학생의 손짓이 스마트기기를 통해 언어로 바뀌면서 선생님에게 뚜렷이 전달됐다. 초등 1학년 2반에서는 '여름과 관련된 생활용품 사용하기' 수업이 진행됐다. 손가락으로 말하는 학생, 그런 학생의 의사표현을 바탕으로 지도하는 교사의 모습에 '보완대체의사소통(ACC)' 교육이 실질적으로 자리잡고 있음을 이날 수업을 참관하면서 느낄 수 있었다.

출처: 충청투데이(http://www.cctoday.co.kr).

1. 1단계: 현행 수준 측정과 목표 서술

1단계는 의사소통 지도를 시작하기 전에 우선 학생의 의사소통 능력에 대한 기초선을 측정하고 그에 맞는 목표를 결정한다. 가르치고자 하는 목표 기술을 알기 위해서는 일상생활 장면에서의 상황을 관찰하여 학생의 의사소통 행동의 특징과 수행 능력에 대한 자료를 수집한다.

2. 2단계: 어휘 선정

학생의 어휘 수집을 위한 고려사항과 구체적인 방법은 〈표 12-10〉과 같다.

〈표 12-10〉 어휘 수집 고려사항

고려사항	방법
발달적 관점	• 학생의 인지 수준에 적절하며 실용적 기능이 있는 어휘 • 현재를 반영한 자주 사용할 수 있는 어휘 • 언어발달이 지체된 학생을 위한 어휘 목록은 동기를 유발하고 일반화를 고려
사회적 관점	• 학생이 속해 있는 문화와 성별 • 사회적 지위와 관계된 것
의사소통적 관점	• 어휘는 의사소통 맥락을 고려하여 선정

어휘 수집 방법으로는 환경 분석을 통해 기존의 어휘 목록 사용, 일화 기록이나 체크리스트 등을 통해 할 수 있다. 환경 분석을 통한 어휘 선정 방법은 환경적 목록이나 생태학적인 목록을 활용한 가장 효율적인 방법이다. 또한, 수집한 어휘 목록에서 최종 선정할 때 다음과 같은 상황을 고려해야 한다.

- 문자 습득 전 단계의 학생을 위한 어휘 선택은 대화를 하기 위해 기본적으로 알아야 할 어휘와 개인적 요구를 충족시켜 줄 수 있는 어휘를 선정
- 문자를 습득한 학생의 어휘 선택: 적절한 시간 내에 표현할 수 있도록 의사표현의 속도와 표현하는 데 드는 노력을 줄일 수 있는 방법을 고려
- 개개인의 사용자에게 맞는 어휘 선정: 사용하는 학생의 연령, 성, 사회문화적 배경 이해 수준 등을 고려하고 대화 상대자와의 친숙한 정도, 대화 상황 및 장소 등 개별적인 환경을 고려하여 선정
- 장소, 물건 관계, 움직임, 긍정/부정, 중지를 나타내는 말, 이름이나 소유격, 사물과의 관계, 반대되는 말, 색, 위치 모양을 나타내는 말 등을 포함하는 것

또한, 어휘 구성을 위해서는 전략이 필요한데 언어발달 촉진 효과를 고려한 어휘목록 구성 전략은 〈표 12-11〉과 같다.

〈표 12-11〉 어휘목록 구성전략

구성 전략	방법	언어발달 촉진 효과
문법적 범주를 이용	• 구어의 어순, 즉 문법 기능에 따라 어휘를 배열함 • 피츠제럴드 키(fitzgerald key): 왼쪽에서 오른쪽으로 사람, 행위, 수식어, 명사, 부사의 순서로 나열, 판의 위나 아래쪽에 자주 사용되는 글자나 구절을 배열함 • 각 범주별로 시각적 식별을 쉽게 하기 위해 색깔을 다르게 하는 경우가 많음	• 왼쪽에서 오른쪽으로 단어를 배열하여 문자를 구성하는 능력을 학습한다.
의미론적 범주를 이용	• 의미론적 범주(사람, 장소, 활동 등)에 따라 상징을 배열 • 신체 및 감정에서 필요한 물품과 같은 범주를 사용 • 간식, 점심, 교통수단, 방과 후 활동, 주말 활동, 자기관리, 친구, 가족 등의 범주를 사용	• 언어발달을 촉진할 가능성에 대해서는 실험적으로 연구된 바가 없고 구성 방법 자체가 언어적 속성이 적다. • 언어발달이 주요 목표인 경우에는 언어발달 촉진을 위한 다른 배열을 함께 사용하는 것이 좋다.
환경/활동 중심으로 구성	• 각각의 의사소통판이 특정한 환경이나(예: 가게) 활동(예: 소꿉놀이하기)에 맞는 어휘들로 구성 • 특별하거나 일상적인 활동에의 참여를 촉진하는 풍부한 어휘를 담을 수 있음 • 연령에 맞게 지역사회, 학교, 또는 직업 환경에서 사용하도록 고안할 수 있고, 중재자가 비교적 손쉽게 해당 활동에 필요한 어휘만으로 의사소통판을 구성할 수 있음	• 여러 단어를 연결하여 사용하는 등 언어발달을 촉진하는 기능을 할 수 있다. • 발달적인 관점에서는 이러한 구성이 초기의 언어 사용을 가장 증진시킨다는 보고도 있다. • 학생의 활동 참여와 어휘 습득을 증진시킬 수 있다.

3. 3단계: 사용자의 기술 습득을 지원할 수 있는 촉진 전략교수

사용자의 기술 습득을 위해 다양한 촉진 전략 교수법을 활용할 수 있는데 AAC에서 주로 사용하는 촉진 전략은 〈표 12-12〉와 같다.

〈표 12-12〉 보완대체의사소통 촉진 전략

촉진 전략	방법
환경의 구조화	• 의사표현과 상호작용의 동기를 유발할 수 있도록 • 근 긴장도를 낮출 수 있도록 • 자세의 불안정성으로 인해 느끼는 불안감을 감소할 수 있도록 • 근육을 이완하여 편안하게 의사소통할 수 있도록 • 적절한 자세 취하기와 AAC 기기를 배치 • 의사소통의 동기를 부여할 수 있는 활동 제공

촉진 전략	방법
메시지 확인하기	• 학생의 의사소통 시도에 긍정적인 반응을 보이고 정확한 문장으로 확인해 주는 전략 • 학생의 반응에 대한 즉각적인 반응을 보여 주고 반응의 결과에 관계없이 표현한 것에 대한 강화와 정확한 표현방법을 알려 주는 체계적인 교수 절차가 필요
기다리기	• 표현할 수 있는 충분한 시간을 제공하고 인내를 가지고 기다리는 시간지연전략 • 의사소통 상황에서 학생이 기대하는 반응을 나타내기 전에 어떠한 촉진도 주지 않고 일정 시간(약 3~5초)을 기다림으로써 목표 기술을 자발적으로 사용할 수 있는 기회를 제공하는 전략
모델링	• AAC 도구를 바르게 사용하는 것을 모델링해 주는 교사의 역할이 필요 • 모델링은 학생에게 도움이 필요할 때에 제공하고, 직접 따라 할 수 있도록 촉진하며, 의사를 표현하도록 격려하여 성공감을 갖게 해 주는 촉진전략

4. 4단계: 사용자에게 목표 기술지도

개별 학생, 혹은 부모에게 의사소통 방법을 왜 배워야 하는지 목적에 대해 설명하는 것은 중요하다. 의사표현 지도 시 자연적인 환경에서 실제의 상호작용이나 역할놀이 중 다양한 기회를 제공하여 기술을 사용하는 연습을 하게 하며, 능숙하게 사용할 수 있을 때까지 지속적인 연습의 기회를 제공한다. 연습에 사용할 수 있는 기술전략으로 최소촉진법, 최대촉진법, 자연적 단서 제시, 시간지연 전략, 신체 촉진, 모델링 등의 방법으로 기술을 습득하도록 도와줄 수 있다.

다른 사람과 의사소통하기 위해 우선으로 지도해야 하는 것은 선택하기 기술이다. 선택하기는 개인 생활의 양적 · 질적 측면의 향상과 직접적으로 연관이 있다. 의사소통판이나 음성출력 기기를 사용하지 않으므로 단순하고 유용한 방법이다. 지도방법은 손 모양 지도방법으로 교사가 학생의 손을 잡고 적절하게 모양을 잡을 수 있도록 지도한다. 모델링은 학생의 손을 사물의 주변에서 모양을 흉내 낼 수 있도록 자세잡기를 해 주는 방법이다.

그림상징을 지도할 때는 한 번에 한 가지 사물을 가르칠 때 습득이 더 빠르며, 동시에 여러 가지 사물에 대한 그림상징을 제시할 때는 그림상징들 상의 변별력을 향상시킬 수 있다.

활동지도 교수 방법으로 의사소통 지도는 국어교과나 언어치료 시간에 별도로 지도하는 것보다 교실 환경 내에서 이미 하고 있는 학습활동에 하나의 수단으로 포함시켜, 전 교과와 생활에 걸쳐 분산 지도하는 것이 효과적이다. 의사소통 기술은 매일의 생활 중 자연적인 상황에서 자연적 단서를 제시하여 지도한다. 교과수업을 포함한 의사소통과 관련한 목표 행동을 지도하기 위해 교사는 몇 가지 사항을 고려해야 한다. 의사소통 지도를 계획할 때는 효과적인 활동과 동기유발이 잘되는 활동을 선정하는 것이 유리하다.

5. 5단계: 일반화가 되고 있는지 상황 점검하기

학교(교실 안, 교실 밖), 가정, 그 밖의 지역사회 환경 내의 다양한 실제 상황에서 지도한 교사가 아닌 다른 사람과도 의사소통 방법을 이용하여 하고 싶은 말을 표현하고 있는지 관찰한다.

6. 6단계: 성과 측정하기

지도한 교수 프로그램의 효율성에 대한 평가를 실시한다. 의사소통 지도의 목적 실현과 학생의 기술 습득의 두 가지 측면에서의 평가가 필요하다. 의사소통 지도의 목적 실현이 되고 있는가를 확인하기 위해 의사소통방법의 지도가 학생의 삶과 실생활의 유용성을 평가한다. 평가는 질문지, 평정척도, 인터뷰, 형식적인 토론시간, 관찰 등의 자료를 통해 알아볼 수 있다. 학생의 기술 습득 측면에서 평가는 기술 습득 정도와 학생의 만족도, 사회성이나 또래와의 관계 등에 미치는 영향, 그 밖의 기대효과 등을 평가할 수 있다.

7. 7단계: 유지되고 있는지 점검하기

학습된 의사소통 능력이 유지되고 있는지 체크하기 위해 지도를 마친 후 4주, 8주 후에 정기적으로 관찰한다. 의사소통 능력을 유지 · 향상시키기 위해서는 매일매일의 일상생활 안에서 자연적인 상황과 자연적인 단서를 제시하여 지도해야 한다. 교사는 학생이 성공적으로 기술을 사용하고 유지하게 하기 위해서 정기적으로 모니터를 하고 변화되는 목표에 대처하는 촉진자로서의 역할을 하여야 한다. 또한, 대화 상대방에 대한 훈련도 함께 이루어져야 하는데 학생 주변의 모든 사람은 적극적으로 의사표현을 촉진하는 방법을 배우고 모델링해야 한다.

앞서 언급한 중도 · 중복장애학생을 위한 AAC 지도 시 고려해야 하는 구체적인 사항은 다음과 같다(정해동 외, 1999; Calculator, 1997).

하루의 특정한 시간에만 AAC 중재를 적용하지 말고 그날 전체의 시간에 AAC 중재를 적용한다.

▼

즉, AAC 중재가 하루종일 지속되어 학생이 지속해서 AAC를 활용할 수 있도록 한다.

▼

AAC 기술의 획득 및 일반화를 촉진하기 위해 다양한 의사소통 상대자와 다양한 자연적인 지원을 제공하며, 가능한 한 다양하고 자연스러운 상황에서 AAC 체계를 사용하여 대화할 수 있도록 한다.

▼

교수의 우선순위를 판별하고 계획하기 위해 가정, 학교, 지역사회가 협력적으로 함께 접근한다. AAC 중재를 위해 잠재적인 후보로서 가능한 한 학생이 접할 수 있는 다양한 의사소통 상대자를 찾아본다.

▼

교수의 우선순위를 판별하고 계획하기 위해 가정, 학교, 지역사회가 협력적으로 함께 접근한다. AAC 중재를 위해 잠재적인 후보로서 가능한 한 학생이 접할 수 있는 다양한 의사소통 상대자를 찾아본다.

▼

학생이 빠르고 합리적인 시간 내에 쉽게 획득할 수 있는 AAC 기술을 지도한다. 이를 위해서는 학생의 능력이 먼저 고려되어야 한다. 즉, 학생의 인지 기능, 언어발달, 신체 기능 등을 고려하여 적용한다. 각 학생에게 적합하도록 개별화되어야 한다. 개별 학생의 특성 및 요구가 먼저 고려되어야 한다.

▼

프로그램과 기자재가 중요시되어서는 안 되며, 학생의 의사소통 현재 수준 그리고 요구되는 AAC 체계의 상징 · 어휘 · 도구에 대한 구체적이고 정확한 사정이 우선되어져야 한다. 프로그램과 기자재를 최신 것으로 구매했다고 해서 학생의 특성 및 요구와 맞지도 않는데 이를 학생에게 적용해서는 안 된다.

▼

학생만 사용하는 독특한 의사소통 방식 대신에 일반적인 방식으로 의사소통하고 상호작용할 수 있도록 지도한다. 다양한 상황에서 다양한 의사소통 상대자와 함께 다양한 의사소통 요구에 맞는 다양한 의사소통 방식을 사용할 수 있도록 지도한다. 또한, 의사소통의 한 가지 방법만 적용하지 않고 보조도구를 사용하는 의사소통과 보조도구를 사용하는 방법을 병행하는 것이 좋다.

▼

상호작용 및 참여의 기회를 촉진하는 환경을 조성한다. 이를 위해, AAC 중재와 일상적인 다른 교육활동을 연계한다. 또한, AAC의 내용은 학생의 일상생활(가정, 학교 등)에서 주로 이루어지는 활동 중심으로 구성한다. 예를 들어, 학습활동에 참여하기, 또래와 대화하기, 식사하기, 옷 입기 등과 같은 활동 중심으로 구성하는 것이 좋다.

▼

자기 결정 능력(self-determination)을 배양한다. 이를 위해, 다양한 선택 및 결정의 기회를 제공한다. 필요한 어휘 선정을 위해 가정환경, 선호하는 물건 및 활동 등에 관한 기초조사가 선행되어야 한다.

▼

학생에 대한 높은 기대를 지속해서 보이며, AAC를 사용하는 학생의 요구에 교사는 적절한 생각 · 감정 · 의문 · 대답을 표현할 수 있도록 준비한다. 구어 발달이 전혀 없거나 지체된 학생과 대화를 하기는 쉽지 않다. 이는 말이 적은 비장애인과의 경험을 통해서도 알 수 있다.

체크 포인트: 임용시험 출제(2022) 확인 마무리

다음 (가)는 초등학교 2학년 혜지의 특성이고, (나)는 혜지의 발에 착용하는 보장구이며, (다)는 혜지의 보완대체의사소통(AAC)체계이다. 물음에 답하시오. [5점]

(가) 혜지의 특성

- ○ 뇌성마비 학생이며, 시각적 정보 처리에 어려움이 있어 그림을 명확하게 변별하기 어려움
- ○ 비정상적인 근긴장도로 인해 자세를 자주 바꿔 주어야 함
- ○ ㉠바로 누운 자세에서 긴장성 미로반사가 나타남

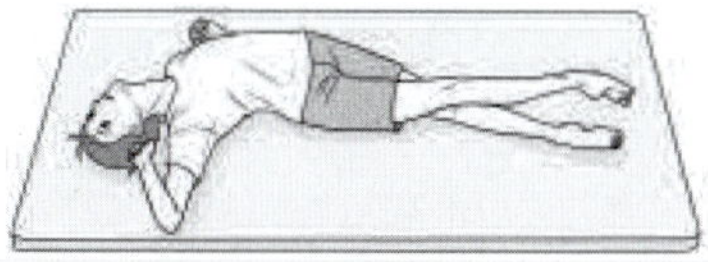

(나) 혜지의 보장구

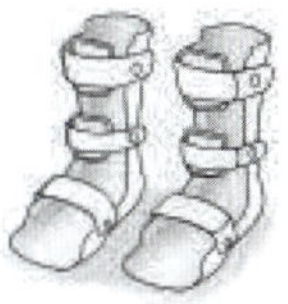

(다) 혜지의 ACC체계

1) 교실에는 혜지의 자세유지용 보조기기가 없는 상황이다. 교사가 혜지의 뒤에서 등을 받치고 옆으로 눕혀 악기 연주 활동에 참여시키고자 할 때, ① ㉠의 특성을 고려하여 혜지가 옆으로 누운 자세를 유지할 수 있도록 교사가 가장 먼저 해 주어야 할 자세 조절 방법을 쓰고, ② 혜지가 (나)의 보장구를 착용하는 이유를 쓰시오. [2 점]

① ______________________

② ______________________

2) (다)에서 교사는 혜지가 스위치를 눌러 원하는 악기를 선택 할 수 있도록 다음의 스캐닝(훑기)를 지원하였다. 교사가 어떻게 해야 하는지 ⓐ에 쓰시오. [1점]

- ○ 교사는 음성 출력 의사소통 기기의 상징을 보며 "작은 북"이라고 말하고 잠시 기다린다.
- ○ 혜지가 반응이 없다
- ○ 교사는 (ⓐ).

3) 다음은 혜지가 스위치를 눌러 악기를 선택할 수 있도록 지도하는 절차이다. ① 교사가 사용한 체계적 교수의 명칭을 쓰고, ② ⓑ에서 교사가 시행하는 방법을 혜지의 특성을 고려하여 구체적으로 쓰시오. [2점]

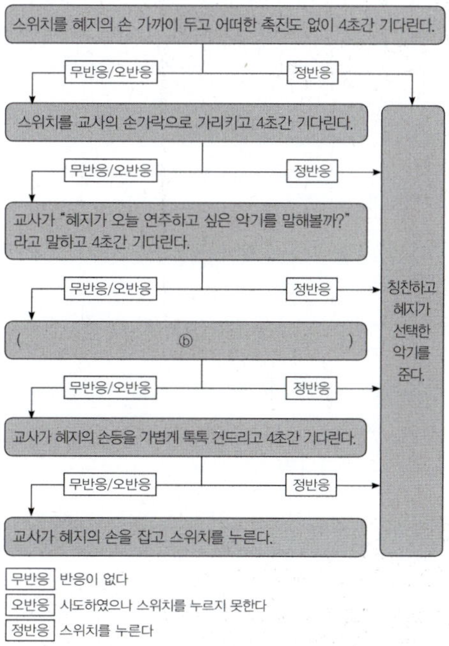

① ______________________

② ______________________

체크 포인트: 중등 임용시험 출제(2018년) 확인 마무리

다음은 특수교사인 김 교사가 보완대체의사소통(AAC) 기기를 사용하는 학생 J의 부모님께 보낸 전자우편이다. 〈작정 방법〉에 따라 서술하시오. [4점]

안녕하세요? Y교육지원청 특수교육지원센터에서 실시하는 'AAC 기기 활용 워크숍'에 대해 안내를 드립니다.

㉠『이번 워크숍에서는 학생 J가 사용 중인 AAC 기기를 개발한 전문가와 함께 기기에 새로운 상징을 추가해 보고, 유형에 따라 상징을 분류하는 방법을 실습합니다. 또한, 배터리 문제 발생 시 해결할 수 있는 기기 관리 방법에 대해서도 안내할 예정입니다.』

저와 학생 J의 담임교사도 이 워크숍에 참여합니다. 부모님께서도 이 워크숍이 AAC 기기 활용과 관리에 많은 도움이 되시기를 바랍니다. 워크숍에 대한 자세한 내용은 첨부한 파일을 참조하십시오.

감사합니다.

p.s. 다음과 같은 패스트푸드점을 이용하는 상황을 구조화한 내용으로 의사소통 중재를 시작할 예정입니다. 학생 J가 잘 참여할 수 있도록 격려해 주십시오.

㉡ 점 원: 안녕하세요?
학생 J: [안녕하세요?]
점 원: 무엇을 주문하시겠어요?
학생 J: [치즈버거] [주세요]
점 원: 2,500원입니다.
학생 J: (카드를 꺼내며) [카드 여기 있어요]
점 원: 예, 맛있게 드십시오.
학생 J: [감사합니다]

※[ ]는 상징을 눌렀을 때 출력된 음성을 의미함

〈의사소통판 구성(안)〉

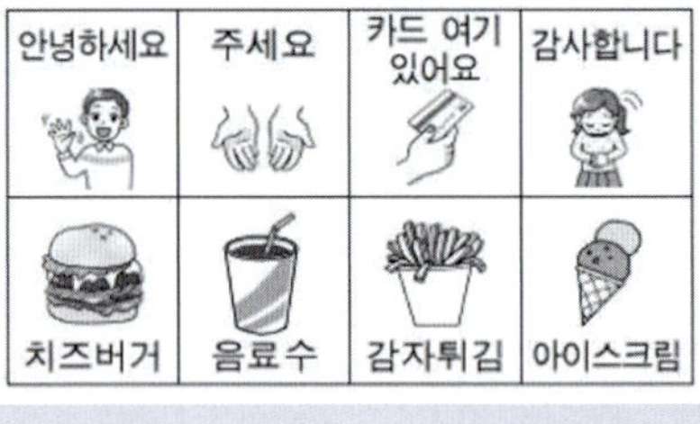

〈작성방법〉

- Beukelman과 Mirenda의 참여모델에서 언급한 장벽 중 ㉠을 통해 해결할 수 있는 기회 장벽 유형을 2가지 적을 것
- ㉡에 해당하는 의사소통 중재 방법의 명칭을 쓰고, 이 중재 방법의 장점을 교사 입장에서 1가지 서술할 것

Chapter 13

의사소통장애학생 지도 사례와 가족지원

– 특수교육관련서비스 언어치료 사례 중심으로 –

학·습·목·표

1. 특수교육관련서비스 지원의 일환인 다양한 언어치료 영역의 사례를 통하여 언어치료사와 특수교사의 협력적 접근을 이해할 수 있다.
2. 의사소통장애학생의 가족지원에 대한 부모 상담을 할 수 있다.
3. 학생지원을 위한 교육부 및 보건복지부 전달체계 서비스를 알 수 있다.

1 의사소통장애학생 지도 사례

1. 의사소통장애학생 초기 상담

장애에 대한 과거의 패러다임은 장애를 일상생활과 관련된 기능적인 결함에서 말미암은 개인 내의 결손으로 규정짓고 있다. 그래서 과거의 패러다임은 환경적인 조절을 제공하기보다는 개인의 기능적 결함을 고치는 데 초점을 맞추었지만, 지금은 장애를 바라보는 관점이 바뀌어 생태학적 상호작용 지원을 통한 장애 극복의 가능성에 토대를 두는 교육적 접근을 지향하고 있다.

1) 의사소통장애학생 초기 상담 및 평가의 중요성

의사소통장애학생에 대한 진단 및 평가의 과정은 전문가의 세밀한 치료계획에 의해서 이루어져야 한다. 통상적으로 의사소통장애를 진단한 사람이 치료를 계획해서 수행하는 것이 바람직하지만 언어치료라는 임상현장에서는 검사자와 치료사가 다를 수도 있다. 언어치료 임상현장에서의 검사자는 언어치료와 관계되는 검사는 물론이고 대상학생의 심리적인 문제나 부적절한 행동상의 문제, 기질적이거나 기능적인 문제까지도 관찰할 수 있어야 한다. 의사소통장애학생의 여러 가지 표준화 검사 결과에 따라 어떠한 치료가 가장 필요한지, 어떻게 치료를 할 것인지에 대한 담당 치료사의 치료계획은 치료 시간이나 치료 결과, 예후에 매우 중요하다. 언어치료사는 부모나 관련 전문가의 의견을 수렴하여 장애학생의 전반적인 언어 능력을 반영하여 계획을 수립한다. 이는 계획된 목표를 언어치료실뿐만 아니라 가정이나 학교에서도 연계하여 치료의 효과를 더욱 높일 수 있기 때문이다.

본 절에서는 임상전문가가 언어치료실을 처음 방문한 의사소통장애학생과 보호자를 상담하면서 작성하는 초기 상담지와 진단보고서를 실제 사례 중심으로 제시하고 가족 그리고 의사소통장애학생의 치료를 담당하는 언어치료사의 장 · 단기 치료계획서, 치료보고서를 어떻게 작성하는 것인지 실제 의사소통장애학생을 대상으로 한 보고서들을 제시함으로써 이를 참조하여 특수교사와 언어치료사가 협력적 접근을 하는 데 도움을 줄 수 있도록 하였다.

2) 의사소통장애학생 언어진단보고서 작성방법

의사소통장애학생의 언어진단보고서 구성내용은 아래와 같으며, 작성 예시는 다음의 〈표 13-1〉과 같다(김영태, 2014).

① 진단의 기본 정보(예: 학생의 연령, 성별, 주소, 의뢰인, 정보제공자, 검사자 등)
② 기본적인 생육력, 교육, 병력 등의 배경 정보
③ 실제 말 · 언어 · 의사소통에 대한 평가 결과
④ 결과에 대한 요약 및 앞으로 치료가 필요한지에 대한 권고 내용

의사소통장애학생에 대한 언어진단보고서 작성의 대상이 되는 지적장애, 청력 문제, 정서적 문제, 조음 · 음운장애나 유창성장애, 자폐성장애 등의 여러 가지 요인에 의하여 언어장애로 어려움을 지니는 학생에 대한 치료교육을 하는 방법이다. 특히, 언어발달장애를 가진 학생의 경우, 표현할 수 있는 단어와 개념이 부족해 또래 학생들보다 말하는 문장의 길이가 짧고 단순하며, 상황에 적절한 대화를 잘하지 못하는데, 이러한 학생의 언어 능력 향상을 위해 특수교육관련서비스를 통한 언어치료 지원 서비스를 제공하는 것이다.

[그림 13-1] 언어진단을 위한 역동적 의사소통 장면

〈표 13-1〉 언어진단보고 작성 예시

언어진단보고서

이름:	성별:
진단일:	장애유형: 진단결과 나타난 언어장애유형(예: 언어장애, 조음장애)을 쓴다. 동반된 장애가 있을 경우에는 주 장애와 언어장애 유형을 함께 써 준다(예: '지적장애–언어발달지체', '청각장애–언어장애').
생년월일(연령): 연령은 진단일에서 생년월일을 빼서, 'ㅇ세 ㅇ개월' 또는 'ㅇ;ㅇ'로 표시한다.	
의뢰인: 학생의 언어문제 가능성을 보고 언어진단을 의뢰한 사람이다. 주로 의사, 교사들이 의뢰인이 되는 경우가 많다. 의뢰인이 정보제공자와 다를 경우에는 의뢰인을 쓰는 것이 바람직하다.	정보제공자: 배경 정보를 제공하는 사람, 즉 학생을 진단기관에 데리고 와서 평가자와 대담하는 사람을 쓴다. '어머니', '교사', '주치의' 등 학생과의 관계를 표시한다.
언어치료사(검사자):	연락처: 학생의 전화번호나 주소를 기입한다.

1. 배경 정보

배경 정보는 학생의 발달과정 중 언어문제를 초래할 만한 요인에 대한 정보나 현재 행동이나 인지발달 등과 같이 학생과 관련된 정보를 말한다. 이 부분에는 학생 가정의 지나치게 사적인 내용이나 언어발달과 전혀 관계없는 내용을 기재해서는 안 된다. 일반적으로 학생을 데려온 양육자가 제공하는 배경 정보에는 흔히 다음과 같은 내용이 포함되어야 한다.

(1) 생육력

임신 중, 출산 중, 출산 후에 문제가 있었는지, 있다면 어떠한 문제였는지를 기입한다. 임신 중의 문제로는 태아에게 치명적인 약물의 복용이나 사고 등의 문제를 적고, 출산 중의 문제로는 출산 중에 학생에게 일어난 사고(예: 산소결핍증)나 조기출산 또는 저체중 등의 문제를 적는다. 출산 후 문제로는 학생의 말 · 언어발달 문제나 운동결함 등을 적는다. 예를 들어, 말 · 언어발달에서 중요한 옹알이, 음절성 발성, 첫 낱말의 출현 시기 등이 정상발달과정을 잘 따르고 있는지, 감각운동기의 신체 · 인지적 발달이 잘 이루어졌는지 등의 정보를 기재한다.

(2) 병력

언어나 청력에 문제가 될만한 장애나 병력을 기입한다. 예를 들어, 지적장애, 자폐범주성장애 등의 병력이 있다면 진단받은 시기와 기관, 진단내용 등을 기재한다. 또한, 몇 개월 이상의 장기 입원 경험이 있다면 언어자극을 충분히 받지 못하는 원인이 될 수도 있으므로 보고한다.

(3) 교육 및 치료 경력

언어문제에 대해 교육기관이나 치료기관에서 훈련을 받았다면, 해당 기관, 훈련기관, 그리고 가능하면 그곳에서 이루어진 훈련의 내용 등도 보고한다. 이것은 언어치료사나 관련 전문인들 간에 보고서를 공유하는 협조체제가 이루어진다면 가능한 일이며, 정확한 진단이나 치료의 방향을 설정하는 데 매우 큰 도움이 될 수 있다.

(4) 평가 중 행동관찰

평가가 진행되는 동안 학생이 과제에 얼마나 집중하였는지 보고하는 것은 매우 중요하다. 특히, 어린 학생의 경우, 보호자와 함께 검사를 받았는지, 혼자서 받았는지, 착석이 가능하였는지, 주의집중시간이 어느 정도 되었는지 등 학생의 행동문제에 대한 정보는 평가 결과를 해석하는 데 있어서 매우 중요하다. 또한, 학생이 집착하는 물건(예: 잡지, 자동차, 장난감)이나 음식물이 있으면 함께 보고한다.

2. 말기관의 이상 유무

언어는 말을 통하여 표현되기 때문에 때로는 말기관의 결함으로 인해 학생의 언어 능력이 잘못 평가되는 경우도 있다. 그러므로 말소리를 만드는 구조의 이상 유무를 검사하는 것은 꼭 필요한 과정이다. 말소리를 만드는 구조로는 입술, 혀, 설소대, 치아, 입천장 등이 관찰 가능하므로 구조의 기형 유무나 기능 문제를 검사하여 보고한다. 연인두 구조는 육안으로는 관찰하기가 어렵지만, 인두의 측면이나 뒷면 벽의 움직임을 통하여 그 기능을 평가할 수는 있다. 조음 및 공명 구조나 기능결함을 판별하는 검사도구로 OSMSE가 많이 쓰인다. 발성기관인 성대는 육안으로 관찰하기가 불가능하므로 우선 목소리 자체를 들어 보아 문제의 유무가 관찰되는지 보고하고, 관찰될 경우는 내시경을 통한 정밀검사를 의뢰하여야 한다.

3. 말, 언어 및 의사소통 능력

(1) 전반적인 의사소통 능력

아직 발화보다 비구어적인 몸짓이나 소리로 의사소통을 하는 학생의 경우에는 구어적인 언어 능력을 평가하기가 어려우므로 의사소통에 초점을 맞추어 평가하고, 그 결과를 보고하는 것이 좋다. 의사소통 능력은 흔히 의사소통 의도(예: 요구하기, 대답하기, 질문하기, 거부하기, 서술하기 등)가 어느 정도 다양하게 습득되었는지, 어떤 수단을 사용하여 의사소통을 하는지에 의해 평가된다. 의사소통 수단은 발화나 관습적인 몸짓(예: 손가락으로 지적하기, 보여 주기, 고개 젓기, 손 모아 달라고 하기, 인사하기 등)과 같은 바람직한 행동뿐만 아니라, 아직 덜 구체화된 몸짓(예: 옷자락 잡아당기기, 원하는 물건 쪽으로 상대방 데려가기 등)이나 부적절한 행동(예: 달라고 떼쓰기, 소리 지르기 등) 등을 모두 포함하여 관찰한다.

(2) 언어 능력

① 수용언어 능력: 수용언어 능력은 다른 사람의 말을 얼마나 이해할 수 있느냐 하는 것이므로 이해하는 어휘 수준(예: REVT-R)이나 지시 따르기(예: Token Test, 문장이해력 검사, 2~3단위 지시문장) 검사를 통하여 평가할 수 있다. 또한, 언어의 영역별로 평가할 수도 있는데, 구문론적 이해 능력(예: 문장이해력검사, 조사 및 시제의 이해), 의미론적 이해 능력(예: REVT-R, K M-B CDI), 화용론적 이해 능력(예: 언어문제해결력 검사, 간접적인 표현이나 은유, 비유 등의 문장을 통한 검사)을 표준화검사나 직접 만든 프로토콜로 실시할 수 있다. 전반적인 수용언어 능력을 평가하기 위해서는 SELSI(3세 미만 영유아의 경우), PRES(2세 이상의 취학 전 학생), LSSC(학령기 학생)의 수용언어검사 부분을 이용할 수도 있다.

② 표현언어 능력: 표현언어 능력은 적절한 어휘를 사용하여(의미론), 적절한 낱말의 배열과 문법형태소를 사용하여(구문론), 상황에 맞게 자신이 하고자 하는 말을 잘 표현할 수 있는지(화용론)를 나타낸다. 평가는 REVT-E나 K M-B CDI로 표현어휘발달 정도를 볼 수도 있고, SELSI(3세 미만 영유아의 경우), PRES(2세 이상의 취학 전 학생), LSSC(학령기 아동)의 표현언어검사 부분을 이용하여 전반적인 표현언어 능력을 평가할 수도 있다. 또한, 70 발화 이상의 말표본을 표집하여 각 언어영역의 발달을 평가할 수도 있다.

(3) 조음 · 음운 능력

① 조음 능력: 음소를 얼마나 정확하게 나타내는가를 평가하는 것으로서, 흔히 검사도구(예: U-TAP, APAC)를 이용하여 낱말이나 문장 수준에서의 자음정확도를 보고하고, 일반학생에 비하여 어떤 수준인지를 제시해 준다. 또한, 대화 상대자의 입장에서 문장의 몇 %에 해당하는 낱말을 알아들을 수 있는지, 즉 말 명료도로 보고하기도 한다.

② 음운 능력: 자음정확도나 말 명료도가 정상 범위에 있지 않을 경우 학생의 오류음운변동을 분석하여 보고한다.

(4) 유창성 및 음성

① 유창성: 검사 중 말의 반복이나 연장, 또는 막힘 등에 의해서 말흐름에 방해가 일어나는지를 관찰하여 보고한다. 만약, 말흐름에 방해가 되는 부분이 관찰되면 심도 있는 유창성검사(예: P-FA)를 실시하여 그 결과를 보고한다. 그렇지 않은 경우에는 '검사 도중 유창성 결함 행동이 관찰되지 않았다'고 보고한다.

② 음성: 검사 중 목소리의 음도, 강세, 음질 등에서 이상이 없는지 관찰한다. 이상이 있으면 심화 진단을 의뢰하거나 실시하고, 이상이 없으면 관찰되지 않았다고 보고한다.

4. 요약 및 제언

(1) 언어장애 여부

위의 평가항목 중 지체 또는 장애가 나타난 항목만을 요약해서 언어장애 여부(언어발달지체, 언어장애)를 진단한다. 또한, 어느 영역에서 어느 정도의 지체 또는 장애를 보이는지 요약한다.

(2) 재검사/언어치료 여부

① 언어장애가 아닌 경우: 몇 개월 혹은 몇 년 후 발달이나 진전 상태를 보고 재검사를 할 필요가 있는지 기술한다.

② 언어장애인 경우: 특정 언어영역에서의 심층진단이 필요한지, 언어치료가 필요한지, 필요하다면 어떤 측면에 초점을 둔 언어치료가 필요한지에 대한 소견을 기술한다.

2. 의사소통장애학생 초기 상담 및 장·단기 계획서 사례

1) 언어발달장애학생의 상담 사례 및 언어치료 계획서

초기 상담 기록지

<table>
<tr><td>관리번호</td><td></td><td>성명</td><td>조○○</td><td>상담일시</td><td>2019. 04. ○○.</td></tr>
<tr><td rowspan="2">생년월일</td><td rowspan="2">2011. 06. 29.</td><td rowspan="2">상담영역</td><td>언어발달장애</td><td>유치원</td><td></td></tr>
<tr><td>조음음운장애</td><td>학교</td><td>초등학교 2학년</td></tr>
<tr><td>주소</td><td colspan="3">대구광역시 ○○구 ○○동 ○○번길 ○○</td><td rowspan="2">보호자
연락처</td><td rowspan="2">010-****-****</td></tr>
<tr><td>보호자</td><td colspan="3">관계 (모)</td></tr>
<tr><td>대상구분</td><td colspan="2">언어발달장애</td><td>조음 · 음운장애</td><td>권유자</td><td>김○○의 어머니</td></tr>
<tr><td>상담내용</td><td colspan="5">• 대상학생은 언어발달이 또래보다 느렸으나 언어치료를 받아 본 적 없음
• 초등학교 1학년 때부터 구어로 말하기 시작했고, 그 이전까지 언어이해는 어느 정도 가능하였으나 표현은 제대로 하지 못했음
• 학생은 돌 전후에 중이염 때문에 좌측 귀의 고막천공을 진단받았고 이로 인해 좌측청력이 완전소실되었다고 함. 우측 귀는 이상 없음
• 학생에게 돌아앉게 하거나 두 귀를 번갈아 가며 차폐한 상태에서 일음절 단어나 문장을 따라 말하게 해 보았으나 완전소실되었다고 보고한 어머니의 진술에 비해 대상학생의 좌측 귀는 정반응을 잘 하는 편이었으나 말 명료도는 현저히 떨어지는 것을 확인할 수 있었음
• 대상학생의 어머니에게 이비인후과에서 정밀 진단을 다시 받아 볼 것을 권유함
• 구강조음기관에 대한 육안상 관찰에서는 입술 다물기에서 긴장성이 많이 떨어지고, 혀의 전/후, 좌/우, 고/저에서 운동성이 많이 부족하였음
• 호흡에 대한 평가에서는 단모음 연장 발성의 시간이 5초 이상 길게 호흡하는 것을 힘들어하였음
• 현재 초등 2학년이며 일반학급에서 수업을 하고, 국어, 수학시간에는 특수학급에서 수업을 받고 있음
• 지금까지 언어발달 검사나 언어치료를 받은 경험이 없다고 함
• 학생은 첫 대면임에도 낯설어하거나 위축되지 않고 행동 요구나 질문 시 대답을 잘 하고, 얼굴에 미소를 띤 채 반응을 하는 등 친밀감을 가지고 상담사와 검사에 임하였음</td></tr>
<tr><td>상담결과</td><td colspan="5">수용 · 표현 어휘력 검사(REVT), 우리말 조음 · 음운 검사(U-TAP), 구문 의미 이해력 검사(COSECT)
매주 화요일 3시, 금요일 3시 주 2회 언어치료: 치료사 ○○○</td></tr>
</table>

언어 평가서

성명(성별)	조○○ (남)	검사 영역	언어발달 검사
생년 월일	2011. 06. 29.	검사일	2019. 04. ○○
생활 연령	만 7;9	평가자	김○○(1급언어재활사)
정보제공자	학생 어머니	연락처	010-****-****

1. 어머니의 보고 및 행동관찰

어머니의 보고에 의하면 대상학생은 초등학교 1학년 경에 언어 능력이 발달하기 시작하였다고 하며, 그 이전에는 언어로서의 의사소통은 어려웠다고 하였다. 중학교 1학년에 재학 중인 형도 학령기에 언어발달이 많이 늦었지만 현재 조음 · 음운 능력에는 큰 문제가 없다고 하였다. 본 센터에 다니고 있는 다른 학부모의 소개로 본 센터를 방문하였으며, 전반적인 언어발달 검사와 조음 · 음운 발달검사를 의뢰하여 어휘력 검사(수용어휘력과 표현어휘력)와 조음 · 음운 검사, 구문 의미 이해력 검사를 실시하였다.

학생은 첫 대면임에도 부끄러워하거나 위축되지 않고 질문 시 대답을 곧잘 하였으며, 얼굴에 미소를 띤 채 검사자와 빠른 시간에 친밀감을 형성하였고, 검사에도 적극적인 자세로 잘 응하였다.

2. 검사

1) 수용 · 표현 어휘력 검사

▶ Receptive & Expressive Vocabulary Test(REVT)

검사 영역	원점수	수용 · 표현 등가연령	백분위점수(%ile)	표준편차
수용어휘력	72점	7세 0~5개월	10%ile 미만	-1표준편차와 -2표준편차 사이
표현어휘력	62점	6세 0~5개월	10%ile 미만	-2표준편차

2) 우리말 조음 · 음운 검사 (U-TAP)

▶ 음소 정확도(자음, 모음)

	자음정확도	모음정확도
낱말 수준	30/43	8/10
	69.76%	80%
문장 수준	28/43	8/10
	65%	80%

▶ 생활연령 자음정확도(%) 비교(낱말 수준)

대상학생	자음정확도		
69.76%	평균	−1SD	−2SD
	98.43	96.18	93.93

3) 구문 의미 이해력 검사(KOSECT)

검사일자	2019년 4월	
원점수	24점	
백분위수	연령규준	2%ile
	학년규준	1%ile
또래 집단의 평균 및 표준편차	연령규준 6개월 집단□ 1년 집단□	평균: 44
		표준편차: −2표준편차 이하
	학년규준	평균: 46
		표준편차: −2표준편차 이하

3. 평가 결과

수용 · 표현 어휘력 검사(REVT)결과 생활연령 만 7;9개월인 학생의 수용어휘 능력은 원점수 72점을 획득하여 수용 등가연령이 7세 0개월에서 7세 5개월, 백분위 10%ile 미만으로 수용어휘력이 또래 학생에 비해 수용어휘력이 많이 지체되고 있는 것으로 나타났다. 표현 어휘 능력은 원점수 62점, 표현 등가연령이 6세 0개월에서 6세 5개월, 백분위 10%ile 미만, 표준편차 −2표준편차로로 평가되어 또래 학생에 비해 표현어휘력이 많이 지체되고 있는 것으로 나타났다.

우리말 조음 · 음운능력 검사(U-TAP) 결과 생활연령 7;9개월인 학생은 생활연령 자음정확도에서 6세 학생의 평균 자음정확도 98.43%와 비교하여 69.76%로 심한 수준의 조음·음운 발달지체를 나타내고 있다. 대상학생의 조음오류를 분석한 결과 7종성이 모두 생략되고, 유음 /ㄹ/는 어두 초성에서는 치경음으로 대치, 나머지 부분은 모두 생략현상이 나타났다. 치경마찰경음 /ㅆ/를 치경마찰평음/ㅅ/로 대치하는 등 대부분 오류 현상이 나타났다. 낱말 수준에서는 1음절씩 끊어 말하려는 의도적인 노력으로 인하여 조음 정확도가 그나마 조금은 높았으나 문장 상황에서는 명료도가 현저히 떨어졌다.

구문 의미 이해력 검사(KOSECT) 결과 7;9개월인 학생은 또래연령규준 평균 44점에 비해 원점수 24점을 획득하여 백분위수 2%ile이었고, 학년규준 평균 46점에 비해 원점수 24점을 획득하여 백분위수 1%ile로 평가되었다. 이러한 결과는 연령 및 학년규준 표준편차 모두에서 −2표준편차 이하로서 연령 및 학년과 비교 시 문법적인 발달이 많이 지체되고 있는 것으로 나타났다.

따라서 대상학생은 수용어휘 능력과 표현어휘 능력 그리고 조음·음운 능력, 구문 의미 이해력에서 모두 또래 학생과 비교 시 발달이 현저히 지체되고 있는 것으로 판단되므로 주 2회 이상의 언어중재 교육을 받기를 권장한다.

언어치료 장 · 단기 계획서

성명	성별	생년월일(연령)	장애명
조○○	남	2011. 06. 29. (7;9)	지적 장애

결재	담당	센터장

주문제

1. 언어발달장애
2. 조음 · 음운장애

현행 수준

1) 수용 · 표현 어휘력 검사(REVT)

4월 9일	원점수	등가연령	백분위수	표준편차
수용어휘력	72점	7;0–7;5	10%ile 미만	−1SD~ −2SD
표현어휘력	62점	6;0–6;5	10%ile 미만	−2SD

2) 우리말 조음 · 음운 평가(U-TAP)

검사	2019. 4. 9.					
	자음정확도	모음정확도	대상학생	만 6세 자음정확도		
낱말 수준	30/43	8/10	69.76%	평균	−1SD	−2SD
	69.76%	80%		98.43	96.18	93.93

3) 구문 의미 이해력 검사

검사일자	2019년 4월	
원 점 수	24점	
백분위수	연령규준	2%ile
	학년규준	1%ile
또래 집단의 평균 및 표준편차	연령규준 6개월 집단	평균: 44점 표준편차: −2SD 이하
	학년규준	평균: 46점 표준편차: −2SD 이하

장기목표 1	1. 구강 조음기관 기능 및 근력을 향상시켜 전반적인 조음 시 명료도를 높일 수 있다.
단기목표	1-1. 치료실 내 상황에서 치료사가 지시하는 입술 기능 및 근력운동을 90% 이상 수행할 수 있다. 1-2. 치료실 내 상황에서 치료사가 지시하는 혀 기능 및 근력운동을 90% 이상 수행할 수 있다. 1-3. 치료실 내 상황에서 치료사가 지시하는 혀의 교호운동을 90% 이상 수행할 수 있다.
장기목표 2	2. 문장 수준에서 마찰음을 정조음 할 수 있다.
단기목표	2-1. 단어 수준에서 어두초성 마찰음 /ㅆ, ㅎ/를 90% 이상 정조음 할 수 있다. 2-2. 문장 수준에서 어두초성 마찰음 /ㅆ, ㅎ/를 90% 이상 정조음 할 수 있다. 2-3. 단어 수준에서 어중초성 마찰음 /ㅅ, ㅆ/를 90% 이상 정조음 할 수 있다. 2-4. 문장 수준에서 어중초성 마찰음 /ㅅ, ㅆ/를 90% 이상 정조음 할 수 있다.
장기목표 3	3. 문장 수준에서 어중 종성을 정조음 할 수 있다.
단기목표	3-1. 단어 수준에서 어중종성 /ㅇ/를 90% 이상 정조음 할 수 있다. 3-2. 단어 수준에서 어중종성 /ㄱ/를 90% 이상 정조음 할 수 있다. 3-3. 단어 수준에서 어중종성 /ㅂ/를 90% 이상 정조음 할 수 있다. 3-4. 문장 수준에서 어중종성 /ㅁ/를 90% 이상 정조음 할 수 있다. 3-5. 문장 수준에서 어중종성 /ㅇ/를 90% 이상 정조음 할 수 있다. 3-6. 문장 수준에서 어중종성 /ㄱ/를 90% 이상 정조음 할 수 있다. 3-7. 문장 수준에서 어중종성 /ㅂ/를 90% 이상 정조음 할 수 있다.
장기목표 4	4. 문장 수준에서 어중초성 /ㄹ/를 정조음 할 수 있다.
단기목표	4-1. 단어 수준에서 어중초성 /ㄹ/를 90% 이상 정조음 할 수 있다. 4-2. 문장 수준에서 어중초성 /ㄹ/를 90% 이상 정조음 할 수 있다.
장기목표 5	5. 일상생활과 교과과정에서 사용되는 고빈도 어휘를 이해하고 표현할 수 있다.
단기목표	5-1. 일상생활과 교과과정에서 사용되는 고빈도 어휘를 지적하고 표현할 수 있다. 5-2. 치료사가 제시하는 고빈도 어휘의 반의어를 이해하고 표현할 수 있다. 5-3. 치료사가 제시하는 고빈도 어휘의 동의어를 이해하고 표현할 수 있다. 5-4. 치료사가 제시하는 고빈도 어휘의 상위개념을 이해하고 상위어를 표현할 수 있다.
장기목표 6	6. 다양한 상황에서 피동/사동이 포함된 복문을 90% 이상 이해하고 표현할 수 있다.
단기목표	6-1. 치료실 내 상황에서 사동이 포함된 구문을 90% 이상 이해하고 표현할 수 있다. 6-2. 치료실 내 상황에서 피동이 포함된 구문을 90% 이상 이해하고 표현할 수 있다. 6-3. 치료실 내 상황에서 피동/사동이 포함된 구문을 90% 이상 구별하여 이해하고 표현할 수 있다.

장기목표 7	**7. 다양한 상황에서 연결어미가 포함된 복문을 이해하고 표현할 수 있다.**
단기목표	7-1. 치료실 내 상황에서 대등 연결어미(~지만, ~거나, ~든지, ~며)가 포함된 구문을 90% 이상 이해하고 표현할 수 있다. 7-2. 치료실 내 상황에서 동시/순서 연결어미(~면서, ~고, ~다가)가 포함된 구문을 90% 이상 이해하고 표현할 수 있다. 7-3. 치료실 내 상황에서 조건/목적 연결어미(~려면, ~려고, ~게, ~더라도)가 포함된 구문을 90% 이상 이해하고 표현할 수 있다.
장기목표 8	**8. 다양한 상황에서 대화 규칙을 이해하고 적절하게 사용할 수 있다.**
단기목표	8-1. 치료실 내 이야기 상황에서 상대의 발화 도중에 끼어들지 않는다. 8-2. 치료실 내 이야기 상황에서 주제에 벗어난 발화를 한 회기당 3회 미만으로 줄일 수 있다.

서비스 기간	2019년 5월~
비고	언어치료 주 2회

2) 자폐성장애학생 언어치료 계획

언어치료 장 · 단기 계획서

성명	성별	생년월일(연령)	장애명	작성일
김○○	남	07. 06. 12. (11; 6)	자폐성 장애	2018. 12. 20.

결재	담당	센터장

주문제

1. 다양한 연결어미 사용에 어려움
2. 추론 및 문제해결에 어려움
3. 생활연령에 비해 낮은 어휘력

현행 수준

1) 수용 · 표현 어휘력 검사(REVT)

검사일자	2018년 07월		2018년 12월	
	수용	표현	수용	표현
언어발달연령	6세 6~11개월	6세 6~11개월	8세 6~11개월	7세 0~5개월
원점수	67점	73점	87점	74점
백분위점수	〈10%ile	〈10%ile	〈10%ile	〈10%ile

2) 우리말 조음 · 음운 평가(U-TAP)

검사	2018. 7. 19.					
	자음정확도	모음정확도	대상학생	만 6세 자음정확도		
낱말 수준	40/43	10/10	93.02%	평균	-1SD	-2SD
	93.02%	100%		98.43	96.18	93.93

검사	2018. 12. 21.					
	자음정확도	모음정확도	대상학생	만 6세 자음정확도		
낱말 수준	41/43	10/10	95.35%	평균	-1SD	-2SD
	95.35%	100%		98.43	96.18	93.93

현행 수준

3) 구문 의미 이해력 검사(3학년과 만 9세 후반 아동에 준하여 비교)

검사일자	2018년 7월	
원점수	32점	
백분위수	연령규준	1%ile
	학년규준	1%ile
또래 집단의 평균 및 표준편차	연령규준 6개월 집단□ 1년 집단□	평균: 52
		표준편차: −2SD 이하
	학년규준	평균: 46
		표준편차: −2SD 이하

검사일자	2018년 12월	
원점수	35점	
백분위수	연령규준	1%ile
	학년규준	1%ile
또래 집단의 평균 및 표준편차	연령규준 6개월 집단□ 1년 집단□	평균: 52
		표준편차: −2SD 이하
	학년규준	평균: 49
		표준편차: −2SD 이하

4) 언어문제 해결력 검사

검사일자	2018년 12월		
	원점수	또래 평균	%ile
원인이유	3점	19.95	〈1%ile
해결추론	4점	21.58	〈1%ile
단서추측	0점	15.64	〈1%ile
총점	7점	56.86	〈1%ile

5) 학령기 아동 언어검사(LSSC)

하위검사	원점수
1. 상위개념 이해	16점
2. 상위어 표현	7점
3. 반의어 표현	6점
4. 동의어 표현	2점
5. 구문 이해	30점
6. 비유문장 이해	1점
7. 문법오류 판단	7점
8. 문법오류 수정	5점
9. 복문 산출	2점
10. 단락 듣기 이해	1점

<table>
<tr><td rowspan="4">현행
수준</td><td>11. 문장 따라 말하기</td><td>29점</td></tr>
<tr><td>총점</td><td>106점</td></tr>
<tr><td>언어지수(LQ)</td><td>47</td></tr>
<tr><td>백분위수</td><td>〈0.1</td></tr>
<tr><td>장기목표 1</td><td colspan="2">1. 학생은 치료실 내 의사소통 상황에서 치료사가 제시하는 다양한 학령기 어휘를 이해하고 표현할 수 있다.</td></tr>
<tr><td>단기목표</td><td colspan="2">1-1. 학생은 치료실 내 읽기 상황에서 책에 나오는 명사 어휘에 대한 유사어 및 반의어를 이해하고 적절하게 표현할 수 있다.
1-2. 학생은 치료실 내 읽기 상황에서 책에 나오는 동사 어휘에 대한 유사어 및 반의어를 이해하고 적절하게 표현할 수 있다.
1-3. 학생은 치료실 내 읽기 상황에서 책에 나오는 형용사 어휘에 대한 유사어 및 반의어를 이해하고 적절하게 표현할 수 있다.</td></tr>
<tr><td>장기목표 2</td><td colspan="2">2. 학생은 치료실 내 의사소통 상황에서 다양한 겹문장을 이해 및 표현할 수 있다.</td></tr>
<tr><td>단기목표</td><td colspan="2">2-1. 학생은 치료실 내 의사소통 상황에서 명사절을 안은 문장을 이해 및 표현할 수 있다.
2-2. 학생은 치료실 내 의사소통 상황에서 관형절을 안은 문장을 이해 및 표현할 수 있다.
2-3. 학생은 치료실 내 의사소통 상황에서 인용절을 안은 문장을 이해 및 표현할 수 있다.</td></tr>
<tr><td>장기목표 3</td><td colspan="2">3. 학생은 치료실 내 의사소통 상황에서 치료사가 제시하는 문장의 문법오류를 판단하고 올바르게 수정할 수 있다.</td></tr>
<tr><td>단기목표</td><td colspan="2">3-1. 학생은 치료실 내 의사소통 상황에서 잘못된 조사 '은/는'이 들어간 문장을 판단하여 올바른 조사로 수정할 수 있다.
3-2. 학생은 치료실 내 의사소통 상황에서 잘못된 조사 '로/으로'가 들어간 문장을 판단하여 올바른 조사로 수정할 수 있다.
3-3. 학생은 치료실 내 의사소통 상황에서 잘못된 시제가 포함된 문법오류를 판단하여 올바르게 수정할 수 있다.
3-4. 학생은 치료실 내 의사소통 상황에서 잘못된 사동/피동이 포함된 문법오류를 판단하여 올바르게 수정할 수 있다.</td></tr>
</table>

장기목표 4	**4. 학생은 치료실 내 의사소통 상황에서 제시된 그림 상황을 인지하고 결과를 예측하는 다양한 문제해결 방안을 제시할 수 있다.**
단기목표	4-1. 학생은 치료실 내 의사소통 상황에서 치료사가 제시한 상황을 인지하여 1가지 결과를 예측할 수 있다. 4-2. 학생은 치료실 내 의사소통 상황에서 치료사가 제시한 상황을 인지하고 2가지 결과를 예측할 수 있다. 4-3. 학생은 치료실 내 의사소통 상황에서 치료사가 제시한 상황을 인지하고 그에 따른 한 가지 해결방안을 제시할 수 있다. 4-4. 학생은 치료실 내 의사소통 상황에서 치료사가 제시한 상황을 인지하고 그에 따른 두 가지 이상의 해결방안을 제시할 수 있다.
장기 목표 5	**5. 학생은 치료실 내 의사소통 상황에서 종성 위치에 /ㄴ/, /ㄱ/가 들어간 낱말을 정조음할 수 있다.**
단기목표	5-1. 학생은 낱말 수준에서 종성 위치에 /ㄴ/, /ㄱ/가 들어가는 낱말을 정조음할 수 있다. 5-2. 학생은 구 수준에서 종성 위치에 /ㄴ/, /ㄱ/가 들어가는 낱말을 정조음할 수 있다. 5-3. 학생은 문장 수준에서 종성 위치에 /ㄴ/, /ㄱ/가 들어가는 낱말을 정조음할 수 있다. 5-4. 학생은 대화 수준에서 종성 위치에 /ㄴ/, /ㄱ/가 들어가는 낱말을 정조음할 수 있다.

3) 지체장애학생의 언어치료 계획서

언어치료 장 · 단기 계획서

성명	성별	생년월일(연령)	장애명
최○○	남	2005. 12. 29. (CA=12;6)	뇌병변장애 (엔젤만증후군)

결재	담당	센터장

주문제	1. 뇌병변과 엔젤만 증후군으로 인한 근육 이완 2. 시선 따르기 및 유지하기 결여 3. 치료사의 간단한 지시 따르기 어려움 4. 적은 발성

검사 결과

1. 영유아 언어발달 검사 (SELSI)

검사일자	2018년 6월		
	통합	수용	표현
언어발달연령	5개월	7개월	4개월
백분위점수	1%ile 미만	1%ile 미만	1%ile 미만
원점수	17점	12점	5점

장기목표 1	**1. 치료실 내 상황에서 구강기능 향상 프로그램을 통하여 구강기능을 강화할 수 있다.**
단기목표	1-1. 구강기능 강화훈련을 통하여 부적절한 자세를 교정해 줌으로써 머리와 턱의 안정성 확립 및 적절한 호흡을 할 수 있다. 1-2. 구강기능 강화훈련을 통하여 입술 기능을 향상할 수 있다. 1-2-1. 치료사의 신체적인 자극을 통하여 입으로만 숨을 들이쉬고 내쉴 수 있다. 1-2-2. 치료사의 신체적인 자극을 통하여 코로만 숨을 들이쉬고 내쉴 수 있다. 1-2-3. 치료사의 신체적인 자극을 통하여 숨을 입으로 들이쉬고 코로 내쉴 수 있다. 1-2-4. 치료사의 신체적인 자극을 통하여 숨을 코로 들이쉬고 입으로 내쉴 수 있다. 1-3. 구강기능 강화훈련을 통하여 혀 기능을 향상할 수 있다. 1-4. 구강기능 강화훈련을 통하여 턱 기능을 향상할 수 있다.

장기목표 2	**2. 치료실 내 상황에서 주의집중 유지와 모방 행동을 증진할 수 있다.**
단기목표	2-1. 치료실 내 상황에서 치료사가 제시하는 소리로 주의를 유도하였을 때, 10분의 활동 중에 5회 이상 시선유지를 5초 이상 할 수 있다. 2-2. 치료실 내 상황에서 치료사가 사물로 주의를 유도하였을 때, 10분의 활동 중에 5회 이상 시선유지를 5초 이상 할 수 있다. 2-3. 치료실 내 상황에서 치료사가 행동으로 주의를 유도하였을 때, 10분의 활동 중에 5회 이상 시선유지를 5초 이상 할 수 있다.
장기목표 3	**3. 치료실 내 상황에서 초기 의사소통 기능을 70% 이상 제스처나 구어로 표현할 수 있다.**
단기목표	3-1. 치료실 내 상황에서 타인과 눈 맞춤을 70% 이상 제스처나 구어로 표현할 수 있다. 3-2. 치료실 내 상황에서 호명반응을 70% 이상 제스처나 구어로 표현할 수 있다. 3-3. 치료실 내 상황에서 공동주의집중을 70% 이상 제스처나 구어로 표현할 수 있다. 3-4. 치료실 내 상황에서 타인과 주고받기를 70% 이상 제스처나 구어로 표현할 수 있다. 3-5. 치료실 내 상황에서 기다리기를 이해하고 70% 이상 제스처나 구어로 표현할 수 있다.
장기목표 4	**4. 치료실 내 상황에서 다양한 발성을 산출할 수 있다.**
단기목표	4-1. 치료실 내 상황에서 신체적 자극이 주어졌을 때 제스처로 반응할 수 있다. 4-2. 치료실 내 상황에서 신체적 자극이 주어졌을 때 구어로 반응할 수 있다. 4-3. 치료실 내 상황에서 주위 환경에서 나는 소리에 구어로 반응할 수 있다.

4) 자폐성장애학생의 언어치료 진전보고서

언어치료 진전보고서

성명	성별	생년월일(연령)	장애명
박○○	남	2010. 2. 2. (10;1)	자폐성장애

<table>
<tr><td rowspan="2">결재</td><td>담당</td><td>센터장</td></tr>
<tr><td></td><td></td></tr>
</table>

<table>
<tr><td rowspan="2">학생 정보</td><td>이 름</td><td>박○○</td><td>학교배치</td><td>○○특수학교</td></tr>
<tr><td>치료 기간</td><td>2019. 3. 4. ~ 2020. 2. 20.</td><td>장애유형</td><td>자폐성장애</td></tr>
<tr><td rowspan="3">언어 연령</td><td colspan="4">○○학생은 수용 및 표현 언어 검사 결과 다음과 같은 언어연령이 산출되었다.</td></tr>
<tr><td colspan="2">REVT(수용 · 표현 어휘력 검사)</td><td colspan="2">PRES(취학 전 아동의 수용언어 및 표현언어 발달척도)</td></tr>
<tr><td colspan="2">검사일: 2019년 3월 2일
검사결과: 수용언어(26점): 2세 6~8개월
표현언어(22점): 2세 6~8개월</td><td colspan="2">검사일: 2019년 3월 2일
검사결과: 수용언어(9점): 2세 3개월
표현언어(6점): 1세 11개월</td></tr>
<tr><td>초기 진단</td><td colspan="4">초기 학생은 모든 질문에 '예'라는 대답으로 일관하고, 새로운 과제가 주어졌을 때 거부하거나 회피하려는 등 다소 소극적인 태도를 보였다. 특히, 이해하고 있는 단어에 비하여 산출할 수 있는 단어의 수가 현저히 적었으며, 적절한 표현이 기대되는 상황에서도 몸짓이나 무의미 음절 수준의 발화를 하였다(특이한 음성상동행동).</td></tr>
<tr><td></td><td colspan="2">치료계획</td><td colspan="2">치료행동</td></tr>
<tr><td>호흡 훈련</td><td colspan="2">① 폐활량 증진 훈련
- 탁구공 불기, 색종이 불기, 피리 불기, 촛불 끄기 등

② 연장발성
- 모음 연장발성 하기
- 정확한 구형 만들기</td><td colspan="2">① 학생의 음성은 기질적인 특성과 공명이 자연스럽게 이루어지지 않아 약한 음성을 나타내었다. 따라서 다양한 활동을 통해 폐활량 증진 운동을 할 수 있도록 지도하였다.
② 긴 대롱을 이용하여 음을 증폭시키고 연장하여 폐활량을 증진시켰다. 또한, 정확한 구형으로 모음을 발성할 수 있도록 하여 발화를 유도하였다.</td></tr>
</table>

언어 이해 및 언어 표현	① 사물 기능의 이해 및 표현하기 – 1단계: 변별 및 명명하기 예) 망치/칼/빗자루/풀/옷걸이/톱/우산/병따개/비누/수건/의자 등 예) 2단계: 기능 표현하기 망치/박아요, 칼/썰어요, 풀/붙여요, 옷걸이/걸어요, 톱/잘라요, 빗자루/청소해요, 우산/써요, 병따개/따요 예) 3단계: 도구격조사 '–(으)로' 표현하기	① 초기 학생은 사물에 대한 인지와 변별은 선행 학습되어 있었다. 그러나 사물의 명칭을 의성어와 의태어로 대치하여 표현하였고, 적절한 표현이 기대되는 상황에서도 몸짓으로 나타내었다. 따라서 선반응요구–후시범기법을 중심으로 사물 명명하기와 사물 기능을 표현하여 학생의 자발적인 발화를 유도하였다. 현재 3단계의 도구격 조사를 사용한 표현에서는 치료사가 모델링을 해 주고 학생의 참여를 유도하는 따라 말하기 기법으로 지도하였다.
	② 동사 발화 – 1단계: 기본 동사 발화하기 예) 먹어요/타요/입어요 등 – 2단계: [대상+행위] 예) 포도/바나나/수박 먹어요. 배/버스/비행기 타요. 바지/팬티 입어요.	② 학생은 1어문 위주의 기본 동사는 발화하였으나 비교적 제한되어 있었고, 명료도는 현저히 떨어져 있었다. 따라서 실물을 이용하여 기본 동사를 지도한 다음 2어문으로 조합하여 발화하도록 지도하였다.
	③ 동작어 변별 및 표현하기 – 1단계: 동작어 변별 예) 모자 써요/벗어요, 안경 껴요/벗어요, 공 던져요/받아요/쳐요, 꽃 꺾어요/꽃병에 꽂아요	③ 학생은 경험하거나 선행학습된 동작에 관하여는 비교적 적극적이었다. 그러나 새로운 과제에 대해서는 주의집중력이 저하되고 회피하려는 소극적인 의도가 관찰되었다. 따라서 실물 자료를 이용하여 흥미를 유발하고 주의를 집중시킨 후 요구에 대한 적절한 반응으로 동작어 지적하기와 표현을 유도하였다.
	④ 의문사 '뭐' 이해 및 표현하기 예) 이것이 뭐예요? 엄마 뭐 해요? 문 열 거예요– 뭐로 문 열어요?	④ 초기 학생은 의문사 '뭐(무엇)'는 선행학습이 잘 되어 있었다. 그러나 '뭐해요?'라는 질문에는 어휘 선택의 어려움과 낮은 명료도로 인하여 몸짓으로 표현하는 등 적절한 발화가 산출되지 못하였다. 따라서 학생이 치료사에게 '뭐해요?'라고 질문하게 한 뒤 치료사의 대답을 학생이 모방하게 하는 '따라 말하기 기법'을 사용하여 학생이 의사소통 상황에서 적절한 표현을 할 수 있도록 지도하였다.

<table>
<tr><td rowspan="3">언어
이해
및
언어
표현</td><td>⑤ 의문사 '누가' 이해 및 표현하기
예) (바나나) 먹는 사람 누구야?
누가 (바나나) 먹어요?
누가 자요?/먹어요?/전화해요? 등</td><td>⑤ 초기 학생은 의문사 '누구'는 선행학습이 잘 이루어져 있었다. 그러나 의문사 '누가'의 질문 대답 형태에 '몰라', '싫어' 등으로 표현하는 등 적절한 반응을 보이지 않았다. 따라서 학생이 자주 사용하는 고빈도 어휘를 중심으로 시 · 청 · 촉각적인 자료를 제시하여 선반응요구-후시범기법으로 지도하였다. 그 결과 학생은 의문사 '누가'를 사용한 질문하기 및 대답의 형태에 정반응이 유의하게 나타났다.</td></tr>
<tr><td>⑥ 상위개념 이해 및 표현
– 음식(아이스크림, 바나나, 과자, 우유, 사탕, 사과, 주스, 만두, 라면)+먹어요
– 옷(치마, 바지, 팬티, 원피스, 조끼, 티셔츠)+입어요
– 교통기관(자전거, 버스, 비행기, 기차, 배, 자동차)+타요</td><td>⑥ 치료 초기에 학생은 분류에 대한 상위 범주어를 이해하지 못하였다. 따라서 학생이 이해 및 산출 가능한 동사를 중심으로 분류 및 범주어를 지도하였다. 학생은 하위항목의 명칭들을 대부분 인지하고 있어 비교적 쉽게 과제를 수행하였다. 음식에서는 과일, 채소 등으로 좀 더 세부적인 범주어를 지도하고 있으며, 발화를 적극적으로 유도하였다.</td></tr>
<tr><td>⑦ 연관된 어휘 이해 및 표현하기
– 어휘목록: 연필/필통, 물고기/어항, 망치/못, 크레파스/스케치북, 옷/옷걸이, 신발/신발장, 빗자루/쓰레받기, 화분/물뿌리개, 나사/드라이버 등</td><td>⑦ 학생은 연관된 사물 인지는 비교적 빨라 'ㅇㅇ랑 같이 쓰는 것(짝이 되는 것) 주세요.'에 정반응이 나타났다. 그러나 구어의 산출에 있어서는 자발적인 표현에 제한적이어서 치료사가 모델링을 해 주고 난 뒤 학생이 모방할 수 있도록 따라 말하기로 지도하였다.</td></tr>
<tr><td>권고
사항</td><td colspan="2">본 학생은 치료 초기에 학생의 장애 특성상 주의집중 지속시간이 짧고 과제에 다소 소극적이었다. 따라서 학생이 적극적으로 참여하는 활동 중심의 학습을 병행하여 주의집중력을 향상시키고, 새로운 과제를 부여할 때는 학생에게 강화를 제공하여, 소극적인 태도를 점차 소거시켜 적극적으로 과제를 수행할 수 있도록 유도하였다. 현재 학생은 자신감이 눈에 띄게 증가하였고 과제 수행에도 적극적으로 임하는 태도를 보인다. 따라서 학교나 가정 내에서는 치료 시간에 학습한 과제들이 비구조화된 상황에서도 표현될 수 있도록 유도하여 주실 것을 권장한다.</td></tr>
</table>

2 장애학생 부모 상담

1. 장애학생 부모심리

부모에게 아이의 탄생은 기쁨과 행복을 안겨 주는 것과 동시에 사회적 기대를 느끼게 해 준다. 그러나 자기 자녀가 장애라는 것을 알았을 때의 절망감이란 누구도 대신해 줄 수 없는 것이다. 장애아 부모의 심리적 고통은 자녀에 대한 기대감이 클수록 자녀의 미래에 대한 불안감을 느끼고 자녀의 장애를 죄와 동일시하는 죄책감과 함께 극단적인 배척과 과잉보호를 거쳐 적응이라는 어려운 심리적 단계에 이르게 된다.

이 세상 누구도 장애부모가 될 것이라고 미리 준비하는 부모는 아무도 없다. 장애를 지닌 자녀와 그 부모의 관계에서도 마찬가지이다. 대다수의 부모는 '그저 자식으로' 자녀를 받아들이지만 장애부모는 자신의 자녀를 있는 그대로 수용하는 데 어려움을 갖게 된다.

우리는 살면서 어떤 장소에서 어떤 사람을 만나게 되든지 상대에게 자신의 요구나 기대를 바라기에 앞서 먼저 그 사람 존재 자체를 있는 그대로 수용하고 존중하는 것이 쉽지 않다는 것을 알고 있다. 그 이유는 근본적으로 자신이 기대했던 혹은 경험했던 바와는 다른 어떤 현실에 대해 인간이 갖게 되는 보편적인 두려움이나 혼란과 관련이 있으며, 장애부모의 심리적 혼란기 역시 두려움과 함께 자녀의 치료비, 의료비, 교육비로 발생되는 경제적 어려움의 현실에 부딪히기 때문이다. 정서적 · 경제적 한계를 느끼고 있는 부모님에게 "얼마나 힘드시겠어요?" 혹은 "힘내세요!" 등과 같은 선의에 의한 일상적 인사라고는 하지만 실제로 그 '좋은 인사'를 듣는 입장에서 느끼는 감정은 장애부모 당사자가 아니면 공감하기 어려운 부분이다. 그리고 우리 사회의 경우에도 자녀가 장애가 있으면 그 부모는 그 어떤 사람보다 힘들고 괴로울 것이라는 장애학생 부모에 대한 막연한 동정적 시선이 전제되어 있다. 물론, 이들의 삶이 더 힘들 수 있지만 동시에 그렇지 않을 수도 있다. 왜냐하면, 어떤 개인의 삶을 힘들게 하는 요인은 다양하기 때문이다. '장애'라는 것은 많은 요인 중 하나에 불과하고, 설령 장애자녀를 두었기 때문에 마음이 더 무겁다고 하더라도 좀 더 자세히 들어가 살펴보면 정말 이들을 고통스럽게 하는 것은 '장애를 가진 자녀'가 아니라 그 자녀를 대하는 사회적 시선이기 때문이다. 장애인이라는 수식어가 사회적인 불리조건을 형성하며 그로 인한 불이익을 경험하는 핸디캡이 사회생활에서의 한계인 것이다.

장애학생 부모는 자녀의 삶을 책임지는 것도 중요하지만 자신의 삶을 디자인 할 권리가 주어진 사람이라는 사실을 부모 스스로 인지하는 것이 중요하다.

2. 장애학생 부모교육

우리나라에서는 여러 형식의 부모교육이 이루어지고 있다. 부모교육은 사회, 민간영역에서 진행되어 왔다. 부모교육을 시행할 때 먼저 '부모'라는 자리에 대한 존중이 우선되어야 한다. 우리 사회가 장애학생 부모에게 주는 물리적 · 정신적 부담을 감안했을 때, 부모라는 보편적인 사회적 자리에 대해 끊임없이 성찰하면서 자녀를 둘러싼 다양한 환경과 생산적으로 협력하고자 하는 의지에 대한 건강한 인식과 관계가 있다. 때로는 교사나 다른 전문가에게 일방적 교육을 듣는 것보다 장애학생 부모, 교사, 사회복지 관계자와 소통하는 부모교육이 진행되어야 한다.

장애학생의 부모는 자신의 이야기를 주의 깊게 들어 주는 것만으로도 따뜻한 위로를 받는다. 교사로서 적극적 경청은 상대방이 하는 이야기의 내용을 파악하는 것과 부모의 표정, 음성, 몸짓에서 나타나는 미묘한 분위기를 알아차리고 깊은 내면 속에 자리잡고 있는 심층적인 의미와 감정을 감지하여 그것을 표현할 수 있게 하는 것이다. 본 절에서는 장애학생 부모교육을 부모와 교사의 적극적 경청, 장애학생의 다양한 교육적 접근 상담, 문제행동 중재에 대하여 사례 중심으로 알아보고자 한다.

교사의 적극적인 경청과 지속적인 공감과 관련된 상담 사례는 다음과 같다.

1) 장애학생 부모 적극적인 경청과 공감

엄마: 선생님, 우리 아이는 앞으로 어떻게 살아갈까요?
제가 앞으로 어떻게 해 주면 좋을지 모르겠어요.
일반학생과 함께 생활하는 옆집 부모를 보면 이유 없이 화가 나거나 질투심을 느낄 때가 있거든요. 그리고 아이가 커가면서 신체적으로 사춘기가 오면 어떤 도움을 받아야 하는지, 과연 그동안 제가 아이에게 잘해왔던 건지 잘 모르겠어요.

교사: 아이와 함께한 시간에 대한 생각과 신체적으로 사춘기를 앞두고 있는 아이의 앞날이 많이 걱정되시는군요. 그리고 일반 자녀를 키우시는 부모에 대하여 질투심과 열등감을 느끼는 어머님의 마음도 불편하시고요. 어머님이 지금 느끼는 감정은 장애학생을 가진 부모들이 많이 겪고 있는 감정이라고 생각하시면 될 것 같아요. 그리고 아이의 학교생활, 전환기 과정은 각종 사회복지기관, 교사 모두 어머니와 함께해 줄 거예요.

2) 장애학생 교육적 접근

장애학생의 부모는 자녀의 지도에 대한 다양한 교육적 접근을 위해 항상 고민하고 교사로부터 많은 정보를 얻기 원한다. 따라서 교사는 학부모의 입장을 이해할 준비된 마음을 보여 주면서 아동의 현재와 미래 활동에 맞추어 교육과 관련 있는 목적을 이끌어 가야 한다.

부모는 자녀의 학업 수준이 궁금하고 다른 또래 학생처럼 자신의 자녀 또한 발전하는 것을 원하기 때문이다. 최근에는 장애학생이 학습이 가능하고 어떤 가능성이 강점이 되는지에 대하여 충분하게 알려 주는 것이 중요하다.

장애학생에 관한 교사의 교육적 접근과 관련한 상담 사례는 다음과 같다.

엄마: 선생님, 수학 시간에 준후는 잘 따라가고 있나요?
우리 아이의 수 세기의 수준은 어느 정도인가요?
교사: 준후의 현행 수준은 네 번째 수를 이해하고 있으며, 지금은 다섯 번째, 여섯 번째, 일곱 번째를 배우고 있는 중입니다.
수 교구, 구체물을 이용하여 수 개념과 함께 수 세기를 하고 있어요.
엄마: 선생님, 집에서는 어떻게 활동을 해 주면 도움이 될까요?
교사: 준후가 좋아하는 강화물을 네 번째에 놓고 수 세기를 하면서 준후에게 사회적 강화제와 짝지어서 강화를 해 줍니다(환호를 하면서 하이파이브와 함께 잘했어~~를 외쳐 준다).
특히, 내면적 동기가 유발되기 힘들기 때문에 사회적 강화제(칭찬, 감각 자극)를 많이 써야 해요.

교사는 장애학생 부모님에게 구체적이고 적절한 답변을 해야 한다. 즉, 부모에게 장애학생이 실제 무엇을 배웠는지 알려 준다. 만일, 교사가 준후의 수학 실력이 3학년 수준에 있다고 말하면 부모는 자신의 자녀 학습 수준이 3학년보다는 높거나 낮다고 생각하게 된다. 교사의 추상적이고 일반적인 설명은 오해를 불러일으키기 쉽다.

3) 장애학생 문제행동 중재와 부모의 교육적 접근

부모와 의사소통을 지속하는 것은 부모에게 지지를 얻을 수 있는 좋은 방법이다. 그리고 교사를 지지하는 부모는 특수교육을 필요로 하는 학생의 교육에서 중요한 자산이다. 문제행동을 보이는 장애학생 부모와 교사의 개방된 의사소통은 더 필요하다.

장애학생 문제행동 중재와 부모의 교육적 접근 사례는 다음과 같다.

> 엄마: 선생님, 저희 아이가 요즘 주위 사람의 머리카락을 뜯고 손톱으로 할퀴는 행동을 해요. 야단을 치면 조금 참는 듯하지만 또 화가 나는 상황이 되면 자꾸 공격행동이 나와요.
>
> 교사: 네, 어머님. 영수는 컨디션에 따라 공격행동이 심해지는 경향이 있어요. 먼저, 가정에서 수면과 적당한 양의 식사를 했는지 체크할 필요가 있어요. 그리고 말로 표현이 전달되지 않아 공격행동이 의사소통의 기능으로 보인다면 적절한 대체행동을 익히게 해 주세요. 그리고 머리를 뜯거나 손톱으로 할퀴는 행동은 위험한 행동이란 것을 가르치고 보상과 처벌을 이행하는 방법을 사용해 보세요. 다양한 중재 방안을 학교와 연계해서 같이 지도해 봐요.

장애학생의 문제행동을 효과적으로 대처하도록 지원하기 위해서 교사가 문제행동에 대해 어떤 방법을 적용하고 이 방법이 어느 정도 효과가 있는지 교사, 부모의 시각에서 이해하고 지원해 주는 일이 필요하다. 또한, 장애학생이 보여 주는 행동이 과연 수정되어야 할 행동인지를 판단할 수 있게 해야 한다.

가정과 학교 사이에 체계적인 의사소통으로 일정한 정보가 공유된다면 학생, 부모, 교사에게 능동적으로 학생의 성장과 변화에 대하여 적절하게 대처하며 지도할 수 있다. 교사는 부모와의 상담을 통하여 장애학생의 문제행동 관리, 지도 등 여러 영역에 대하여 소통할 수 있어야 한다.

개별 인간이 서로 다르다는 것은 지극히 당연한 사실이지만, 그 다름이라는 태도를 취해야 한다. 사실은 그러한 다름이 다양성 확보라는 생존 전략으로 역할을 해 왔다. 하지만 현실에서 이런 생각을 자신의 삶 속에서 제대로 기능하게 하는 것은 그 누구든 쉽지 않은 일이다.

현재 우리 역시 서로가 다름으로 인하여 겪게 되는 많은 삶의 도전에 대해 능동적으로 그 해법을 찾고자 노력하고 있고 이러한 노력은 우리 모두의 사회적 생존 전략으로서 개개인의 삶 전반에 걸쳐 아주 다양하게 전개된다.

3 특수교육관련서비스 지원

본 절에서는 교육부 주체의 특수교육관련 서비스 체계와 특수교육대상자로 선정된 대부분의 학생이 장애학생인 점을 감안하여 보건복지부 주체의 관련 서비스 체계도 함께 통합적으로 살펴보고자 한다.

1. 「장애인 등에 대한 특수교육법」 관련 서비스

「장애인 등에 대한 특수교육법」에 규정한 특수교육관련서비스는 교육과정의 지원과 함께 특수교육대상학생에게 치료지원의 개념으로 관련 서비스를 제공하여 교육의 효율성을 극대화하고자 하는 역할을 한다. 학생의 지원 요구 특성에 따른 다양한 관련 지원 서비스는 [그림 13-2]와 같다.

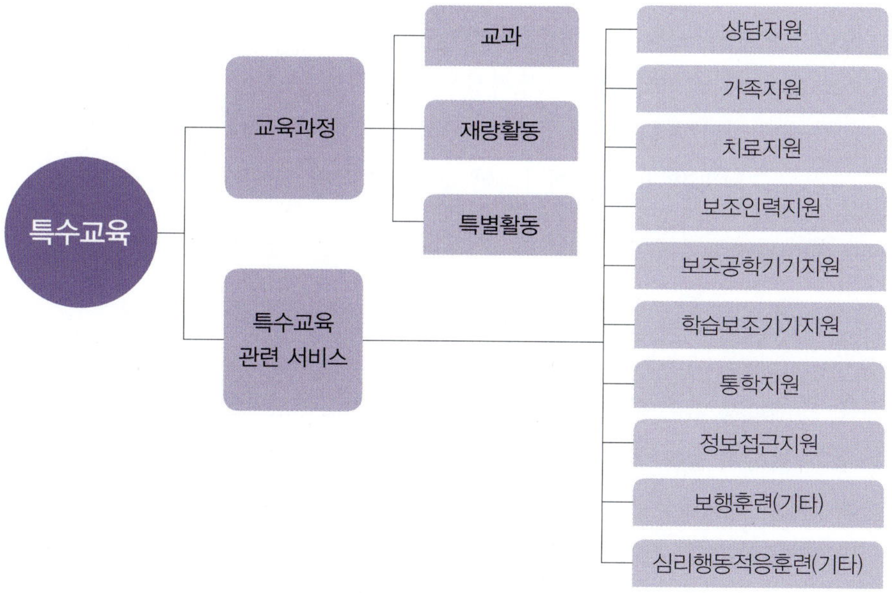

[그림 13-2] 특수교육과 특수교육관련서비스

치료지원의 제공 방법은 다음과 같다.

- 특수학교와 특수교육지원센터: 관련 치료사를 배정하여 지원
- 외부 관련 서비스 제공기관과 계약: 관련 서비스 제공기관과 계약 학교 방문 제공

- 국가 지정 바우처 제공기관과 계약: 외부 기관에 방문하여 관련 치료지원 서비스 인정 제공인력에 의한 치료지원

4 보건복지부 「장애아동가족지원사업」 지원 서비스

1. 발달재활서비스 사업

- 목적: 성장기의 정신적 · 감각적 장애아동의 인지, 의사소통, 적응행동, 감각 · 운동 등의 기능 향상과 행동발달을 위한 적절한 발달재활서비스 지원 및 정보제공
  높은 발달재활서비스 비용으로 인한 장애학생 양육가족의 경제적 부담 경감
- 서비스 대상자
  - 연령: 만 18세 미만 장애아동(지원금액: 22만 원 소득에 따라 차등 자부담금 있음)
  - 장애유형: 시각 · 청각 · 언어 · 지적 · 자폐성 · 뇌병변 장애아동(중복 장애 인정)
  - 기타요건: 「장애인복지법」상 등록장애아동
    다만, 영유아(만 6세 미만)의 경우 시각 · 청각 · 언어 · 지적 · 자폐성 · 뇌병변 장애가 예견되어 발달재활서비스가 필요하다고 인정한 의사 진단서 [서식 4호]와 검사지로 대체 가능

2. 장애아가족 양육지원 사업

- 목적: 장애학생 가족의 일상적인 양육 부담을 경감하고 보호자의 정상적인 사회활동을 돕기 위하여 돌봄 및 일시적 휴식지원 서비스 제공
- 돌봄서비스(지원대상)
  - 만 18세 미만의 「장애인복지법」상 등록 장애아와 생계 · 주거를 같이하는 전국 가구평균소득 100% 이하 가정
- 휴식지원프로그램(지원대상)
  - 소득기준 상관없이 만 18세 미만의 모든 장애아 가족으로 돌봄서비스를 받지 않는 가정도 참여 가능, 돌봄서비스를 받는 가정을 우선 지원

3. 장애인활동지원 사업

- 목적: 혼자서 일상생활과 사회생활을 하기 어려운 장애인에게 활동지원급여를 제공하여 장애인의 자립 생활을 지원하고 그 가족의 부담을 줄이기 위한 제도
- 서비스 대상자
  - 연령: 만 6세 이상 만 65세 미만의 「장애인복지법」상 등록 장애의 정도가 심한 장애인과 심하지 않은 장애인
- 서비스 내용: 신체활동지원, 가사활동지원, 사회활동지원, 방문목욕, 방문간호

위의 관련 내용을 요약하면, 교육부와 보건복지부로부터 특수교육대상자 학생이 장애인으로 등록되어 있는 경우 국가로부터 다음과 같은 관련 지원 서비스를 받을 수 있다.

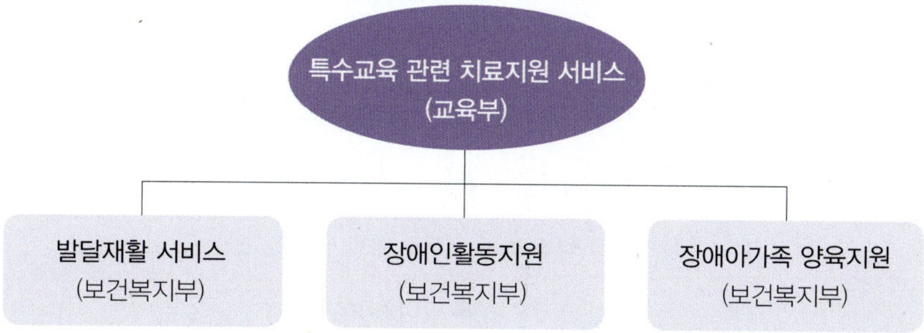

4. 특수교육 관련 서비스 제공 사례(통합학급)

▣ 일반학교 특수학급 특수교육대상자(9세 학생, 장애인 등록)

학교 등원(어머니 차량으로 등원)

⬇

일반학급 ↔ 특수학급(도움반) (교육부 지원)

학교 하원(14:30) ⬇

장애인활동 지원 서비스 이용 (보건복지부 지원)

⬇ 이동(활동보조원)

발달재활 서비스 이용: 언어재활 주2회 수업 (보건복지부 지원)

⬇ 이동(활동보조원)

기타 특수교육 관련 서비스 이용: 심리운동재활 주2회 수업 (교육부 지원)

⬇ 이동(활동보조원)

집 도착(활동보조원 ▶ 돌봄 서비스 방학 때 이용 선택형)

⬇ 이동(활동보조원)

장애아가족 양육지원 이용: 돌봄 서비스 (보건복지부 지원)

⬇

부모님께 아동 인계(저녁 18:00)

▶ 교통비 지원 1학기당 20만 원(등원은 어머니가 해 줌) (교육부 지원)

※ 단, 장애인 미등록 특수교육대상자는 보건복지부 지원사업 안 됨

참고문헌
찾아보기

참고문헌

가은아(2011). 쓰기 발달의 양상과 특성 연구. 한국교원대학교 대학원 박사학위논문.

강수균, 이재욱, 이효신, 전헌성(1999). 자폐아 언어치료. 경북: 대구대학교출판부.

고도홍(2017). 언어기관의 해부와 생리(2판). 서울: 학지사.

고영근(1999). 텍스트 이론. 서울: 아르케.

고영근, 남기심(1987). 표준국어문법론. 서울: 탑출판사.

고은(2014). 의사소통장애아 교육. 서울: 학지사.

고은(2017). 청각장애아교육. 서울: 학지사.

고은, 권주석, 김우리, 이태수, 조홍중, 최혜승(2015). 특수교육의 이해. 서울: 공동체.

공주대학교 특수교육연구소(2016). 특수교육의 이해. 경기: 양서원.

곽노의, 김경철, 김유미, 박대근(2007). 영유아발달. 경기: 양서원.

곽미영, 김시영, 김효정, 남현욱, 박상희, 박선희, 신명선, 신혜정, 신후남, 안종복, 유재연, 이명순, 이무경, 전희숙, 황보명, 황상심, 황하정(2019). 언어치료학 개론. 서울: 학지사.

교육부(2015). 특수교육 연차보고서. 세종: 교육부.

교육부(2016). 특수교육 연차보고서. 세종: 교육부.

교육부(2017). 특수교육 연차보고서. 세종: 교육부.

교육부(2018). 특수교육 연차보고서. 세종: 교육부.

교육부(2019). 2019 특수교육통계. 서울: 교육부.

교육부(2019). 특수교육 연차보고서. 세종: 교육부.

국립특수교육원(2009). 특수교육학 용어사전. 서울: 하우.

국립특수교육원(2011). 국립특수교육원 말지각 발달 검사. 경기: 교육과학사.

국어국문학회(2000). 국어대사전. 서울: 민중서관.

권경안, 이연섭, 손미령(1979). 한국아동의 음운발달 (I). 서울: 교육개발원.

권도하, 김시영, 김효정, 박진원, 신명선, 안종복, 장현진, 전희숙, 정훈(2012). 유창성 장애. 서울: 학지사.

권도하, 신후남, 이무경, 전희숙, 김시영, 유재연, 신명선, 황보명, 박선희, 신계정, 안종복, 남현욱, 이명순, 박상희, 김효정(2014). 언어치료학개론. 경북: 물과길.

권도하, 이명순, 신후남, 신혜정, 정분선, 전희숙, 김효정, 고영옥, 곽미영, 최선영, 황하정(2011). 언어발달. 서울: 박학사.

권순우(2010). 통합교육 환경에서 청각장애학생의 학교생활 적응에 대한 질적 연구. 언어치료연구, 19(3), 133-153.

권순우, 권순복, 김영익, 유정은, 팽재숙, 허세영(2018). 청각장애학생 교육. 서울: 창지사.

권순우, 김영익, 정은, 팽재숙(2017). 특수교육학개론. 서울: 창지사.

권순우, 김영익, 정은, 팽재숙(2023). 특수교육학개론(3판). 서울: 창지사.

권요한, 박용학, 이혜경, 임미경, 이동주, 김미숙(2011). 의사소통장애아 교육. 서울: 시그마프레스.

권혁철, 정동훈, 공진용(2004). 임상 적용을 위한 재활보조공학. 서울: 영문출판사.
김건희, 김미경, 김민동, 박명화, 이상진, 이상훈, 이원령, 이한우, 정훈영, 조재규(2018). 자폐성장애 학생을 위한 최상의 실제. 서울: 학지사.
김규상, 김진숙, 김형종, 방정화, 이경원, 이재희, 이정학, 이호기, 이효정, 임덕환, 장현숙, 조수진, 최철희, 한우재(2014). 청각학개론. 서울: 학지사.
김나영, 이경열, 정욱호, 홍계옥(2005). 영유아발달. 경기: 양서원.
김동일, 이대식, 신종호(2009). 학습장애 아동의 이해와 교육 2판. 서울: 학지사.
김민정(1997). 기능적 조음장애 아동의 음운변동에 관한 연구. Communication Sciences & Disorders, 2(1), 1-15.
김민정, 배소영, 박창일(2007). 아동용 발음평가(APAC). 인천: 휴브알앤씨.
김병준, 황민아, 최경순(2013). 읽기이해부진아동의 단어유추를 통한 단어처리 특성. Communication Sciences & Disorders, 18(3). 269-276.
김병하, 김욱희, 권순우(2005). 청각장애 학생에게 있어서 읽기의 의미와 가정에서의 지원활동. 특수아동교육연구, 7(1), 337-357.
김성태, 표화영, 권순복. (2014). 음성장애: 이론과 실제. 서울: 박학사.
김수진, 신지영(2020). 말소리장애. 서울: 시그마프레스.
김순복, 정길남(1996). 읽기지도 요소에 관한 연구. 초등국어교육, 6, 69-96.
김승국, 김영욱, 황도순, 정인호(1998). 청각장애 아동 교육. 서울: 교육과학사.
김승국, 김영욱, 황도순, 정인호(2007). 청각장애 아동 교육. 서울: 교육과학사.
김영욱, 김원경, 박화문, 석동일, 이해균, 윤점룡, 정재권, 정정진, 조인수(2009). 특수교육학. 서울: 교육과학사.
김영익(2004). 사진교환 의사소통 체계를 이용한 중재가 통합환경에서 발달장애유아의 행동요구하기 기능에 미치는 효과. 창원대학교 대학원. 석사학위논문.
김영익, 권순복(2006). 통합환경에서 사진교환 의사소통 체계를 이용한 중재가 발달장애 유아의 행동요구하기 기능에 미치는 효과. 특수교육재활과학연구, 45(4), 103-126.
김영익, 권순복, 권순우, 팽재숙(2018). 증강현실 기반의 언어중재가 자폐성장애 아동의 언어습득과 주의집중에 미치는 효과.
김영익, 권순우(2016). 감각통합심리운동을 통한 신체활동이 자폐성장애유아의 의사소통기능 습득과 상동행동 감소에 미치는 효과. 특수교육재활과학연구, 55(3), 1-24.
김영익, 권순우(2018). 삽화구성을 통한 관용어 이해지도가 청각장애학생의 관용어 해능력과 자기효능감에 미치는 효과. 특수교육 저널: 이론과 실천, 19(2), 25-48.
김영익, 박영주, 손경호, 조경숙(2015). 특수아동지도와 상담. 서울: 드림북.
김영태(1996). 그림자음검사를 통한 2-6세 아동의 자음정확도 연구. 말-언어장애연구, 1, 7-33.
김영태(2014). 아동언어장애의 진단 및 치료. 서울: 학지사.
김영태(2017). 아동언어장애의 진단 및 치료(2판). 서울: 학지사.
김영태, 김경희, 윤혜련, 김화수(2003). 영유아 언어발달 검사(Sequenced Language Scale for In-

fants: SELSI). 서울: 파라다이스복지재단.

김영태, 박은혜, 한선경, 구정아(2016). 언어치료사 및 특수교사를 위한 한국 보완대체 의사소통 평가 및 중재프로그램. 서울: 학지사.

김영태, 성태재, 이윤경(2003). 취학 전 아동의 수용언어 및 표현언어 발달 척도. 서울: 서울장애인종합복지관.

김영태, 신문자(2004). 우리말 조음 · 음운 평가(Urimal Test of Articulation and Phonology: U-TAP). 서울: 학지사.

김영태, 홍경훈, 김경희, 장혜성, 이주연(2009). 수용 · 표현 어휘력 검사(Receptive & Expressive Vocabulary Test: REVT). 서울: 서울장애인종합복지관.

김영태. 성태제, 이윤경(2003). 취학 전 아동의 수용언어 및 표현언어 발달 척도(Preschool Receptive & Expressive Scale: PRES). 서울: 서울장애인종합복지관.

김유경, 권순복(2019). 말샘플 수집을 위한 증강현실 자극 사용의 유용성. 언어치료연구, 28(4), 1-12.

김일명, 김원경, 조홍중, 허승준, 추연구, 윤치연, 박중휘, 이필상, 문장원, 서은정, 유은정, 김자경, 이근민, 김미숙, 김종인, 이신동(2013). 최신특수교육학. 서울: 학지사.

김정미, 김영태(2006). 학령기 단순언어장애아동의 화용적 이해능력: 상호지식이용능력을 중심으로. 언어 · 청각장애연구, 11(2), 90-105.

김종현 역(1996). 구어산출 장애. 강수균, 권도하, 김동연, 김종현, 박래준, 석동일, 오세철, 전헌선, 정옥란, 정재권, 정인수 (편). 뇌성마비 언어치료 (pp. 203-226). 경북: 한국언어치료학회.

김종현(2016). 특수아동의 이해와 지도를 위한 특수교육학개론. 서울: 창지사.

김향희(2012). 신경언어장애. 서울: 시그마프레스.

김향희(2013). 신경언어장애. 서울: 시그마프레스.

김화수, 김성수, 이상경, 최성희, 최철희 역(2018). 의사소통장애. 서울: 시그마프레스.

나희, 김성태. 심현섭. (2010). 성대 결절 환자의 성문 상부 움직임 및 성대진동양상에 관한 연구. 언어청각장애연구, 15(3), 444-456.

노은호, 김은경(2010). 통합상황에서 강화된 환경중심 언어중재가 차폐 아동의 자발화와 반향어에 미치는 효과. 한국보육학회지, 10(1). 169-193.

대구대학교(2019). 2019 하계 특수학교(중등: 일반사회) 1급 정교사 자격 연수. 경북: 대구대학교 사범대학부설교육연수원.

대한이비인후과학회(2016). 이비인후과학. 서울: 일조각.

대한후두음성언어의학회(2016). 후두음성언어의학(2판). 서울: 범문에듀케이션.

문고정, 김기형, 김성태, 등. 알코올 섭취 후 나타나는 음성변화와 역류성 후두염과의 관계. 대한후두음성언어의학회지, 14(2), 98-103.

박유린(2005). 공을 이용한 체간 운동이 경직형 뇌성마비 아동의 호흡에 미치는 효과. 대구대학교 재활과학대학원 석사학위 논문.

박은혜, 김정연(2004). 보완대체의사소통 상징체계 수립을 위한 기초문헌연구. Communication

Sciences & Disorders, 9, 100-129.
박은혜, 김정연(2010). 지체장애학생 교육. 서울: 학지사.
박은혜, 김정연, 표윤희(2018). 지체장애학생 교육. 서울: 학지사.
박은혜, 박순희(2001). 중도장애 학생의 교육에 관한 특수학교 교사의 인식 조사. 특수교육학연구, 36(1), 29-55.
박지윤, 석동일(2007). 이중언어환경 아동의 언어연령과 평균형태소 길이의 특성. 특수교육저널: 이론과 실천, 8(3), 445-463.
박현주(2008). 보완대체 의사소통. 서울: 학지사.
박화문, 전헌선, 김영한, 김정희, 김창평, 김하경, 도성화, 민강기, 박순길, 박정식, 종홍중, 주현숙, 한경임(2011). 지체부자유아 교육. 경북: 대구대학교출판부.
박희준(2016). 기능적 음성장애의 음성치료. 후두음성언어의학(2판). 서울: 범문에듀케이션.
방명애, 박현옥, 김은경, 이효정(2018). 자폐성 장애학생 교육. 서울: 학지사.
방선주, 김은정(2010). 과정중심 쓰기 교수가 자폐성 장애 학생의 쓰기 능력에 미치는 효과. 정서・행동장애연구, 26(3), 151-178.
배소영, 임선숙, 이지희(2000). 언어문제해결력검사(TOPS). 서울: 서울장애인종합복지관.
배소영, 임선숙, 이지희, 장혜성(2004). 구문 의미 이해력 검사(KOSECT). 서울: 서울장애인종합복지관.
배희숙(2016). 언어발달. 서울: 학지사.
보건복지부(2019). 장애인복지법 개정.
보건복지부(2020). 장애아동가조지원 사업안내.
서소정, 문혁준, 김민희, 김정희, 이종신, 강인숙, 박경선(2019). 아동언어지도. 서울: 창지사.
석동일(1991). 전통적 조음장애 치료 프로그램의 구조연구. 언어치료연구, 1, 1-28.
석동일(2009). 조음・음운장애 치료. 대구: 대구대학교출판부.
석동일, 박상희, 신혜정, 박희정(2008). 한국어 표준 그림 조음・음운 검사. 서울: 학지사.
성미영, 권유정, 유주연(2011). 영유아 언어지도. 서울: 학지사.
송윤경, 심현섭(1999). 음성위생법 그룹교육의 유효성에 관한 연구: 중등교사의 음성위생법 교육 전후의 음성분석 및 음성피로 자가평가를 통하여. 언어청각장애연구, 4, 15-36.
송윤경(2016). 총체적 음성치료 프로그램. 후두음성언어의학(2판). 서울: 범문에듀케이션.
송준만, 유호순(2012). 특수교육학개론. 경기: 교문사.
신문자, 김재옥, 이수복, 이소연(2010). 조음기관 구조・기능 선별검사. 서울: 학지사.
신문자. 김영태(2002). 우리말 조음・음운평가. 서울: 학지사.
신종호, 김동민, 김정섭, 김종백, 도승이, 김지현, 서영석(공역)(2006). 교육심리학. 서울: 학지사.
신후남, 이남순 역(2010). 뇌성마비 언어치료 SLP를 위한 가이드북. 서울: 박학사.
심현섭, 권미선, 김수진, 김영태, 김정미, 김진숙, 김향희, 배소영, 신문자, 윤미선, 윤혜련(2017). 의사소통장애의 이해. 서울: 학지사.
심현섭, 김영태, 김진숙, 김향희, 배소영, 신문자, 이승환, 이정학, 한재순, 윤혜련, 김정미, 권미선

(2010). 의사소통장애의 이해. 서울: 학지사.
심현섭, 신문자, 이은주(2010). 파라다이스-유창성검사 II. 서울: 파라다이스복지재단.
안지숙, 김영태(2000). 단순언어장애아동과 정상아동의 구문적 난이도에 따른 문장 따라 말하기: 수행력 및 명료도 비교. 음성과학, 7(3), 249-262.
안철민, 김성태, 최지호(2001). 라인케 부종의 유형에 따른 음성학적 특징. 대한이비인후과학회지, 44, 1310-1314.
엄정희(1986). 3, 4, 5세 아동의 말소리 발달에 관한 연구: 자음을 중심으로, 이화여자대학교 대학원 석사학위 논문.
오만록(2004). 교육심리학. 서울: 교육과학사.
오세진(2015). 보청기개론. 서울: 시그마프레스.
유은정, 백무진, 안성우, 최상배, 최영숙, 서중현, 이광렬, 서유경(2010). 청각장애아동의 이해와 교과교육. 서울: 학지사.
유재연, 황영진, 한지연, 이옥분(2015). 음성과 음성치료. 서울: 시그마프레스.
유재연(2016). 행동적 음성치료. 후두음성언어의학(2판). 서울: 범문에듀케이션.
이규식, 권도하(1979). 유아의 조음발달 (I): 자음종류에 따라. 대한이비인후과학회지, 19, 23-24.
이규식, 석동일, 국미경, 강창욱, 이상희, 박상희, 윤미선, 신혜정, 박미혜(2006). 청각장애아동 언어지도와 치료방법. 경북: 대구대학교출판부.
이규식, 석동일, 권도하, 정옥란, 강수균, 김시영, 신명선, 이상희, 황보명, 이옥분(2004). 의사소통장애 치료교육. 서울: 학지사.
이동훤, 이효신(2014). 위치단서 유무에 따른 비연속 시행 훈련이 자폐스펙트럼 장애아동의 단어 재인에 미치는 영향. 정서·행동장애연구, 30(2), 29-55.
이미숙, 구신실, 노진아, 박경옥, 서선진(2016). 특수교육학 개론. 서울: 학지사.
이상희(2006). 청각장애아동의 어휘발달에 관한 연구의 동향. 순천향 인문과학논총, 17, 151-168.
이소현, 박은혜(2011). 특수아동교육. 서울: 학지사.
이소현, 박혜진, 윤선아(2017). 자폐 범주성 장애. 서울: 학지사.
이수복, 심현섭, 신문자(2007). 취학 전 이중언어아동의 비유창성 특성 연구. 언어청각장애연구, 12(2), 296-316.
이승복, 이희란 역(2009). 언어발달(6판). 서울: 시그마프레스.
이승환(1994). 언어장애의 이해와 치료: 아동의 조음장애 치료. 서울: 군자출판사.
이승환(2004). 유창성장애. 서울: 시그마프레스.
이영자, 이종숙(1985). 비지시적 지도방법에 의한 유아의 읽기 쓰기 행동의 발달. 덕성여대 논문집. 14집.
이옥분(2016). 신경학적 음성장애의 음성치료. 후두음성언어의학(2판). 서울: 범문에듀케이션.
이윤경(2014). 학령기 아동 언어검사(Language Scale for School-aged Children: LSSC). 서울: 학지사 심리검사연구소.
이윤경, 김영태(2003). 단순언어장애아동들의 낱말산출능력: 명사와 동사를 중심으로. 언어·청각장애연구, 8(1), 1-19.
이현복, 김선희, 김영태(1995). 어린이 발음의 진단과 치료. 서울: 교육과학사.
임성규(2003). 표현어휘의 교육 방법 연구. 어문연구, 42, 201-228.
장혜성, 임선숙, 백현정(1992). 언어이해 · 인지력검사. 서울: 서울장애인종합복지관.
전경숙, 김동칠, 황상준, 신효근, 김현기(2007). 부정교합환자의 수술전 · 후 발음변화에 관한 음향학적 특성. 음성과학, 14(3), 93-109.
전병운, 김희규, 박경옥, 유장순, 정주영, 홍성두(2013). 장애학생을 위한 국어교육의 이론과 실제. 서울: 학지사.
전헌선, 윤치연, 공나영, 김성화, 도명애, 박순길, 서석진, 서영란, 송호준, 양경애, 이수진, 이정남, 최성욱(2012). 특수교육학개론. 경기: 양서원.
전헌선, 한경임, 노선욱(2004). 뇌성마비아의 언어치료교육. 경북: 대구대학교 출판부.
정남미(2016). 유아언어교육. 서울: 창지사.
정대영(2010). 비언어성 학습장애의 개념, 분류 및 진단평가 방법 고찰. 학습장애연구, 7(2), 57-79.
정대영, 김영익, 박은미(2012). 특수아동지도. 경기: 양서원.
정동훈(2019). 특수교육 보조공학 연구 동향 분석: 2010~ 2018 년 특수교육 학술지 게재 논문을 중심으로. 특수교육교과교육연구, 12(2), 223-245.
정세아, 박미경, 황민아(2010). 연인두폐쇄부전 아동의 낱말과 자발화수준에서 나타난 보상조음 출현율 비교. 언어청각장애연구, 15(2), 220-231.
정옥란(1996). 음성과 음성치료. 서울: 원미사.
정옥분, 정순화(2007). 부모교육. 서울: 학지사.
정지원(2016). 지적장애 청소년의 비단어 따라 말하기와 음운인식 수행능력. 이화여자대학교 석사학위논문.
정창권, 윤종선, 방귀희, 김연지(2014). 한국장애인사. 서울: 도서출판 솟대.
정해동(2002). 뇌성마비 아동의 쓰기 능력에 관한 연구. 특수교육학연구, 37(2), 155-173.
정해동, 권주석, 김미선, 김주영, 박경옥, 박순희, 이경면, 이성봉, 이옥인, 정영숙, 정주영, 조규영(2010). 특수교육 국어교육론. 서울: 교육과학사.
정해동, 김주영, 박은혜, 박숙자(1999). 장애학생을 위한 보완 · 대체 의사소통 지도. 서울: 국립특수교육원.
정희영, 이성복, 김성원, 윤선화, 김선아, 방승미(2014). 유아발달. 경기: 파워북.
조광순, 김정자(2002). 대체 의사소통 교수가 중복장애유아의 자해행동 및 바람직한 상호작용행동에 미치는 효과. 언어치료연구, 11(1). 123-150.
조두년, 강성종(2005). 장애학생을 위한 보완, 대체 의사소통 연구의 동향 분석. 지체중복건강장애연구, 45, 301-321.
조두년, 박선애, 김원경(2004). 중도 뇌성마비 학생들이 선호하는 보완, 대체 의사소통 중재유형에 관한 연구. 특수교육 저널: 이론과 실천, 5(2), 149-174.

조민경(2019). 초등 3~4학년 언어학습장애 아동이 구문인식능력과 읽기이해능력 작문능력 간의 상관관계. 부산카톨릭대학교 대학원. 석사학위논문.

조수경(2003). 초등학교 도서실 운영에 대한 교사들의 기대수준과 수행수준간의 차이에 관한 연구. 국민대학교 교육대학원 석사학위논문.

천경록(1999). 읽기 장애의 개념과 지도 방향. 한국어문교육, 8(1), 261-294.

최철희, 최성희, 이경재(2015). 말과학. 서울: 시그마프레스.

표윤희, 박은혜(2002). 중도 뇌성마비학생의 학교 수업에서의 문자의사소통판 활용. Communication Sciences & Disorders, 7, 30-48.

한경임(1998). 중증 뇌성마비 아동의 보완 · 대체 의사소통 중재의 효과. 특수교육학연구, 33(1). 169-189.

한국청각 · 언어장애교육학회(2012). 청각장애아동교육. 경기: 양서원.

한국특수교육연구회(2009). 특수아동의 이해. 경기: 양서원.

한진순(2008). 구개열 아동, 기능적 조음장애 아동, 일반 아동의 자음정확도, 말 명료도 및 말 용인도 비교. 이화여자대학교 박사학위논문.

홍정선, 이해덕(1997). 뇌성마비아 호흡의 문제점과 치료. 한국 BOBATH 학회지, 2(1), 126-137.

황보명, 김경신(2010). 지적장애아동 언어치료. 서울: 학지사.

AAMR Ad Committee on Terminology and Classification (2002). *Mental retardation: Definition, classification of supports*(10th ed.). Washington, DC: American Association on Mental Retardation.

Abbeduto, L., Murphy, M. M., Richmond, E. K., Amman, A., Beht, P., Weissman, M. D., Kim, J. S., Cawhton, S. W., & Jaradottir, S. (2006). Collaborationin referential commuication Comparison of youth with Down syndrome or Fragile X syndrome. *American Journal on Mental Retardation*, *111*, 170-183.

American Psychiatric Association (2013). *Diagnostic and statistical manual of mental disorders*(5th. ed). Washington, DC : Author.

American Speech-Language-Hearing Association (1991). Report: Augmentative and alternative communication. *AHSA*, *33*(4), 9-12.

Angelo, D. H. (1997). *AAC in the family and home. Handbook of augmentative and alternative communication*. 523-541.

Aronson, A. E. (1990). *Clinical voice disorders: An interdisciplinary approach*(3th ed). New York: Thieme-Stratton.

Arvedson, J. (2002). Gastroesophageal/extraesophageal reflux and voice disorders in children. In C. Sapienza & B.H. Ruddy (Eds.), Perspectives on Voice and Voice Disorders, 12(1). 17-19 (ASHA-Division 3 Newsletter).

Arvedson, J. (2002). Gastroesophageal/extraesophageal reflux and voice disorders in children. In C. Sapienza & B.H. Ruddy (Eds.), Perspectives on Voice and Voice Disorders, 12(1);

17-19 disabilities(7th ed.). Baltimore: paul H. Brookes Publishing Co.

Baranek, G. T. (2002). Efficacy of sensory and motor intervention for childer with autism. *Journal of Autism and Developmental Disorder*, *32*, 397-422.

Barton, D. (1976). *The role of perception in the acquisition of phonology*. Doctoral dissertation, University of London.

Batshaw, M. L., Roizen, N. J., & Lotrecchiano, G. R. (2013). *Children with disabilities*(7th ed.). Baltimore: paul H. Brookes Publishing Co.

Beers, M. H., Poerter, R. S., Jones, T. V., Kaplan, J. L., & Berkwits, M. (2006). *The Merck manual of diagnosis and therapy*(18th ed.). Whitehouse Station, NJ: Merck & Co.

Bereiter, C. (1980). Development in writing. In L. W. Gregg & E. R. Steinberg(Eds.) Cognitive Processes in Writing(pp. 73-93). Hillsdale: Erlbaum.

Bernthal, J. E. & Bankoson, N. W. (1981). *Articulation disorders*. Englewood Cliffs, NJ: Prentice-Hall.

Beukelman, D. R., & Mirenda, P. (1998). *Augmentative and alternative communication*. Baltimore: Paul H. Brookes.

Beyer, J., Gammeltoft, L. (2002). *Autismus und Spielen*. Beitz.

Billinghurst M., & Kato, H. (2002). Collaborative augmented reality. *Communications of the Association for compiting Machinery*, *45*(7), 64-70.

Bishop, D. V. M., & Adams, C. (1990). A prospective study of the relationship between specific language impairment, phonological disorders, and reading retardation. *Journal of Child Psychology and Psychiatry*, *31*, 1027-1050.

Blake Huer, M. (2000). Examining perceptions of graphic symbols across cultures: Preliminary study of the impact of culture/ethnicity. *Augmentative and alternative communication*, *16*(3), 180-185.

Bloomberg, K., & Johnson, H. (1990). A statewide demographic survey of people with severe communication impairments. *Augmentative and Alternative Communication*, *6*(1), 50-60.

Boliek, C, Hixon,, T., Watson, P., & Morgan, W. (1996). Vocalization and breathing during the first year of life. *Journal of Voice*, *10*, 1-22.

Boone, D. R., McFarlane, S. C., & Von Berg, S. L. (2005). *The Voice and Voice Therpy*. Needham Heights, MA: Allyn & Bacon.

Boone, D. R., McFarlane, S. C., Von Berg, S. L., & Zraick, R. I. (2014). *The voice and voice therapy*(8th ed). Boston: Allyn & Bacon.

Bowe, F. (2000). *Physical, sensory, and health disabilities: An introduction*. Columbus, OH: Merrll.

Brinton, B., & Fujiki, M. (1995). Conversational intervention with children with language impairment. In M. Fey, J. Winsor, & S. Warren(Eds.), *Language intervention: Preschool through the primary school years*, 183-212.

Bromley, K. (1988). Language arts: Exploring connections. Needham Heights, MA: Allyn and Bacon.

Burroughs, J. A., Albritton, E., Eaton, B., & Montague, J. (1990). A comparative study of language delayed preschool children's ability to recall symbols from two symbol systems. *Augmentative and Alternative Communication*, *6*(3), 202-206.

Buschmann, A. (2009). *Heidelberger Elterntraining zur fruhen Sprachforderung*. Urber &Fischer.

Calculator, S. N. (1997). AAC and individuals with severe to profound disabilities. In S. L. Glennen, & D. C. DeCoste(Eds.) *Handbook of augmentative and alternative communication*. San Diego: Singular Publishing Group.

Catts, H. W., Hogan, T. P., & Fey, M. E. (2003). Subgrouping poor readers on basis of individual differences in reading-related abilities. *Journal of Learning Disabilities*, *36*, 151-164.

Church, C., Alisanski, S., & Amanullah, S. (2000). The Social, Behavioral, and Academic Experiences of Children with Asperger Syndrome. *Focus on Autism and Other Developmental Disabilities*, *15*(1), 12-20.

Conture, E. G. (1996). Treatment efficacy: Stuttering. *Journal of Speech and Hearing Research*, *39*, S18-S26.

Creghead, N. A., Newman, P. W. & Secord, W. A. (1989). *Assessment and remediation of articulatory and phonological disorders*(2nd ed.). New York: Macmilan Publishing Co.

Crystal, D. (1995). *The Cambridge encyclopedia of English language*. Cambridge: Cambridge University Press.

Darley, F., Aronson, A. E., & Brown, J. (1975). *Motor speech disorders*. Philadelphia: Saunders.

Deena, K., & Ellenmorris, T. (2009). *Language and Communication Disorder in Children*. Allyn & Bacon.

Desai, V., & Mishra, P. (2012). Voice therapy outcome in puberphonia. *Journal of Laryngology and Voice*, *2*, 26-29.

Duffy, J. (2005). *Speech motor disorders: Substrates, differential diagnosis and management*. Elsevier: Mosby.

Dworkin, J. P. (1991). *Motor speech disorders: A treatment guide*. St. Louis: Mosby-Year Book.

Eimas, P. D. (1974). Auditory and linguistic processing of cues for place of articulation by infants. *Perception and Psychophysics*, *16*, 513-521.

Ellis, N. R., & Dulaney, C. L. (1991). Further evidence for cognitive inertia of persons with mental retardation. *American Journal on Mental Retardation*, *95*(6), 613-621.

Ferrand, C. (2007). *Speech science: An integrated approach to theory and clinical practice*(2nd ed.). Allyn and Bacon.

Ferrand, C. (2012). *Voice disorders: scope of theory and practice*. Pearson Education. Inc.

Fey, M. E., Long, Sl H., & Finestack, L. H. (2003). *Ten principles of grammar intervention*. American Journal of Speech-Language Pathology.

Fosnot, S. (1993). Research design for examining treatment efficacy in fluency disorders. *Journal of Fluency Disorders*, *18*, 221-252.

Frost, L., & Bondy, A. (2002). *The Picture Exchange Communication System training manual*(2nd ed.). Cherry Hill, NJ: Pyramid Educational Consultants.

Gallaudet Research Instiude(2008). Regional and national summary report of data from the 2007-2008 annual survey of deaf and hard of hearing children and youth. Washington, DC: DRI, Gallaudet University.

Glennen, S., & DeCoste, D. C. (1997). *The handbook of augmentative and alternative communication*. Cengage Learning.

Gottwald, S. R., & Starkweather, C. W. (1995). Fluency intervention for preschoolers and their families in the public schools. *Language, Speech, and Hearing Services in Schools*, *26*, 117-126.

Graham, S., & Harris, K. R. (2003). Students with learning disabilities and the process of writing: A meta-analysis of SRSK studies. In H. L. Swanson, K. R. Harris, & S. Graham(Eds.). *Handbook of research on learning disabilities*. New York: Guildford.

Greenspan, S. (2006). Functional concepts in mental retardation: Finding the natural essence of an artifical category. *Exceptionality*, *14*, 205-224.

Grimm, H. (1990). *Storungen der Sprachentwicklung*. Hogrefe.

Gugatschka, M., Kiesler, K., Obermayer-Pietsch, B., Schoekler, B., Schimid, C., Groselj-Strele, A., & Freidrich, G. (2010). Sex hormones and the elderly male voice. *Journal of Voice*, *24*, 369-373.

Guitar, B. (1998). *Stuttering: An integrated approach to its nature and treatment*(2nd ed.). Philadelphia: Lippincott Williams & Wilkins.

Guitar, B. (2006). *Stuttering: An integrated approach to its nature and treatment*(3nd ed.). Philadelphia: Lippincott Williams & Wilkins.

Halliday, M. (1975). *Learning How to Mean: Explorations in the Development of Language*. New York: Amold.

Hansson, K., & Nettelbladt, U. (1995). Grammatical characteristics of Swedish children with SLI. *Journal of speech and Hearing Research*, *38*, 589-598.

Haskell, J. A. (1995). The speech pathologist's role in the treatment of voice disorders. In Rubin JS, Sataloff RT, Korovin GS, Gould WJ(eds.). *Diagnosis and treatment of voice disorders*. Tokyo: IGAKU-SHOIN Medical Publishers. Inc.

Heinemann, M., & Hopfer, C. (1992). *Screening-Verfahren zur Erfassung von Sprachentwicklungsverzogerungen*. Beltz.

Heller, K. W., Forney, P. E., Alberto, P. A., Best, S. J., & Schwartzman, M. N. (2009). *Understanding physical, helath, and multiple disabilities*(2nd ed.). Upper Saddle River, NJ: Pearson Education, Inc.

Heward, L. M.(2009). *Exceptional Children: An introduction to special education*. NJ: Pearson.

Heward, W. L., & Wood, C. L. (2006). *Exceptional children: An introduction to special education*. Pearson Education/Merrill/Prentice Hall.

Heward. W. L. (2003). *Exceptional children: An introduction to special education*(7th ed.). NJ: Merrill.

Hirano, M. (1974). Morphological structure of the vocal cord as a vibrator and its variations. *Folia Phoniatrica, 26*, 89-94.

Hirano, M., & Kakita, Y. (1985). Cover-body theory of vocal fold vibration. In Doniloff(ed.). *Speech Science*. San Diego: College-Hill. Press.

Hodson, B. W & Paden, E. P. (1983). *Targeting intelligible speech: A phonological approach to remediation*. San Diego: College-Hill Press.

Hodson, B. W. (1980). *The assessment of phonological processes*. Danvile, IL: Interstate Printers & Publishers.

Hoff, E. (2005). *Language development*(3rd ed.). Belmont, CA: Wadsworth.

House, A., & Andrews, H. B. (1987). The psychiatric and social characteristics of patients with functional dysphonia. *Journal of Psychosomatic Research, 31*, 483-490.

Huemer, S. V., & Mann, V. (2010). A comprehensive profile of decoding and comprehension in autism spectrum disorders. *Journal of Autism and Developmental Disorders, 40*(4), 485-493.

Irwin, J. R., Carter, A. S., & Briggs-Gowan, M. J. (2002). The social-emotional development of "late-talking" toddlers. *J Am Acad Child Adolesc Psychiatry, 41*, 1324-1332.

Jakobson, R. (1968). *Child language: Aphasia and phonological universals*. Paris: Mouton.

Jalongo, M. R. (2000). *Early childhood language arts*(3rd ed.). Needham Heighs, MA : Allyn and Bacon.

Johnson, W. (1959). *The onset of stuttering. Minnerapolis*. MN: University of Minnesota Press.

Kaiser, L. (1995). Using augmentative and alternative communication to improve communication for handicapped children. Nova Southeastern University MS practicum paper.

Kamhi, A. D., & Catts, H. (2012). *Language and Reading Disabilities*. Boston: Alyn & Bacon.

Kamhi, A., & Masterson, J. (1989). Language and cognition in mentally handicapped people: Last rites for difference-delay controversy. In M. Beveridge, G. Conti-Ramsden, & I. Leudar (Eds.), *Language and communication in mentally handiapped people*. London, England: Chapman & Hall.

Kanner, L. (1943). Autistic disturbances of affective contact. *Nervous Child, 2*, 217-250.

Kany, W., & Scholer, H. (2007). *Fokus: Sprachdiagnostik*. Comelsen.

Kaplan, E. L. & Kaplan, G. A. (1970). The prelinguistic child. In J. Eliot (Ed.), *Human development and cognitive processes*. New York: Holt, Rinehart & Winston.

Kasari, C., Gulsrud, A., Wong, C., Kwon, S., & Locke, J. (2010). Randomized controlled caregiver mediated joint engagement intervention for toddlers with autism. *Journal of Autism and Developmental Disorders, 49*, 1045-1056.

Kauschke, C., & Siegmuller, J. (2002). *Patholinguistische Diagnostid bei Sprachentwicklungsstorungen*. Urban & Fischer.

Kent, R. (1997). The speech sciences. Singular publishing group, Inc.

Kent, R. D., Kent, J., Duffy, J., et al. (2000). Ataxic dysarthria. *Journal of Speech, Language, and Hearing Research*, 1275-1287.

Kirk, S. A., & Chalfant, J. C. (1984). *Academic and developmental learning disabilities*. London: Love Publishing.

Klink, Gerstman, Raphael, Schlanger, and Newsome. (1986). Phonological process usage by young EMR children and nonretarded preschool children. *American Journal of Mental Deficiency*, *91*, 190-195.

Koegel, R, L., & Koegel, L. K. (2006). *Pivotal response treatments for autism: Communication, social, and academic development.* Baltimore, MD: Paul H. Brookes.

Koufman, J. A., & Blalock, P. D. (1991). Functional voice disorders. *Otolaryngologic Clinics of North America*, *24*(5), 1059-1073.

Lahey, M., & Edward, J. (1999). Naming errors of children with specific language impairment. *Journal of Speech and Hearing Research*, *42*, 195-205.

Lane, V. W., & Molyneaux, D. (1992). *The dynamics of communicative development*. NJ : Englewood Cliffs, Prentice Hall.

Lanigan, P. (1994). *Improving communication skills with an augmentative and alternative communication program for primary severely physically impaired students*. Nova Southeastern University MS practicum paper.

Leonard, L. (1998). *Children with specific language impairment*. The MIT Press.

Leonard, L. B., Camarata, S., Rowan, L., & Chapman, K. (1982). The communicative functions of lexical usage by language impaired children. *Applied Psycholinguistics*, *3*, 109-125.

Light, J. C., Roberts, B., Dimarco, R., & Greiner, N. (1998). Augmentative and alternative communication to support receptive and expressive communication for people with autism. *Journal of Communication Disorders*, *31*(2), 153-180.

Lincoln, M., & Onslow, M. (1997). Long-term outcome of early intervention for stuttering. *American Journal of Speech-Language Pathology*, *6*, 51-58.

Ling, D.(1989). Foundation of spoken language on hearing impaired. Alexander Graham Bell Association for the Deaf and hard of Hearing.

Lloyd, L., Quist, R., & Windsor, J. (1990). A proposed augmentative and alternative communication model. *Augmentative and Alternative Communication*, *6*(3), 172-183.

Long, S. (2005). Language and children with intellectial disabilities. In V. Reed (Ed.), *Children with language disorders*(3rd ed.) (pp. 220-252). Boston: Allyn & Bacon.

Lowe, R. J. (1994). *Phonology: Assessment and intervention applications in speech pathology*. Baltimore: Williams & Wilkins.

Machado, J. M. (1999; 2003). *Early childhood experience in language arts*. New York: Delmar.

Manning, W. H. (2010). *Clinical Decision-Making in Fluency Disorders*(3rd ed.). San Diego, CA: Singular, Thomson Learning, Inc.

Marilyn Sief Workinger. (2005). *Cerebral Palsy: Resource Guide*. NY: Thomson Delmar Learning.

Marriage, S., Wolverton, A., & Marriage, K. (2009). Autism spectrum disorder grown up: A chart review of adult functioning. *Journal of the Canadian Academy of Child and Adolescent Psychiatry*, *18*(4), 322-328.

Marschark, M., Lang, H. G., & Albertini, J. A(2002). *Educating deaf students*. Oxford, NY.

McNaughton, D., & Light, J. (1989). Teaching facilitators to support the communication skills of an adult with severe cognitive disabilities: A case study. *Augmentative and Alternative Communication*, *5*(1), 35-41.

Miller, F. (2005). *Cerebral palsy*. NEW York: Spinger.

Miller, F., & S. J. Bachrach (1995). *Cerebral palsy: A complete guide for caregiving*. Baltimore: Johns Hopkins University Press.

Mizuko, M., & Reichle, J. (1989). Transparency and recall of symbols among intellectually handicapped adults. *Journal of Speech and Hearing Disorders*, *54*(4), 627-633.

Moores, D. F.(1987). *Education the deaf: Psychology, Principles and practice*. Boston: Houghton-Mifflin Company.

Moores, D. F.(2006). Print literacy: The acquisition of reading and writing skills. In D. moores & D. Martin(Eds.), *Deaf learners: Developments in curriculum and instruction*(pp.41-55). Washinton, DC: Gallaudet University Press.

Morehead, D., & Ingram, D. (1973). The development of base syntax in normal and linguisically deviant children. *Journal of speech and Hearing Research*, *16*, 330-352.

Morrison, M. D., Nichol, H., & Rammage, L. A. (2001). Diagnostic criteria in functional dysphonia. *Laryngoscope*, *10*, 17-18.

Morse, P. A. (1972). The discrimination of speech and non-speech stimuli in early infancy. *Journal of Experimental Child Psychology*, *14*, 477-492.

Mumford, K. H., & Kita, S. (2014). Children use gesture to interpret novel verb meanings. *Child development*, *85*(3), 1181-1189.

Myles, B. S., Huggins, A., Rome-Lake, M., Hagiwara, T., Bamhill, G & Griswold, D. (2003). Written language profile of children and youth with Asperger syndrome: Research to practice. *Education and Training in Developmental Disabilities*, *38*, 362-369.

National Research Council(2001). *Educating children with autism*. Washington, DC: National Academy Press.

Natke, U. (2000). *Stottern*. Klinische Praxis.

Newman, J. (1985). *Whole Language: Theory and use*. NH: Heinammnn.

Ogletree, B. T., & Oren, T. (2006). *How to Use Augmentative and Alternative Communication*. Austin, TX: Pro-Ed.

Olswang, L., Bain, B., & Johnson, G. (1992). Using dynamic assessment with children with language disorders. In S. F. Warren & J. Reichle, Causes and Effects in Communication and Language Intervention. Baltimore, ML: Paul H. Bookes Publishing.

Owens, R. (1996). *Language development: An introduction*. Needham Heights, MA : Allyn & Bacon.

Owens, R. (2002). Mental retardation: Difference and delay. In D. K. Bemstein & E. Tiegeman-Farber (Eds.), *Language and Communication disorder in children* (pp. 436-509). Boston: Allyn & Bacon.

Owens, R. (2005). *Language development: An introduction*(6th ed.). Boston: Allyn & Bacon.

Owens, R. (2012). *Language development: An introduction*. Boston: Pearson Education.

Paul, R. (2001). *Language disorders from infancy through adolescence: Assessment and intervention*. St. Louis, MO: Mosby.

Paul, R., & Norbury, C. F. (2013). *Language Disorders: From infancy through adolescence*(4th). Mosby.

Penningtion, R. C., Stenhoff, D. M., Gibson, J., & Ballou, K. (2012). Using simultaneous prompting to teach computer-baesd story writing to a student with autism. *Education and Treatment of Children*, *35*(3), 389-406.

Pennington, L. (2012). Speech and communication in cerebral palsy. *Eastern Journal of Medicine*, *17*(4), 171-177.

Prizant, B. N., Wetherby, A. M., Rubin, E., Laurent, A. C., & Rydell, P J. (2006). The SCERTS model: A comprehensive educational approach for children with autism spectrum disorders, Volume I Assessment, Volume II Program planning and intervention. Baltimore, MD: Brookes.

Prizant, B., Schuler, A., Wetherby, A., & Rydell, P. (1997). Enhancing language and communication development: language approaches, In D. Cohen & F. Volkmar(Eds), *Handbook of Autism and Pervasive Developmental Disorders*, 2nd Edition. New York: Wiley.

Quill, K. A. (1995). Enhancing children's social-communicative interactions. Teaching children with autism: Strategies to enhance communication and socialization, 163-192.

Ramig, L O., Fox, C., & Sapir, S. (2008). Speech treatment for Parkinson's disease. Expert Rev. *Neurotherapeutics*, *8*(2), 299- 311.

Ramig, L, Scherer, R., Klasner, E., et al. (1990). Acoustic analysis of voice in amyotrohic lateral sclerosis: A longitudinal case study. *Journal of Speech and Hearing Disorders*, *55*(1), 2-14.

Rescorla, L. (1989). The language development survey: A. screening tool for delayed language in toddlers. *I Speech Hear Dis*, *54*, 587-599.

Rescorla, L. (2002). Language and reading outcomes to age 9 in latetalking toddlers. *J Speech*

Lang Hear Res, *45*, 360-371.

Rescorla, L., & Schwartz, E. (1990). Outcome of toddlers with expressive language delay(DELD). *Appl Psycholinguistics*, *11*, 393-408.

Rice, M. & Wexler, K. (1996). Toward Tense as a clinical marker of specific language impairment in English-speaking children. *Journal of speech and Hearing Research*, *39*, 1239-1257.

Rice, M., Buhr, J., & Nemeth, M. (1990). Fast mapping word-learning abilities of language-delayed preschoolers. *Journal of speech and Hearing Disorders*, *55*, 33-42.

Robinson, T. L. (2012). Cultural diversity and fluency disorders. In K. Faulk & J. Gower (Eds.), *Communication disorders in multicultural populations* (pp. 164-173). St. Louis, MO: Elsevier Mosby.

Rondal, J. A. (1996). *Sprachentwicklung und Sprachgebrauch bei Menschen mit Down-Syndtom*. Leben mit Down-Syndrom.

Roy, N. (2003). Functional dysphonia. *Current Opinion in Otolaryngology & Head and Neck Surgery*, *11*, 144-148.

Ryan, B. P., & Van Kirk Ryan, B. (1983). Programmed stuttering therapy for children: Comparisons of four established programs. *Journal Fluency Disorders*, *8*, 291-321.

Rydell, P. J., & Mirenda, P. (1994) The effects of high and low constraint utterances on the production of immediate and delayed echolalia in young children with autism. *Journal of Autism and Developmental Disorders*, *24*, 719-730.

Sandberg, A. D., & Hjelmquist, E. (1997). Language and literacy in nonvocal children with cerebral palsy. *Reading Writing: An Interdisciplinary Journal*, *9*, 107-133.

Sander, E. (1972). When are speech sounds learned? *Journal of Speech and Hearing Disorders*, *37*, 55-63.

Sandrieser, P., & Schneider, P. (2001). *Stottern im Kindesalter*. Thieme.

Scctt, F, J., Clark, C., & Brady, M. (2000). *Students with actism: Characteristics and instructional programming*. San Diego, CA: Singular Publishing Group.

Scheuermann, B., & Webbre, J. (2002). *Autism: Teaching DOES make a difference*. Belmont, CA : Wadsworth-Thomson Learning.

Schopler, E., Lansing, M., & Waters, L. (1987). *Ubungsanleitungen zur Forderungautistischer und entwicklungsbehinderter kinder*. Verlag Modernes Lemen.

Schuler, A. L. (1979). Echlalia: Issues and clinical applications. *Journal of Speech Hearing Disorders*, *44*, 411-434.

Schwartz, a. & Goldman, R. (1974). Variables influencing performance on speech sound discrimination tests. *Journal of Speech and Hearing Research*, *17*, 25-32.

Schwartz, H. (1993). Adolescents who stutter. *Journal of Fluency Disorder*, *18*, 291-321.

Siegel, E., & Wetherby, A. (2000). Nonsymbolic communication. *Instruction of students with severe dis-*

abilities, 409-451.

Silliman, E. R., Butler, K. G., & Wallach, G. P. (2002). The time has come to talk of many thing In Butler, K. G., Silliman, E. R. Speaking reading, and writing in cgildren with language disabilities. Lawrence eribaum Associates, Mahwah, NJ.

Solomon, N. P., & Charron,S. (1998). Speech breathing in abe-bodied children and children with cerebral palsy: A review of the literature and implications for clinical intervention. *American Journal of Speech-Language Pathology*, *7*, 61-78.

Solomon, N. P., Makshay, M. J., Kessler, L. S., et al. (2004). Speech breathing treatment and LSVT for a patient with hypokinetic-spastic dysarthria after TBI. *Journal of Medicall Speech Language Pathology*, *12*(4), 213-219.

Stabb, C. (1992). *Language development: An introduction*(5th ed.). Boston: Allyn & Bacon.

Stampe, D. (1972). *A dissertation of natural phonology*. Doctoral dissertation, University of Chicago.

Stark, R., & Tallal, P. (1981). Selection of children with specific language deficits. *Journal of Speech and Hearing Disorders*, *46*, 114-122.

Stemple, J. C. (1993). *Voice therapy: Clinical studies*. St. Louis, MO: Mosby-Year Book Inc.

Stoel-Gammon, C. & Dunn, C. (1985). *Normal and disordered phonology in children*. Baltimore: University Park Press.

Sweetow, R. W., & Henderson-Sabes, J(2004). The case for LACE: Listening and auditory communication enhancement training. *The Hearing Journal*, *57*(3), 2-40.

Swigert, N. B. (1997). *The source for dysarthria*. LinguiSystems.

Taylor, N. E., Wall, S. M., Liebow, H., Sabatino, C. A., Timberlark, E. M., & Farber, M. Z. (2005). Mother and soldier: Raising a child with a disability in a low-income military family. *Exceptional Children*, *72*(1), 83-99.

Taylor, R, L. (2003). *Assessment of exceptional students*(6th ed.), Alln & Bacon.

Thompson, W. G., & Heaton, K. W. (1982). Heartburn and globus in apparently healthy people. *Cancer Medical Association Journal*, *126*, 46-48.

Turnbull, R., Turnbull, A., Shank, M., & Smith, S, J (2009). *Exceptional lives: special education in today's school* (6th ed). Upper Saddle River, NJ: Merrill/prentice Hall.

Vacca, J. A. L., Vacca, R. T., & Gove, M. K. (2000). *Reading and learning to read*. New York: Addison-Wesley Educational Publishers Inc.

Van den Berg, I. (1958). Myoelastic-aerodynamic theory of voice production. *Journal of Speech Language and Hearing Research*, *1*, 224-227.

van Leer, E., & Conner, N. P. (2012). Use of portable digital media players increases patient motivation and practice in voice therapy. *Journal of Voice*, *26*, 447-457.

Van Riper, C. (1978). *Speech correction: Principles and methods*(6th ed). Englewood Cliffs, NJ: Prentice-Hall.

Van Riper, C. (1982). *The nature and treatment of stuttering*(2nd ed.). Englewood Cliffs, NJ: Prentice-Hall.

Vanderheiden, G. C., & Lloyd, L. L. (1986). *Communication systems and their components*. Augmentative communication: An introduction.

Watson, J. L. (1995). Improving communication between regular students and a physically impaired non-verbal child using alternative communication systems in the kindergarten classroom.

Watts, C., Murphy, J., & Barner-Burroughs, K. (2003). Pitch matching accuracy in conditions of varying feedback. *Journal of Voice*, *17*, 185-194.

Watts, C., Murphy, J., & Barner-Burroughs, K. (2003). Pitch matching accuracy of trained singers, untrained subjects with talented singing voice, and untrained subjects with nontalented singing voice in conditions of varying feedback. *Journal of Voice*, *17*, 185-194.

Weaver, C. (1994). *Reading Process and practice*. Portsmouth, NH: Heinemann.

Weber, C. (2002). *Poltem-eine vergessene Sprachbehindertung*. Eition Marhold.

Wehmeyer, M. L., Buntinx, W. H. E., Coulter, D. L., Lachapelle, Y., Luckasson, R., Verdugo, M. A., et al. (2008). The intellectual disability construct and its relation to human functioning. *Intellectual and Developmental Disabilities*, *46*(4), 311-138.

Wetherby, A. M., & Prutting, B. M. (1989). The expression of commuicative intent : Assessment Issues. *Seminars in Speech and Language*, *10*, 77-91.

Wetherby, A. M., Woods, J., Allen, L., Cleary, J., Dickinson, H., & Lord, C.(2004). Early indicators of autism spectrum disorders in the second year of life. *Journal of Autism and Development Disorders*, *34*, 473-493.

Williams, G. & McReynolds (1975). The relationship between discrimination and articulation training in children with misarticulations. *Journal of Speech and Hearing Research*, *2*, 377-386.

Winitz, H. (1969). *Articulatory acquisition and behavior*. Englewood Cliffs, NJ: Prentice-Hall.

Wood, D., Wood, H., Griffith, A., & Howarth, P.(1986). *Teaching and Talking with deaf children*. New York: Wiley.

Woodcock, R. W. (1968). Rebus as a medium in beginning reading instruction.

Workinger, M. S. (2005). *Cerebral palsy resource guide for speech-language pathologists*. NY: Thomson.

Yorkston, K. M., & Beukelman, D. (1981). Ataxic dysarthria: Treatment sequences based on intelligibility and prosodic considerations. *Journal of Speech and Hearing Disorders*, *46*, 398-404.

국립국어원 https://www.korean.go.kr/.

통계청 http://kostat.go.kr

찾아보기

저자소개

● 권순우

약력 대구대학교 특수교육학과 문학박사
대구대학교 특수교육대학원 특수교육학석사
前) 위덕대학교 특수교육학부 교수
現) 한국특수교육문제연구소 소장
現) 대구대학교 특수교육과 교수

저서 청각장애학생 교육(공저: 창지사, 2018)
특수아상담 및 가족지원(공저: 창지사, 2023)
특수교육학개론(3판)(공저: 창지사, 2024) 등 다수

● 권순복

약력 부산대학교 의공학전공 공학박사
대구대학교 언어치료전공 이학석사
1급 언어재활사
前) (사)한국언어치료학회장/부산대학교병원 이비인후과 언어치료사
現) 부산대학교 인문대학 언어정보학과 교수/인지과학전공 주임교수

저서 후두음성언어의학(2판)(공저: 범문에듀케이션, 2016)
청각장애학생 교육(공저: 창시사, 2018) 등 다수

● 김영익

약력 위덕대학교 특수교육전공 교육학박사
창원대학교 특수교육학과 교육학석사
고신대학교 언어치료전공 보건학석사
1급 언어재활사
前) 고신대학원 보건대학원 언어치료전공 겸임교수
現) 마산대학교 유아특수보육과, 언어치료과 겸임교수
現) 언어샘아동발달센터장

저서 청각장애학생 교육(공저: 창지사, 2018)
특수아상담 및 가족지원(공저: 창지사, 2023)
특수교육학개론(3판)(공저: 창지사, 2024) 등 다수

● 김태숙

약력 대구대학교 특수교육학과 문학박사
고신대학교 언어치료전공 보건학석사
1급 언어재활사
前) 경남건강발달지원센터 언어치료사
現) 다솜아동청소년발달센터장

논문 심리운동이 말더듬 아동의 말더듬 형태와 의사소통 태도에 미치는 효과(2017)
인공와우를 착용한 청각장애아동 어머니의 양육 경험과 기대에 관한 연구(2019)

● 박희준

약력 부산대학교 의공학전공 공학박사
대구대학교 언어치료전공 이학석사
1급 언어재활사
前) 부산대학교병원 이비인후과 언어치료사
前) 춘해보건대학교 언어치료학과 교수
現) 부산가톨릭대학교 언어청각치료학과 교수

저서 음성언어의 측정 및 평가(공저: 학지사, 2015)
후두음성언어의학(2판)(공저: 범문에듀케이션, 2016) 등 다수

● 팽재숙

약력 위덕대학교 특수교육전공 교육학박사
위덕대학교 특수교육전공 교육학석사
1급 언어발달교육사
前) 장애전문어린이집 팀장/대구상록학교(대안학교) 교감
現) 한국재활교육협회 전임강사
現) 솔빛언어심리연구소장
現) 위덕대학교 특수교육학부 산학협력 전문교수, 마산대학교 유아특수보육과 강사

저서 청각장애학생 교육(공저: 창지사, 2018)
특수아상담 및 가족지원(공저: 창지사, 2023)
특수교육학개론(3판)(공저: 창지사, 2024) 등 다수

2018 대한민국 교육부와 한국연구재단의 지원을 받아 수행된 연구임
(NRF-2018S1A5B6075173)

제2판

의사소통장애학생 교육

초 판 1쇄 발행 2020년 6월 30일
제2판 1쇄 발행 2024년 10월 2일

지 은 이 | 권순우 · 권순복 · 김영익 · 김태숙 · 박희준 · 팽재숙
펴 낸 이 | 김기섭
편 집 인 | 이혜란 · 오선율
펴 낸 곳 | 창지사 www.changjisa.com
08589 서울시 금천구 가산디지털 1로 83 파트너스타워 1차 9층
전화 (02)719-2211~3
팩스 (02)701-9386
등 록 | 1977년 4월 28일 · 제1-421호

ISBN 978-89-426-1905-4 (93370)

값 27,000원